U0831255

学术中国文丛

近代中国商人与商会

朱 英 著

广东高等教育出版社
Guangdong Higher Education Press
·广州·

图书在版编目（CIP）数据

近代中国商人与商会/朱英著. —广州：广东高等教育出版社，2020.12
（学术中国文丛/张江，王兆胜主编）
ISBN 978-7-5361-6646-2

Ⅰ. ①近…　Ⅱ. ①朱…　Ⅲ. ①商业史-中国-近代-文集
Ⅳ. ①F729.5-53

中国版本图书馆 CIP 数据核字（2019）第 296365 号

JINDAI ZHONGGUO SHANGREN YU SHANGHUI

近代中国商人与商会

朱　英　著

版权所有　翻印必究

总 策 划　黄红丽
项目统筹　靳　辉　常泽平
责任编辑　钱　丹
装帧设计　陈智慧
责任技编　吴练武　王丽珍
责任校对　林　曼
营销总监　姚永清

出版发行　广东高等教育出版社
地址：广州市天河区林和西横路
邮政编码：510500　电话：（020）87554153　87551436
http://www.gdgjs.com.cn
印　　刷　广东鹏腾宇文化创新有限公司
开　　本　787 毫米×1 092 毫米　1/16
印　　张　24.75
字　　数　350 千
版　　次　2020 年 12 月第 1 版　2020 年 12 月第 1 次印刷
定　　价　88.00 元

如发现印刷、装订质量问题，请与出版社联系调换。

“学术中国文丛”编委会

学 术 顾 问：陈春声

总　　主　　编：张　江

执 行 主 编：王兆胜

文学卷主编：陈剑晖

历史学卷主编：仲伟民

哲学卷主编：赵培杰

经济学卷主编：张宇燕

编　　　　委（按姓氏笔画排序）：

丁　帆　王兆胜　仲伟民

张　江　张宇燕　陈春声

陈剑晖　赵培杰　南　帆

黄红丽　彭玉平

总　　序

张　江

习近平总书记在哲学社会科学工作座谈会上的讲话指出，当代中国正经历着我国历史上最为广泛而深刻的社会变革，也正在进行着人类历史上最为宏大而独特的实践创新。这种前无古人的伟大实践，必将给理论创造、学术繁荣提供强大动力和广阔空间。这是一个需要理论而且一定能够产生理论的时代，这是一个需要思想而且一定能够产生思想的时代。

习近平总书记的重要论述是对思想理论发展规律的科学论断，也是对哲学社会科学工作者的殷切期望。当前中国处于近代以来最好的发展时期，世界处于百年未有之大变局，两者同步交织、相互激荡。一方面，当代中国比历史上任何时期都更接近中华民族伟大复兴的目标，比历史上任何时期都更有信心、有能力实现这个目标。另一方面，当代世界全球化潮流滚滚向前，逆全球化趋势暗流涌动，各种思潮相互激荡，各种文化相互交融，各种观念相互碰撞，多样性、差异性、复杂性、不确定性正在成为这个世界越来越突出的特征。

这样的时代条件，既为我们的哲学社会科学研究带来许多新问题和新挑战，也为思想理论的创新发展增添了强劲动能，开拓了宏阔空间。在这样的时代条件下，不断推进学科体系、学术体系、话语体系建设和创新，努力构建一个全方位、全领域、全要素的哲学社会科学体系，是坚持和发展中国特色社会主义的一项重要任务，也是当代哲学社会科学的重大使命。在中国特色社会主义进入新时代的今天，中国故事需要更好地被全世界所理解，中国经验需要更好地被现代社会科学所表达，中国学术也要更好地被世界学术界所倾听。让世界了解“学术中的中国”“理论中的中国”“哲学社会科学中的中国”，构建哲学社会科学的“中国学派”，恰逢其时，大有可为。

理论的生命力在于创新。创新是哲学社会科学发展的永恒主题，也是社会发展、实践深化、历史前进对哲学社会科学的必然要求。学术创新离不开两样东西：一是必须立足源自于本土经验的学术传统和时代问题，二是必须牢牢把握世界学术发展的趋势和潮流。学术创新更要有批判精神，这是马克思主义最可贵的精神品质。不管是对传统的理论、范畴、体系，还是外来的概念、话语、方法，都要有分析、有鉴别、有汲取、有批判，不要盲目崇拜，不可生搬硬套。尤其是面对西方话语霸权，不应该满足于向“为西方思想作注，为西方学术致敬”，更不应该“以西方的是非为是非，以西方的标准为标准”，必须立足于中华优秀传统文化，立足于中国特色社会主义建设的伟大实践，在世界视野中发现问题，在中国经验中思考问题，让思想理论更具中国特色、中国风格、中国气派。

“学术中国文丛”正是在这样的现实语境和文化背景产生的。丛书希望通过对中国学术传统的资源挖掘与价值再发现，在构建“学术中的中国”方面有所作为，有所贡献。我们坚信，中华民族伟大复兴必将推动知识建构范式的革命，必将带来中国学派的诞生。“学术中国文丛”的历史使命就是要形成具有中国特色、解决中国问题的知识体系，并为人类发展提供中国智慧与中国方案。

“学术中国文丛”的出版，总体而言，具有开拓补白之功，它走的是“文化积累”与“学术建设”“学科建构”的路子，其理论价值与现实意义，主要体现在以下几个方面。

一是响应时代主题精神，契合国家文化战略。“学术中国文丛”关注一流专家学者，反映中华人民共和国成立以来国内学术研究最高成果，它的出版对推动中国当代学术文化的发展繁荣，加强中外学术对话，在世界学术体系传播中国声音，展现中国学派，提升中国学术的世界地位，推进中国文化“走出去”，具有重要意义。

二是承接优秀传统文化，增强民族文化自信。文丛植根于中华优秀传统文化，通过深入挖掘中华优秀传统文化蕴含的思想观念、人文精神、道德规范，按照新时代精神，去粗取精，去伪存真，赋予新的时代内涵，对推动中华优秀传统文化的创造性转化和创新性发展，增强民族文化自信具有重要意义。

三是加强学术积累传承，推进高校学科建设。文丛广泛覆盖文、史、哲、经等学科，通过荟萃不同学科学派的经典名作，全面展现中国现代学术体系发展过程，促进学术体系和话语体系创新，推进人才培育，催生学术经典，为各领域研究者提供基础性的经典范本。

总之，“学术中国文丛”的出版，是构建“理论中的中国”“学术中的中国”的一部分。中华民族伟大复兴为构建中国学派提供了丰厚的实践土壤，也提供了空前的历史性机遇。“学术中国文丛”的出版，正是将中华优秀传统文化当代化以及进行创造性转化的实践，是增进文化自信的有益尝试。

“学术中国文丛”具有权威性、经典性、时代性、中国性等特点。

一是在作者选取上坚持权威性。为了保证丛书的品质，作者一律选取国内各领域的顶尖学者，并且是资历深、水平高、广受认可、影响力大的作者，做到多中选好、好中选优、优中选精，从根本上保证丛书的高标准和权威性。

二是在内容组织上强调经典性。文丛的遴选标准首要是重视学术含量、学术价值，以学术史的眼光、经典性的标准，采用自选或精选的方法来确定图书内容。入选内容应均为作者的开山之作、奠基之作、经典之作，必须站得住、立得稳，能成为学术标杆，能经得住历史考验，具有相当的文化积累意义和学术传承价值，在国内外具有较大影响。

三是在写作旨趣上契合时代性。在选材上，文丛优先考虑体现时代精神、富有宏大格局、与国家经济社会发展密切相关的研究成果。

以学术为出发点，以文化为立足点，以中国价值为落脚点，自觉承担起举旗帜、聚民心、育新人、兴文化、立形象的使命任务。换言之，就是要自觉关注时代主题、回应社会热点、着眼于国家战略、融入世界发展大势，不是单纯为学术而学术。

四是在关注焦点上体现中国性。文丛坚持立足中国、聚焦中国，把中国成就和中国经验等重大问题的历史经验和理论阐释作为重中之重，特别是关注反映当代中国经济、社会发展现状趋势经验的具有中国特色的学术成果，以便讲好中国故事，反映中国成就，传播中国声音，分享中国经验，展示中国形象。

“学术中国文丛”，值得期待。

2020 年 6 月 8 日

朱英　华中师范大学中国近代史研究所教授，教育部长江学者特聘教授，兼任中国史学会理事、湖北文史馆馆员。曾担任华中师范大学历史文化学院院长和中国近代史研究所所长、台湾政治大学客座教授、日本东京大学客座研究员。主要从事中国近代史研究，研究方向为中国近代社会经济史、辛亥革命史、中国近代商会史。著有《辛亥革命时期新式商人社团研究》《中国早期资产阶级概论》《晚清经济政策与改革措施》《转型时期的社会与国家——以近代中国商会为主体的历史透视》《商民运动研究（1924—1930）》等多部学术专著，在《中国社会科学》《历史研究》《近代史研究》等学术期刊发表论文百余篇。

中国历史上的商业常被“贬之曰末务”，商人则被“贱之曰市侩”，长期背负着锱铢必较、唯利是图的污名。及至近代，商人仍屡遭讥讽，被指责为“在商言商”，对民族和国家存亡漠不关心。商人之真实面貌，被严重遮蔽而难以为今人所公允认知；商会的特点与作用，也难以为今人所知晓而得到应有之肯定。

本书之主旨，即在于依据史料，揆诸史实，拨开层层历史迷雾，帮助读者了解和认识近代商人与商会的客观真实面貌。诸如对商界“联合”“爱国”“政治”“实业”论说之条分缕析，了解清末民初商人思想之重要变化及其影响；以近代商人对“辛亥”记忆的建构与阐释，分析其“民国”印象与政治、经济诉求；对“在商言商”的产生及其积极与消极影响的剖析，探讨近代商人的政治性格特征；对“钱业巨子”秦润卿之个案考察，再现上层商董在抗战期间的生活日常与爱国情怀；揭示商会独特“联动”机制，窥探近代商人在政治、经济、外交领域不容忽视的重要作用与影响；论证清末商会确立的选举制，乃投票选举这一先进制度在近代中国的率先尝试。

本书对于近代商人与商会之考察分析，力求既不溢美也不讳过，尽力予以客观描述与评价。

史学研究的经历与体会

本文系 2018 年 4 月 24 日应辛亥革命武昌起义纪念馆邀请所作之“研究近代史 30 余年的心得与体会”演讲整理而成。因当时并无讲稿，只是随意而谈，后由王含梅根据演讲录音整理成文。整理成文后虽经本人审阅，但文字表述风格无从修改，口语化十分明显，前后文之逻辑关系也不甚严密，因而与一般文章存在很大差异，权作本书之前言。

一、 勤奋是最基本的前提

我是 1977 级——“文化大革命”结束后恢复高考的第一届大学生。我们是 1978 年 3 月入学的，从上大学算起一晃 40 年，从事中国近代史研究也有 30 多年了。回顾我个人的史学研究历程，和我们这一代的绝大多数人一样，存在着一个先天不足的缺陷。“先天不足”是指基础知识学得不好。初中、高中阶段的学习，是打基础的时候，但受到“文化大革命”的影响，无法正常上课，导致我们基础知识不扎实、不全面。高中毕业后，我下乡做了将近三年知青，后来以知青的身份考入大学。基础知识不扎实，也没有长期刻苦地准备参加高考，不过很荣幸地考上了大学，成为我们那一代人中的幸运者。但这种“先天不足”的缺陷与现在的大学生相比，还是很明显的。

刚恢复高考这一时期的大学生可以说是同时代人中的少数，都是很优秀的学生。进入大学后，我们很珍惜来之不易的学习机会，非常勤奋、刻苦，想把失去的时间“恶补”回来。有不少1977级、1978级的大学生，后来在学术研究领域做出了不错的成果，他们没有一个不是靠刻苦勤奋干出来的。

人文社会科学研究工作，需要有相当的积累。积累首先需要大量的阅读，有了厚实的知识积累之后，还需要积极思考，人文学科的成果就是在你的积累、思考之上写出来的，勤奋刻苦不可少，如果再有几分聪明，或者说是有几分才华，可能会取得更大的成就。一流的学者，一定是既勤奋又有才华的，而勤奋是最基本的前提。我个人的体会非常深刻，尽管我们“先天不足”，但通过后天的“恶补”，基础知识体系的缺陷得到很大程度的弥补。

二、找准方向，精耕细作

从事研究工作，第一步就是要找准方向，找准方向之后再精耕细作。找准方向是非常重要的，也许关系你今后学术研究的发展方向、空间及取得的成绩。一般地讲，我们最初进入学术研究的门径，都是从一个具体的方向或是一个题目开始，包括在读硕士、在读博士时，都需要找一个研究题目，这个题目，实际上就是你研究的方向。题目选题不宜太大，也不能太小，但方向一定要有发展空间。由于我的基础知识“先天不足”，尽管大学四年非常勤奋刻苦，但都只是做了打基础的弥补，至于史学研究怎么做，基本上没有找到门径。大学毕业之后，我和同班同学马敏考上了章开沅先生的研究生，跟章开沅先生读研对我的影响非常大。读研究生后，首先要找研究题目，找方向。我很幸运，章开沅先生帮我找到了研究题目和方向。当时我自己还没有能力找到一个既有学术价值，又有广阔发展空间，甚至关系我一辈子都能做得下去且做出成果的好选题。

在20世纪70年代末，章开沅老师深入研究辛亥革命史，在苏州档案馆发现了一批保存完好的苏州商会的档案。商会是一个怎样的团体？在辛亥革命前，它是由新兴的工商业者共同组成的一个新式商人社会团体。过去，我们在做辛亥革命史、资产阶级研究时，基本上没有注意到关于商会的研究。改革开放之后，我们和港台、境外学者进行学术交流时，发现了一些在辛亥革命史研究中我们从未思考过的问题，而港台、境外学者都提出了疑问，例如辛亥革命的性质。我们一直说辛亥革命是资产阶级革命，从未质疑过。但中国台湾的学者提出了不同看法，欧美和日本的一些学者也提出辛亥革命不是资产阶级革命。其中一个疑问是辛亥革命前的中国有资产阶级吗？他们认为，资产阶级的研究就是研究工商业资本家，内地学者的资产阶级研究把对象搞错了。当时国内一大批关于辛亥革命和资产阶级的研究成果，都是在研究资产阶级革命派或者立宪派，而革命派中很难找到资本家，立宪派中有少数资本家。内地学者做出回应，说资产阶级应该包括狭义和广义的概念，狭义上说就是资本家，广义上说就包括了资本家的政治代表：革命派和立宪派。但我们发现，我们主要是在研究资产阶级的政治代表，反过来说，资产阶级主体即严格意义上的资产阶级，我们是缺乏考察的，这是我们研究的缺陷和不足。

章开沅老师很早就意识到这个问题，同时他也发现了丰富的商会档案材料。商会是工商业资本家的团体组织，我们通过商会研究，考察它方方面面的情况和活动，从而论证辛亥革命前的中国是否存在资产阶级。章开沅老师意识到苏州商会这批档案的价值和意义，希望整理出来。但苏州市档案馆的领导感到比较为难，因为这批档案的数量太大，从 1905—1949 年及之后所有的内容全部都被完整地保存了下来，整理工作需要花费相当大的人力、物力，还需要整理者有一定的专业素养。章开沅老师提出，我们派老师和研究生帮助档案馆一起整理这批资料，并作为两个单位共同署名的成果。正巧那年（1982 年初）我和马敏考上了研究生，就这样我们开始在刘望龄老师和唐文权老师的带领下整理这批资料。章开沅老师给我们下发的任务是在整理档案的同时，寻找自己的研究题目。章开沅老师并没有具体说研究什么题目，但他说看档案会发现里面的很多题目。刚开始我们很迷茫，大学四年都没怎么听说过关于商会的研究题目，后来请教林增平老师，林老师说这个题目好，可以研究一辈子。对于当时的我，可能还体会不到章老师、林老师的用意，但现在我非常赞同并有切身感受，而且还要补充一句，这个研究领域是我一辈子也研究不完的。商会研究还需要更多的、年轻的学者加入到这个队伍里。这个方向对我和马敏教授影响太大，能够找到这样一个研究方向，同时能够看到那么多成体系的完整原始档案，是非常幸运和难得的。

找准方向后，就要开始精耕细作。着手研究后发现，光靠档案资料是不够的，还一定要有大量的其他相关史料征引。史学研究最难的一件事就是找史料。现在有很多技术、方式使我们能比较方便地查阅资料，但当年条件有限，而且湖北武汉近代档案的保存很少。清末全国有八大商会，其中一个就是汉口商会，可惜武汉基本没有保存清末民初汉口商会的档案。所以我们只能从其他途径寻找资料。对于近代史研究来说，很重要的一种史料就是报纸和期刊。清末和民国报刊数量相当多，有全国性的，有地方性的。比如《申报》《时报》《大公报》《民国日报》等，就是全国性的报纸。当年是没有像今天这样有数据库可以检索的，我们只能跑到图书馆去看胶片。我印象很深的是，当时去国家图书馆看《时报》，整个国家图书馆只有三四台报纸缩微胶片阅读器，我们每天早上首先要抢占阅读器，抢到之后会一直待到晚上关门，如果有一天没抢到，就很沮丧。而且我是外地进京，当时国家图书馆又不能复制打印胶片，也不能像今天一样拍照，只有靠手抄。很大一批资料，全部手抄。随着日积月累，我们的资料卡片是一堆一堆的。手抄资料的一个好处就是容易对资料分类，而且对资料内容熟悉，现在虽然很容易检索到资料，但很难分类，对资料没有理解，不能直接使用。我对资料熟悉并以问题分类，这些资料就可以比较容易地转换成论文里有用的征引。

我读书时为了搜集资料全国各地跑。读研和刚留校工作时，去国外或中国台湾的机会很少，一直到 20 世纪 80 年代末 90 年代初才有机会去中国台湾。去中国台湾做交流学者和客座教授的时候，我看到不少内地没有的资料，这对我的研究也是非常重要的。所以精耕细作对于史学研究来说，就是大量地搜集与选题相关的资料，你资料的占有量够多够广，对这个问题的研究就和其他人不一样，而且这个功夫是否到位，能够充分地反映到你的论文或著作中。史学的研究，没有史料，就是巧妇难为无米之炊，从这一点讲，不踏踏实实地做，真的很难出成果。但只要真正进入到了史料的海洋中去，逐渐掌握方方面面的史料，你又会发现有很多可以做的题目。

此外与研究方向、研究题目直接和间接相关的论文、著作，也不能放过。容易忽略的是标题里可能没有直接关联，但研究内容却可能有相关性的文章。特别是一些好的学者，即使不是与自己同一方向的研究，但他的论著中会涉及相关话题，会有一些很好的思路、建议。所以精耕细作除了史料，还要对已有的研究论文、著作花力气去读，去啃。学习研究论文，包括国内的学者，也包括国外的学者。我们发现有很多国外学者研究中国的问题非常出色，他们研究的长处，很有可能就是我们研究中的短板，广泛地阅读之后，又有了充分的史料，加上对史料的分类和详细的钻研，会非常了解以往所作的研究从何时开始，经历了哪些阶段，研究了哪些议题，存在哪些问题或者说没有做的问题，通过阅读发现问题，就会有源源不断的学术研究思路，而且这样的学术研究一定是有学术原创性的。作为人文学科的学者，有三个方面是需要一辈子不停地追求和实践的——读书、思考、写作，唯有如此，学问才会渐入佳境。

还有一点体会，就是在研究初期要对自己有一个较高的要求。以我个人的体验，或看一些比较优秀的学者，他们早年发表的论文都写得非常好。我发表的第二篇论文是关于清末苏州商团的，写完初稿后反复修改，后来投给《近代史研究》，很顺利地就被发表了；之后一篇是写清末苏州商会，也花了很多工夫，也顺利地发表在《历史研究》上。因为有新题目、新史料、新观点的缘故，当时投稿后甚至都没有退回修改，发表极其顺利。我发表这两篇文章是在30岁左右，发了这两篇论文之后，自己就知道，写文章应该写成这样，反复修改达到一个比较高的水平才算完成。马敏老师更厉害了，第一篇文章就发在《中国社会科学》上，起点非常高。高要求之后又有好的期刊发表，对自己也是极大的鼓励，更加有信心继续做研究。后来我们两人就分别连续在《历史研究》《近代史研究》等有影响的期刊发表了许多论文，对之后学术研究的发展初步奠定了很好的基础。马敏、朱英也常常被近代史学界的同行并称为华中师范大学的史学后起之秀。即使这样，后来我也一直在坚持不断地读书、思考、写作，依然勤奋治学，这样才能持续进步。

三、 处理好专与博的关系

专题研究要深、要透，剖析问题的方方面面，但仅仅知道某一个方向、某一个专题的问题是远远不够的，也不可能做出好的研究，还要对相关问题的研究进行拓展。例如商会研究，不仅是研究商会的内容，还涉及近代史的方方面面，需要多角度论证。假如我对其他的问题不了解，对商会的认识也不可能全面、深刻，所以治学中首先一定要处理好专与博的关系。我的论文和专著，很多都是以“商会”为主，题目或内容都有一些直接或间接的相关问题，既有独立性又有自己的系统性。我的研究首先要解决的是了解商人是一个怎样的群体，它的整个发展脉络，于是需要了解近代商人，甚至是古代商人。在历史进程中，在近代所谓“新”与“旧”有哪些转换和矛盾冲突。不去了解内在的发展变迁，单纯地从商会章程入手，很难具体深入地做分析。

其次，商会中还存在很多相关问题。在查阅苏州商会档案时，我发现有几份苏州农会档案史料，具体内容是苏州农会给苏州商会的公文，还盖有农会的关防大印。当时就有疑惑，在此之前我们所知道的农会，都是大革命时期建立的，是共产党领导农民开展革命运动的农民组织，但从未听说过辛亥革命前有农会。当时也没有一个人写过相关的文章。我意识到这是一个很好的题目，便开始留心这个问题，不断捕捉、寻找材料，在全国各地搜集商会资料的同时，我也收集了不少农会的资料，写了几篇文章。这是一个全新的题目，有人说这是开拓了近代史研究的一个新课题。特别是后来我在中国第一历史档案馆花费了大量的时间查档，既有商会的档案，也有农会的资料。其中有两卷关于农会的档案非常重要，使我更加深入、全面地了解农会这个组织。这些农会档案是当时晚清全国各地农会上报清廷中央农工商部的各种材料，全国各地农会的负责人、具体工作事项等都有涉及。我估计在我查阅此档之前，几乎没有人注意到这些资料。我还在湖北省图书馆抄到一份《湖北农会报》，这是清末湖北农会办的报刊。后来又陆续查到清末的《广东农会报》《直隶农会报》等。有了这些材料的积累，我写成了《辛亥革命前的农会》长篇文章，发表在《历史研究》上。农会的研究还有很多问题值得深入研究，后来我指导学生魏文享关注国民党领导的农会。共产党领导的农会大家都知道，关注的人也很多，但国民党也很重视组织和指导农会，而研究的人很少，所以是值得做的。围绕这个问题，魏文享写了一些文章，也出版了专著。这样，随着研究的深入和拓宽，我们对近代史的认识也更加深刻。

另外，我在研究商会的课题中，发现在 19 世纪末戊戌变法之时，就有人提议成立商会，但并未付诸实施，主要原因是清廷的最高统治者对这个问题没有重视。而到清末，清政府被迫推行新政，新政涉及经济方面的内容可以集中表述为“振兴工商，奖励实业”。那么如何振兴，除了民间的工商业者和知识分子提出见解，还有清廷及一些官员对这一问题进行了反思。从很多高官的奏折中反映出他们对官商，或政商关系的重视。最后连清廷也认为，要想真正振兴商业，官员和商人必须连成一体、上下合力，才能促进中国工商业的发展。还有日本的经验，日本通过明治维新成为当时亚洲唯一一个走上资本主义发展道路的国家，特别是中日甲午战争、日俄战争，日本不仅打败了大清帝国，甚至打败了俄国。因此近代中国知识分子不停地思考、反思日本的崛起究竟是什么原因。日本就是通过改革变成强国。它的政治、经济大背景，还有改变君主专制的体制，通过君主立宪达到改革的目的，这是政治方面的措施。而日本经济方面的发展也是非常突出的。

商会的诞生，除了民族资本主义的发展，工商业者人数的增加及其思想认识的提高，另一个重要的原因，就是清朝政府政策的改变，开始扶持工商业发展，这其中最重要的变化是过去长期“重本抑末”思想的转变，中国历史上第一次出现“重商主义”的思潮和政策就是在清末新政时期。很难得的是，官与商在成立商会这一问题上在当时达成了共识。

但商会并不是中国创造的，欧美及日本这些资本主义国家很早就有类似的组织，而且在他们的经济发展中，发挥着重要的作用。所以这期间，也有很多介绍欧美、日本商会的资料。中国成立商会是从国外引进学习的结果，很多章程、规定，诸如商会选举制度等，在以往的中国都是史无前例的。我就商会选举的问题、制度的演变、具体的操作等写了一系列文章。不同商会有不同的特点，但投票选举明显是近代民主政治的表现，而当时中国还是一个中央集权、君主专制的国家，在这样的环境下，怎么会有这样一个举措？实质上，这些都是中国商人向西方和日本学习而来的。于是我意识到，商会的产生、后来为何能发挥那么大的作用以及商会的权力都是和政府有关系的。商会这一民间社团，在经济领域会有那么大的影响力，是因为有政府的支持，即政府把经济生活方面的管理权放权给商会。尽管参照西方的模式，放权给商会仍存在一些问题，但总体看商会做得还是相当不错的，商人满意，官方也是比较满意的，商会成为连接官与商的一个纽带，充分发挥了“通官商之邮”的功能，其作用自然不容小觑。而且在商会成立后，商人的影响力变大，商会“登高一呼，众商皆应”。

商会的诞生可看作是近代资产阶级初步形成的一个重要标志。因此，我撰写相关论文来回应国外学者质疑“辛亥革命前中国有无资产阶级”这一问题。过去几乎没有学者从商会这个角度去回应他们的质疑，我这篇文章也引起了学者的注意。孙中山先生留下了很多文字、演讲稿、信函，他自己确实未说过辛亥革命只是为资产阶级进行的革命，他是为了整个中国。我们说的革命，应该是一个阶级革另一个阶级的命，中国台湾的学者对这个问题的解释是辛亥革命不是资产阶级革命而是全民革命，这一观点我们是不接受的。后来在纪念辛亥革命100周年时，还有学者提出类似的观点。这个问题还没有完全达成一致意见，只能求同存异，但与过去相比有了很大的差别，我们应该尽量客观地去评价、去看待历史。

通过研究商会，我对清末新政时期清政府的认识与看法，也与以前我们单一强调的贪污、腐败、无能有了不同。清朝很多高官大吏不断尝试新方式摆脱屈辱的阴影，试图通过改革来挽救国家。清政府上层决心改革，也采取了很多行动。通过这些举措，我们确实能看到上层的转变和改革的意愿。尽管存在着这样或那样的问题，但并不像过去所说的清政府的改革全部都是假的。过去我们容易把复杂的问题简单化，这与我们过去没有对辛亥革命前的清朝政府进行深入、具体的研究有着直接的关系。以往都是以清政府腐朽、无能的形象作为辛亥革命爆发的背景来讲述，把清政府的改革和其他行为放置于辛亥革命爆发的背景下，通过这样一个很特殊的场域来讲清政府，必然会把清政府讲得一无是处：革命为什么会发生？就是因为他们（清政府）做得一无是处所以才会发生。当年的革命党人，为了他们的革命目标，竭尽所能放大清廷的反动与腐朽，他们这样做情有可原。但我们现在一百多年后再研究辛亥革命，就不能做这样简单化的处理，我们的任务与当年革命党人的任务是不同的，我们的目标是客观地评价这一段历史。而过去很长一段时间，近代史学界是在沿用革命党人的话，“洋人的朝廷”就成了我们给清政府的简单定性，实际上我们对革命的对象也需要做进一步的深入研究。

当时与学界同仁交流，大家都有这样的感触，也曾经想一起做一些关于清末新政的研究。尽管最后没有做成，但各自都在自己的研究领域有一些进展。比如我关注经济领域，我认为清政府在经济改革、经济政策方面做了不少努力，而且在之后的不同发展阶段，包括民国时期也在不同程度上沿用着这些经济政策、措施。这一点可以成为我们研究拓展的新增长点。进一步把这个问题放大，探讨近代中国的国家与社会，在某种程度上，政府代表国家，商会和其他民间组织代表民间社会，我们考察这两者之间的关系，从古代到近代，到清末，到民国初期，甚至再往后延展，它们的关系有什么不同，有什么变化，我们会发现国家与社会不同的互动关系，直接影响了历史各层面的发展。我和马敏曾经合写了一本关于苏州商会的著作（即《传统与近代的二重变奏——晚清苏州商会个案研究》），在这本书中，我们提出了近代中国公共领域和市民社会雏形的问题，同时也是提出了一个分析和研究近代史的新框架和新思路，这个问题非常复杂，美国学者研究中国近代史，对市民社会有完全不同的看法，我们想通过商会做实证考察，以回应他们的研究，我们这一研究一定程度上受到学术界的关注和重视，被称为近代中国市民社会研究的“商会实证派”。但后来发现这个问题太大、太复杂了，因为市民社会无论是理论还是实践，都是欧洲的经验，在中国是没有的。以这样一个理论体系研究中国历史是有适应限度的。但我们在这个基础上再提升了一步，称之为国家与社会的分析框架与范式，后来很多人也使用这一范式。

20 世纪 80 年代初，商会史研究在我国刚刚起步，我们把商会史的研究放在辛亥革命和近代史的框架中，所以它回应的不仅是商会史的问题，还有整个辛亥革命的问题。之后我们反思，从辛亥革命的视角看更多是从政治标准的层面进行研究，但商会并不是一个政治团体，而是经济团体，于是有学者使用更宽泛的“现代化”这样一个研究范式研究商会。再往后，透过商会看公共领域和市民社会，看国家与社会，通过商会历史的研究去关怀整个近代大历史的发展。

我个人最大的体会是专题研究想要获得更多学者的关注和认可，必须要跳出专题。如果一个研究确实只是区域性的、个案性的，不是一个全国性的问题，只是就事论事，其他人很难从你的研究中获得启示和帮助。但如果将自己做的小历史与大历史结合起来，其他学者虽然不做同一专题，但借鉴其研究的视角和方法，对自身的研究还是很有帮助的。比如章开沅先生在辛亥革命百年之际提出的跳出辛亥革命，以“三个一百年”的长时段和宏观视野来研究辛亥革命，这是一种多么大的气量和眼界。所以这里我其实只是借用赵世瑜老师“小历史与大历史”的提法，来说这点体会。我们的研究要有突破，就要把小历史和大历史的研究有机结合起来。

还想补充说明的一点体会是，史学研究难在长期坚持。对于史学研究者而言，如果将史学研究作为一种爱好、一种生活方式，乐在其中，则能一心一意、心无旁骛地做研究。同时要长期做研究，个人的体会是一定要注意身体，身体是革命的本钱，这话一点都不错。我过去体质一直不好，虽然没什么大毛病，但在 40 岁时出现了问题，脑供血严重不足，经常突发高度眩晕，甚至有一次在研究所的工作室完全休克了，只得住院检查，却又查不出具体病因。主要是因为那时每日从早到晚都伏案读书和写作，经常熬夜至很晚，很少锻炼身体，甚至很少与人交往。最后主治医生说我是综合性和功能性问题，并不是器质性病变，建议我要多锻炼，多活动，不能从早到晚都伏案看书写作。起初我并不完全相信主治医生的话，认为是查不出具体病因就找一个由头糊弄我。但从那以后，我开始学习打乒乓球，每天打球，到现在坚持了 20 多年，老毛病再也没犯，学问也能继续做，看来医生说的是对的。

最后借用章开沅老师的一句话：“历史是已经画上句号的过去，史学是永无止境的远航。”如果立志要在史学研究上有所作为，既要勤奋刻苦勤思勤写，又要注意身体，才有“革命”的本钱。把学术当作爱好，并一直坚持下去，必然会有大的收获。

目　录

一、清末民初的商界“论说”

清末民初是近代中国社会转型与政制鼎革的重要历史时期，也是商人发展变化较为显著的一个历史阶段。除了成立商会这一新式商人社会团体，组织程度获得前所未有的新发展，商人言论及其思想观念的转变也十分引人瞩目。由于思想观念的变化与组织程度的提高两者相辅相成，互为促进，商人开始作为一支独立的社会力量登上了近代中国的历史舞台，产生了不可忽视的作用与影响，因而值得重视并给予深入细致的考察和研究。

中国商业和商人发展的历史悠久绵长，并在明清时期产生了会馆、公所等传统工商团体，但却缺乏商会这样联结工商各业的统一社团，加之没有建立自己独立的舆论工具，整个商界面向社会的公开论说也十分缺乏，至多只有个别商人的言论见诸各种报刊，无法形成反映或代表整个商界的思想舆论，这也是长期以来制约商界行动及其社会能量与影响的原因之一。及至清末民初，随着中国政治、经济与整个社会的发展演变，在商界延续多年的这种状况终于开始发生变化。新式商人团体商会在清末诞生之后，不仅使商人的组织程度得到明显提高，而且还创设报刊，使商界拥有了自己独立的舆论工具，得以向整个社会展示商界的“论说”，反映商界的思想认识与各种见解和要求，形成一种独特的商界舆论，也体现商人思想观念的成长与发展进程。①

在清末，即有一部分商会开始创办报刊。例如天津商务总会曾创办《天津商报》、广州商务总会办有《广州总商会报》、重庆商务总会办有《重庆商会公报》等。不过，在当时真正具有全国影响的商会报刊，主要是清末的《华商联合报》（后改名为《华商联合会报》）和民国初期的《中国商会联合会会报》（后改名为《中华全国商会联合会会报》）。《华商联合报》是在上海商务总会的直接支持和资助下，于1909年3月在上海创办的半月刊，可以说是上海商务总会的机关刊物。该刊宗旨为“联合商界，振兴商业”，设有海外时事、社说、新闻、半月大事表、要电、通信、公牍、学务、商情、实业、调查丛录等栏目。1910年2月，为配合筹设华商联合会而改名《华商联合会报》，同年8月停刊。《中国商会联合会会报》为月刊，“由商会联合会同人倡办”，“各省商务总、分会代派”，是全国商会联合会的会刊。该刊1913年10月创办于北京，“以灌输商业智识，交通商界声气，藉促商务之发达为宗旨”②，所设栏目有图画、论说、讲演、报告、纪事、法令、文牍、要件、谈薮等，次年4月改名为《中华全国商会联合会会报》。

《华商联合报》和《中国商会联合会会报》的“社说”“论说”“讲演”“海内外时事社言”等栏目，几乎每期都曾发表相关文章，反映商界对一些重要问题的见解和主张。考察商人思想认识与思想观念的发展变化，对这些文章予以探讨应该具有一定的典型意义。本文即主要基于刊登在这两份期刊上的相关文章，同时辅之以《中国实业杂志》等相关刊物发表的社论，对清末民初的商界“论说”略作介绍与分析。

---

① 需要澄清的是，我们不能简单地说清末民初的所有商人都具备了当时商界“论说”所述之各种思想与认识，事实上仍有相当一部分商人的思想变化尚未达到这一高度。尽管如此，我们却可以通过考察和分析清末民初为数众多的商界“论说”，从这一侧面在某种程度上证明当时商界的思想与行动确实出现了前所未有的新变化趋向。

② 《会报简章》，《中国商会联合会会报》，第1年（1914），第4号。

1.“联合”之论说

俗语有称，物以类聚，人以群分。但分属于不同人群的个体，如果缺乏自我认同意识，没有合群的自觉思想，则仍难以形成思想与行动趋向统一的社会群体，至多只是处于一种分散隔绝、互不相连的自发散漫状态，由此也不可能产生较大的社会影响。揆诸中国商人的发展历程，同样也是如此。早期的中国商人不可能具有近代的群体观念，迄至明清时期，随着市场的扩大和工商业的发展开始出现按地域划分的若干商帮，进而产生了公所、会馆等类似于行会性质的传统工商团体。公所和会馆虽然在早期对保护商人的利益发挥了一定的作用，对分散的商人走向合群也具有一定影响，但因受到行业和籍贯的限制，以及行会封闭、垄断制度的制约，仍无法打破不同行业和不同区域商人之间的隔阂。其结果是“不特官与商隔阂，即商与商亦不相闻问。不特彼业与此业隔阂，即同业之商亦不相闻问”[①]。这种落后状态显然不能真正使商人形成一个思想和行动完全统一的社会群体，不仅妨碍商人群体联合起来共同抗争官府盘剥，也阻碍了商人联成一体与强大的外国资本进行激烈竞争。

值得注意的是，在清末民初，一方面是民族工商业在不利的环境下艰难发展，商人的力量不断增强壮大；但另一方面，外国资本主义的侵略和渗透日益加深，尤其是甲午战争之后中国面临利权尽失、经济命脉被外人控制的危急局势。如何救亡救国救己，成为各界有识之士不得不认真思考的重要课题。长久以来被指责为“在商言商”“重利轻义”的商人，实际上也不乏有识之士呼吁改变涣散不群的落后态势，提出了“合群”与“联合”主张，并在商界中产生了重要的作用与影响。

---

① 《商部奏为劝办商会以利商战角胜洋商折》(1904 年 1 月 11 日)，载天津市档案馆、天津社会科学院历史研究所、天津市工商业联合会编《天津商会档案汇编（1903—1911)》上册，天津人民出版社，1989，第 20 页。

例如清末《华商联合报》的创办，即是出于商人合群与联合的迫切需要。其创始人之一陈颐寿撰写的《华商联合报序目》指出："华商开会集议，或平日往来聚谈之间，彼此均以吾国人在海外者与同在海外者，在海内者与同在海内者，未能人人联合一气，为他人笑。而海内外相去较远，自不必说。拟发起一报，以为联合之机关。以上海为内外交通之地，议就上海择地设立报馆。"关于商界之联合有何作用与影响，该文具体阐明各地各业之商人若能联合，则可"有利则同兴，有弊则同革，互相联合，以交换智识，则非特利害既明，联合自固，即一事一物，亦不至斤斤于个人之私利，拘拘于一方之私治，而国之富强亦即随之"[①]。因此，新创办的《华商联合报》大力倡导商界联合，在"海内外时事社言"栏目专门发表一系列专论"联合"的相关文章，从各方面阐述商界亟须改变行帮林立、涣散不群落后状态的紧迫性，说明华商只有合群合力，才能在激烈的竞争中获得立足之地，进而致力于中国民族工商业的发展，使国家臻于富强。

《说联合》一文从家庭联合保护之要义谈到整个商界联合之重要，认为"一家之中父子兄弟自相联合，虽足以保守增其财产，而抵御他家之欺侮，苟一旦盗贼横来，偷窃潜至，则其亦不免被害，其甚者且或有生命之关系。是又不得不招募击柝者一人，以时相警备焉。然招雇击柝者，亦可以联合招雇，以收其功"，达到"费半功倍"的效果。因此，"尤愿我华商之能自相联合，皆以天房自处，而不以地房自处，并不以人房所自处者。自处也，则即以华商联合报为调和联合之助焉可也"[②]。除了论述合群成立新式商人团体的重要意义之外，《华商联合报》发表的"社言"还在此基础上进一步阐述了商业"联合"经营方式的重要作用。有的详细列举了在各国洋商严重排斥和倾挤下华商面临的艰难困境，呼吁华商宜速联合小本行商，仿设日本负贩团周历

① 陈颐寿：《华商联合报序目》，《华商联合报》第1期，宣统元年（1909）二月十五日，"海内外时事社言"，第1、3页。

② 陈颐寿：《说联合》，《华商联合报》第2期，宣统元年（1909）二月三十日，"海内外时事社言"，第5－6页。此文作者所说之天地人三房，是比喻一个同姓家族中根据不同辈分划分的不同层次的家庭。

内地，畅销寻常日用土货，以收天然固有之利权。[①] 有的指出：“今日商业界变法维新之第一策……当速师日本之前徽，共起图维。”“所谓商业界变法维新第一策者，其仿行东法之旨，不在学其皮毛，而在得其真相。”而“联合”实为其最要之策，包括“自行于业务上联合”、设立各业之“组合研究会”等。[②]

对于商界内部在清末开始出现的由散而合的新发展趋向，《华商联合报》发表的论说给予了高度肯定，并极力予以倡导。例如其刊发的《十年以内华商与十年以前华商之比较》一文，列举了20年间华商在各方面的发展变化及其影响，首先指出：“十年以前华商从事商业者，皆为个人之主义，曰某号。曰某号，其规模类未能扩充；十年以内华商从事商业者，始有团体之思想，曰某公司。曰某公司，其气魄似稍微雄厚。”不仅如此，该文还特别强调了“联合”对于华商的重要意义：“商之交通，在乎联合，愈联合则愈发达。十年以前，华商皆各自为谋，不相问闻，以致声气隔阂，商情涣散，而又动辄倾轧。十年以内，各埠遍设商会，以为交通机关，互相联合，遇事则集众会议，彼此研究，逐时改良，不至如前之隔阂涣散，将来效果未可限量。”[③] 该报还曾阐明近代报刊对于促进商人乃至整个国民走向联合的重要作用与影响，“报也者，舆论之代表也，举国之向导也，其责不綦重欤？外人不尝以散沙无团力诮吾民耶，吾甚恧之。故思借报纸之力，为联合机关，以结集吾国内国外之同胞，互输其智识，互用其攻错，而成一至大至坚之团体，一雪此恧焉！”[④]

清末之际，商会以及其他新式商人社团接连诞生，进而在经济和社会生活中发挥了不可忽视的重要作用，在很大程度上应该可以说是

① 江觉斋：《敬告华商宜速联合小本行商仿设日本负贩团周历内地畅销寻常日用土货以收天然固有之利权说》，《华商联合报》第6期，宣统元年（1909）三月三十日，“海内外时事社言”，第1–5页。

② 《商业界之变法维新第一策》，《华商联合报》第9期，宣统元年（1909）五月十五日，“海内外时事社言”，第1、4页。

③ 《十年以内华商与十年以前华商之比较》，《华商联合报》第3期，宣统元年（1909）闰二月十五日，“海内外比较杂志”，第1–3页。

④ 《宣统元年颂词》，《华商联合报》第1期，宣统元年（1909）二月十五日，“海内外时事社言”，第5页。

商人在合群与联合思想指导下所采取的实际行动，并由此揭开了中国商人发展史的新篇章。例如《华商联合报》第21期发表的《萍乡商会简明章程》明确指出，之所以成立商会是由于“中国商人素无合群思想”，“团体未立，势涣力微，有利不能兴，有害不能除，长此不变，恐有江河日下之势”。苏州商人也意识到苏埠“商情涣散，视各埠为尤甚，亟应联合各业设立商会，方足以振兴工商业，齐一商志”[①]。苏州商人随后还进一步阐明：商会不立，无从改变传统的落后局面，“微论官与商既多隔阂，即商与商亦复纷歧”。商会既立，方能“以期内外上下联成一气”，“盖商之情散，惟会足以联之；商之见私，惟会足以公之”[②]。由此不难看出，商界合群与联合观念的形成在当时产生了十分重要的实际影响。

商会成立之后，商界中的有识之士还呼吁在此基础上仍需进一步沟通与联合。《华商联合报》刊登的相关论说即曾指出：各省总、分会、分所以及外洋之中华商务总会虽已成立两百余处，“然商会虽多成立，声气犹未尽交通，商学创设犹少，教育更未能推广，使无华商联合报为之机关，以灌输文明，交换智识，则商人闭聪塞明，踽步盲揣，其事业终不合事宜，而无复有进于活泼泼热轰轰景象之一日。处二十世纪商战剧烈之时代，无识力无手段无经验，则职业将日以堕落，不但对外的竞争瞠乎在后，即对内的竞争亦每况愈下”[③]。值得一提的是，随着合群合力思想的发展，商会这一新式商人团体也不断扩展。在清末最后几年间，经由上海商务总会积极推动，全国商界的有识之士开始酝酿成立华商联合会，并草拟了华商联合会简章。通过上海商务总会提出的组织华商联合会意见书，可以明显看出商界“联合”思想的发展与影响：

---

① 《苏地绅商为拟设商务总会呈商部说帖》（1905年6月20日），载章开沅、刘望龄、叶万忠主编《苏州商会档案丛编》第1辑，1991，第2页。

② 《王同愈等呈商部稿》（1905年6月30日），载章开沅、刘望龄、叶万忠主编《苏州商会档案丛编》第1辑，第3页。

③ 江义修：《论阅华商联合报之有益》，《华商联合报》第2期，宣统元年（1909）二月三十日，“海内外时事社言”，第3页。

> 吾国商人，病涣散久矣。甲与乙不相谋，此业与彼业不相浃，此埠与彼埠不相闻，情势日益暌，能力日益弱，受压于官吏，受制于外人，循是不改，莽莽尘球，无复我华商立足地矣。比年以来，开明之士稍悟其非，翻然讲合群之理，海内外各埠，以次设立商会。……商与商集合而成商会，其在今日明效大验，诸公既知之稔矣。若会与会联合而成大会，效力之大，必有十百于今日商会者。以积极言，则权利之请愿，实业之发达，必有十百于今日商会者。以消极言，则外力之侵佚，官吏之压制，合谋而势不孤。凡此皆与会诸公所日夜往来于心目中而思得一当者也。区区之愚，以为宜乘今日组织一华商联合会，为海内外各埠商会总机关，为我全体华商谋极大幸福，庶毋负诸公今日远来之盛意。①

由上可知，商界的“联合”思想在清末萌发之后很快又进入到“会与会联合而成大会”的新境界。华商联合会简章规定的宗旨也清楚地表明了此意：“甲，为各埠商会交通总机关；乙，谋各埠商会办法之统一；丙，谋华商公共利益并去其阻碍。”② 随后上海商务总会和新加坡中华商务总会分别承担海内外发起联络之责。至 1911 年 6 月底，“蒙海内外各商会同声赞成，现在入会签名者约得二百七十余处”③。该会本拟于当年年底即召开大会宣告正式成立，但因辛亥革命爆发而未果。

华商联合会的成立虽然一波三折，但商界“合大群”之联合思想并未因此而减弱。中华民国建立后，商界的合群与联合观念愈益强烈，各地商会中的有识之士均普遍意识到亟须成立全国商会联合会：“聚一地之商家互相联络，共谋进行，甚盛事也。顾吾人犹有虑者，对于国

---

① 《筹建全国华商联合会意见及章程》（1907 年 12 月），载天津市档案馆、天津社会科学院研究所、天津市工商业联合会编《天津商会档案汇编（1903—1911）》上册，第 292 页。

② 《筹建全国华商联合会意见及章程》（1907 年 12 月），载天津市档案馆、天津社会科学院研究所、天津市工商业联合会编《天津商会档案汇编（1903—1911）》上册，第 292－293 页。

③ 《全国华商联合会致津商会函》（1911 年 6 月 30 日），载天津市档案馆、天津社会科学院研究所、天津市工商业联合会编《天津商会档案汇编（1903—1911）》上册，第 294 页。

内无联络、讨论、通筹全局之方法，对于国外无群策群力出而争雄之能力，各从事于一区域间，不合而规其大者、远者，仅此各地商会之分设，固不足以利我商业之进行，而支商战奋激之危局也。我国幅员广大，各地商会往往因交通未便，声气难通，而物品之产额销路素无统计，苟有全国商会联合机关，则商情可以联络，调查易于着手，协力筹维，然后商人之障害可除，商业之振兴可望。……是故时至今日，无论对内、对外，皆决不可无全国商会联合之机关。”[①] 民国元年11月工商部在京召开全国临时工商会议，与会的海内外商会代表再次商议成立全国商会，并呈报工商部批准，最终使中华全国商会联合会得以正式成立，并以此为纽带实现了全国商界的大联合，其能量和影响也随之更加突出。如同当时工商界人士所言：“吾国商会之设，十余年于兹矣。然其始不过以局部的结合，为各别的行动而已。自民国元年同人发起全国商会联合会以后，二年在沪上开预备会，复更开成立会，于是吾国商会始由局部的结合，进而为全体的结合，由各别的行动，进而为统一的行动。”[②] 这一发展变化，对于当时的工商界而言可谓意义极其重大。

2. “爱国”之论说

与“联合”观念密切相关而需要考察的是近代商界人士的爱国思想，两者均缘于严重民族危机的催生。如所周知，自鸦片战争之后，中国就不断遭受西方列强和日本的侵略，被迫签订了一个又一个丧权辱国的不平等条约，民族危机不断加深。尤其是到了19世纪末20世纪初，各国列强在中国争先恐后展开瓜分狂潮，强行划分各自的势力控制范围，并在中国直接投资设厂，从商品输入发展到资本输入的阶段，同时还纷纷攫取中国的铁路修筑权和矿山开采权，掌握了中国的

---

① 《中华全国商会联合会缘起》（1912年11月），《历史档案》1982年第4期，第43页。
② 《立宪国民会议行动敬告我商人》，《中华全国商会联合会会报》，第3年（1916），第9、10合期，“社论”，第17页。

经济命脉。一时间，具有悠久文明历史和灿烂文化的中国，面临着瓜分豆剖、亡国灭种的空前危机。在此危难之秋，救亡图存成为社会各界爱国志士的共同呼声。

清末之际，不少报刊发表的文章都与时俱进地摒弃重农抑商的传统观念，意识到商业和商人阶层的作用，呼吁商人担负救亡图存的重任。例如1903年拒俄运动期间，上海《苏报》在当年4月30日的报道中，号召“凡我商人，宜发爱国之热忱，本爱国之天良，届期多来聚议办法，勿失商家体面为要”。1904年第8期《商务报》发表的《兴商为强国之本说》一文，也阐明“商兴则民富，民富则国强，富强之基础，我商人宜肩其责”。实际上，那时的商人也同样深切感受到民族危机的严重威胁。《华商联合报》在创刊第1期“海内外时事社言”专栏发表的文章，就无限忧虑地感叹：“五十年中，世变纷纭，列强耽耽，窥伺吾旁。英人之入广西，英法之破天津，继以甲午、庚子两役，先后失败，创巨矣，痛深矣。”①

不仅如此，商界中的有识之士也因此萌发了具有近代民族主义特征的爱国思想，意识到时代赋予自己的重要使命。例如广东商人曾指出：“迨文明进步，出产丰富，器用繁多，万国交通，因利生利。而商人居中控御，骎骎乎握一国之财政权，而农工之有大销场，政界之有大举动，遂悉唯商人是赖。”② 商界人士还认识到爱国与联合有着密不可分的联系，《华商联合报》的论说就曾直接阐明：“《华商联合报》何为而设也？曰将以联合吾华商，共尽其爱国之心力，以富强吾国焉耳。夫富强之道不一，而其要必本于人民之有爱国心。爱国非可空言，其要尤在联合，一人之爱国心其力甚微，合众人之爱国心其力始大。……空言爱国，于事无补，必在联合；空言联合，亦于事无补，必有机关。”③ 其要义不言而明，即爱国必须联合，否则力量有限，难

① 《宣统元年颂词》，《华商联合报》第1期，宣统元年（1909）二月十五日，“海内外时事社言”，第2页。

② 关百康：《粤商自治会函件初编》，“序”，1908，广州中山图书馆藏。

③ 陈颐寿：《华商联合报序目》，《华商联合报》第1期，宣统元年（1909）二月十五日，“海内外时事社言”，第2-3页。

以发挥万众一心、共起图维的效力。

更加难能可贵的是，清末的商人还将其爱国思想付诸实际行动。1905 年上海商务总会“以伸国权而保商利”相号召，发布通电动员全国各地的商会和商人投身于抵制美货运动，所获回应为“全体赞成”，并“坚决照办”，从而使抵制美货很快发展成为一场声势浩大的全国性反帝爱国运动。商界人士自豪地表示：“此次抵制禁约，是我四百兆同胞干预外交之第一起点。”① 1906 年苏州商人创设商团的前身“苏商体育会”，也是在爱国思想驱使下所采取的自强御侮行动。如同苏商体育会发起创办人所说：“自外人进中国，遂有以强制弱之势，是以吾人须讲求体育，以为自强之基……诸君须要一心一意，如兄之与弟，同心御外侮，则苏商之体育会，即各省之先河。”②

此外，《华商联合报》发表的相关论说还从政治体制的角度，阐述了中国积贫积弱和民族危机日益严重的根源，反映出当时商界的爱国思想已达到一定的高度。“国帑支绌不足言富，军实未备不足言强，安危存亡之机，间不容发。探其积贫积弱之源，实由于上下隔阂，国家之事，君主一人担之，而人民绝不过问，及至外祸内讧，相逼而来，上虽忧勤宵旰，而下仍处之晏然，惟其内气已虚，故客邪易入也。……吾国人民困厌于专制政体者久矣，君门万里，呼吁无门，彼暴官污吏，乃得窟宅其间，剥闾阎有限之脂膏，以供其无穷之欲壑，甚或引虎揖狼，自残同室。”这番言论，显然已直接揭示了长期沿袭的君主专制制度乃中国落后挨打的根本原因，而一句“吾国人民困厌于专制政体者久矣”含义深刻，表达了商界要求变革专制政体的强烈愿望。正因如此，商界对实行君主立宪制充满了期望：“今乃举二千年之魔障，摧而廓之。公庶政于舆论，以振民气；操大权于朝廷，以立君纲。将使积贫积弱之中国，一跃而跻于东西列邦之上，拨乱反正，转

① 《黄驾雄为抵制美货与华工禁约致尤先甲函》（1905 年 11 月 20 日），载章开沅、刘望龄、叶万忠主编《苏州商会档案丛编》第 1 辑，第 762 页。

② 《苏商体育会举行首次开操仪式时之演讲词》（1906 年 10 月 22 日），载章开沅、刘望龄、叶万忠主编《苏州商团档案汇编》上册，巴蜀书社，2008，第 12 页。

危为安，胥基于此。”① 与此同时，当时的商界论说也指出国人对政府所普遍具有的依赖性产生了严重的负面影响。“吾国积弱之故，正惟人人倚赖于政府，坐使政治之常识，以阅历少而不知渐进，即各人对于国家之观念，亦彼与此不相谋，上与下不相应，而政府乃不得已空负重大之责任也。”②

在清末商界有关爱国的论说中，对于国家与人民的关系及其影响也有前所未见的新阐述，认为“一国之盛衰强弱，不在乎土地之广狭、户口之多寡”，而在于国与民之是否紧密结合，“其要素乃以国民之分合验之”。因为“国与民合，则国家即人民，人民即国家，互相依倚，互相联属，而政府且立于最尊严最巩固之地位矣。国与民分，则国家自国家，人民自人民，政府每行一事，人民辄以为不便于己而嫉之者，且睨于其旁，此而冀其出力以保国家而即以自保，出财以养国家而即以自养也，庸可得乎？”而欲做到“国与民合”，使人民普遍具有爱国之心，首先必须改变君主专制制度，设立国会，实行宪政。“惟各国亦知其然也，而乃以国会为立国不二之方，顺而行之则富而强，逆而制之则危而乱。”③ 这显然是更进一步将政治制度变革与救亡图存的爱国思想结合在一起，反映了当时商界的爱国新观念。

辛亥革命之后虽然建立了中华民国，但民族危机并未因此而缓解，各界民族主义思想也进一步高涨，爱国仍然是社会各界关注的一大主题，商界也不例外。作为全国商会联合会机关报的《中华全国商会联合会会报》，甚至在 1915 年第 7、8、9 和 12 期连载题为《爱国》的长文。④ 该文将“爱国”之说细分为若干专题，分别予以阐述，体现了商界人士认识“爱国”这一时代主题的广度与深度。以下摘其两方面之重要内容略作评析。

---

① 本段引文出自《宣统元年颂词》，《华商联合报》第 1 期，宣统元年（1909）二月十五日，“海内外时事社言”，第 2 页。

②③ 《拟海内外华商联合请开国会书》，《华商联合会报》第 4 期，宣统二年（1910）二月，“海内外时事社言”，第 2 页。

④ 该文未署作者之名，也未注明系转自其他报刊，并且刊发于《中华全国商会联合会会报》的“论说”专栏，相当于中华全国商会联合会发表的社论。

（1）“时局之教训与国家思想”。近代国家之思想如何产生？当时的商人自然难以进行全面准确的理性科学分析，但他们却能够从切身体会以及感知层面朴素地意识到，人们“知识之增进，道德之陶冶，一随社会之教训而变迁。惟国亦然，一国国民，各有其历史上之经验遗传，为不断之摹仿，不断之发明，以渐启进步”。由于中国自秦以后即实现大一统格局，周遭诸小国文化落后于中国，均为中国文化所同化，故其历史经验遗传的主要特征是，国人“只有天下之观念，而无国家之观念；有朝代之名称，而无国家之名称”。因此，“我国民国家思想，所以不及欧美文明国民者，地理之位置、历史之遗传为之也”。作为商界人士，能够敏锐地察觉到中国长期以来只有天下观而无国家观，只有朝代之称而无国家之称，国民也因此而欠缺国家思想，这在当时应该称得上是较为难得的认识。

在此基础上，该文还进一步说明“海通以后，欧力东渐，外国之文化渐至于内输”，从鸦片战争至庚子之役，创深痛巨，“历数五十年来，每经一次外力之激刺，国民之国家思想，亦逐次增加其度数。故自一面言之，外侮压迫，为国家之不幸，自他之一面言之，又未尝非国家之大幸”。这样的理解可以说是一种朴素的辩证法认识，甚至与马克思关于近代西方殖民主义者侵略落后国家造成双重影响的论述也有某些相似之处。该文还论述了外力刺激与内部觉悟的辩证关系。“虽然国家思想之勃兴，启于外界之冲动，同时须有内部根本之觉悟，我国民有根本之觉悟与否，此则未敢遽信者也。”从后续文字不难看出，该文作者显然认为当时的国民尚无“根本之觉悟”。“此次外交失败，决非一时之失败，非一人之失败，实吾国民之不振，自作自受者也。故条约签字，虽出于政府之手，实则吾四万万国民，各分担签字之一部，此吾国民所宜深自省也。”为此，该文强调“国家思想与世界知识，宜有以相应”，国民应增长世界知识，知己知彼，方能百战不殆。“今日国家思想之勃兴，实我国民自觉之萌芽”，“深信我国家缘我国民之自觉而臻于强盛”①，这又反映了商界人士对今后国民自觉及其影响的信心。

（2）“今世界之国家”。何谓“今世界之国家”？该文对这一问题的论述，可谓洋洋洒洒，从国家形成和发展的整个过程进行了十分详细的分析与说明，而归纳其核心要旨，则主要是强调：“今世界为国家放一异彩者，即国民的国家之实现是也。”也就是说，能够称为现时代之真正的国家者，不能是君主专制的国家，必须实现“国民的国家”这一目标。是否实现这一目标，也是考量一个国家是否达到“今世界之国家”的标准。那么，所谓“国民的国家”又具有怎样的特征呢？该文认为，“国民的国家者，谓国家之绝对主权，与人民之自由平等，二者各发挥其特质，而能为缜密之调和是也”。这一深刻论述，不能不说是当时商界人士的洞见之明。

该文还进一步指出，吾国之人由于“久为专制思想所束缚”，不能理解“国民的国家”之真谛，“其实此理在外国已成为老生常谈，苟稍明大势者，因确知其不谬也”。所以，在现今之时代谈论爱国，首先需要明确所爱之国应为“国民的国家”，而非专制之国，因为“今时代之国家，既以国民的国家之实现与否，为国家之存在与否之大键，日言爱国而不知此理，恐所爱者非今日之国家，于爱国之真谛无当也”②。很显然，“国民的国家”这一论说是商界人士萌生近代国民、国家观念的具体反映，也是民国初年的商人爱国思想不断发展深化，达到某种新高度的具体表现。

为何不能爱专制之国，只能爱国民之国？该文的阐释是：“专制之国家，其国民之事业必萎瘁；国民的国家，其国民之事业必发皇。专制之国家，其国民之品性必堕落；国民的国家，其国民之品性必增进。”要而言之，“国民事业之发皇与品性之增进，无一不源于自由之

① 以上两段文中之引文，均引自《爱国》，《中华全国商会联合会会报》，第 2 年（1915），第 7 号，“论说”第 1－3 页。

② 以上两段文中之引文，均引自《爱国》，《中华全国商会联合会会报》，第 2 年（1915），第 8 号，“论说”第 1、6 页。

精神。自由者，专制国家之所最仇视者也。盖专制国家以维持扩张政府之权力为唯一之政略，恒欲以政府之好恶齐一一国之好恶，以政府之行动齐一一国之行动，稍有立异者，务尽力以摧压之。摧压之结果，人民惟殚其心于免祸之道，闭聪塞明，偷安于旦夕，无复有余力以为新学问、新事功之发明”。如此之国，焉能发达兴盛而免遭列强之奴役？该文还强调真正的国民之国，必须有议会。“议会者，国民的国家实现之枢机，亦即其实现之进路也。”而追溯“议会制之由来，实因监督政府而发生；监督政府之由来，实因力争自由而发生”。因此，“国民的国家与议会制之不可分离，非偶然也”①。以上这些论述，可以说已经达到了相当的深度。这篇长文的最后一部分主要论述了国民外交对于实现“国民的国家”之重要作用，认为“今世界之国家内政以国民为中心，其在外交亦遂现以国民为中心之特色。故国民外交，成为世界普通之术语”。为此，吾国之人当知“国民一日不能应国民外交之势者，即一日不得言外交；我国民一日不能达国民的国家之域者，即一日不得成为今世界之国家”②。以上民国初年商界关于“爱国”的这番系列论说，可以说十分深刻透彻且令人折服。

3. “政治”之论说

不关心国家政治问题，只专注于能否赢利增财，是近代商人遭受批评最多的一个话题。确实，揆诸相关史料和文献，我们常常看到一些著名商董乃至某些商会都曾标榜“在商言商”。例如曾出任上海总商会总理的周金箴，在民国初年就曾直截了当地说：“商人在商言商，惟以保持实业、发达商务为唯一宗旨。”③ 清末的广州商会也在章程中明确规定：本会“一以振兴商业为代表，如事非关碍商业利益者，概不

---

① 本段引文引自《爱国》，《中华全国商会联合会会报》，第2年（1915），第9号，“论说”第1、3页。

② 《爱国》，《中华全国商会联合会会报》，第2年（1915），第12号，“论说”，第1、5页。

③ 上海市工商业联合会编《上海总商会议事录》（一），上海古籍出版社，2006，第131页。

干涉”①。五四运动期间，仍有商会领导人表示：“商会为商界正当团体，向来办事为章程束缚，抱定在商言商、不预政治为宗旨。”② 商人的这种态度与表现，在当时就受到批评。例如梁启超曾指出：由于“我国自昔贱商，商人除株守故业，计较锱铢外，无他思想”③。在现今探讨近代商人的论著中，有的也认为中国商人一直“缺乏政治责任感”，在商言商成为“清末民初资产者的口头禅和基本信条”。对商家个人而言，“在商言商不过是只做买卖莫谈国事”；对商会领导人而论，“在商言商是要过问‘商政’，但不涉及与商没有直接关系的‘纯’政治”。④

上述情况表明，对待政治问题商人确有其独特考量，与政治保持一定距离也是商人的特性使然。但我们同时还应注意到与以前相比，清末民初的商界在这方面也开始发生一些变化，即使是对批评较多的“在商言商”也需要做具体考察。多年前笔者曾针对商人“在商言商”的言论与行动发表过一篇专题论文，指出：“一方面，大量的事实表明，在商言商在许多重要的场合下，往往是商人拒绝关心政治和参与政治活动最常用似乎也是最充分的理由，产生了明显的消极影响；另一方面，在有些特定的场合和事件中，它又巧妙地转变为商人逾越商事而干预政事，或是向官府提出自己种种要求的依据，发挥了一定的积极作用。因此，对在商言商不能简单地统而论之，一概予以否定，而应该区分不同的场景与事件，对在商言商所反映出的内涵其及影响，分别做出具体分析与评价，否则将会失之片面。”⑤

实际上，清末民初商界人士曾直接或间接地对“政治”问题发表过不少论说，而且也曾参加甚或发起过政治活动，只是没有引起研究者的注意并予以分析。例如清末“预备立宪”改革期间，各地商会和商人均表示支持。立宪派为推动清廷加快宪政改革步伐，尽快召开国

---

① 《广东总商会简明章程》，《东方杂志》，第1年（1904），第12期，“商务”，第155页。

② 朱葆三：《最后辞职书》，《申报》1919年7月1日第10版。

③ 梁启超：《敬告国中之谈实业者》，载李华兴等编《梁启超选集》，上海人民出版社，1984，第578页。

④ 张亦工、徐思彦：《20世纪初期资本家阶级的政治文化与政治行为方式初探》，《近代史研究》1992年第2期，第114页。

⑤ 朱英：《“在商言商”与近代中国商人的政治参与》，《江苏社会科学》2000年第5期，第128页。

会，发动国会请愿运动。上海商务总会也在《华商联合会报》发布《拟海内外华商联合请开国会书》，阐明商界对宪政改革的态度，动员全国商会派代表踊跃参与这一政治运动。该文指明："欧亚两洲之国，盖无无国会而自全于世界者矣。……无国会则无督促政治之机关，无抵拒外患之能力。"唯有立即召开国会，实行宪政，方能挽救危局，因此，"请开国会一事，所谓为商等计，而不徒为商等计者也"①。1910年6月，商会即派出代表积极参与第二次国会请愿运动，并向清廷递交了三份敦请速开国会的请愿书。

在民国初年，关于改良政治与发展实业的密切关系，既受到当时政界与思想界的关注，也促使商界人士有所认识。对于这一问题，笔者多年前也曾发表专文予以论述。② 1912年11月民国北京政府工商部在京召开全国临时工商会议，各地商会以及其他工商团体均派代表出席。梁启超应邀在会议开幕式上发表演讲，对这一问题做了较详细的阐释。他特别强调"凡一国之产业，未有不与政治相关系者。政治不良之国，产业必永无发达之一日"③。因此，工商界人士应该关心政治改良，积极参与各项政治活动。对于梁启超的论述与呼吁，与会的工商界代表给予了积极回应。有代表在大会发言中说："何以工商事业尚不能发达，是即梁先生所云政治不良之弊也"；还有代表表示：工商界应积极参与政事，"先于政治上得良好之现象，否则政治不良好，实业又何能希冀发达耶"④。其后，商界另有一篇论说文章还指出经济发展对政治的影响："人类为社会之一员，经济的利害实人类所共同。经济的利害之所攸关，即是社会的利害之所攸关，所以经济的利害关系，常为一国政治之源。从来政治之生扰乱，不出二端，一为经济根本之枯竭；一为经济上之不平。故欲求政治的自由，必自求经济的自由

① 《拟海内外华商联合请开国会书》，《华商联合会报》第4期，宣统二年（1910）二月，"海内外时事社言"，第2、3、4页。

② 朱英：《清末民初政治改良与商业发展关系论说》，《史学月刊》2000年第5期。

③ 《工商会议开会来宾梁启超君演说》，《中国商会联合会会报》，第1年（1913），第1号，"开会式及演说"，工商部1913年编印，第3页。

④ 工商部编《工商会议报告录》第1编，"开会式及演说"，工商部1913年编印，第28、33页。

始。”① 这是反过来从另一角度论述经济与政治的辩证关系。

关于经济与政治乃至社会制度的紧密关系，民国初年之际商界的论说还有如下新认识：“社会制度乃是经济关系的结合，和各种非经济关系的结合，互相搀合，才能构成国民经济活动的地盘，所以经济的利害，虽有左右政治法律之力，然而自己活动的地盘，又要政治法律和各种势力结合，方能构成，皆是互相为因，互相为果，若认定一种阶级为社会构造的原因，万国古今，断没有这种事实的。”② 这番论述阐明经济有“左右政治法律之力”，同时也指出经济发展需要与“政治法律和各种势力结合”，是相辅相成、互为因果的紧密关系，可以说是工商界对经济与政治两者辩证关系的很好阐述。

民国初年的商界论说中也曾论及政府与国会的关系这种较为纯粹的政治问题，说明国会之缘起，缘于近代“人权思想发达，渐知行使政治、制定法律权力并在一个机关的不利，遂于政府之外另立一个机关，专司立法的事项，这种机关叫做国会”。于是，“国家与政府的分别，渐次大明”。关于政府与国会的关系，虽然民国初年的中国从表面上看已经初建民主共和制，并且有了名义上的国会，但一般工商业者对两者之间的关系并不了解。因此，商界论说对此予以说明，认为“国会的职权不是人民所赋与，是从国家委托而来；政府的职权不是国家元首所赋与，也是从国家委托而来。两种机关的位置，在国家中是一样的，没有轻重。国会监督政府的遗失，却不能限制政府的活动，政府虽能否决国会制定的法律，却不能根本的打消国会的基础权限的范围，两不相侵。若是有一方压倒另一方，那便不是代议政体了”③。这一论述在当时对于帮助工商界认识政府与国会的关系，应该说不无裨益。

不过，商界人士对政治的认识仍有其鲜明的特色。《中国实业杂志》

---

① 《国民经济》，《中国商会联合会会报》，第1年（1913），第3号，“论说”，第16页。

② 《经济及于政治法律之影响》，《中华全国商会联合会会报》，第1年（1914），第8期，“论说”，第11页。

③ 《政府与国会》，《中国商会联合会会报》，第1年（1914），第4号，“论说”，第1－2、12页。

在民国初年发表的一篇关于《实业家不宜入政党说》的文章[①]，集中反映了工商业者对民国初年政党政治的看法与主张，值得作一专门介绍和分析。该文首先说明："民国成立以来，所最足唤起国民者有二焉，一曰政党，一曰实业。"这可以说是工商界对民国初年政经情势的敏锐观察。同时，对政党政治也给予了肯定的评价，认为"政党在国内之位置、所占之地势极尊，而吾国政党之活动，已见萌芽。政党既以国家为前提，斯民国之幸也"。但是，该文却非常明确地表示实业家不宜加入政党。原因何在？是因为如前所说之工商业者不关心政治，还是另有其他原因？

很有意思的是，该文在直接回答实业家不宜入政党的具体原因之前，先简略介绍了日美两国实业家与政党的不同关系，而这一问题似乎在以往许多研究近代商人的论著中并未提及。根据该文所述，日本工商界"除三菱与国民党有关系而外，其他殆皆独立"。也就是说日本的实业家与政党并无关系。之所以"独立"，是由于"实业家未能独立之故"。而实业家"未能独立，则政府须维持之。维持之方法，或补救，或运动，或对外贸易，而政府为后盾。舍政府未能独立，故可以不入政党。政府利用实业，实业家亦利用政府也。政党之变更，无损于政府，亦无损于实业家"。至于美国的情况，则恰好与日本相反。"美国实业家皆入政党"，其原因在于"甲党之实业家者多，则甲党势力雄厚，乙党之实业家少，则乙党势力薄弱"。于是，"政党利用实业家，而实业家之对于政党也，亦无不尽力"。其结果是"我党得势力，则我之实业亦因之而发达。故实业家能以其全力而代政党组织，俟我之政党成功，则我之势力亦大矣"。这实际上是观察到了日美两国由于工商界发展程度和政治制度差异而形成的工商界与政党之间的不同关系。

---

① 李文权：《实业家不宜入政党说》，《中国实业杂志》，第4年（1913），第2期，"论说"，第1－4页。以下凡引自本文者，不再一一作注。李文权当时旅居日本，曾在菲律宾经商，1910年在日本创办《中国实业杂志》（前身为《南洋群岛商业研究会杂志》），担任社长。该杂志大力宣传实业救国，由东京中国实业杂志社编辑，在北京、上海商务印书馆发行，1917年迁至天津出版，停刊时间不详。

那么，为什么在当时同样名为共和的中国，实业家却不宜加入政党呢？该文认为“实业家与政党联合与否，非政体之问题，乃经济界之问题也”。具体而言，主要是取决于国家之富贫与实业家是否独立。“国之富者，实业家能独立，惟其能独立，而后政党援引之，政党亦可以独立。国之贫者，实业家不能独立，惟其不能独立，而实业家亦可以不附政党矣。不附政党，则反成独立。”此说虽并非十分全面与准确，但却称得上是当时工商界的一家之言。

当时的中国，由于国家贫弱，实业尚处于萌芽时期，实业家无法独立，当然不宜加入政党。“若实业家以入党为要图，譬之甲党有纺纱厂，而乙党有铁厂，然而乙党党员而购纱布也，甲党党员而购铁也，其亦沽之否乎？总之，实业家者，全国人皆我之顾客也，即世界各国人亦皆我之顾客也，焉能谓非吾党而交易遂绝乎，此实业家不必入党者一也。”

另外，实业家如果加入政党，久之必会心生他念，无法再专注于实业之发展。“实业家未入政党，其心但在实业”，则可一心一意专注于本业。“美国实业家入政党，于是特辣斯成立。特辣斯成立，物价因之昂贵，生计因之艰难，合全国产业，并之于一人垄断之恶果，害及全国。在美国地广人稀，犹可为之，而中国万不可也，此实业不必入党者二也。”

上述理由虽不能说令人信服地阐明了工商业者不宜加入政党和参与政党政治活动的具体原因，但能够通过与中日两国情况之对比，对此说做出一些论述，表明工商界的独特看法，也体现了工商界人士对政党政治的态度。该文最后表示：“今中国人人欲兴实业矣，中国之实业家，政府宜联络之，迟之十年二十年，然后实业家能以自立，夫而后政府始有赖实业家。夫实业家者，何必汲汲然以入党为事也。”

需要补充说明的是，民国初年的工商业者不加入政党，这种态度和行动从表面上看似乎是要远离政党政治，专注于“在商言商”的商人共识，但从实际情况看商人却又并非对民国初年的政党之争不闻不问，相反还曾主动发起过一场调和党争的行动。袁世凯就任中华民国大总统之后，宋教仁等革命党人以原同盟会为主干，联合若干小党成立国民党，希望通过选举获得国会中的多数议席，组成责任内阁。在1913年举行的第一届国会选举时，国民党取得了可观的392席。袁世凯也组织了一个御用的进步党，以与国民党抗衡。随后围绕“善后大借款”以及先定宪法后选总统，还是先选总统后定宪法等重大问题，国民党与进步党之间进行了激烈的党争。特别是在“宋案”发生之后，不仅党争更趋尖锐，甚至因一部分革命党人主张武力讨袁，政局日益动荡，呈现剑拔弩张的态势。

面临党争激烈和战争风云密布的局面，各商会担心“金融因之停滞，而商业首蒙其害”，遂联合商议“设法维持，以靖人心”。[①] 1913年5月，各省商会调停代表陆续进京，与国民党和进步党各推举的10名代表，就“借款、内阁、宪法、总统”四大问题进行了长达一个月之久的谈判，并促成两党就这四大问题达成了初步协议。尽管随后不久即爆发“二次革命”，这个协议并未发生实际效力，但商会调和党争的行动被时人称为“商人维持政局，为吾国轫举”[②]，也证明商人并非完全不关心政党政治和政局的发展变化。

实际上，商人对政治问题的态度与行动，主要还是出于保护商业发展和维护自身利益的目的，这可以说是“商人政治”的一大特色。例如清末商会在敦促清廷速开国会的请愿书中，即强调商人参与请愿是“为求一线之生路”，“朝廷苟迟迟不与，则商情之涣，商业之衰，必视前此有一落千丈之势”。[③] 民国初年的商会之所以发起调和党争，也是担忧国民党与进步党之间的党争激化，最终导致战争发生而危及商人的切身利益。参加调和的全国商会联合会各省代表发布的通告书曾明确指出：“政党实为国会之中坚，故政党良则政府自良，党争息则国基自固。……且以国基安危所关，即人民生命所系，商民等以利害

① 《商会联合会调和两党纪事》，《中国商会联合会会报》，第1年（1913），第1号，“纪事”，第1页。
② 《商会联合会调和两党纪事》，《中国商会联合会会报》，第1年（1913），第1号，“纪事”，第6页。
③ 《江苏苏州商务总会代表杭祖良、上海商务总会代表沈懋昭请速开国会书》，《时报》1910年7月22日第10版。

切己，在商言商，爰集合各省商会代表，为两党调和。”① 耐人寻味的是商会一边发起调和党争这一政治活动，一边却仍然自诩“在商言商”，显而易见这里所说的“在商言商”并非指不涉政事，而是从“商”的角度论政治涉政事，明显体现了“商人政治”的突出特点。

4. “实业”之论说

在清末民初，随着社会经济的发展，“实业”一词开始流行，“实业救国”思想也迅速发展成为一种有影响的社会思潮。这里需要说明的是，“实业”是一个综合性的概念，内容似乎更为宽泛，不仅包含商业在内，而且也包括工业、金融业、交通运输业甚至农业。著名实业家张謇曾经解释说：“实业者，西人赅农工商之名，义兼本末，较中国汉以后儒者重农抑商之说为完善。”② 不过，在清末民初“实业”一词开始流行之后，广义的“商业”和“商人”之说不仅并未消失，而且仍然较为普遍地得到使用。③ 因此，本文论述中也会交相使用“实业”和“商业”这两个概念。

相比较而言，清末民初的商界论说中论及实业的内容不仅为数最多，而且角度与层次也丰富多样，既反映了当时中国工商业的发展进步，也体现出工商界人士经济思想的变化与提升，值得重视并加以分析。例如对于实业的重要地位与作用，清末民初的商界论说从不同方面进行了阐述。其中论述较多者，是强调发展实业乃救亡图存之根本举措。《华商联合会报》发表的论说文章，即说明“近世以来，政局大变，列国倾向注集商战，经济竞争，烈于军备，外界势力，影响全局，而我金融界遂现一绝大恐慌之险象”④。其结果是中国实业日益衰败，

① 《商会联合会调和两党纪事》，《中国商会联合会会报》，第1年（1913年），第1号，“文牍”，第8页。

② 张謇研究中心、南通市图书馆编《张謇全集》第5卷，江苏古籍出版社，1994，第151页。

③ 清末民初的广义“商业”概念，实际上也不仅指商业，还包括工业、金融业和交通运输业等，但不包括农业；当时的“商人”也不是单指从事商业贸易者，还包括从事工业、金融业和交通运输业的业主。

④ 《商箴》，《华商联合会报》第3－4合期，宣统二年（1910）闰二月，“海内外时事社言”，第1页。

面临灭亡危机。同时，该报还以当时世界已亡诸国为实例，说明发展实业之极端重要。“吾闻埃及之亡也，亡于商生计大权操之他族；波兰之亡也，亦亡于商民穷财尽，巨业莫兴；印度亡，举国役于英，无得学政法、商法之商者。可见近世破国亡家之历史，大半出于实业之腐败，财力之消耗。”①

张謇在清末民初既是工商界人士中大力提倡发展实业、挽救利权以救亡图存的论说家，也是身体力行、不畏艰难创办实业的实践家。他历经千辛万苦终于在不惑之年得以考中状元，但面对甲午战争后大量利权丧失、民族危机日益加深的危急局面，毅然放弃仕宦之途，转而走上了兴办实业的荆棘之路。他始终坚信：“救穷之法惟实业，致富之法亦惟实业。”② 之所以率先在通州创办大生纱厂，一方面是“为通州民生计”，另一方面“亦即为中国利源计”。由于“通产之棉，力韧丝长，冠绝亚洲，为日厂之所必需，花往纱来，日盛一日，捐我之产以资人，人即用资于我之货以售我，无异沥血肥虎，而祖内以继之。利之不保，我民日贫，国于何赖？”③ 因此，他意识到亟须在通州自办纱厂以保护利源，抵御日本对中国棉花的掠夺。特别应予说明的是，将兴办实业与发展教育和慈善这三者紧密结合在一起，视为致强救亡的重要举措，是张謇实业思想最显著的特点。他认为：“以国家之强，本于自治；自治之本，在实业、教育，而弥缝其不及者，惟赖实业。”④ 这一论述体现了张謇作为一位著名实业家，具有走出实业论实业的宽阔胸怀，将发展实业、教育、慈善三者作为救亡图存的整体系统工程。正因如此，他在创办实业的同时，还苦心经营教育和慈善，并在这三个方面都取得了十分显著的成就。

前文提及“实业”概念包含了农业，这一概念的提出与流行体现了清末民初经济思想的发展进步。不仅如此，当时的工商界论说中还

---

① 《上都察院书》，《华商联合会报》第7期，宣统二年（1910）四月，“海内外时事社言”，第2页。
② 张謇研究中心、南通市图书馆编《张謇全集》第3卷，江苏古籍出版社，1994，第790页。
③ 张謇研究中心、南通市图书馆编《张謇全集》第3卷，第17页。
④ 张謇研究中心、南通市图书馆编《张謇全集》第4卷，江苏古籍出版社，1994，第406页。

对商业与农业的关系进行了具体阐述。例如《华商联合会报》曾发表一篇专论农商关系的文章，强调“欲知商业之问题，当先观农商两界之历史”。该文阐明中国“至汉时贾人不得衣丝乘车，孝惠虽弛商贾之律，而市井子孙，仍严仕宦为吏之禁。自时厥后，农商之不相平等，遂支配数千年来上下社会之心理”①。这实际上揭示了由于中国历代封建王朝长期奉行重农抑商政策以及由此形成的社会心理，导致农业与商业的不平等甚至对立，商业也因此始终难以获得充分发展。迄至近世，国人虽渐知“舍商务无以立国，于是旧时之学说不适于今日”，重商思想日渐兴盛，但却又忽略了发展农业的重要性及其对于兴商富国的作用与影响，这种状况同样也会妨碍商业的振兴。所以，在近代新的历史条件下农业与商业两者之间究竟是一种什么样的关系，需要认真厘清并正确对待，这样才能真正推动实业的发展。

对于这一重要问题，这篇专论农商关系的文章从“直接者”和“间接者”两方面进行了较为详细的论述。“就其直接者言之，则商家经营转输之物，何一非农家耘耔种植之物也，其物之来源不足，则其对于制造、营运两方面者，必且因竞争而愈受其病。”美国之商业富甲全球，其原因在于土地广博，物产殷阗，“凡原料之所必需皆足供工商辈所藉手”。而英国商业能独霸天下，则是由于加拿大、澳大利亚、印度等属土，为其供给不可计数之农品和天然物产。“今之论者，动谓吾国不患无农业，患无商业，不知农业之窳败，其结果实为绝大危险之事。……合之两美，离之两伤，必然之势，无可逃者。”在当时的历史条件下，工商界人士能够如此重视农业的作用实属不易。在此论述的基础之上，该文还阐明：“就其间接者而言之，则农自农、商自商，论表面似两不相侔，论利害则依然相属。”②

在清末民初的工商界人士中，意识到商业与农业须共同发展并非

① 《论农商两界关系之原理》，《华商联合会报》第7期，宣统二年（1910）四月，“海内外时事社言”，第3页。

② 《论农商两界关系之原理》，《华商联合会报》第7期，宣统二年（1910）四月，“海内外时事社言”，第4页。

少数个别人，甚至新式民间社团农会在清末得以诞生，商人也发挥了不能忽视的作用。商人之所以重视农业发展，主要是意识到工商业的发展在很大程度上依赖于农业，正如清末的苏州商务总会所言：“农工商三者实相表里，今商界风气渐开，农、工尚少讲求”①，因而需要大力呼吁劝导。早在19世纪末，张謇也曾撰写过《农会议》《请兴农会奏》《商会议》和《农工商标本急策》等文，阐述了商业与工业、农业的紧密关系。他认为：“上溯三代，旁考四洲，凡有国家者，立国之本不在兵也，立国之本不在商也，在乎工与农，而农为尤要。盖农不生则工无所作，工不作则商无所鬻。”② 此外，张謇在当时还提出应该同时创设农会、工会和商会，以促进农工商发展，“天下之大本在农，今日之先务在商，不商则农无输产之功，不会则商无校能之地。……农会兴而后工会可得而言，工会每省得一二处足矣，其为农工之去路，则在商会。事宜先筹，犹治水之从下流始也。”③ 很明显，19世纪末20世纪初的商界人士十分重视发展农业的重要性，但这与封建时代的重农抑商却有所区别，并非单一地以农为本，而是与重工与重商相辅相成紧密地结合在一起；商人所倡导的发展农业的方式，主要也不是千年来沿袭的传统方法，而是像张謇那样创办新式垦牧公司，致力于将机械运用于农业生产。农会是清末诞生的以促进新式农业发展的社会团体，不少农会都是由当地工商界人士禀请官府批准得以成立。例如1909年底，担任苏州商务总会总理、协理要职的尤先甲、潘祖谦等人，联名呈文江苏巡抚请准成立农会。呈文表示：“处此上下交困之时代，不得不思根本上之救济。是故筹办农林，实为今日切要之图。……必先组织农会，庶于提纲挈领之中，可收执简驭繁之效。”④ 次年初，苏州农会即宣告成立。类似情况，在广东、福建以及江苏南京、泰州、锡金等许多地区也屡见不鲜。

① 章开沅、刘望龄、叶万忠主编《苏州商会档案丛编》第1辑，第31页。
② 张謇研究中心、南通市图书馆编《张謇全集》第2卷，江苏古籍出版社，1994，第13页。
③ 张謇研究中心、南通市图书馆编《张謇全集》第2卷，第11页。
④ 苏州市档案馆藏《苏州商会档案》，第73卷，第37页。

如何使实业得到迅速发展，是广大工商业者最为关心的问题，而实业能否发展涉及诸多相关因素，因此清末民初的商界论说也从不同的角度进行了多方论述。

呼吁政府尽快制定完善的商法，以法律的形式保障工商业发展，既反映了广大工商业者的强烈意愿，也体现了广大工商业者的迫切心声。“我中国商人，沈沈冥冥为无法之商也久矣。”[①] 清末新政期间，清政府为振兴工商、奖励实业，在中央专门设立了商部（后改为农工商部），并相继制定颁行了一批新经济法规，受到商人的欢迎。但是，这些规章不仅内容不完善，而且在拟订过程中并无商董参与，存在着种种缺陷与不足。上海商务总会曾于1907年和1909年两次邀请海内外商会代表在沪召开商法讨论会，经讨论后通过了与上海预备立宪公会共同拟订的商法草案，提交清政府请颁布施行。然而，直至辛亥革命爆发商法仍未颁行。

及至民国初年，工商界更迫切盼望商法能够早日问世。《中华全国商会联合会会报》接连发表《无商法之弊害》《论我国商业不可再无商法》等论说文，敦促民国北京政府颁行商法，保护商业发展。关于中国商业不振之原因，当时有种种说辞，莫衷一是。商界的论说认为：“我国商业不振，原因种种，敷陈其辞，虽累千百万言未能尽。即尽矣，千头万绪，阅者一时亦难得究竟。况政治经济各方面，责吾人同时廓清旧习，励行新规，是无异督跛者以趋盲者也。”[②] 因此，需要找出最重要的原因和励行最重要之举措，答案就是商法。没有商法保护，商人深受其害，商业也无由兴旺发达。《无商法之弊害》一文从四个方面予以具体说明：商人财产无法得到保护、商业行为缺乏保障、商业信誉无法律约束、外洋航权无海商法保护而丧失。[③] 有了商法，何以能保护商业的发展？因为“商法者，施于一国，商人之特别法也。如何

---

① 《上海商务总会致各埠商会拟开大会讨论商法草案书》，《申报》1907年9月10日第2版。
② 《论我国商业不可再无商法》，《中华全国商会联合会会报》，第3年（1916），第1号，“论说”，第4页。
③ 《无商法之弊害》，《中华全国商会联合会会报》，第1年（1914），第1号，“论说”，第1页。

为商人，如何为商行为，簿计之程式应如何，结算之手续应如何，附资应如何规定，公司应如何组织，经理之权限如何，店伙之规则如何，从之者生效，违之者失权。夫如是，争议息矣，标准立矣，奸匿禁矣，阛阓之间，安堵无事，商人各展其才能，专心致力于商业，而政府之商政，亦得施行无阻。夫然后一国商业，乃足与世界各国同列，不见斥于众，各国商业发达之顺序，大抵不谋而佥同。”① 这一论述虽未说明商法之制定颁行实质上与政府的阶级属性密切相关，而且简单地误以为有了商法中国商业即可与“世界各国同列”，但却详细阐明了商法对于商业经营与发展所具有的重要意义，这在当时具有积极作用。从实际影响看，在工商界人士的呼吁和社会舆论的推动下，民国北京政府加快了商法当中一系列相关具体法规的制定和颁行，门类更齐全，内容也更完善，在中国近代经济法规的建设发展进程中发挥了承上启下的功能与作用，对促进民族工商业的发展也不无积极影响。②

呼吁广大商人建立良好的商业信用和商业道德，也是清末民初商界论说中密切关联商业发展的一项内容。“信用为商业上最精之器械，而管理诸法又商业上必要之训练，兵以攻心为上，商以道德为上。”③中国本是一个讲求诚信的国家，许多商人也信奉诚信经商的原则，但在买卖交易中仍不可避免地存在一些欺诈行为，加之抑商贱商之风盛行，以致无商不奸之说流传久远。迄至近代，随着竞争的日益激烈，商业交往中的欺诈倾轧现象似乎也更加严重，不仅损害了商人的社会形象，而且阻碍了商业的正常发展。清末民初的工商界人士对此不无认识，因而多有论述。《实业杂志》第1期刊登的《实业杂志缘起》即曾指出：“振兴实业也者，不知三千年来实业之窳败，非无实业之官，无实业之民也。官治固放任凌乱而无耻，民治鲁莽灭裂偷生而无艺也。

---

① 《论我国商业不可再无商法》，《中华全国商会联合会会报》，第3年（1916），第1号，“论说”，第9页。

② 有关民初商法制定与实施的详细情况，可参阅虞和平《民国初年经济法制建设述评》一文，该文载于《近代史研究》1992年第4期。

③ 无我：《商业道德说》，《商余杂志》第2期（1914），“论说”，第10页。

无实业教育，无实业道德，二者尽之矣。”①

《中国商会联合会会报》发表的《商业的信用论略》是一篇重要的相关论说文，该文主要从学理层面介绍了信用交易的产生与内涵，说明商业行为主要有两种方式：“一种是一方交出物货，一方即纳代价，这种叫现金交易；还有一种一方交出物货，那一方的代价给付，却不能当时行之，延期于日后行之，这种叫信用交易。”所谓商业的信用，是“卖买者之间财货与报酬的提出，不同时履行的场合，就是商业的信用”。随着经济的发展，这种信用关系日益扩大，并且越来越重要，成为维系正常商业交往不可缺少的因素。“自信用经济发达，万般经营，无一不在信用基础之上。加以资本增加，产业发达，商业增进，法律制度完美，司法行政发展，诸种关连信用的形式，也因此多端，不独交换卖买借贷，有信用关系发生，就是那些新式的事业，如各种的保险制度、各种的银行制度、各种的企业组织，皆发生有信用关系。”于是，信用在商业行为中的运用十分广泛，商人拥有良好的信用才能保障商业持续发展。“信用的大小，可以决定事业的盛衰存亡。信用越发达，信用的效力愈增大，人也愈觉信用之必要。”②

关于道德与商业的关系，李文权曾在《中国实业杂志》发表《道德心微　盗贼心危》《原心篇》《中国人无道德心矣》等多篇论说文章，论及国人道德衰微和商业行为中的不道德情形，严重影响了实业的发展。“今日中国人之心……可一言以蔽之曰无道德心。”不道德的具体表现，包括存在希冀心、诈欺心、贪婪心、盗贼心、依赖心、奢侈心等。中国“以二十二行省之大，使此无数不良之人心之人，以从事于实业，而于中国之前途，亦终无何等效果焉”，唯有“易希冀心以对于事业之发达，推诈欺之心而从事改良，以贪婪之心而改为研究其事业之进步，舍盗贼心而致力于竞争，去依赖心而别开生面。如此则

① 《实业杂志缘起》，《实业杂志》第1期（1912），“缘起”，第2页。
② 本段引文均出自《商业的信用论略》，《中国商会联合会会报》，第1年，第5号，1914年2月1日，“论说”，第1、3－4、8页。

中国人之心，一去其旧染之污而自新也”[①]。《中华全国商会联合会会报》发表的一篇论说文章，内容与此不无关联。该文阐明商人之有利己心并不为错，因为“经济的原则，即是利己心之表示”。但是，商人同时应具有“爱他心”和“公共心”，而且其与“利己心”并不矛盾。“个人既生存于社会之中，行为必赖有社会协助，结果才能圆满。社会之发达，既个人发达条件之一。故为社会而动，利益常归于其人，为公共利益之行为，未必即与自利相反，结果反往往相合。”[②] 对个人与社会关系的认识能够达到如此程度，就当时历史条件下的工商界而言显然是值得肯定的。

《中华全国商会联合会会报》另外发表的一篇题为《商业家之道德心及秩序心》的社论，更是大力呼吁商人必须具备良好诚实的商业信誉，杜绝各种欺诈行为，才能促进商业兴盛，否则将自食恶果。“今者世界昌明，交通便利，学术进步，日益无穷。行诈术者，决不足以欺人，而徒足以自败。是则卑劣之商业家，不可不憬然自悟也。”针对所谓商人以各种手段逐利乃天职的说法，该文进一步阐明：“商业家虽一面以富贵之增加为旨，而一面仍不可不以道德为心耳。由此而言，则商业家之道德心，可分为二，其一为积极的，即当存远大之志，勿忘社会之公益是也；其二为消极的，即富贵可增加，而种种之恶弊，不可随而增加是也。”在清末民初，类似张謇这样的著名商人，可以说是兼具“积极的”和“消极的”道德心的典型，堪称商界的楷模。此外，该文还说明除道德心之外，商人还应具有秩序心，“夫秩序为吾人生活之善良习惯，稍弛之则一切有陷于紊乱之虞”[③]。应该说，工商界有识之士在当时能够意识到商人的信用、道德、“公共心”对实业发展具有重要影响，并为之大声疾呼，当可视为清末民初商人的思想认识和自我要求进一步提升的具体表现之一，即使是对现今的实业家而言

① 李文权：《原心篇》，《中国实业杂志》，第7年，第9期，1916年9月1日，“论说”，第4页。
② 《利己心与爱他心》，《中华全国商会联合会会报》，第1年（1914），第12号，“论说”，第7、10页。
③ 本段引文均出自《商业家之道德心及秩序心》，《中华全国商会联合会会报》，第3年（1916），第6号，“社论”，第1、2-3页。

也不乏重要的借鉴意义。

兴商学、开商智，培育实业人才，是清末民初商界论说中发展实业的另一重要呼吁。在清末，商界有识之士即开始认识到商与学有着密不可分的联系，称得上是清末商人思想进步的另一种表现。例如苏州商人曾指出：“储材端赖学堂，生利必资实业”；“近数十年来，外流奔放，浸涸利源，然究商业之所以不竞，实由商智之自甘锢塞。”① 类似的看法与自我检讨，在此前的商人当中从未见过。苏州商务总会成立后也公开表示：“时至今日，所谓商战世界，实即学战世界。泰西商人皆从学堂绩学而出，不独通文义、算术、历史、舆地、制造见长也，且能周知各国之情势，故所见者广，不屑以招徕接待为能，鸡虫得失自私也，实能保护己国之权利，故所争者大。我华之商，力薄资微，智短虑浅，既无学问，而又坚僻拘墟，以无学识之人与有学识者遇，其胜负可立决矣。”② 因此，商战离不开学战，“无商学，则商情必涣散，商德必堕落，商业必窳陋”③。

为了促使全国各地更多商人关注兴学育才，清末民初的商界论说对此也十分重视。例如清末的《华商联合会报》在“海内外时事社言”专栏发表的《上都察院书》一文，详细阐明如果再不重视“以教育为开通智识之机关，以议论为灌输文明之媒介”，将势必“坐使商学奄陋，商智闭塞，商情涣散，商德败坏，跼步盲揣，面墙咫尺，循斯以往，我商界之每下愈况，不知自拔，贻国家经济前途之累，固意中事”④。其结果既严重影响商人智识品行与商业发展，也给国家经济造成不良后果。当时的《申报》也曾发表题为《广商学以开商智说》的论说长文，强调：“今天下所谓商战之天下者，盖时迫之势驱之，欲不争以全力不可得也。虽然各国之争也，以商战，实则以学战。”揆诸吾

① 《经纬业吴国珩等禀文并学堂章程》（1907 年 8 月），载章开沅、刘望龄、叶万忠主编《苏州商会档案丛编》第 1 辑，第 749 - 750 页。

② 章开沅、刘望龄、叶万忠主编《苏州商会档案丛编》第 1 辑，第 30 页。

③ 《重庆商会办学之认真》，《华商联合会报》第 7 期，宣统二年（1910）四月，“海内外商会纪事”，第 2 页。

④ 《上都察院书》，《华商联合会报》第 7 期，宣统二年（1910）四月，“海内外时事社言”，第 1 页。

国之商，却是“学不至，智不睿，谋不精，而以处天择物竞之时代，以揆优胜劣败之事理，则吾国之商，较之各国孰得孰失，不已显然可决耶”①。同样是阐明在当时世界经济处于激烈竞争的环境下，如果仍然不兴商学开商智，中国的商人和商业将永远无立足之地。

中华全国商会联合会在民国初年成立之后，对于兴学育才以发展工商业也高度重视。该会在其机关报曾发表一篇题为《各商会、商人应留意商业教育》的长篇社论，对这一问题进行了全面阐述。该文首先说明中国传统商业中长期沿袭的学徒制在过去自有其存续的理由，而且产生了不小的作用。“就旧时小规模商业论之，……徒弟与主师，亲若父子，俨然家族，彼此之间，于道艺外，多密切感情，其能得圆满之效果。”但这种学徒制到近代已远远不能适应新式商业的发展变化，“近百余年企业组织日渐扩张，商业使用人之数大增，何能对于多数徒弟人人施其教养，遍联感情乎？此徒弟制度日趋衰废之一大主因也”②。以上有关传统商业中师徒制不适应近代商业发展的论述，在当时尚属少见，其切入点可谓别具一格。

那么，近代商业又有何特点？为何近代商业的发展依赖于商业教育？该文接着说明，近代新式商业不仅出现了许多全新的行业，而且规模扩大，组织复杂，尤其是“银行铁道海运保险等事业，以多年经验之结果，其经营法则，必有一定之秩序组织，秩序组织理论自然复杂，不另成一种专门科学，殆难研究其利益所在。……是完全普通教育之对于商人，固亦不可须臾缓也”。商人无须学问，乃旧时小规模商业时代的习俗，“今何时乎？固可于完全普通教育及商业专门教育等闲视之哉？故商业教育，不独政治家、学者、教育家互相鼓吹已也，实业家自身亦皆如大梦初觉惝然其故，已成一致之主张矣”③。

该文还以西方资本主义国家为例，阐明商会对于兴办商业教育具

① 《广商学以开商智说（上）》，《申报》1904年10月31日第1版。

② 以上引自《各商会、商人应留意商业教育》，《中华全国商会联合会会报》，第3年（1916），第9、10合期，“社论”，第1、2页。

③ 《各商会、商人应留意商业教育》，《中华全国商会联合会会报》，第3年（1916），第9、10合期，“社论”，第4页。

有重要作用与影响。“例如德国近来之各重要商业学校，无不由商会及其他商人团体敛费经营，而英国自千八百九十年来，教育界对于商业教育日事扩充，不遗余力者，考其实全基于伦敦商会之主唱。”因此，吾国商会也应担负这方面的责任与义务。“吾国商界诸君子，处今日千创百孔几莫能展步之时，亦曾于吾国商业根本上熟思所以救济之策否？亦曾于商业人才问题思所裁成培植之道，作数十年数百年之商战计划否？是诚吾国今日商人第一责任也。”最后，该文充满信心地表示：“苟办理商学者，抱百折不回之志，不至为外界境遇所阻塞，则吾国商业教育，终有与人并驾齐驱之一日。”①

实际上，在清末民初已有一些商会热心致力于兴商学、开商智。例如苏州商务总会在试办章程中规定：“本会经费充裕，应先筹设商业学堂，以造就商界人才。”即使是“经费未裕，应先筹设商学研究讲习所，以开商智而涤旧染”。苏商总会还阐明：“学堂也、讲习所也、陈列所也，皆为商界下新种子也。使不此之务，再阅十年，而我商界之面目仍旧，恐华商无立足之地，至时而思以教育救其弊，不已晚乎？凡我商会同人，毋再以自误者误后生，致不能争存于世也，同人勉乎哉！”② 此外，天津商务总会于1904年成立之初，也在章程中明确表示：“商学不讲，率多遇事牵掣，本会拟妥筹经费，设立商务学堂，造就人才，以维商务。”连清朝商部在批示中也称赞天津商会“拟设商务学堂、商务报馆并延请畅通商务之人定期演说，以冀讲求商学，启发商智，实为振兴商务之本”③。两年之后，天津商务总会即创办了天津中等商业学堂，并附设教员传习所。中华全国商会联合会在民国初年成立后，“慨二十世纪商战之猛烈”，也创办了中国商业函授学校。该函授学校“仿照欧美函授学制，并特别不收学费，为中国之首倡，以

---

① 《各商会、商人应留意商业教育》，《中华全国商会联合会会报》，第3年（1916），第9、10合期，“社论”，第4、15页。

② 章开沅、刘望龄、叶万忠主编《苏州商会档案丛编》第1辑，第30－31页。

③ 天津市档案馆、天津社会科学院历史研究所、天津市工商业联合会编《天津商会档案汇编（1903—1911）》上册，第48、49页。

期普及商业教育，广造商界人才"[①]。经过商界论说的呼吁，更多的商会及其所属行业均意识到开商学、兴商智的重要性，并创办商业补习学校，使之成为清末民初工商界发展进步的一个新气象。

最后需要说明的是，清末民初工商界有关实业的论说除以上所述外，还涉及调查商情与商业习俗、开办商品陈列所、借外债以兴实业之利弊、采用机器改良土货等方面的内容，本文限于篇幅不再一一介绍。

综合以上之论述，不难看出清末民初为数众多的商界"论说"，从一个侧面反映出近代商界前所未有的新变化趋向。"合群""联合"之说，体现了商人新的自我认知与近代群体意识的萌发，直接促进了商会等新式商人团体的诞生；独具特色的"爱国"之说，反映了商人爱的是"国民的国家"，而非君主专制之国；有关"政治"的论说，集中表现出商界"在商言商"式的"商人政治"视角与特点；有关"实业"的论说，更反映了商人对实业地位与作用、商法之重要、商业信用与道德、开商学兴商智等重要问题的认识。透过商界之"论说"窥探清末民初的商人思想，并辅以考察商人的相关实际行动，可知在清末民初这一转型时期商人思想与行动的发展进步，由此也可一定程度地化解长期以来人们对历史上的商人似是而非的种种片面认识。

---

① 《中国商业函授学校免费章程》，《中华全国商会联合会会报》，第3年（1916），第7号，"佥载"，第3页。

二、近代商人的“辛亥”记忆及其诉求

20世纪80年代以降，记忆史学的产生与兴盛，在很大程度上成为国内外新社会史乃至新史学兴起的一个重要具体表现。在辛亥革命这一重大政治事件发生一百年之后，除有必要对革命运动进一步深入探讨之外，从记忆史的新视角考察不同历史时期的不同派别与群体对这次革命的记忆、诠释及其影响，无疑也是一项十分有意义的研究工作。所谓“辛亥”记忆，是人们对辛亥革命以及与之紧密相关的民主共和、民族国家认同发展历程的记忆。本文主要探讨的即是从辛亥革命至20世纪20年代末，近代商人（即工商业资本家）这一社会群体对辛亥革命以及相关问题的集体记忆及其影响，并兼而分析辛亥革命作为“历史记忆”对工商界所产生的独特作用。

1. 近代商人的初始“辛亥”记忆

作为一个经历了辛亥革命这一重大历史事件的商人群体，对该事件的初始记忆，一般是经由直观感受以及当时报刊传媒的宣传报道而获得的记忆。此类记忆与后来重新建构与传承的“辛亥”记忆有所不同，它具有直观性、原始性或经验性特点，缺乏理性的分析与归纳，主观感情色彩更为突出，也较少受统治者演绎成分的影响。

客观而言，商人有关“辛亥”的初始记忆并非是一种良好的记忆，而是充满着动荡与不安的。从实际情况看，辛亥革命对于大多数商人来说，是一次突如其来的政治事件，商人并无充分的思想与心理准备。工商界代表人物张謇在武昌首义爆发的当晚，恰好从汉口乘坐日本商船赴上海，启程之际亲眼看到武昌新军士兵在江边燃起作为起义信号的火焰。其自订年谱还曾描述："舟行二十余里，犹见火光熊熊烛天也。"但他并没有预料到，这就是辛亥革命猝然爆发的信号。虽然这场革命运动在武昌首义爆发之前已经酝酿了十余年，但工商业者却始终知之甚少，他们不仅对革命缺乏了解与认识，而且极少给予同情和支持。在此之前，广大商人所期待的并不是一场暴力革命，而是在不引发社会动荡和保持正常经济生活的前提下，通过清王朝自上而下的政治改革，实现从君主专制到君主立宪制的变革，为民族资本主义工商业的发展开创新局面。"自立宪明诏颁发，各处商民无不欢欣鼓舞，开会庆祝。"许多商会还纷纷致电清朝农工商部，"请以翘盼立宪之意，代达天听"①。

然而事与愿违，清廷虽应允将预备立宪的期限缩短 3 年，预行组织内阁，"于宣统五年实行开设议院"，但武昌起义于 1911 年 10 月 10 日爆发。受其影响，全国各地都不同程度地出现了金融恐慌，钱庄、票号的倒闭屡有所闻，市面一片混乱。例如，在京津地区，"自鄂省事起，谣言四播，京津亦因之人心惶惑，市面异常恐慌"②。武昌起义后，江苏省的金融恐慌也十分严重，苏州 17 个钱庄联名呈文苏州商务总会，说明"苏省自得武昌警信，人心惶惑，纷提现款，以致银圆缺乏，市面紧急"，请求总商会转呈抚藩拨库银接济。江苏布政使一方面准拨现银 20 万元，交由商会具领，分借各钱庄，俾资周转；另一方面也照会苏州商务总会，阐明"金融机关，全资流通，近日苏城银根奇紧，商情恐慌，亦由钱庄各为自保之计，藏匿现银，有进无出，并不照常兑付，甚有持本票而无处取款者，以致人心疑虑，种种困难，激而成

---

① 《商民翘盼立宪之舆情》，载《商务官报》，光绪三十二年（1906），第 17 期。

② 天津市档案馆、天津社会科学院历史研究所、天津市工商业联合会编《天津商会档案汇编（1903—1911）》下册，天津人民出版社，1989，第 2420 页。

此现象。其实省城数十家钱庄，银洋现款何啻百万，除存项应酌定限制，暂缓提取外，其余商业往来，仍应照常收付，便可救济市面，何必定资官力?”[①] 根据江苏布政使的上述说法，苏州的金融恐慌主要是由于钱业商家面对武昌起义后的社会动荡，为求自保而藏匿现银所导致的结果。不管这种说法是否确实，武昌起义造成各地工商界的严重恐慌当属事实。当时，处于全国进出口贸易中心和金融中心重要地位的上海，同样也是如此。据当时报纸报道：“日来上海因湖北乱事大受震动，市面为之生起恐慌，金融极形紧迫，居民又多持钞票换银钱，市面大有危险之状。”[②] 另外，日本外务省根据驻华领事报告于 1911 年 11 月 2 日编发的《通商汇纂》第 3 期号外[③]，也有记载称：“芜湖商业几乎停止，金融机构因遭挤兑而没有了硬通货，人心不稳。”汕头也是“市面不振，发生挤兑”；“上海商人纷纷迁避租界，城内及相邻地带的交易全部停止，店铺相继关门”[④]。日本驻杭州领事馆 10 月 18 日的报告甚至说：“当地商会人士认为市面的恐慌远远超过了义和团起事之时。”[⑤] 这样的恐慌情形，虽然并不完全等同于商界对辛亥革命的初始记忆，但当时的商人普遍认为是武昌首义即辛亥革命导致了经济恐慌，破坏了正常经济生活，使自己经济利益受到严重损害，这自然会影响当时商人对辛亥革命的认识与态度，可以说是导致商人在这一短暂时间内留下不良“辛亥”记忆的重要原因。

不仅如此，此时的商人甚至仍然“以前此之叛乱举动视革命党”，因而被革命党人批评为“误谬之甚者也”。上海革命党人还在自行创办的《民立报》刊文阐明：“夫市面所以生起恐慌之原因，非惧乱事之波及乎？岂知此绝不足为惧。无论鄂中革命之势力尚未至于上海也，即已至于上海，然革命党之主义即声言在推覆恶政，出人民于水火之中，

① 章开沅、刘望龄、叶万忠主编《苏州商会档案丛编》第 1 辑，第 1292、1294 页。

② 渔父:《上海市面无意识之恐慌》,《民立报》1911 年 10 月 17 日。

③ 《通商汇纂》系日本外务省通商局出版的驻华各领事馆所发有关当地情况的电报、报告与其他信息之汇编，从 1911 年 10 月 25 日开始又出版题为“四十四年（即 1911 年）清国事变对于经济界的影响”的号外，是年共出 17 期，次年续出至 35 期。

④⑤ 李少军:《武昌起义爆发后〈通商汇纂〉出版的号外之一》，载陈锋主编《中国经济与社会史评论（2009 年卷）》，中国社会科学出版社，2010，第 258、261 页。

断不至有骚扰之事。不观彼等在武汉之举动乎？武汉三镇商民，今日已在革命党权力之下，安居营业，绝无何等之妨害。此不可以推知革命党虽至上海，吾商民固无惊惧之必要乎？况乎其未至上海乎？且革命党非强盗流氓可比，当亦稍有财政经济之知识。闻其在鄂中对于大清银行及湖北官银号之钞票，皆准一律给换。则不至为无意识之举动，故意破坏市面，惹起恐慌。可知即已至于上海，而吾商民对于各银行之债权，断不致受其损害，必可无疑。何为而惊惧不已乎？况乎其未至上海乎？"①尽管有如此详细的说明，但却不能完全解除商人初始"辛亥"记忆中的一片恐慌之情。

因为在随后的几个月中，金融恐慌、市面动荡的愁云惨雾并未消散，仍然是继续笼罩在商人面前的巨大阴霾。即使是南京临时政府成立与中华民国建立以后，商业萧条的状况也未见即刻好转。许多地区仍然是"银元飞涨，日益加甚，人心恐慌，几达极点"；"市面萧条，大有江河日下之势"。②这种状况使商人颇感失望，他们原本以为"自此以往，咸冀共和幸福"，此时面对这一局势即无不抱怨："商务凋零，银根奇困，乱机隐伏，如弓在弦。……我商民处此时代，真有岌岌不可终日之势"。③所以，辛亥革命在注重现实利益的商人脑海中，并未留下多少美好的回忆，反而是金融停滞、商业萧条等动荡不安的情景，在商人的初始"辛亥"记忆中烙下了难以抹去的印迹。因此，在辛亥革命之后的一两年间，商人的初始"辛亥"记忆中，不乏"光复以来，瞬经一载，损失纵不可数计"；"前岁各省反正，商界受损，创巨痛深"；"我商界自经革命，损失甚巨，元气大伤"；"国家历经浩劫，商界受损特深"等悲怆的情景。④

商人的这种有关"辛亥"的初始记忆，在很大程度上影响到当时工商业者的政治行为。尽管在武昌首义之后，武汉、上海等一部分地

① 渔父：《上海市面无意识之恐慌》，《民立报》1911年10月17日。
② 《商业萧条之一斑》，《民立报》1912年2月24日。
③ 《粤中商界之痛苦》，《民立报》1912年3月6日。
④ 朱宗震、杨光辉编《民初政争与二次革命》上编，上海人民出版社，1983，第333页；《中国商会联合会报》，第1年，第1号，"文牍"，第7页。

区的商人转而支持革命，更多地区的商人也在财政上对新成立的地方革命政权给予了资助，值得充分肯定，但已经印于脑海的种种动荡恐慌与“创巨痛深”等难以抹去的“辛亥”记忆，却促使商人迫切盼望尽快恢复社会稳定，保证经济发展，对那些可能再度引发动荡恐慌的政治斗争，基本上都是不问是非地加以反对。正如高阳商会所担忧的那样：“自刺宋、借款两案发生，南北猜疑，两党交讧，朝野鼎沸，岌岌可危，影响流播，市面萧条，金融因之停滞，而商业首蒙其害，拟陈请全国商会直隶事务所干事长通电各省联合会征求意见，设法维持，以靖人心。”① “二次革命”爆发后，上海总商会又通电北京政府和各省商会说：“赣省变起，商业受害，今日上海全体商界开会，均反对此次扰乱。”当时，全国各地的工商界基本上都将“二次革命”视为破坏“统一”与“秩序”的扰乱之举，持反对态度。有的商会甚至指责革命党人的武力讨袁是“乱党谋覆政府”，呼吁全国各地商会“亟应抱定宗旨，勿听谣言，拥卫中央”②。商人的这种表现，后来深得袁世凯嘉奖：“各商界烛其奸邪，绝其资助，遂使逆谋无由大逞，乱事得以速平。曲突徙薪，功匪鲜浅……各省商会，同心拒逆，实多深明大义之人，应由各该都督、民政长确切查明，分别呈请，奖给勋章匾额。”③ 1914 年 5 月，由农商部报经袁世凯圈定而获奖励匾额者，共有全国各地 30 个商务总会及全国商会联合会的事务所。

2. 参与“辛亥”记忆的再建构

但是，商人的“辛亥”记忆也并非一成不变，它在很大程度上又受到后来整个政治形势以及社会氛围的制约影响。尤其是从直观感受获得的初始记忆向后来重新建构与传承的记忆过渡时，商人的“辛亥”记忆随着思想认识的逐步提高，开始有所改变，这也体现了辛亥革命

---

① 《商会联合会调和两党纪事》，《中国商会联合会会报》，第 1 年（1913），第 1 号，“纪事”，第 1 页。
② 《山东事务所通电》，《中国商会联合会会报》，第 1 年（1913），第 3 号，“文牍”，第 22 页。
③ 徐有朋编《袁大总统书牍汇编》第 2 卷，广益书局，1914，第 70 页。

持续产生的一种历史作用与影响。另外，出于维护自身经济利益的考虑，商人在政权更替时也常有从权应变以及附和社会发展变革之举动。辛亥革命期间，武汉、上海、广州等部分地区商人转而支持革命党人的行动已证明了这一点，随着辛亥革命推翻了清王朝，中华民国正式建立，民主共和逐渐成为社会发展的潮流，商人的态度与行动很快也相应发生了一些变化。

即使是在商人建立其初始“辛亥”记忆的阶段，许多地区的商人虽仍然感慨工商业发展受到严重影响，但同时也开始受整个社会氛围的影响，参与了“辛亥”社会记忆的建构行动。尽管商人起初的相关行动主要还只是属于一种从属社会大众的行为，但仍然值得重视。我们知道，集体记忆或者是社会记忆的建构与发展离不开仪式、庆祝、纪念活动。从民国元年开始，由副总统黎元洪提议并经参议院通过，将武昌首义爆发的 10 月 10 日确定为国庆日，此后几乎在每年的“双十节”都举行国庆活动，同时也纪念武昌首义与辛亥革命。正是通过这些持续进行的庆祝纪念与举行各种仪式等活动，有关辛亥革命的社会记忆才得以不断延续和强化，至今仍然历久不衰，成为近现代中国最重要的一份历史遗产。

在中国近现代漫长的“辛亥”记忆的建构过程中，商人都是民间社会中的一支重要力量，发挥了独特的作用与影响。如果说文化教育界人士主要是在报刊上撰写纪念文章，在集会上发表演说，起到思想启蒙与动员号召的作用，那么工商界者则除了积极参与纪念集会和庆祝活动之外，还为形塑整个庆祝纪念活动的浓郁社会氛围做出了不可或缺的贡献。每逢“双十节”纪念日，各家店铺门前几乎都会张贴大幅标语和对联，悬挂国旗、灯笼，有时商会还组织工商业者举行提灯游行，由此使各个街市和整个社会都充满了纪念辛亥革命的氛围，也使广大市民能够通过直观感受而留下深刻的“辛亥”记忆。

例如，1912 年的“双十节”来临之前，上海总商会即“通知南北各商号，届期悬灯结彩三天，同伸庆贺。南市、闸北、沪西各商团，均须举行提灯会”[①]。上海南市商会还“制就五色灯数千盏，五光十色，大小从同”。10 月 10 日当天，上海工商界举行的纪念仪式甚为壮观，尤其是商团的庆祝队伍十分引人瞩目。据报载，上海繁华之处“是夜人山人海，欢声雷动”[②]。镇江各商家在商会的统一要求和安排之下，“城内外各商号，亦悬旗结彩，同伸庆贺”[③]。苏州商务总会也“先期刊发传单，通知各店铺一律悬灯结彩，高树五色国旗，城内外均异常热闹”。苏州各商团于国庆日夜晚“提灯巡行，同伸庆祝，第一部商团并于是晚在新开河桥操场上演放焰火，故阊门外马路一带市面顿时兴盛”[④]。

如此纪念仪式，对于建立人们的“辛亥”记忆无疑产生了积极影响。此后，几乎每年的“双十节”纪念仪式，商界人士都意识到“我商界同是国民，理当同伸庆祝”[⑤]，各地商会也都积极组织商家进行统一部署，对于营造一种特殊浓厚的“辛亥”文化与记忆，功不可没。例如，1921 年 10 月 8 日，天津总商会为“双十节”国庆纪念专门发布告示，阐明：“查国庆纪念，为共和成立之日，国家定为大典，吾民应表爱敬，共示祝忱，庶国基巩固，嬉游斯土，长乐永康。矧本岁适为奇数双十节，而为三十节，过此难逢，国民尤应特为庆贺，以示同心同德，赞助共和之诚心，实吾民之义务，特此通告。凡我商民，届期悬彩挂五色国旗，以示庆贺。观瞻所系，幸勿怠忽。”[⑥] 1928 年的“双十节”，广州总商会与市商会“以双十节为国庆纪念日，经通告各行商一致庆祝，休业一天。是日，全市马路及内街各商店住户，均悬旗结彩，生花盘景，布置宏伟，壮丽异常……各种热烈情形，诚为空前所未有”[⑦]。类似的情况，在全国其他许多地区也不难见到。

---

① 《举行国庆之预备》，《申报》1912 年 10 月 7 日。
② 《举行国庆志盛》，《申报》1912 年 10 月 11 日。
③ 《镇江祝典盛况》，《申报》1912 年 10 月 11 日。
④ 《苏州国庆纪念》，《申报》1912 年 10 月 13 日。
⑤ 《再志国庆纪念之预备》，《申报》1916 年 10 月 4 日。
⑥ 《筹庆双十节志闻》，《大公报》1921 年 10 月 8 日。另见《各界筹备国庆日预闻》，《益世报》1921 年 10 月 8 日。
⑦ 《庆祝双十节之空前盛况》，《广州民国日报》1928 年 10 月 13 日。

有些地区民间各界的国庆纪念活动，甚至是由商界起主导作用。例如，1928 年天津的“双十节”国庆纪念前夕，总商会召集各界代表在该会开会，“筹备国庆典礼”，省政府、市党部、警备司令部、公安局也派代表出席。会议“议决通告各机关学校团体，参加庆祝大会，并自备提灯……大会上午九时开幕，会毕游行，各界均参加”。另还决定，在河北公园举行游艺活动。各项庆祝活动所需经费，“由省市政府各出一千五百元，省市党部各出五百元，总商会出一千元”①。由此可见，天津总商会在当年国庆纪念之组织与经费赞助等方面，都发挥了比较重要的作用。

还需要说明的是，商界中还有人论及国庆纪念与建构“辛亥”记忆的意义，阐明“今日何日，非汉族光复，革命告成之十月十日欤？每届斯日，举国若狂，莫不悬旗以志庆，过市以提灯，斯何事欤？非纪念此双十节者欤？胡为乎纪念，良以数千年专制淫威，荡涤于今日，三百年满人攘政，排斥于斯时，是以凡知共和之乐，与引光复为荣者，诚不可无以纪念之。至若盲从被动，又繁有徒，宜乎其极一时之盛也矣”②。有的还曾说明：“双十节，中华民国建国之纪念日也。纪念者，纪念革命诸先烈断头流血之苦，懔前人创业之维艰，勖后人守成之，宜谨也。虽然建国只一次，而纪念日无尽期，是则不仅建国以前之事当纪念，建国当时之事当纪念，即建国以后之事亦当在纪念之列。”③这些言论表明，商界中的一部分人士对于国庆纪念与建构“辛亥”记忆的政治意义有一定的认识。

但就总体而言，近代不同历史时期的商界乃至整个民间社会的“辛亥”记忆建构，都在很大程度上受到当时政治形势与政治力量的影响及推动。国民革命时期，国民党即开始组织工商界及社会各界举行纪念辛亥革命与孙中山的各项活动。中国国民党中央执行委员会商民部编印的《商民运动》第5期曾刊发《双十节国庆纪念告商民》一文，

---

① 《国庆祝典办法确定》，《大公报》1928 年 10 月 5 日。
② 杨宗凯：《〈工商新闻〉与双十节》，《工商新闻》1923 年 10 月 10 日。
③ 纯根：《双十节吾工商所当纪念者》，《工商新闻》1923 年 10 月 10 日。

阐明虽然辛亥革命后帝国主义的压迫未消除，军阀暴政依旧横行，民生日困，国本动摇，难免使国人悲喜交集，但时下的形势已不同于以往，“省港罢工变更了政策，反英运动越发的扩大了，北伐军克服了武汉，革命势力，越发的发展了。今年的国庆纪念，比较从前越发得有意义和价值了，全国的商民们！我们在这次的国庆纪念当中，应该坚决地参加国民革命，扩大商民协会的组织，拥护省港罢工，扩大反英运动，拥护革命军北伐，打倒军阀，打倒帝国主义，完成辛亥革命以垂国庆纪念于无穷”①。

南京国民政府成立之后，每逢相关纪念日更是大规模地在全国举行纪念活动，并且发表一些专门的通告和文章，向商界和社会各界阐明纪念活动的重要意义。例如，1927 年 10 月 10 日上海《民国日报》出版的“双十增刊”，即刊登了数篇类似的文章。其中潘公展的《国庆日敬告工商界》一文，充分阐明了商界参与“双十节”国庆纪念的意义与作用：“何以我们有欢欣鼓舞的双十节——国庆日？我们来举行庆祝典礼，自然而然地会纪念为国家牺牲的辛亥革命烈士。中国何以而要革命，因为旧污不除，民族断没有振作的可能，所以革命是用以涤除一切旧污，重新建设一个国家的必要的手段。惟其如此，我们幸逢此纪念革命成绩的国庆日，理应各自想法如何尽力涤除旧污，创造一番新象，才不辜负此灿烂显耀的纪念日。”潘文还指出：“工商界当此革命纪念日，第一应立志自今日起，大家痛改保守因循的恶习，努力从改良革新的途径上走……第二应立志自今日起，大家涤除自私自利的恶习，努力从合作团结的途径上走。”褚民谊的《今后商人应有之觉悟》一文则向商人们发出呼吁：“不要再说‘在商言商’、‘各人自扫门前雪，休管他人瓦上霜’那些陈话，那些腐语。你们要知道国民革命是救国自救的唯一路径，援助国民革命军是完成国民革命的唯一工作，真正的商人，纯良的商人，决没有徘徊的余地。”1928 年的“双十节”国庆日，该报又隆重出版“农工商国庆增刊”，刊登了多篇文

① 萧汉宗：《双十节国庆纪念告商民》，中央商民部编印，《商民运动》第 5 期，1926 年 10 月 11 日。

章，阐明“我们今天举行盛大的国庆纪念，应该明了纪念国庆的意义是什么”[1]。类似的阐述与呼吁，再加上各级党部与政府自上而下的布置安排，商界及社会各界参与“辛亥”记忆建构的活动也越来越积极踊跃。

此外，论及近代商界参与“辛亥”记忆建构的过程，需要注意以下三个方面的情况。

第一，工商界虽然积极参与了“双十节”纪念的“辛亥”记忆建构，也产生了独特的作用与影响，但多为适应整个社会政治氛围之从众行为，并不足以表明商人对辛亥革命以及民主共和的本质与意义有了深刻的理解。1917 年“双十节”纪念日上海总商会发表的颂词，开篇仍然表示：“民国成立于今，六年之中，危险万状，我商界最受影响……仍商业危急之秋，正国民忧患之日。临深履薄，惕惕于怀。”[2]可见多年之后，商界的“辛亥”记忆依然并不美好。即使是在 1919 年国庆纪念仪式上，上海各路商界联合会表示：“双十节为我国共和成立之日，凡我商人，自当一体休业，升旗庆祝。但我国之现境，外侮内患，哭且不暇，何庆之有？但吾辈今日劝告国人庆祝者，实表示商人爱护共和之决心，并使世界友邦之人士，知我华商人，对于共和珍爱有如此，则贼害国家之败类，见之当有所觉悟。”[3] 这虽然在一定程度上体现了商人对共和的政治态度，但主要也只是表态而已，而且常常是以共和作为政治工具达到自己的特殊目的。“哭且不暇，何庆之有”的感慨，更是反映了商界的某种不满情绪。

1923 年的国庆日，由于受此前政治黑暗、军阀混战、经济凋敝的影响，上海商界许多人士都发出哀叹之声。《工商新闻》于国庆日发表的一篇文章，认为“以国庆而谈希望，犹之端午之啖角黍，中秋之嚼月饼，例行文字”[4]。另一篇文章则针对当时中国的情况将国庆说成是

---

① 张廷灏：《欢乐与惕励：国庆日告农工商各界同胞》，《民国日报》（上海）1928 年 10 月 10 日。
② 《祝贺国庆纪念之盛况》，《申报》1917 年 10 月 11 日。
③ 《各路商界之庆祝声》，《民国日报》（上海）1919 年 10 月 9 日。
④ 王宪煦：《我国此后之工商希望》，《工商新闻》1923 年 10 月 10 日。

“国磬”，“双十”说成是“双蚀”：“自从吴稚晖老先生把那民军起义的一天，定了个名儿，叫做什么国庆纪念的双十节，年年到了这一天，社会上的人都像煞有介事的忙得个不亦乐乎，好像这一天有应该庆祝而不可疑的模样。但是现在中华民国的时世，对外一看，是负债累累，破产在即；对内一看，是军阀政客，你打电报，明要军费，我施手段，暗掉枪花。双双的剥蚀，把一个偌大的国家，早已弄得室如悬磬，这个样儿还有什么庆祝？还有什么纪念？国庆只好改做国‘磬’，双十只好改做双‘蚀’，倒还名副其实。只是磬还有破的一天，蚀终有尽的一日，那时……”[①] 言辞之间，明显体现了商界面对现实的一种悲观态度。还有一文也说明：“吾可宝可爱之中华民国，已十二周年矣……夫中华民国十二年来，内乱绵绵，人民所身受之痛苦，不可谓不创巨痛深，即以工商界而论，既苦于兵，又苦于匪，复苦于官。若不逢欧战，稍沾余润，则虽欲求今日之苟延残喘，亦将难之又难。”[②]

第二，在建构“辛亥”记忆的过程中，商界有意无意地会放大自己在革命中的作用与影响。尤其是商民协会作为商界中较为特殊的一个商人团体，更是在建构“辛亥”记忆的过程中特别强调商人的革命业迹。例如，上海商民协会于 1927 年“双十”国庆日发表的宣言声称：“上海商人，夙富革命性，毁家抒难之意，负弩前驱之责，耳熟能详，当仁不让。辛亥、癸丑诸役，商人追随先烈之后，多所尽力；年来对外则反抗帝国主义，对内则反抗军阀政治，呼号奔走于黑暗压迫之下，踊跃捐输于青天白日之后，其如此勇猛而热烈也，日为商民求福利，为全民求解放。今也河山锦绣，日月光华，荡涤旧秽，展布新猷，当此万众欢腾之日，又值双十国庆之秋，宜有勖勉，以示来兹。商民认数千年之积习，温柔敦厚，是其美德，惟际此时代巨变、潮流澎湃之会，穷变则通，适者生存，应如何急进之追，团结一致，扩大眼光，焕发精神，以期共同为革命工作而奋斗，达到全民政治之目的，

① 成秋风：《国磬纪念与双蚀节》，《工商新闻》1923 年 10 月 10 日。

② 《工商与国庆》，《工商新闻》1923 年 10 月 10 日。

尽一分力，收一分果，特此宣言。”[①] 这显然是出于一种政治目的，放大了自辛亥革命以来商界的革命性以及在革命事业中的作用与影响。

第三，除了上述两方面的情况之外，也应该承认在“辛亥”记忆建构的过程中，商人的思想认识也有一定程度的改变与提高。例如，到 1925 年，商界中即有人意识到辛亥革命后内忧外患未除，其原因虽然是由于“政治不良，要亦人民缺乏国家观念，不尽爱国责任耳”[②]。1926 年的“双十”国庆纪念日前夕，上海法租界商总联会发表的宣言更进一步认识到“辛亥”记忆与国庆纪念之重要，认为“立国于大地之上，举凡世人所称为国者，必有开其国之由来，十月十日为吾中华民国开国纪念日，亦即共和诞生之纪念日。吾商界虽未食共和之赐，而同处共和旗帜之下，必努力奋斗，以求真共和之实现。如因国政之不良，争战之不息，乃并此庆祝之形式而无之，不特诒友邦之讥讪，实失其爱国之真诚”。这样的认识，在过去是不多见的。不仅如此，这篇宣言还指出：“共和国家主权在民，以一国之大，必人人有责任心，人人有爱国心，则其国方能日臻富强。”[③] 因此，商界也理所当然地肩负有这一责任。

一位上海商界人士在 1923 年《工商新闻》国庆增刊发表的文章，也透露出“辛亥”记忆建构对其所产生的政治影响。据其自称：“余亦久为工商界之一分子，素不与政治发生关系，惟自去岁由美国檀香山参预太平洋商务会议归来，则已发生一大觉悟。”而促使其“发生一大觉悟”的事件，即是日本华侨大张旗鼓地庆贺国庆建构“辛亥”记忆的行动。“余途经日本之横滨时，适值国庆纪念之日，横滨华侨之热心祝贺，远过国内，当时曾为文以记之，其结语有云：前在国内，屡闻华侨爱国之说，今已亲见之于横滨之华侨，诚以国外同胞，所受刺激，较国内为深，益以外国人民之爱国，无异自爱其家，不啻一种活动的

① 《商民协会宣言》，《民国日报》（上海）1927 年 10 月 10 日。商民协会是国民革命期间国民党为推行商民运动，动员中小商人成立的一个商人团体，从其成立开始即号称为革命的商人团体。

② 《双十国庆纪念补记》，《民国日报》（上海）1925 年 10 月 12 日。

③ 《法租界商总联会宣言》，《民国日报》（上海）1926 年 10 月 9 日。

爱国教育。感动日久，遂因以深致其真挚恳切之爱心于祖国，……但就横滨之中华国庆纪念热烈非常的庆祝而观，已与国内之敷衍情形，大不相同。”在发出这番感慨之后，作者接着阐述了其对国庆纪念“辛亥”之意义的新感悟：“今之言此，非仅欲吾国工商界对于国庆，为照例之祝贺，而极希望其对于国庆作一深长之思考，其间究含有何种意义，其与人民之间，究有何种关系，必如何而后无悖于国庆纪念之真意义。此余所愿竭其款款之愚以告国人者也……吾国民之在今日，必须尽两大责任。第一，为对于各人本业之责任，即为工者力求工业之进步，为商者力求商业之进步是也。第二，为对于政治之责任。即对于政治，万不可取旁观之态度，而当任严重监督之责。良以政治良否，与工商息息相关。现今吾国工商业之困苦颠连，奄奄一息，即以政治不良为一大原因，工商界万不可以自己无力干涉政治为藉口，而放弃对于政治之责任。”① 由此不难看出，“辛亥”记忆的建构对于改变商人的思想观念，增强商人的责任意识，也产生了一定的积极影响。

总体而言，可以说商人之所以积极参与“辛亥”记忆的建构，除受整个政治形势以及社会氛围的影响，也是其自身政治思想认识有所提高的表现，同时也反映了商人的政治目的与需求，并由此形成商界独特的“辛亥”记忆。此外，对于商界来说，“辛亥”记忆的再现有时也是缘于现实的某种需求。此时，所谓“辛亥”记忆建构实际上成了商界达成某一目的的独特政治工具，甚至可以产生不可忽略的重要影响。

3. 近代商人“辛亥”记忆与政治诉求

在近代中国整个社会的“辛亥”记忆中，民主共和是各界人士普遍认为最重要的内容之一。“努力以求真共和之实现”，也是商界与其他各界人士在建构“辛亥”记忆过程中希望实现的一大目标。辛亥革

① 毕云程：《工商与国庆》，《工商新闻》1923 年 10 月 10 日。

命虽未能在中国建立起真正的民主共和制度，但却使民主共和的思想观念从清末封建专制时期的地下潜流，在民初成为冲破地表并产生较大影响的社会思潮，在社会生活的各个领域都不同程度地感受到它的影响。稍加翻检当时的各类报刊，都不难发现“民主共和”是出现频率很高的词汇。不仅如此，其他一些思想和观念的发展变化，也都或多或少地与民主共和思想的兴盛存在着联系。客观地说，就商界而言，虽然在辛亥革命后对民主共和的政治理念仍缺乏全面深刻的认识，但他们在建构“辛亥”记忆的过程中，也常常利用这一口号作为自己所言所行的主要依据，并借以表达自己的政治诉求。

例如，民国初期北京政府农商部重订商会与官厅之间往来新公文程式，降低商会的社会地位，使商会隶属于地方官厅而受到限制。商界在批驳和抵制这一新公文程式时，即反复强调其与共和国体相悖，不能付诸实施。有的商会明确指出：“民国肇建，政治革新，凡一切宪法，次第厘定，无非求适合共和国体，以示咸与维新之意。”但是，北京政府颁行的新公文程式却反其道而行之，强令商会“事事均须禀由地方官详咨办理，反不如前清部定商会章程之直接便利。此在闭关之时，文明未启，专制之世，压力横生，积习相沿，固无足怪。今者国号共和，人民平等，何复出如此之规定”①。有的商会则愤愤不平地质问北京政府农商部：“商会无一事不须禀承地方长官，层递周转，前清专制尚且祛除此种抑压，民国共和竟有此变本加厉政体?”② 这些论述表明，民主共和这一“辛亥”记忆，在辛亥革命后成为商界维护自身社会地位和独立性的有力思想武器，而类似的情况在清末则是绝不可能出现的。不仅如此，还有商会通过与西方共和国家相比较，论证新公文程式压制商会的举动实与共和制度大相径庭。“共和政体应采用美法制为前提，查美、法两国自总统以迄官厅，对于商会极为优待，其行文程式概用通知书，无所谓用令用批也。今民国肇始，貌袭共和，

① 《商会文牍》，《中华全国商会联合会会报》，第2年（1914），第8号，第38页。
② 《商会文牍》，《中华全国商会联合会会报》，第2年（1914），第7号，第9页。

实施专制，似与国体亦有未符。”[①] 因此，北京政府绝不能一意孤行地强令商会接受新公文程式。

有学者指出，集体记忆的特点之一是具有可操控性，“人们可以有意地强化某些部分的记忆，也可以刻意淡化某些记忆，因此，‘遗忘’也是‘集体记忆’另一方面的表现”[②]。商界的“辛亥”记忆显然也具有这方面的特点。例如，在革命成为合法的正统与重要政治资源之后，后来的商会几乎从不提及武昌首义前支持君主立宪和反对革命，以及后来公开反对“二次革命”的行为，这显然是商界“辛亥”记忆中的一种刻意淡化与“遗忘”。不仅如此，商会还不断重复甚至不无夸张地强调武昌首义后武汉、上海等地商会转而支持革命党人的行动，并想方设法在“辛亥”记忆的重构中使自己穿上“革命”的外衣，而且以此作为后来抵制国民党试图取消商会最有力的斗争工具，由此也间接体现了辛亥革命的作用与影响。

国民革命期间，国民党一度认定旧商会是买办、大商人控制的不革命甚至是反革命团体，因而在推行商民运动之初所采取的一项重要举措，就是成立商民协会以便在时机成熟时取代原有的商会。广州总商会为摆脱“反革命”商人团体的指控，曾于1927年初拟发起召开“广东革命商人代表大会”，“其宗旨在团结商人之实力，与自身之联合，进而与各界联合，参加革命工作，拥护革命政府”。[③] 但国民党广东省商民部却认为广州总商会“掠革命美名，而为非革命之举动，此则非取缔不可”[④]。于是，广州总商会虽仍然继续筹备商民代表大会，但却不得不取消了“革命”二字。这次行动，可以说是广州总商会在建构“辛亥”记忆的过程中，力图从“反革命”团体演变成为“革

① 天津市档案馆、天津社会科学院历史研究所、天津市工商业联合会编《天津商会档案汇编（1912—1928）》第1册，天津人民出版社，1992，第670页。

② 沈坚：《法国记忆史视野下的集体记忆》，《中国社会科学报》2010年3月2日。王明珂也特别强调：每个社会群体都有一些特别的心理倾向，其历史记忆常常是为了使当前的经验印象合理化的一种对过去的建构，因而历史记忆的建构过程必定伴随着历史失忆。参见王明珂：《华夏边缘——历史记忆与族群认同》，台湾允晨文化实业股份有限公司，2005，第505页。

③ 《商人代表大会筹备之进行》，《广州民国日报》1927年2月25日。

④ 《省商民部请取缔革命商民代表会》，《广州民国日报》1927年2月26日。

命”团体的一次尝试，但最终却归于失败。

随后，在有关商会的存废纷争中，商会之“革命”与“不革命”仍然是争论的焦点之一。1927 年 11 月，国民党中央商人部向各级党部商人部和商民协会发出通告，认为“旧有商会组织不良，失却领导商人之地位”，准备于“第三次全国代表大会时提出方案，请求撤销全国旧商会”。当时，商会面对所谓“不革命”的指责，竭力予以否认，并历数自辛亥革命以来商会支持革命的业绩加以反驳：“议者或曰商会不革命，此又不然。商会对外力抗帝国主义……无不尽力抗争，表示商会革命，反抗帝国主义态度。对内力维革命……劝导各商人以经济赞助革命政府、革命军队诚属不少，后方工作未为不勤。所谓不革命云者，实谰言也。”[①] 商会显然充分感受到有关革命的记忆是多么重要，故而有意强化和扩大“我商人努力革命工作”的记忆，刻意淡化与遗忘其在辛亥时期不支持甚至是反对革命的不利记忆。

1929 年 3 月，国民党第三次全国代表大会召开，部分省市党部代表又提交取消全国商会议案，掀起新一轮商会存废纷争。各地商会也再次以同样的方式，打响商会保卫战，以“达到取消此项提案之目的”。全国商会联合会推举代表赴南京向国民党第三次全国代表大会请愿，并先后呈交了两份请愿书，强调“商会为实际革命之团体”“商会并非土劣及买办阶级”“商会为全国内外商民正当组织”。各地商会更纷纷阐明“革命成功，商会尤多赞助之力”“商会对于革命如何工作及如何赞助，众所周知”[②]。上海银行公会、钱业公会也曾发表宣言，坚决反对撤销商会。其宣言云：“阅此次提案，竟以语言文字之末节，吹毛求疵，罗织罪状，而于商会赞助革命之实迹，一概抹煞，是与专制之朝以文字兴大狱，有何区别?”[③] 上海新药业公会公开发表的宣言同样阐明“商会为我全体商民所组织之正式法定团体，于历史上有悠久

---

① 《呈中央党部国民政府议请核准商会改善方案文》，载上海市工商业联合会、复旦大学历史系编《上海总商会组织史资料汇编》下册，上海古籍出版社，2004，第 595 页。

② 天津市档案馆、天津社会科学院历史研究所、天津市工商业联合会编《天津商会档案汇编（1928—1937）》上册，天津人民出版社，1996，第 491 - 493、481、485、507 页。

③ 《上海银行、钱业公会反对撤销商会宣言》，《新闻报》1929 年 3 月 24 日。

之统系，于革命上有昭著之功绩”[1]。不难看出，无论是商会还是其他工商团体，都是以商会曾经支持革命、贡献突出作为理由，反对废除商会。这一理由当然十分充分，再加上其他方面的原因，国民党“三大”最终并未通过取消商会的提案。事实表明，工商界运用其“革命”记忆维护自身权益的行动不无成效。

在此之后，上海总商会还意识到：“各级党部所主张撤销商会者，恒以商会为买办阶级操纵，非革命商人，并以中小商人多未能参加商会为藉口，虽属风影之谈，无当事实，然文词辩驳究不若征诸事实。”于是，上海总商会于 1929 年 4 月上旬致电各省商会联合会、全国各总商会，阐明“敝会于力争商会存废问题之余，拟调查各处商会参加革命工作经过并会员组织概况，制成统计，汇列专书，以告国人，庶几各种风影之谈，不难以事实证明。如蒙赞同，并请就近转函各商会，详确调查，或参稽案牍，拟具事实，并附各种印刷书报等件，一律汇报到会，以资编印。事关商人共同利害，谅蒙鼎力办理”[2]。很显然，上海总商会之所以要“调查各处商会参加革命工作经过”的相关史实，实乃“文词辩驳究不若征诸事实”，其目的是更进一步凸显“辛亥”记忆，充分证明商会是支持革命的工商团体，以便更好地应对商会为反革命团体的指责。

除此之外，商界还借助“辛亥”记忆表达其他方面的政治诉求。正如刘易斯·科瑟在莫里斯·哈布瓦赫著《论集体记忆》英文版的“导论”中所指出的那样：“我们关于过去的概念，是受我们用来解决现在问题的心智意象影响的，因此，集体记忆在本质上是立足现在而对过去的一种重构。”[3] 综观整个近代中国，不难发现商界在各个不同历史时期，往往会根据当时面临的政治形势与现实需要提出不同的政治诉求，而且在强化“辛亥”记忆的纪念仪式上均有所表达。

---

① 天津市档案馆、天津社会科学院历史研究所、天津市工商业联合会编《天津商会档案汇编（1928—1937）》上册，第 491－493、481、485、507 页。

② 天津市档案馆、天津社会科学院历史研究所、天津市工商业联合会编《天津商会档案汇编（1928—1937）》上册，第 509 页。

③ 莫里斯·哈布瓦赫：《论集体记忆》“导论”，毕然等译，上海人民出版社，2002，第 59 页。

例如，20 世纪 20 年代初，上海总商会提出废督裁兵的主张，认为军阀割据是中国的祸乱之源，必须废除拥兵割据之督军，裁减军队。这一主张不仅得到全国商界的响应，而且获得了社会各界的支持，成为当时社会舆论关注的一个焦点。1922 年的“双十”国庆纪念日，上海各工商团体联合举行庆祝大会，发表的“祝词”也主要是向各界呼吁废督裁兵。这篇祝词阐明：“中华民国肇造，于今十有一年……所苦者，军阀拥兵自卫，渐成割据形势。南北相战不已，变为南与南战，北与北战，再变为省自为战。战争不已，加以水旱盗匪，农不能耕于野，商不能安于途，士不能学，工不能作，皆此兵为之厉阶。今欲使国家一切尽绳于法，而成为法治之国，惟有希望裁兵之早日实现，惟有希望兵工政策早日实行。”① 很显然，商界是借用正统的“辛亥”记忆，表达广大商人废督裁兵的强烈愿望。与此同时，北京工商各界 70 多个团体也“趁今日国庆纪念日，分东西南北四队，于正午十二时举行游行示威大运动”，呼吁“打倒军阀”“裁兵救国”②。同年 11 月，在汉口召开的全国商会联合会第四次大会又进一步讨论了废督裁兵问题，并成立了“裁兵委员会”。上海总商会随即还提出裁减军队、整理财政、制定宪法三项具体措施，向全国各地商会发出快邮代电，希望“全国商人一致主张，成为国论，务以百折不回之精神，挽此旷古未有之危局”③。尽管废督裁兵在当时的历史条件下最终难以真正得到实现，但对由此发展而成的全国性政治运动，却产生了比较深远的积极影响。

又如，1923 年的“双十”国庆，是在直系军阀曹锟发动政变，将总统黎元洪驱逐出京，以贿赂议员方式非法当选总统之后进行的。在该年的国庆纪念中，上海商界即公开表示：“北京贿选总统案，公决联络各团体一致反对”；并印制传单，“沿途分发”，上书“兹国庆纪念，曹贼借影登台，吾民始终否认，追究受贿议员，声讨非法总统”④。这

---

① 《各界祝贺国庆纪念之盛况》，《申报》1922 年 10 月 11 日。
② 《今日之国民裁兵运动》，《晨报》1922 年 10 月 10 日。
③ 《上海总商会 1922 年 11 月 15 日快邮代电》，苏州市档案馆藏《苏州商会档案》，第 695 卷。
④ 《国庆日之形形色色》，《申报》1923 年 10 月 11 日。

种表现，说明商界深知利用“辛亥”记忆表达其政治诉求的作用。1925年，也是在动荡中迎来国庆纪念日，上海工商团体在组织工商业者筹备纪念活动时，强调“欣逢吾大中华民国开国十四周年纪念盛典，凡本境各商号，望一律于是日升旗悬灯，同伸庆祝，以示隆重国体，增高人格之意……今日内乱外患交迫之际，全恃民气之拥护，庶保邦基之巩固，务乞境内贤达，投袂奋起，共成盛举，本会有厚望焉”①。

“辛亥”记忆的建构在某种程度上还增强了商界的爱国热情。例如，1919年，上海各路商界联合会积极筹备纪念“双十”国庆事宜，并召开专门会议进行讨论，应邀与会的记者在会上发表演说：“自五四以后，全国民气勃然以兴，自觉之声浪弥漫国中，未始非八年来之一种新气象。不惟外人见者殊觉诧异，即在吾人亦觉出乎意料之外。上海商界方面，组织团体，致以全体自动之精神，改革七十年来沿袭之租界章程，真属破天荒之举动，并拟援各国之国庆通例，于双十节发起休业游行，悬挂旗灯，表示商民拥护共和之诚意，并令租界侨商，知华人爱国思想，已一发而不可遏抑。如此创举，外足以宣扬国光，内足以策厉群众。”②

又如，1925年的“双十”国庆纪念日，上海各路商界总联合会隆重举行庆祝大会，该会副会长邬志豪担任大会主席，在致词中阐明国庆纪念应具有实际意义与影响，不应如以往“十四年来之国庆，徒使国民为应时之纪念，而乏真正共和幸福之快感”。之所以如此，“虽云政治不良，要亦人民缺乏国家观念，不尽爱国责任耳”。商界对此当然也负有一定责任，上海总商会为改变这一状况，“发起爱国募金会，事属爱国，本会认募三十队（即组织30个募金队——引者），由各路分会分队募集，以作爱国之准备。查本会七载以来，为国家争主权，为地方谋公益，惨淡经营，可告无愧。对于此次募金，尤当努力”③。可见，类似于建构“辛亥”记忆最重要的“双十”国庆这样的政治性纪念日，对于商界同样也具有特殊的政治意义。

---

① 《各界筹备国庆纪念》，《申报》1925年10月10日。
② 余生：《沪商界联合会之演说》，《益世报》1919年10月10日。
③ 《双十国庆纪念补记》，《民国日报》（上海）1925年10月12日。

4. 近代商人“辛亥”记忆与经济诉求

商界参与建构“辛亥”记忆的另一特点，是较为巧妙地将其运用于经济生活领域，借此机会表达其经济诉求，将商业与政治有机地结合在一起，不仅大量论说经济方面的问题，而且将这一特殊的时间段作为推销商品，尤其是促销国货的一种独特手段。所谓特殊时间段，当然指的是在“双十节”前后纪念辛亥革命的这段时间。在这段时间，不仅“辛亥”记忆被重新唤起，并得以强化，而且各界民众的爱国热情也因“辛亥”记忆得到提升，加上提灯会、游行、集会以及其他各种纪念活动的开展，使得市面异常热闹，为商品推销创造了条件。

希望借助国庆纪念与“辛亥”记忆的建构，促进实业振兴与经济发展，在近代商界中是一种较为普遍的心理趋向与经济诉求。尽管他们在国庆纪念中常常会感叹时局动荡导致工商业衰败，甚至认为“自有双十以来，连今日为十二次，吾人于过去十一次中，因庆祝而生之希望，不但未见实现，而且适得其反，军阀之专恣，萑苻之张胆，债台之日上，外交之失败，均足斫伤元气”。但是，工商界也并未因此而完全丧失希望：“顾吾人于愁苦之中，仍不能无所希望，而此次所望之事，或不致成为泡影，其道维何，工商救国而已。工商救国维何，但凡为工者、为商者，得一致之觉悟，用奋斗之精神，以与欧美诸国相颉颃，造成吾中华民国，为工商之国，于前途幸福，庶有冀乎！”①

毋庸讳言，商人时时刻刻都更关心与其切身利益息息相关的实业振兴与经济发展，即使在国庆纪念这一建构“辛亥”记忆的特殊政治活动中，商界谈论更多的话题主要仍是经济方面的内容。例如上海《工商新闻》周刊在1923年国庆日增刊发表的文章，绝大多数都论及经济问题，除阐明中国工商业发展落后，工商业者面临诸多困苦的现状之外，即是呼吁工商界及时振作，号召民众提倡国货。“所望我同胞能善用时机，全国一致，切实进行。有资本者，投其资本，以广设工

① 听雪：《国庆感言》，《工商新闻》1923年10月10日。

厂，而侨胞负其改良与发明之职责。为商贾者，竭其心力，以推销国货。而报界尽其宣传与研究之能事。其他如市民，则效法近日上海对日市民大会之在总商会开提倡国货大会，广开提倡国货大会，以资提倡，是则归国侨胞，既无失业之忧，而国货适赖之而有振兴之一日。”①

对于振兴实业的具体办法，商界在“双十节”纪念中也多有论述。有的指出应大力培养专门人才，以适应工商业发展之需要。“吾国工业之不发达，固无可讳言。其主要原因，由于缺少专门人才管理制造，及无鼓吹机关为之提倡，因是难与各国相抗衡。工厂制造出品，需用专门人才，方能用其所长，倘委诸无知无识之工人，绝难得有良好之效果，遑论其发明也。”② 这里明显强调的是工业发明创造，依赖于专门人才。中国之所以工业不发达，即是由于缺乏相关人才，所以需要加紧培养相关人才。此外，舆论机关之鼓吹作用也十分重要，在有的人眼中舆论工具甚至较诸其他因素的影响更为突出。“我国工商业不振，或本于政治窳败，或源于科学幼稚，然政治可以改良，科学可以研究，吾为皆非其失，而失在舆论……故吾谓吾国不患于工商业不振，而患在少工商舆论。”③ 正因如此，《工商新闻》应运而生，“其责任之大，乃握我中华之灵魂。嗟嗟吾侪，诚欲工商界中别树一帜乎，则流通舆论，发挥学说，俾问津有路，指南有针，谋我伟大民国之发展，他日五色国旗，雄飞世界，又安知为意外也耶?”④

商界较多采取的一种具体方式，是在“双十节”等有关纪念日，利用人们开展辛亥革命纪念活动纷纷走上街市之际，打出各种相关广告促销商品，或者是举行国货大巡行。例如，1919年国庆期间，奉天“各街衢无论商铺住户，均悬五色国旗，迎风飘展。惟商家除银行外无放假者，且多乘此机会装饰门面，或出彩或唱戏匣子，以广招徕。观其情形，对于此日，似有振作精神于我事业之概想。然则其不休息，亦正所以伸庆

① 王宪煦：《我国此后之工商希望》，《工商新闻》1923年10月10日。
② 耕庐：《〈工商新闻〉与工商业之关系》，《工商新闻》1923年10月10日。
③ 冷蓉：《我对工商新闻之希望》，《工商新闻》1923年10月10日。
④ 杨宗凯：《〈工商新闻〉与双十节》，《工商新闻》1923年10月10日。

贺也”[①]。可见，当时的相关报道也觉察到商家借“辛亥”纪念“以广招徕”，既庆祝国庆又促销商品这种一举两得的做法，并且给予了肯定。商界在国庆日打出的广告，往往都带有“辛亥”记忆色彩。例如，上海永泰和烟行不仅为其经销的香烟用“双十”注册商标，而且在《申报》上刊登的广告用飘带式五色旗将香烟盒串起来，广告文字称：“爱国者不能忘这‘十十’字，不忘‘十十’字者必须吸‘十十’香烟。”[②] 中国华商烟公司在1925年国庆日推出一款名为“双烟”的香烟，其广告中国旗飘飘，灯笼红红，灯笼上的字组成一句“双十节令请吸国货双烟”，广告右侧为一首打油诗：“年年双十君应记，双十双烟双少年。国货原为抵外货，劝君日日吸双烟。”[③] 1927年，国产电影《湖边春梦》在上海公映，商家也充分利用国庆日打出广告，称该影片为“改革国产电影的先锋军”，其难度之大，“真像辛亥革命的成功，是从千辛万苦中得来的”，因此，对这样一部来之不易的电影，适逢“庆祝国庆纪念，不可不欣赏此改革国产电影的《湖边春梦》”。[④]

还有许多商家利用国庆大打购物赠品之促销策略。1924年的双十国庆日，上海大中华印书局发布告示，宣称自该日起“购买该局出版之地图画片满一元者，均赠送值洋五角之该局出品，以两星期为限云”。还有店铺从英国进口绒线，也借国庆日打出减价或是赠品促销广告，凡“购买一磅者，赠送价值角半之彩物一件”；另有泰丰罐头食品公司、大东袜厂、源春盛申庄、公发同怡祥等许多商号，都在国庆纪念期间打出减价销售的广告[⑤]。国庆期间，一些报刊和书局都会印制增刊，除刊发纪念文章，更多的是发布广告。例如，1916年的国庆节，上海“商务印书馆又特刊纪念，随报附送；中华（书局）则代新闻、申报等，代印增刊，大登广告”[⑥]。这种做法显然是利用“辛亥”记忆谋取自身经济利益的一种技巧，也反映了商人固有的某种特征。

① 《双十节之形形色色》，《盛京时报》1919年10月12日。
② 《永泰和烟行双十牌香烟广告》，《申报》1921年10月10日。
③ 《中国华商烟公司广告》，《申报》1925年10月10日。
④ 《国庆日大家应当欣赏》，《申报》1927年10月10日。
⑤ 《商界之庆祝》，《民国日报》（上海）1916年10月11日。
⑥ 《各界对于双十节之表示》，《广州民国日报》1925年10月9日。

又如，1925 年“双十节”，广州各界均开展了纪念活动，街面人潮涌动，商人也积极参与，“而最奇则乘机大张告白，减价招徕，以为庆祝也”①。不仅如此，广东省中华国货促进会“为提倡国货，振兴实业，图谋工商业发展”，筹备于当年 10 月 10 日国庆日“举行国货大巡行，用以唤起同胞，坚持对外”②。据《广州民国日报》记载，各界团体参与进行的此次国庆大巡行极为壮观，“所过之处，万人空巷”，产生了突出的影响。该年江苏省第三次物品展览会的开幕日，也特别定在 10 月 10 日的双十国庆日。本次展览会的“各色出品，比较二次（展览会），多出一倍”。由于借助国庆节，与会观摩者络绎不绝，以至“第一日展览，参观者众，不能伫足遍视，实为憾耳”③。能够出现这样的场面，显然是缘于国庆节更多民众走出家门，参加相关庆祝活动，而物品展览会的组织者不失时机地将该会也纳入到了国庆的系列活动之中，从而得以产生平时所没有的效果。

在许多年份，商界都将建构与强化“辛亥”记忆的国庆日作为倡导国货日。1925 年，上海商场于国庆纪念日发布告工商界书，直接阐明国庆与国货有密切关系：“民国自成立以来，转瞬已十四稔矣。而此双十之国庆纪念，也已庆祝十三度矣。此十四年中工商业之发展，国货之畅销，亦籍提倡之力，与年俱进，此诚可庆祝者也。今可庆之双十节又到，本场更希望我工商界，对于出品宜精益求精，价格宜格外从廉，务使顾客欢迎，人人乐用，庶不负爱国诸君之热心提倡，而于国货前途，诚大有希望于无穷也。”④《工商新闻》在 1923 年推出的国庆增刊中，也有专文阐明“双十节”与提倡国货之密切联系：“‘双十’与提倡国货有莫大之关系，固也。然而于今者，又谓与制造国货之公司及厂名有关系，得不谬乎？曰否。有制造国货之厂及公司，而后有国货之可提倡，故提倡国货与‘双十’有关系，制造国货之公司

① 《今日之国庆声中面面观》，《申报》1925 年 10 月 10 日。
② 《国庆纪念日之国货巡行》，《广州民国日报》1925 年 10 月 9 日。
③ 《南京双十节之一瞥》，《益世报》1925 年 10 月 13 日。
④ 《上海商场》，《民国日报》（上海）1925 年 10 月 10 日。

及厂名，更与‘双十，有关系。”[①] 1928年国庆日，上海提倡国货大同盟委员会“除在会所悬灯结彩外”，还“通告全沪国货工商厂，制扎各种货样彩灯，参加提灯大会，以广宣传”。[②] 该年上海各界庆祝国庆提灯大会，“参加提灯者之人数，当在二三万众以上”；“提灯会中，商界团体之参加者，甚为踊跃”；“提灯会游行，其盛况不可胜述”。国难来临时，更是商家利用“辛亥”记忆与民族主义话语推销国货的良好时机。1931年“九一八”事变后国难日深，章华毛纺织公司在当年国庆打出的广告中，印上巨幅的“国庆与国难”五个大字，并提醒国人“国庆固应纪念！国难尤不可忘!!”那么，如何纪念国庆，又如何不忘国难？答案是，“同胞其速起自救，一致拒用日货，努力提倡国产”。章华公司生产的各种毛纺织品，“系用国产上等羊绒羊毛所纺织，为完全真正之国货”，“爱国同胞千万注意，不要忘记前往购买”[③]。

于是，在国庆纪念期间一些店铺常常能够获得数倍于日常的利润。例如，1916年的上海“双十节”，“本届国庆商界全体皆具热忱，连日纷纷雇匠，预扎牌楼，竹匠及花草铺莫不利市三倍，至无从添觅伙友。彩绸局暨贳器店中各色新旧彩绸，均出赁一空；售卖国旗店铺，亦生涯大盛；灯笼铺随糊随售，尚有供不敷求之势。又市面热闹之区……各商店号纷纷预备，庆祝灯彩，争奇斗胜，各尽所长，并银楼洋货绸缎各号，均将平时装潢样品，改换时新，是以此次纪念非常热闹，而华租两界电灯公司各项灯盏，均被租一空，即工匠人等分往各处装置，也极为忙碌”[④]。

显而易见，建构“辛亥”记忆的“双十节”所蕴含的特殊政治意义，为商界的商业言说与经济诉求提供了一种特殊的时空背景，使广告主得以借助政治话语和政治符号宣传商业信息，不仅在某种程度上迎合了增强国家和民族认同的需要，而且也有利于商品推销，实现商业与政治的双赢。

① 天壤王郎：《欢十与制造国货之公司及厂名的关系》，《工商新闻》1923年10月10日。
② 《各界庆祝国庆预志》，《申报》1928年10月9日。
③ 《章华毛纺织公司广告》，《申报》1931年10月10日。
④ 《商业杂记》，《民国日报》（上海）1916年10月10日。

三、“在商言商”与近代商人政治参与[①]

“在商言商”是传统社会商人当中流行的口头语，至今仍不时看到人们使用这一词语。而追寻其源头，至少上溯至20世纪初的清末。本文着重探讨“在商言商”的产生与发展，以及在近代中国所产生的双重影响。

1. “在商言商”的产生

查检清末民初中国商人在不同场合下的言论与文字，会经常看到“在商言商”这四个字。迄至今日，“在商言商”最早出自何人何处尚无从得知。它如何产生并得以广泛流传也难以知晓。不过，类似的句式古已有之，只是并非针对商人。例如《礼记·曲礼》即曾有这样的记载：“君命，大夫与士肄，在官言官，在府言府，在库言库，在朝言朝。”后一般用于比喻专就所处的地位而言。[②] 据此可以推论“在商言商”当是沿用古代的“在官言官”而来。

“在商言商”一词的出现及其广为流传，并在当时的社会上产生令人重视的影响，大约是在20世纪初的清末民初时期，从某种意义上也

---

① 本文撰写较早，注释不全，此次收入本书时尽力做了一些补充，但有的仍未查到。

② 参见辞海编辑委员会编《辞海》（缩印本），上海辞书出版社，1980，第162页。

可以看作是新兴商人群体产生，并且从居于传统的四民之末一跃成为新兴民间社会主导力量的反映。值得思索的是当时的中国为什么既无“在工言工”一词的出现，也无“在农言农”的产生？这显然与社会群体的重新组合及其各自的地位与影响紧密相关。在清末民初，商人的经济实力、思想意识较以往都有了新的显著发展，与此同时商人自身的组织程度也大为增强，成立了商会这样具有明显近代特征的新式社会团体，并且开始以独立的社会力量的新姿态登上社会舞台，在抵制美货等全国性的民族主义运动中发挥着不可或缺的重要作用；另外还成立了许多地方自治的社团，不仅在地方自治运动中成为中坚力量，而且在城市社会生活的各个领域中也可以看到新兴商人活跃的身影。再加上重商思潮在清末日益高涨，商人的时代使命感应运而生，由此也更受到社会各界的瞩目。与商对应的工，应该是指工厂主。商与工即近代新兴资产阶级的两个主要组成部分：商业资产阶级和工业资产阶级。在近代中国半殖民地半封建社会的特殊历史条件下，长期形成工业不发达、商业畸形发展的不正常局面，无论是经济实力还是社会影响，工业资产阶级都远不如商业资产阶级。另外，在清末民初较长的历史时期中，工商一直不分，往往统称为商人，即使是工厂主也以“商”自称。所以，工业资产阶级在清末没有成立自己独立的社会组织，一般都是加入商会。换言之，当时的工业资产阶级尚未形成一支独立的社会力量，自然难以产生“在工言工”的言论与行动。至于“在农言农”未能出现，则是由于农民人数虽多，但却长期处于自在的落后分散状态之中，无法成为有影响的社会主导力量。

20 世纪初清朝政府实施振兴工商、奖励实业的新政策，主动倡导和鼓励商人成立商会，但出于维护其统治地位的目的，又始终试图将商会和商人的行动限制在商务范围之内，不允许商人干预地方政务和过问国家的内政外交。清朝商部在奏定商会简明章程中对此已有明确规定，之后又三令五申，告诫各商会“会议之内凡所论断，一以商情利弊为宗旨，不得涉及商界以外之事”；并特别强调对这一规定“一丝不容稍溢”，务须“恪遵定章认真经理”。[①] 在这里，清朝统治者虽未使用“在商言商”这四个字，但显然是力图将商会限制于在商言商的戒条之中，这在很大程度上也可视为在商言商产生的原因之一。

另外，中国与西欧具有民主政治传统渊源的一些国家所明显不同的一个特点是，在中国长期的封建专制统治下，广大民众被排斥在政治生活之外，根本没有参与政治的机会。同时，一般民众也缺乏参政议政的热情和能力，很少关心及过问政治。因此，在中国漫长的封建社会历史中，基本上无政治参与的渊源和传统可言。商人因一直遭受压制，社会地位极为低下，政治上无任何权利，加之其自身对政治不感兴趣，同样也不具备政治参与的客观和主观条件。所以，在商言商的提出并得以广为流传，与中国的政治传统和客观环境也不无关联。

从当时商人的自身分析，在商言商的产生似乎也是合乎情理的一种历史现象。如上所述，清末民初的商人虽然经济实力明显增强，社会地位与影响也大为改观，已成为一支独立的社会力量，但仍然存在着诸多不可否认的缺陷。其中较为突出的是大多数商人的政治责任感和政治参与意识仍较为薄弱。对于商人的这一缺陷，当时的许多有识之士都曾进行过批评。例如梁启超在1910年即曾指出：“我国自昔贱商，商人除株守故业、计较锱铢外，无他思想。”[②] 1912年他又在临时工商会议开幕式上发表演说时强调“中国工商界最大之病，莫过于安分守己”，对政治十分淡漠。[③] 孙中山在长期领导革命斗争的实践中对此也深有感触，并曾十分感慨地阐明：“吾国商人鲜留心政治，孳孳营业以求发财，以为国政与商无涉，不知国政之良窳与发财有极大关系。”[④] 正是由于缺乏政治责任感和政治参与意识，大多数商人才会在较长的时期内遵从在商言商的信条。

在清末民初，绝大多数商人的另一突出缺陷是其独立性仍较为欠

① 苏州市档案馆藏：《苏州商会档案》第38卷，第25页。
② 李华兴、吴嘉勋编《梁启超选集》，上海人民出版社，1984，第578页。
③《工商会议开会来宾梁启超君演说》，《中国商会联合会会报》，第1年（1913），第1号。
④ 中国社会科学院近代史研究所中华民国史研究室、中山大学历史系孙中山研究室、广东省社会科学院历史研究室编《孙中山全集》第3卷，中华书局，1984，第330页。

缺，以至于不得不经常将在商言商作为一种保护自己的工具。19 世纪末 20 世纪初，是近代中国商人实力增强和社会地位提高的重要历史时期，尤其以商会的诞生及其影响的扩大为主要标志之一。但是商会能够得以成立却在很大程度上依赖于当时清朝政府实业政策的变化，受制于统治者态度的转变，因而对官府存在着一定的依赖性。清末就有人指明："吾不谓中国之不宜立商会，而惜中国商会不能如欧美之完备。""中国虽立商会，而事事皆仰成于官，断无能久之理。"[①] 由于受到独立性不强这一缺陷的制约，无论是商会还是商人，通常都会小心翼翼地寻求政治上的平衡，不愿在政治上与官府发生比较尖锐的矛盾冲突，自然也就会主动地宣扬在商言商，以便得到官方的认可，更好地保护自己的切身利益。

然而也需要指出，所谓在商言商，从字面上可以理解为身为商人只谈商事不过问政治和其他问题。但实际上它在清末民初却具有非常丰富的含义，有时也在一定程度上体现出近代商业文化中的独特政治色彩。在论及中国近代商人的政治思想和行动时，有关论著一般都会提到在商言商，但大多是给予否定性评价的。例如有的论者指出：近代中国商人"缺乏政治责任感的典型语言是'在商言商'，这是清末民初资产者的口头禅和基本信条。对大多数资本家来说，在商言商不过是只做买卖莫谈国事，对于一些商会领导人来说，在商言商是要过问'商政'，但不涉及与商没有直接关系的'纯'政治"[②]。

毫无疑问，无论从哪方面看，在商言商都可以视作考察和分析近代中国商人政治思想与行动的一个至关重要的关键词。一方面，大量的事实表明，在商言商在许多重要的场合下，往往是商人拒绝关心政治和参与政治活动最常用似乎也是最充分的理由，产生了明显的消极影响；另一方面，在某些特定的场合和事件中，它又巧妙地转变为商人逾越商事而干预政事，或是向官府提出自己种种要求的依据，发挥

---

① 《论商会依赖政府》，《东方杂志》第 1 年（1904），第 5 期。

② 张亦工、徐思彦：《20 世纪初期资本家阶级的政治文化与政治行为方式初探》，《近代史研究》1992 年第 2 期，第 114 页。

了一定的积极作用。因此，对在商言商不能简单地统而论之，一概予以否定，而应该区分不同的场景与事件，对在商言商所反映的内涵及其影响，分别做出具体分析与评价，否则就会失之片面。下面，我们即依据有关史实，主要通过近代商人成立的新式社会团体——商会略作具体论述。

2. “在商言商”的消极影响

清末的许多商会成立之后，在所定章程中对其职能的规定确实无一涉及商务以外之事，而是将致力于保护商业的发展作为唯一的宗旨。例如广东总商会章程规定：“本商会为众商业之代表人，凡有损益于商业之事，必尽力团结整顿提倡，或诉地方官，或达商部，设法兴除以副商战主义。”“本商会一以振兴商业为代表，如事非关碍商业利益者，概不干涉。”[①] 不难看出，广东总商会的简明章程中虽未用“在商言商”这四个字，但所表述的实际意思却基本上是相同的。清末民初商会的领导人在日常言论中则经常提及在商言商。例如1913年上海总商会总理周金箴就曾公开表示：“商人在商言商，惟以保持实业、发达商务为唯一宗旨。”[②] 从其理直气壮的语气可知，在当时的商人看来，在商言商对商人而言，是顺理成章甚至是天经地义的道理，并无什么见不得人或是应该遭受指责之处。正因为如此，清末民初的商人常常是不加任何掩饰地宣称其在商言商的态度与立场。

但是，在清末民初的政治参与过程中，在商言商也确实经常成为商人拒绝参加一些政治活动的理由。例如1910年的第二次国会请愿运动前，设在上海的华商联合会事务处曾号召各地商会和广大商人积极参与，许多商会都纷纷响应“各省学会、商会与京中国会请愿会遥相应和，或即开会，或拟上书，或任运动同志，或拟公举代表以接续请

---

① 《广东总商会简明章程》，《东方杂志》第1年（1904），第12期，“商务”，第155页。
② 《上海总商会第18次常会兼特会议事录》，1913年7月27日，未出版。

求者，不一而足”[1]。然而，有的商会领导层内部对是否参与国会请愿运动的意见却不一致，出现了激烈的争论，不少人认为国会请愿之事超出了商务范围，商会不应参与。

例如天津商务总会起初态度比较积极，于1910年2月即邀集永平七属商会的总理和商董数十人两次开会讨论，先是决定“由天津、永平、保定商界发起，号召全省商界定期来津大开会议，公举代表继续请求国会”[2]，后又“议决直接上书要求速开国会，并函约各省商会继续吁请”[3]。但是，第二次国会请愿运动前夕，天津商务总会会董之间的意见却产生了严重分歧。在讨论天津商会是否列名发起此次请愿活动时，多数会董主张不应列名，其理由即是“商会应办商务，他事不应办，国会事重，商人不够资格，更不能办”；有的甚至强调商会“不但不必办国会，商界以外之事均可不办，以符名义”。[4] 这显然是部分商会会董在其实践活动中对在商言商的具体诠释。虽然当时也有会董指出：“商会正宗原为保商而设，不应干预他事。然现在时局，所有商民均遭困难，皆由官府之压力，由于国家之专制，非开国会不能将专制压力挽回。现在虽立议、董两会及咨议局，均未见出效果，皆由于未立国会，不得不请求速开。请开国会商界亦有担负之责。”但持此看法的会董也担心商会如列名请愿国会将受清朝农工商部怪罪，提出“倘若商会诚恐大部阻难，仍须由商民出名为正办，较比商会出名尤为妥善”[5]。最后商议的结果是，天津商务总会不出面，而以所谓众商的名义对国会请愿表示支持。这一结果表明在讨论是否列名参与发起国会请愿的政治运动时，在商言商论显然占据了上风，从而最终阻碍了天津商会积极参加这一政治活动。

辛亥革命爆发后，曾有部分地区的商会和商人转而支持革命，发挥了积极的作用，但不久之后其政治态度即发生了变化。此时，在商

---

① 《记国会请愿代表进行之状况》，《东方杂志》，第7年（1910），第2期。

② 《华商联合会报》第2期（1909），“海内外商会纪事”，第12页。

③ 《专电》，《时报》1910年2月26日第2版。

④⑤ 天津市档案馆、天津社会科学院历史研究所、天津市工商业联合会编《天津商会档案汇编（1903—1911）》下册，第2361页。

言商又成为商人反对革命派以武力讨伐袁世凯的理由。1913 年，袁世凯图谋镇压革命力量，采用卑鄙的手段，派人在上海刺杀革命党领导人宋教仁，接着又不经过参议院同意以全部盐税作担保，与英、法、德、日、俄五国银行团签订"善后大借款"合同，筹措镇压革命力量的经费。"宋案"发生后，革命党人即准备武力讨袁，许多商会害怕战事再起，影响市面恢复与商业发展，纷纷表示反对。汉口商务总会发布的通电，将革命党人的反袁舆论和行动称作扰乱秩序之举，声称"倘有流言嚣张，希图破坏，诡机藏伏，罔恤危亡，则将对该省主动之人视为国民公敌。凡属同胞行省，对于此项举动，当不承认，而我受伤最巨、受祸最烈之汉口，则愈不能承认。在商言商，罔知顾忌，兴亡有责，缄默难安，愿吾商界熟［速］筹而顾全之"①。从汉口商务总会的这则通电可知，当时的商会一方面在口头上标榜在商言商，另一方面却公开反对革命党人讨伐袁世凯的正义政治行动，实际上是打着在商言商的幌子抵制革命。

还有许多商会也将革命派的政党国民党与袁世凯御用的进步党之间的斗争视同节外生枝，影响了商业的发展。例如直隶高阳商会认为："自刺宋、借款两案发生，南北猜疑，两党交讧，朝野鼎沸，岌岌可危，影响流播，市面萧条，金融因之停滞，而商业首蒙其害。"② 全国商会联合会还通告各省商会说："政党实为国会之中坚，故政党良则政府自良，党争息则国基自固，证之先进，胥有明徵。且以国基安危所关，即人民生命所系，商民等以利害切己，在商言商，爰集合各省商会代表为两党调和，既非直接干涉两院，更非一面之机关，务请大政党忍痛须臾，略相让步。"③ 商会在调和党争时虽一再表示"应抱定中立主义，切不可为一党利用"，事实上明显倾向于支持袁世凯御用的进步党，而向代表革命派的国民党施加压力，这更是与其信奉的在商言商原则相距甚远，连工商界的代表人物张謇也曾说过："商人维持政

---

① 《汉口商务总会通电》，《中国商会联合会会报》，第 1 年（1913），第 1 号，"文牍"，第 6 页。
② 《商会联合会调和两党纪事》，《中国商会联合会会报》，第 1 年（1913），第 1 号，"纪事"，第 1 页。
③ 《全国商会联合会各省代表通告书》，《中国商会联合会会报》，第 1 年（1913），第 1 号，"文牍"，第 10 页。

局，为吾国轫举。”[1]

尽管工商界强烈反对，但以孙中山为首的革命派为维护辛亥革命的胜利果实，最终发起武力讨袁之役，革命党人控制的南方许多省份相继宣告独立，脱离袁世凯政府的反动统治，这就是著名的“二次革命”。各省商会及各业商人却唯恐“战云复起，金融停滞”，使其遭受经济损失，异口同声地对讨袁之役表示反对。1913 年 8 月 19 日的《民强报》曾刊载一篇报道，称南京“下关商会以二次革命既已发生，商业受其损害，实非浅鲜。然推原祸始，袁实难逃其罪，拟联合团体迫袁退位”。这是“二次革命”爆发后少见的一则商会表示反袁的记载，但为时不久下关商会即致函《民强报》，声称该商会并无此议，同时还在《申报》上说明：“商会以联络群情，研究商业为主体，凡关于政治问题、国家问题，均未敢越俎代谋。如《民强报》所云，敝会既无此意，亦无此能力。”[2] 这同样是以在商言商、不问政治为工具，作为商会和商人不支持“二次革命”的主要依据。

对于商人这种打着在商言商的幌子不问政治是非的表现，当时即有人提出了批评。《民立报》曾发表题为《致商会》的短评，批驳上海总商会称讨袁之役为扰乱之举并通电加以反对的言行，“请商会诸君，不要藏头露尾，说个明白来”[3]。孙中山也批评商人“鲜留心政治”，“不知国政之良窳与发财有极大关系”。实际上，并非所有的商人都不知政治良窳与商业发展之间的紧密关系，而是绝大多数商人政治眼光较为短浅，并且将在商言商作为指导自己行动的一种理论工具。不仅导致其实际政治行为与时代赋予其历史使命的不一致，有时甚至还产生了相反的负面影响。

如上所述，在商言商的理念明显地阻碍了商人的政治参与热情和行动。不仅如此，在许多场合中在商言商还成为某些商界要员推卸其政治责任的托词。例如在五四运动爆发后，全国各地许多商会和商人

---

① 《商会联合会调和两党纪事》，《中国商会联合会会报》，第 1 年（1913），第 1 号，“纪事”，第 6 页。
② 《申报》1913 年 9 月 15 日。
③ 《致商会》，《民立报》1913 年 7 月 22 日。

都通电表示支持学生的爱国行动，坚持要求政府罢免卖国贼，直接收回青岛。但上海总商会会长朱葆三、沈联芳却非但未领导商人积极参与，反而于1919年5月9日致电北京政府（时称“佳电”），不顾工商各界及全国舆论一致力争在巴黎和会上直接由中国收回青岛、恢复山东主权的要求，提出由中国任命日使，“径与日廷磋商交还手续，和平解决”的主张，与日本的愿望正好如出一辙；同时，电文还称各界的爱国正当要求为“鼓噪”，其中的某些用词如“清国”等，完全是借用日本所惯用的词语。[①]“佳电”见诸报端之后，立即引起上海工商各界以及一部分总商会会员的强烈谴责。由于佳电“未经商会会董通过，由会迳自发递，则商会会长实已违背商会规则”，因而工商界对总商会正副会长指责尤多，要求迅速罢免“丧尽廉耻之正副会长”。面对工商各界的批评，朱葆三、沈联芳却仍然坚持佳电的主张未错，并无任何改变态度顺应工商界意愿的表现。直至7月1日朱葆三被迫正式宣布辞职，在报上发表《最后辞职书》，依然再三对其不合众议的言行进行辩解说：“商会为商界正当团体，向来办事为章程所束缚，抱定在商言商、不预政治为宗旨。各界要求，未能因物而付，拘守定章之处，即不满人意之处，怨尤丛集，因此而起其难一也。……经此一番波折，以后办事更难措手，若仍墨守成规，必遭各界攻击，倘竟随众附和，窃恐多所妨碍，上无以副国家期望之殷，下无以报各业委托之重，个人名誉，诚何足惜，贻误大局，责所难胜。佳电之是非，可证诸将来之事实，尚无足深辩者。”[②] 从朱葆三这封辞职书的内容和语气看，他显然是认为自己的有关言行以及佳电的主张均无错误，只不过是坚持了商会“在商言商、不预政治”的宗旨，因此他遭受工商各界的一致谴责并不得不被迫辞职，是受到了极大的冤枉，以后的事实将会为他洗刷这一冤情。

在朱葆三个人看来以在商言商、不问政治的原则为其乖张举措进

---

① 中国社会科学院近代史研究所近代史资料编辑组编《五四爱国运动》下册，中国社会科学出版社，1979，第212－213页。

② 《朱葆三最后之辞职书》，《时报》1919年7月1日第6版。

行辩解，理由再充分不过了。实际上他的这番辩解并不能说明问题，也远不能消除当时工商界对他的强烈不满。其一，其他各地的许多商会都能够在五四运动爆发之后，不久即表明与社会各界一致的态度，并共同采取相应的爱国行动，为何上海总商会却背道而驰。难道唯有上海总商会坚守在商言商的信条？答案显然不是。揆诸清末民初的史实，不难发现在历次重大对外交涉中，上海总商会都十分活跃，并且在清末的抵制美货运动中还扮演了发起者和联络者的重要角色，却唯独在五四运动期间的表现十分消极，这自然另有原因，而不是一句在商言商所能解释得了的。其二，如果说朱葆三等上海总商会的领导人真是抱定在商言商、不预政治的宗旨，就根本不应致电北京政府对收回青岛这一重大国际交涉表示任何态度，而应保持缄默，因为致电政府的这一举动，本身就已超出了在商言商的范围。事实表明，工商各界以及商会会员的不满，并非针对总商会是否应向政府致电，而是对电文别出心裁的主张深感愤怒。换句话说，朱葆三认为佳电引起各界谴责的原因，是由于总商会信奉在商言商的原则所致，实际上此番辩解几乎可以说文不对题，只是他推卸责任的托词。

当时，即有工商界人士在报上发表文章，对朱葆三的这番辩解进行批驳。例如有人指出："商会为会员所组合，其组织之良与不良实有共同担负之责任。就不越范围而言，无非致力于工商业之发达，而总商会之不满人意，皆在彼而不在此。谨守范围，则谓其无国家观念，随声附和，则又非商会本分。时局所趋，适逢其会，于是乎难矣。"①由于当时的许多商人，都对朱葆三的言行"实有不能强同者"，朱葆三最终只能在工商界的一片谴责声中灰溜溜地辞去了总商会会长的职务。

以上各方面事例表明，清末民初商人的政治观念虽有所增强，但在商言商仍是阻碍商人政治参与意识发展的一个重要因素。当其不愿参与某一政治活动，或是为其错误的政治言行进行辩解时，在商言商似乎都是最为充分的理由。在很长一段时间内，除先进的思想家和政

① 《朱葆三最后辞职之措词》，《申报》1919年7月1日第10版。

治家之外，绝大多数商人都很少对在商言商的这种消极影响做出认真的检讨，并认为这是商人应该信奉的一个重要原则。

3. "在商言商"的积极影响

不过，也要看到，商界人士有时也利用"在商言商"作为抵制官府束缚与限制商界的武器，同时也以此向政府提出参与商政的要求与权利。

例如民国初期的商会在争取国会议员选举权和议席的过程中，所提出的理由，首先是"商工对于国家负担已多，而何以享权利则最少"；其次是如果没有商人参与议政，就无法"使政府有所咨询，而商人得以陈述商情"；最后即是要求参与商政，"关于商政之议案，于我商界有无窒碍，须通过代表商会之议员方能定议，庶于官商交际之间，无扞格不通之弊"，至于"其他国政，代表商会之议员不忝末议，从多数为可否"，[①]无须表示意见。也就是说商会推选的议员只参与商政并不过问商政以外的国政，实质上即是所谓的在商言商。在商会多年的一再争取下，商界代表在参政院中的参政权有所扩大，名额达到了商会要求的6名。可见在商人争取参政权的过程中在商言商也起到一定的作用。

又如1914年3月，"因奉天商会联合会干预税务条陈，总统府拟取消联合会，并严重监督各商会"，令农商部"遵照办理"。[②] 同年9月，北京政府颁布《商会法》，明显表露出限制商会发展和降低商会地位的意图，尤其是企图取消1912年底成立的全国商会联合会。因此全国各地的商会马上群起抗争，展开了一场反对取消全国商会联合会的斗争，一致要求农商部修改《商会法》，确立全国商会联合会及其各省事务所的合法地位，各商会一方面指明全国商会联合会具有重要作用，不可或缺；另一方面则是强调商会联合会自成立之后保持了在商言商

① 《上海总商会第9次常会议事录》，1912年10月26日，未出版。
② 《中华全国商会联合会第一次代表大会》(下)，《历史档案》1983年第1期，第50、132页。

的立场，并无越轨行为，根本不应取消。有的商会指出："无全国商会联合会，则各省商人只知故步自封，而必无相关而善之口……方域所限，难言利源广辟，此全国商会联合会不可以不兴也。"① 海外小吕宋中华商务总会也呼吁：全国商会联合会"为海内外商人集合团体，借以集思广益，互通声气，必当永久存在。乃商会法未曾规定，应一致要求政府加入条文"②。全国商会联合会上海总事务所直接禀文农商部，阐明全国商会联合会成立两年之后，"国内二十二行省事务所已督促遍设，国外侨埠亦设有七处"，断难随意取缔；此外，商会联合会"所提议案，类皆在商言商，毫不越分"，因而政府没有任何理由加以取消。③应该说，商会所提出的这两方面的理由是比较充分的，再加上全国各地商会包括海外中华商会的全力抵制，促使北京政府不得不慎重考虑。1915 年北京政府颁布修订后的《商会法》，即接受了商会提出的要求，明确规定"总商会、商会得联合组织全国商会联合会"，"全国商会联合会得设事务所"。④ 这一事例同样可以表明，在商言商在某些特殊的场合有时也发挥了维护商人权益的作用。

到 20 世纪 20 年代，随着政治责任感和政治参与意识的进一步增强，商界中已陆续有人开始公开对在商言商提出疑问，呼吁商人抛弃这一传统的信条。例如《上海总商会月报》不断发表有关文章，说明过去"经营农工商者即无政治趣味"，致使军阀政客等"游民"恣意妄为，政治黑暗、实业衰败，因而必须改变由贵族、军阀、官僚、政客等无职业者执政的状况，"以从事农工商务及劳动者执政"。⑤ 该刊还针对当时中国政局动荡纷争、政府腐败无能的状况，宣传"在商言商之旧习，已不复适用于今日。吾商民对于政治，必须进而尽其应尽之责任，急起联合商界重要分子，用各种方法逼迫政府改良内政"⑥。

① 《中华全国商会联合会会报》，第 2 年（1914），第 8 号，"商会文牍"，第 39 页。
②③ 《中华全国商会联合会会报》，第 2 年（1914），第 12 号，"专件"，第 1 页。
④ 江苏省商业厅、中国第二历史档案馆编《中华民国商业档案资料汇编》第 1 卷上册，中国商业出版社，1991，第 52 页。
⑤ 峙冰：《时局杂感》，《上海总商会月报》第 5 卷，第 12 号。
⑥ 穆藕初：《花贵纱贱之原因》，《上海总商会月报》第 3 卷，第 2 号。

这是工商界内部较早明确宣称不应继续沿袭在商言商的言论，也称得上是新的历史条件下商人政治思想在原有基础上得到发展的具体反映。通过商会报刊的这些宣传引导，以及在现实政治的黑暗与社会秩序的混乱等因素的推动之下，整个工商界的政治参与意识也更趋增强。在此期间，更多的工商业者也开始逐渐认识到，就国家政治的发展和工商界切身利益这两方面的危急形势而言，都已充分证明广大商人不能继续抱残守缺，一成不变地信奉在商言商的传统原则。1923 年 6 月上海县商会在召开临时会员大会的通告中即曾指出：“我商人处此危急之秋，倘仍在商言商，置国事于不问，恐巢覆卵破无立足地矣。”① 这显然将是否抛弃在商言商这一信条，提高到事关商界存亡的更高程度加以说明，可谓一语中的，振聋发聩。

对在商言商的检讨与反省，直接促使工商业者以更为积极的姿态参与政治运动和争取政治权利。例如 20 世纪 20 年代初期工商业者多次主动发起请愿、抗议等政治运动，敦促国会制定宪法，要求监督国家和地方财政，要求废督裁兵，直到自行组织具有立法机关性质的“国是会议”和具有行政机关性质的“民治委员会”。到 20 世纪 20 年代中期，甚至有人还提出成立“商人政府”的主张。于是，商人已在很大程度上突破了在商言商的樊篱，商业文化中的政治色彩也随之显得更为浓厚。

1921 年 10 月，全国商会联合会在上海举行临时大会，废督裁兵成为会上集中讨论的议题之一。与会的各商会代表一致赞成上海总商会早先提出的废督裁兵主张，有的商会代表还在所提议案中公开指出：“现在之政府，代表军阀，非代表人民”②，并认为军阀割据是当前中国祸乱之源，要消除祸乱之源，就必须废除拥兵割据之督军，大力裁减军队。1922 年，各省的废督裁兵运动发展到高潮，社会各界都积极参与此项运动。上海总商会向全国各地商会发出的一份快邮代电，希望“全国商人一致主张，成为国论，务以百折不回之精神，挽此旷古

---

① 《上海县商会开临时会员大会通告》，《申报》1923 年 6 月 25 日。
② 《时报》1921 年 10 月 13 日。

未有之危局”[①]。这已明显不再是在商言商的行为。

1923年6月13日直系军阀曹锟在北京发动政变，将总统黎元洪驱逐出京，并企图以贿赂议员的方式非法当选总统，这次政变受到全国各界的一致反对，上海商界于政变当日即开会集议，向全国发表宣言，表示绝不承认由曹锟继任总统，并提出了国民自决的三项政治主张，号召举行国民会议，设立国务委员会处理国家有关事务。同时，上海总商会也意识到：“现在之中国纷乱已极，无一可赖之机关，将来一切重任，全视各省商会之举动若何。”[②] 在各团体的期待之下，上海总商会再次出面领导了这次民主政治运动。经过召开临时会员大会讨论，上海总商会做出如下决定：否认摄政内阁及曹锟的候选总统资格，并通电宣布北京政府对内对外一切行为，国民概不承认其有代表国家资格；国会议员不代表民意，所有一切行动也概属无效；各省军民长官加强维持地方秩序，大局问题听候人民解决；组织民治委员会，讨论解决办法。[③] 上海总商会这四项决议的内容，表明当时的商会已公开与政府及国会完全决裂，试图自立一个“商人政府”取代军阀政府，其口气也颇似一个即将执政的政治组织所发表的政见宣言，这更是商人逾越在商言商的政治举动。

上海总商会的这一非凡政治举动，赢得了社会各界的支持和赞扬。《民国日报》曾为此发表“专评”，称赞上海总商会“以难得的大会，应付非常的时局，于此可以显出上海商人对政治的真态度”，并将这一政治行动称为“是对军阀官僚宣战，是做民治运动的前驱”。[④] 中国共产党的领导人也对上海商人给予了很高的评价，毛泽东在《向导》周报第31、32期合刊上发表的《北京政变与商人》一文，热情地赞扬上海商人公开否认军阀政府，发起组织民治委员会，是“商人们三年不鸣，一鸣惊人的表示”，视之为“何等可喜的一个消息”。

① 《上海总商会1922年11月15日快邮代电》，载苏州市档案馆藏《苏州商会档案》，第695卷。
② 《上海总商会议案录》，1923年6月23日临时会员大会记录，未出版。
③ 《昨日总商会会员大会纪》，《申报》1923年6月24日。
④ 《总商会今日大会》，《民国日报》（上海）1923年6月23日。

1923年7月4日，史无前例的民治委员会在上海总商会议事厅宣告正式成立。上海各商店和商业团体，均纷纷于当日悬旗庆贺。新成立的民治委员会雄心勃勃地规定其职责为：在中央政府中断期间，由民治委员会代表国家行使外交权力；管理国家财政，解决国内一切政治纠纷；监督各省行政，依法组织国会。其最终的目标，则是组织一个“为人民办事”“为人民所管的政府”。这显然已不是一般意义上的参政议政，而是要行使政府的权力。在民治委员会成立大会上，上海总商会的副会长方椒伯表示：“本会之以民治为指归，而必先以运动为任务。”并说明“本会之以上海开其先，而希望各省区各界人民之继其后，盖亦以既悬民治为旗帜，则政权自不容垄断于少数人之手，势非结合全国人民为一大团体，断不足以挽已倒之狂澜”。接着，上海总商会会员中鼓吹“民治运动”最为得力的霍少华也发言指出，组织民治委员会是为了团结各界广大民众尽“保护国家”之责，达到谋求实现“民治”的根本目标。[①]

从上述上海总商会的领导人及其会员组织民治委员会的行动与言论，可以明显地看出，商会的政治参与活动此时已上升到了一个前所未有的高度。由过去信奉的“在商言商”，变为“在商言政”乃至“在商行政”，其政治参与行动的独立自主性也有了显著的增强，成为当时中国政治生活中人们关注的焦点和中心，这在以往也是从未出现过的现象，因而引起社会各界的广泛重视。

综上可知，在清末民初，在商言商的理念曾经是妨碍近代中国商人扩大政治参与的主要因素之一，产生了明显的消极影响；但与此同时，在一些特殊的场合下，在商言商有时又成为商人提出自己的要求，尤其是反对政府实施压制商人政策的充分理由，并且在实际运用中发挥了一定的积极作用。另外还应看到，近代中国商人并非始终一成不变地信奉在商言商的理念。到20世纪20年代，随着政治的发展以及商人思想认识的提高，商人不断发起各项政治运动，实际上已在很大程度上突破了在商言商的戒律。

---

① 《上海总商会议案录》1923年7月4日民治委员会成立会记录，未出版。

四、1921 年商教联席会议

1921 年 10 月 12 日至 17 日，中华全国商会联合会和全国教育会联合会在上海隆重举行商教联席会议。这是近代中国历史上首次由商界和教育界两大全国性团体，面对国内外特殊形势而联合筹备召开的一次重要会议，当时的报纸多有报道和评论，受到社会舆论的广泛关注，理应引起当今研究者的重视。但查检相关论著目录索引却并未找到研究商教联席会议的成果，为此笔者不揣浅陋，撰文对这次会议略作论述，以就教于方家。

1. 商教联席会议召开背景

首先需要说明的是，共同筹备召开这次商教联席会议的中华全国商会联合会和全国教育会联合会，分别是什么样的团体？它们能够代表全国的商界和教育界发起商教联席会议吗？

商会和教育会都是在清末清政府推行“新政”，实施振兴工商和地方自治背景下诞生的近代新式社会团体。率先成立的是由工商业者组成的商会。1904 年初，刚刚设立的商部奏准颁行《商会简明章程》，要求各级官员劝谕商人设立商会。随后，凡属商务繁富之区，无论省垣或城埠均相继设立商务总会，商务发达稍次之地则设立商务分会。在清末民初，商人是一个广义的历史概念，不仅指现今狭义的商人，而且也包括从事工业、交通运输业和金融业的人员，几乎涵盖了与整个实业相关的所有人员。商会的成员以狭义的商人为主，但也包括其他行业，其会员为各业推选的代表，大多是不同行业声望素孚的头面人物。各地商会的宗旨虽表述不一，但大都不外乎联络工商、调查商情、开通商智、振兴工商等。例如最早成立的上海商务总会，在试办详细章程中指明其宗旨为三条，分别是"联络同业，启发智识，以开通商智"；"调查商业，研究商学，备商部咨询，会众讨论，以发达商业"；"维持公益，改正行规，调息纷难，代诉冤抑，以和协商情"①。1905 年成立的苏州商务总会，"以保护营业、启发智识、维持公益、调息纷争为宗旨，将下列各项实力施行，择要汇报商部查核。（甲）调查各业盛衰；（乙）研究商学，发明新理；（丙）改良物品，推广销场；（丁）联络同业，和协商情"②。因此，"建筑于各商之上"而作为"众商业之代表人"的商会诞生之后，很快就成为联络工商各业、代表工商业者利益最重要的新式商人团体，拥有"登高一呼，众商皆应"的巨大号召力。

但是，清末的商务总会和分会都是地方性商人团体，虽然在联络本地工商各业、维护商人利益等各方面都发挥了重要作用，但缺乏能够统合各地商会的全国性组织机构，限制了工商业者开展全国规模的统一行动。上海商务总会领导人意识到这一问题，在清末曾发起成立华商联合会，虽得到一些商会响应却直至清朝灭亡也未能正式建立。民国元年工商部召集全国商会以及其他工商团体的代表在北京举行临时工商会议，此时已有更多的商会意识到："时至今日，无论对内对外，皆决不可无全国商会联合之机关。"③ 上海和汉口商会遂联络参加会议的各地商会代表，发起成立全国商会联合会。经两次召开筹备会议讨论相关具体问题，于 1912 年 11 月 20 日举行成立大会，宣告中华

---

① 上海市工商业联合会、复旦大学历史系编《上海总商会组织史资料汇编》上册，上海古籍出版社，2004，第 70 页。

② 章开沅、刘望龄、叶万忠主编《苏州商会档案丛编》第 1 辑，第 17－18 页。

③ 马敏、祖苏主编《苏州商会档案丛编》第 2 辑上册，华中师范大学出版社，2012，第 187－188 页。

全国商会联合会成立（以下简称“全国商联会”），总部设北京，上海设总事务所，各省各侨埠设事务所。全国商联会“以联合国内外商人所设之商务总、分会、所，协谋全国商务之发达，辅助中央商政之进行为宗旨”①，成为统合各地商会的全国性最高商会机关，在中国近代商会发展史上具有重要意义。时人即曾指出：“吾国商会始由局部的结合，进而为全体的结合；由各别的行动，进而为统一的行动。”② 在此之后，全国商联会即作为全国工商业者的领导机关，通过举行常年大会和临时大会的方式，召集各地商会的代表汇聚一堂，共同讨论保护商人、振兴工商的各项举措，以及商议应对特别重大事件的方略。

教育会的诞生稍晚于商会。清末“新政”期间，清政府鼓励创办新式学堂，发展新式教育，同时为仿行宪政而实施地方自治，将地方上的一部分市政、民政、教育、卫生等管理权限下移至民间社会团体，于是出现了为数众多的各类新式民间社团组织，成为近代中国民间社会兴盛发展的一个重要历史时期。1906 年清朝学部奏陈各省设立劝学所，鼓励绅董充任总董。同年又奏准设立教育会，以使“官绅相通，借绅之力以辅官之不足，地方学务乃能发达”③。1909 年清政府颁行的《城镇乡地方自治章程》，进一步明确规定学务与教育为地方自治的重要内容，“中小学堂、蒙养院、教育会、劝学所、宣讲所、图书馆、阅报社”等，均一概由地方绅民办理。于是，教育会开始在各地陆续成立，成为近代最重要的新式民间教育团体。

例如苏州绅董较早设立的是学务公所，“与官设学务处相表里”。1906 年地方官府设立官办学务公所，饬令原绅办学务公所改名为长元吴学务总汇处，受其统辖，不再是民间教育团体。次年，苏州绅董创办长元吴教育会，作为新的绅办教育团体，其机构设置较诸原学务公所更加完备。但在林林总总的各地教育会中，影响最大者当属江苏学

---

① 马敏、祖苏主编《苏州商会档案丛编》第 2 辑上册，第 190 页。

② 《立宪国民会议行动敬告我商人》，《中华全国商会联合会会报》，第 3 年（1916），第 9、10 合期，“社论”，第 17 页。

③ 舒新城编《中国近代教育史资料》上册，人民教育出版社，1980，第 357 页。

会，后改名为江苏教育总会的著名教育团体。其宗旨是“专事研究本省学务之得失，以图学界之进步”，凡绅士与学务有关系者，能担任推广、扶助学务者，兴办工商实业卓有成效者，均具备入会资格，其主要活动为建立师范学校，培养教员、管理员，推广小学校，以谋教育普及，同时“劝设实业学校，养成农工商实业之才”①。

各地教育会普遍设立之后，也面临当时商会相似的境况。因缺乏统合各地教育会的全国性机关，很难联合起来共同开展全国性的重要活动。在清末，各省的教育会仅1907年在上海举行过一次全国教育联合会，“第属临时召集，故此后无继续开会者”②。中华民国建立后，教育界的有识之士意识到：“欧美诸邦，对于教育多取联络主义，各国教育会常有开联合会之举，讨论教育利害得失，以条陈于教育行政官厅，既无上下隔阂之虑，又无远近纷歧之弊，法至善也。”③ 中国也亟宜仿照此法召集全国教育会联合会。1914年直隶教育会会长张佐汉呈文教育部，首先阐明：“教育为治国之要图，国之富强，端赖于是。当兹民国初兴，冀造就人民立于健全之地，尤须毅力促进，庶观厥成。但教育事业极为重大，非萃集全国教育家，各执疑难，逐项剖晰，凡夫社会教育、家庭教育、各种学校教育，必须如何计划，始合进化之趋势，如何布置，始免不完备之指摘，如何教诲，始得良好之结果。此中头绪纷歧，差毫厘而谬千里。”接着，呈文请求批准在天津召开全国教育会联合会：“今民国成立攸已三秋，国步艰难，经费支绌，各种教育不免萎缩，虽因经济之不充，维病端未必专在于是。况今战事方殷，东亚风云日紧，我国人更宜乘此时机，卧薪尝胆，力筹生聚教训之方，得收事半功倍之效。佐汉辗转思维，以兹事体大，非管见蠡测所敢臆断，拟邀集各省教育会推选教育家富于学识经验者，共同讨论，各抒心得，为教育界稍助螳臂之力，如蒙允准，拟于明年四月在津举行，届时并乞钧部派员监临，藉资指示。”教育部力予支持，批示“拟

① 《江苏学会暂定简章》，《东方杂志》第2年（1906），第12期，第333页。
② 峄闻：《论全国教育会联合会》，《教育周报》（杭州），第181期，1917年11月，第23页。
③ 《详教育部请开全国教育会联合会文》，《教育周报》（杭州），第55期，1914年10月，第37页。

开全国教育会联合会共同讨论教育事宜，可谓知所先务，事属可行，务即悉心筹备，届时由部派员莅会可也。”① 随后，直隶教育会即致函各省教育会，请“推选三二员于明年阳历四月二十号前后一律到津与会”。

1915年4月，“全国教育会联合会开会于天津，集全国教育名家于一堂，精密研究，用促教育之进步，是诚民国第一次之创举也”。发起人张佐汉致开会辞：“今日为全国教育会联合会成立之日，全国教育家共聚一堂，……佐汉深信此会为国民战胜于精神之起点，日后吾国教育，在唤醒国民，使人人有责任心，抱同一之目的，积极进行，一扫从前粉饰敷衍之病。……庶几此后吾国教育事业，国民与政府双方均有积极进行之精神，吾五族国民，正可因外患之打击，淬厉以须，发挥吾固有之精神，以战胜于二十世纪也。”② 大会通过的《全国教育会联合会会章》规定：“联合会由各省省教育会及特别行政区域教育会组织而成，定名为全国教育会联合会”，“以体察国内教育状况，并应世界趋势讨论全国教育事宜共同进行为宗旨”，由各省教育会及特别行政区域教育会分别推选代表三人担任会员，“概为名誉职”，联合会每年的“双十节”开大会一次。③ 全国教育会联合会（以下简称“全国教联会”）设立后得以统合各地教育会，成为唯一的全国性民间教育团体，也是全国教育界的最高领导机关，对中国近代教育的发展做出了重要贡献，因此颇受舆论关注。“历来吾国各地之教育会议已数见不鲜，就中最为吾人所重视者，厥惟各省教育会之联合会议，何则？以其到会代表皆自各省教育会举出，所有代表人物即各省之教育家也。”④

由上可知，全国商联会和全国教联会都是在民初借助辛亥革命推翻清王朝、中华民国成立后的新局势下而得以建立的，分别是代表商界和教育界的全国性团体和最高领导机关。两会都定期举行会员大会，实际上是商界和教育界的全国性会议，汇聚全国各地的精英共商要策，

---

① 《详教育部请开全国教育会联合会文》，《教育周报》（杭州），第55期，1914年10月，第37－38页。

② 《全国教育会联合会纪事》，《中华教育界》（上海），第4卷，第6期，1915年6月，“教育纪事”，第5－6页。

③ 《全国教育会联合会会章》，《教育研究》（上海），第26期，1915年12月，“会报”，第5页。

④ 峄闻：《论全国教育会联合会》，《教育周报》（杭州），第181期，1917年11月，第23页。

为促进工商业和教育发展发挥了举足轻重的作用。但因分属商界和教育界两个不同的社会界别，直至 1921 年商教联席会议之前，全国商联会和全国教联会都一直未曾联合举行过任何重要会议。

1921 年，无论是商界还是教育界都面临着内政外交的重要时刻。国内“政潮幻变，兵祸连年”，不仅“商界历年所受苦痛，有非言语所能形容者”，教育界同样也深受其害。外交方面，“自欧战以后，世界商业政策竞争之焦点，咸集中于我国，故英美各国均曾开联合会以求所以发展之策，中国商人有利害切身之关系”，尤其“自太平洋会议发起以后，中国代表问题与南北之争，大足贻外人以分裂之讥，吾等正当藉此机会，得一确切之决案，以表示我中国一致之民意。……太平洋会议为中国存亡关头，我等商人自当屏却政治之臭味与手段，作公正之讨论，牺牲一己，服从公众，则真正之民意庶能发扬于国外矣”①。所谓太平洋会议即华盛顿会议，是美国为了保证本国的利益和主导远东与太平洋地区的国际关系，遏制日本的独占垄断趋势，于 1921 年向英法意日等国提议在华盛顿召开国际会议，因有九个相关国家被邀请参加了这次会议，后又称九国会议。由于中国问题是列入会议讨论的主要议题之一，而且中国也被邀请派代表出席，故而引起中国政府和社会各界的广泛关注。中国在此前巴黎和会的外交努力未达到目的，无论是政府还是民间各界都希望能够得到美国的支持，通过华盛顿会议实现目标。“不特失之于巴黎和会者可收之于华盛顿会议，举凡有损我国独立主权，如治外法权、领事裁判权、关税行政、列国在华驻兵及设租界等事皆可由是而取消，并继之以退还庚子赔款焉。”② 不过，社会各界也意识到当时的中国自身仍存在种种问题，要达此目标绝非易事，必须联合起来向华盛顿会议“表示我中国一致之民意”。正是由于这一特殊的历史背景，促成了商界与教育界的跨界联合，最终使商教联席会议得以举行。

---

① 《全国商会临时大会议事始末记》，《上海总商会月报》第 1 卷第 5 号，1921 年 11 月，“记事”，第 1 页。

② 曾琦：《第三国际党之华盛顿会议观》，《东方杂志》第 19 卷第 2 号，1922 年 1 月，第 111 页。

全国商联会每两年召开一次常年大会，至1920年应在汉口举行第四次大会，但由于种种原因一直延而未开，引起一部分商会的不满。根据全国商联会章程的规定，如遇紧要事项，“各省、各侨埠总商会有一处以上之请求、三处之联署、过半数之同意时，得召集临时会”[①]。1921年1月底，苏州总商会向全国商联会江苏省事务所提议：“现际发生困难，惟请速召集全国商会联合会，赖全国舆论之解决，方为正办。”[②] 江苏省事务所表示赞同并向各省事务所发函征求意见，在致上海总商会的公函中提议本次临时大会仍在上海举行。上海总商会经过常会讨论，同意如有五省以上附议即在沪召开，结果有近十省赞同举行临时大会。会期初定当年8月底或9月初，后延至10月初才正式召开。

全国教联会“向例于十月十日举行，本年因太平洋会议开会在即，对内对外皆有表示国民公意之必要，适全国商会联合会在沪开会，而全国教育会联合会赴粤代表又多路出上海，故由上海总商会及江苏省教育会发起开商教两联合会联席会议，于本年十月在上海开会，地点在上海总商会”[③]。1921年全国教联会将要举行的是第七届大会，地点定在广州，经商议决定各省与会代表先至上海参加商教联席会议，结束后再一起赴广州出席全国教育会联合会。最初倡议举行商教联席会议的上海总商会和江苏省教育会，分别是全国商会和教育会中领袖群伦的代表者。上海总商会不仅成立最早，而且曾经在全国发起抵制美货运动以及动员各商会参加国会请愿运动，也是清末民初成立全国商联会的主要倡导者，享有全国“第一商会”的誉称，具备相当大的号召力。江苏省教育会则在全国的教育会中与上海总商会的地位十分相似，拥有显著的影响力。由这两个在全国商界和教育界地位突出的团体发起举行商教联席会议，自然能够比较顺利地付诸实施。

当然，商教联席会议能够得以顺利举行，主要是由于会前双方各

---

① 马敏、祖苏主编《苏州商会档案丛编》第2辑上册，第211页。

② 马敏、祖苏主编《苏州商会档案丛编》第3辑上册，华中师范大学出版社，2009，第226页。

③《第七届全国教育会联合会纪略：商教联席会议之发起及经过》，《教育杂志》（上海）第14卷，第1期，1922年1月，第1页。

自讨论并多次沟通联络，共同筹备，就许多重要议题基本达成了一致意见。根据最初的计划，“拟十月一日开商教联席会议”，但因时间过于短促，至开会日全国教联会“各省代表远者尚在途中，故该会苏省代表沈信卿于前日先到全国商会联合会临时事务所接洽一切，昨日由商会联合会派代表三人，到该会复商，决于昨日下午四时开谈话会……共商进行手续，众均赞成”①。1921年10月1日下午4时半，全国商联会和全国教联会先期到沪的代表，在上海总商会会议室“开联席谈话会”，讨论联席会议规则、开会日期以及成立太平洋问题研究会等事宜，初步议定联席会议规则“由发起联席会议之上海总商会与江苏省教育会起草”，关于联席会议开会日期，沈信卿说明“联席会议本为解决关于太平洋会议重要问题而起，其定在十月一日者，乃欲于中国代表四日启行之前有所表示，今闻须于十五日放洋，则无论如何，须于是日之前开议，现已决定为五日，商联代表所差无几，教联方面明日汪精卫君到后，已及六省，则二三日间，或足法定人数，拟即于五日举行，众皆同意”。之所以需要设立太平洋问题研究会，全国教联会会长黄任之给予了说明：“太平洋会议关系非常重大，而其内容，又甚为繁复，商教因各有职守，大体虽甚明了，究少切实研究，拟开会之前，组织一研究会，汪精卫、余日章二君于外交颇多探讨，蔡孑民君新自海外归来，于外交上必有新事实贡献，可否在五日前请三君将太平洋会议问题演讲一次，俾各代表尤明其真相，庶于联席会议时，讨论尤为精细。结果，赞同者多数。”② 此次谈话会相当于商教联席会议的预备会，对相关重要问题进行了讨论并取得一致意见，但此次谈话会确定10月5日为商教联席会议开幕之日，仍因全国教联会到沪代表不足法定人数而延后，倒是全国商联会的临时大会在10月5日正式开幕了。

据《申报》报道：“全国商会联合会已于昨日正式开幕，教育会联

---

① 《全国教育联合会谈话会记》，《申报》，1921年10月2日第14版。

② 《全国教商联席谈话会记》，《申报》1921年10月2日第14版。

合会亦于今日在西门外江苏教育会正式集议。在两会尚未正式开幕以先，关于商教联席会议，曾经几度之接洽，由商教两方面推举起草员，草拟联席会议规程。教育会方面，由江苏代表沈信卿君与商会方面接洽。据教育会方面之预计，六七两日，必可将联席会议规程完全通过，八日起，在总商会开商教联席会议五天，专讨论外交提案，至十二日竣事，十三、十四两日，将提案整理完善，提交十五日放洋之总代表。在开会期内，尚须提案，由商教两联会发起外交善后团，容纳全国各人物，共同讨论。”除此之外，两联合会还初步议定“在太平洋会议期内，设立常设机关于上海，静待大会结果，随时准备应付，以为提案后之后盾。教育会同人俟总代表出发后，十六七日即行联袂赴粤开会”[①]。

按照商教联席谈话会的部署，上海总商会与江苏省教育会起草了商教联席会议规则初稿，具体内容如下：（一）本会议以全国商会联合会、全国教育会联合会组织之；（二）本会议地点临时定之（本届在上海举行）；（三）本会议须两联合会到会代表，得各省区之过半数，方得开议；（四）本会议设主席一人、副主席一人，以商教两联合会主席任之，主席之正副，抽签定之；（五）两联合会之代表，皆得出席于本会议；（六）出席代表对于本会议议案之讨论，皆得发表其意见；（七）本会议之表决权，以省区为单位，每省区之商会，与每省区之教育会，各有十权；（八）议案取决多数，可否同数，取决于主席；（九）本会议之提案，以两联合会固有之提案方法行之（如有临时动议，须经出席代表十人以上之附议，方得成为议题）；（十）本会议之提案，以两联合会有共同关系者为限（本届以太平洋会议问题及与太平洋会议有关系各问题为限）；（十一）议案应付审查者，由主席指定审查员审查之。[②]全国商联会讨论通过了商教联席会议规则，“主席说明商教联合会议发起原因，请赞成者起立，全体通过。又将规则付讨论，除第二条加

---

① 《商教联席会之进行》，《申报》1921年10月6日第14版。

② 《全国商会联合会第二次开会纪》，《申报》1921年10月7日第14版。

‘暂’字，其余均无修改”[1]。同一天，全国教育会联合会第三次预备会也讨论了相同的内容，另还商议了“全国商会联合会、教育会联合会联席会议宣言”的起草事宜。[2] 会议规则的制订对于商教联席会议的顺利举行至关重要，商教联席会议开幕后在首次大会上又正式讨论通过了这一规则，仅对第七条有所修改。

商教联席会议的开幕日期可谓一而再，再而三地延后，从最初所订之10月1日延至5日，后又延至8日，结果仍未能举行，加之全国商联会临时大会已于5日开幕，连日忙于开会讨论其议事日程，似乎无暇顾及商教联席会议的召开。10月6日全国教联会在江苏省教育会再次召开预备会，讨论商教联席会议相关事项，“报告本届联席会议发起及经过情形，又报告草拟联席会议规则情形”，并“提议联席会议日期愈早愈妙。当推定袁观澜君即刻到总商会接洽一切，以便决定”[3]。10月10日，上海总商会、江苏省教育会、上海各路商界总联合会都隆重举行了“双十节”国庆纪念活动。上海总商会和江苏省教育会还联名“柬邀各省商会代表，及本埠各团体、各报馆，在总商会举行午餐，共到代表二百余人，……餐毕，在议事厅开演讲会，聂云台、汪精卫、余日章、张公权、黄任之诸君，皆有演词”。沪上报刊称：“此三会为现在上海最有力量之团体，故国闻通讯社本埠通讯，题曰‘三大团体之庆祝盛会’。”[4]“双十节”过后对于将要赴广州开会的全国教联会代表而言，时间更为紧迫。全国教联会遂向全国商联会表示该会代表赴粤日期不能延误，必须立即召开商教联席会议，否则筹备多时的联席会议将会流产。在11日全国商联会临时大会开会前，大会主席聂云台说明：“顷得全国教育会联合会来函，以教育会亟须赴粤开会，请于明日即开商教联席会议，以研究对内对外诸大问题。”[5] 以此付表决，获全体通过。至此，商教联席会议的确切开幕日期才终于确定下来，这

---

① 《全国商会联合会第四次开会纪》，《申报》1921年10月9日第14版。
② 《全国教育会联合会第三次预备会纪事》，《申报》1921年10月9日第14版。
③ 《全国教育会联合会预备会纪》，《申报》1921年10月7日第14版。
④ 《国庆纪念日之八面观》，《申报》1921年10月11日第14版。
⑤ 《商会联合会开会纪（五）》，《民国日报》（上海）1921年10月12日第10版。

意味着全国商联会的临时大会将暂时休会，全体代表转而出席商教联席会议。

2. 商教联席会议的举行

1921 年 10 月 12 日下午，延误多日的商教联席会议得以在上海总商会议事厅正式开幕。会期 5 天，至 17 日结束。共计开大会六次、审查会四次（其中外交审查会一次、内政审查会三次），到会的商会代表有来自全国 14 省和 3 个特别区共 121 人，教育会联合会代表有来自全国 12 省和 3 个特别区共 29 人，合计 150 人。[①] 议决案共 9 件，包括复北京蔡元培电为外交联合会事，公推余日章、蒋梦麟为本会代表赴美宣传民意案，对内宣言，对外宣言，阻止烟酒借款，致各省军事当局劝告息争裁兵案，请派顾维钧充华盛顿会议首席代表电，设立全国商会教育会联合会驻沪办事处案，通电各省议事会等联合组织国是会议案。

12 日第一次大会推聂云台为临时主席，首先报告商教联席会议发起之缘由，然后讨论会议临时规则，将第七条修改为“表决用起立表决法，取决多数，可否同数时由主席决定之。但表决有疑义时，经五省区以上之附议，用投票表决法，每省区教育会、商会，各有十权”。第七条修改后第八条已无保留必要，故予以删除，其余照原案通过。[②] 随后按照通过的议事规则，用抽签法确定全国教育会联合会会长黄任之为当日大会正主席、聂云台为副主席。接下来主席提请代表讨论蔡元培发来的两电。蔡元培原拟到沪参加商教联席会议开幕式，后因故未能及时到沪出席，遂致电江苏省教育会转商教联席会议，说明：“北京各团体国民外交联合会通电联合全国团体发起全国国民外交联合大

---

① 关于到会省区及代表人数的记载略有出入，有的称“到会代表人数，商会一百二十一人，共代表十七省区；教育会三十人，共代表十六省区”。《第七届全国教育会联合会纪略：商教联席会议之发起及经过》，《教育杂志》（上海），第 14 卷，第 1 期，1922 年 1 月，第 1 页。

② 《商教联席会议开会纪（一）》，《民国日报》（上海）1921 年 10 月 13 日第 11 版。

会，谅承鉴及，日前特委元培到沪接洽组织，谊不容辞，以校务牵掣未克即行。此会与教商联会宗旨本属相同，各团体代表不日来沪协议办法，共策进行，如蒙赞同，乞先电复，以便转达。”① 商教联席会议在讨论这一问题时，有代表认为“国民一致对外，自属毫无疑义，惟北京团体多为人利用，本会应加注意，免为人所骗”。另有代表附议“北京每发起一团体恒为官僚军阀所操纵，吾人对此举须审慎从事，勿贻后悔”。最后，商教联席会议复电蔡元培：“本会议本为研究外交问题而起，对于国民外交联合事宜，颇极赞成，惟本会议甫开，一切办法，尚待慎重讨论。谨先电复。”② 从文字表述看，商教联席会议实际上对蔡元培电文中提及的发起全国国民外交联合大会并没有明确表示赞成。

次议请余日章、蒋梦麟代表两联合会赴美宣传民意案，余日章、蒋梦麟二人已是上海各团体推举的赴美列席太平洋会议和宣传民意的代表，商教联席会议需要议决是否也请二人作为商教两界的代表。讨论时有商会代表主张再推举两人，“为余蒋两君后援”，另有人建议“此时可先请余蒋两君代表赴美，一面从速筹募经费，如得巨款，再行推人继续前往”，但也有人提出太平洋会议“会期已近，经费募集为难”。“主席以由两会先行委请余蒋两君为赴美代表付表决，通过”。第三案关于太平洋会议提案和第四案联席会议对外宣言案，均系对外，合并讨论，议决交付审查，次日大会报告。第五案整理内政案与第六案联席会议对内宣言案，“众仍主按照前两案办法，合并审查，主席付表决通过”③。

13 日下午商教联席会议召开第二次大会，主要议事日程一为外交审查报告，二为内政审查报告，三为关于商教两界有共同利害关系之提案。大会主席首先“报告昨日议决本联席会议公推余日章、蒋梦麟两先生赴美，宣传民意，本会应开一欢送会，以便会员与代表交换意见”。至于具体欢送方式，“先函询代表，何时有暇，再行定期，多数赞成”。

---

① 《蔡孑民先生两佳电》，《民国日报》（上海）1921 年 10 月 12 日第 10 版。
②③ 《商教联席会议开会纪（一）》，《民国日报》（上海）1921 年 10 月 13 日第 11 版。

随后按议程开议外交审查报告，“由审查长沈恩孚报告，略谓审查商教两会提案，有三点相同。甲，税法平等；乙，撤销领事裁判权；丙，派遣代表。现在代表问题已另案办理，兹将甲乙两项，参照原拟宣言草案，稍为修正，请候公决。当由书记长将宣言朗诵，讨论多时，对于关税问题略有修改”。对于内政审查报告，“审查长袁希涛报告审查情形，对于原宣言书略加修正，大致仍照原案通过。散会时已六时矣”①。

14 日大会召开之前先举行了欢送会，余日章、蒋梦麟二人应邀到会并发表演说。余日章在演讲时表示：“今日承全国商教两联合会开会欢送，实不敢当。……适两会有一对外宣言，当即本此申诉吾人所受之痛苦，激发列国之公道心，以求世界之安宁。”他希望“诸君在国内努力，勉作后盾，吾等在美誓当尽力”。蒋梦麟在演说中强调：“吾与余君凡有一分之力，当尽一分之力做去，尤望国人对内有统一国家之设计，以使一致对外。”② 是日大会先讨论对内宣言，“照原案付表决，多数通过”。接着，讨论停止局部战争审查报告案，“付表决，亦通过”。联席会议向各巡阅使、各省督军、各总司令发出的请停止局部战争电文如下：“兵祸连年，商民涂炭，教育摧残，国本颠危，人天愤怒，同人等怆怀大局，对于裁军额节军费之计划，业经郑重宣言，冀图挽救，兹再迫切劝告军事当局，在战争未息地方，迅告停战，在未预战争地方，勿入漩涡，妥筹善后，全国一致，确定裁兵办法，克日实行，以解倒悬，而谋建设。”③ 要求裁兵和停止混战，既是商教两界的强烈愿望，也反映了社会各界的心声。

15 日大会议事日程有审查报告、组织国民会议案、商教联席会合组执行委员会案、关于商教两界有共同利害关系之提案、反对烟酒借款案等。其中反对烟酒借款案系上次会议的临时动议，本次大会提交讨论，决定以联席会议名义致电国务院、财政部表示商教两界坚决否认烟酒借款。关于商教联席会合组执行委员会案由江苏武进县商会提

① 《商教联席会议开会纪（二）》，《民国日报》（上海）1921 年 10 月 14 日第 10 版。
②③ 《商教联席会议开会纪（三）》，《民国日报》（上海）1921 年 10 月 15 日第 10 版。

出，得到许多省区代表连署。其理由书阐明："若开会之后，会员四散，而无一长存之机关，为之枢纽，则何从以实行之。故今宜于大会中议决，即由本会合组一真正国民团体之事务所，设总所于上海，设分所于各省区，以收指臂之效，而行议决之案。"原案还附有执行委员会组织法草案。①

大会第一次讨论组织国民会议案时出现了意见分歧，有代表认为："国民两字，包含甚广，不如改称国民代表会议，由各法团代表组织，较为妥捷"；另有代表"主张应加入农会及其余团体"。一时意见纷纷，"同时起立者甚众，反对、赞成两派各有言论。主席以时迟不能多讨论，乃谓名称现暂不必争执，但是否有组织此种会议之必要，付表决，多数通过。忽有第二十席王秀山起立，谓表决有疑义，此种重大事件，应投票表决，以省区为单位。发言甫毕，赵叔雍、马息深、沈元等九人，同时起立。赵叔雍以拳击棹，大声狂呼，秩序几至纷乱"。主席说明如认为表决有疑义，应有五省区以上代表附议，结果江苏、湖南、吉林等七省附议，只得宣布"前次起立表决应作无效，惟今日为时已迟，投票须待明日举行"②。

对于国民会议案全国商联会先前已在其临时大会上进行过讨论，江苏武进县商会提交"请由全国商会联合会发起，邀集全国教育会、农会，发起农商教育联合会议，以定国是案"，认为"民国十年以来，政治上虽有南北之分，人民毫无畛域观念，然外邦不察其实，屡藉口我国不统一，为种种之欺凌，故统一问题，实为当务之急。此外裁兵问题，犹关重要，欲裁兵，更须废督。……兹事重大，非群策群力，集思广益不可"。讨论中有代表指出："至国民大会，即须召集，亦当从有统系的团体着手"；另有代表强调"工人为社会上之重要分子，农会若加入，工会尤不可不邀其参加"。大会主席聂云台则认为事关重大，仅商会难以确定，"明日商教联席会即开议，武进商会提案似非商会一方面所能解决。惟欲招集农会工会，颇有困难。农会虽有其名，

①② 《商教联席会议开会纪（四）》，《民国日报》（上海）1921年10月16日第10版。

而组织完善者殊鲜，工会者则更困难，且工会中有不属工界者，有名无实，无宁实事求是。此案似应付审查”①。

16日大会继续讨论前日议而未决之国民会议案和商教联席会合组执行委员会案。对国民会议的讨论仍然众说纷纭，仅名称即出现国民会议、国是会议、国民代表会议三种，有代表“对于三种名目详加区别，谓最好组织国民代表会议，进而成国是会议”。大会决定将此案付审查，当晚开审查会。关于商教联席会合组执行委员会案，最后议决设立商教联席会议驻沪办事处，作为常设机构，负责督促执行商教联席会议的议决案。②

17日最后一次大会的议程为审查报告组织国民会议案、报告本会议经过案由、决定对内对外宣言发表手续，最后一项议程是举行闭会礼。值得注意的是在讨论国民会议案时，就是否将工会列入参加团体出现了较为激烈的争论，最终以表决方式否决将工会列入。国民会议案讨论通过之后，举行了简短的大会闭幕式，由赶至上海的蔡元培致闭幕词。

3. 商教联席会议的意义与影响

1921年的商教联席会议虽为期不长，但却称得上是商界与教育界之间跨界组合的一次创举。商教两界对于本次联席会议均给予了高度肯定，商会认为：“此次全国商会教育会联席会议，为国民大会成立之先声，亦为商教两界破天荒之创举。会议中所讨论及议决各案，俱关系国家重大之事，足引起全国人民之注意者。”③ 教育会则指出：“综计此次开会期间虽短，而议决案之性质甚为重大，颇足表示吾国民之

---

① 《商会联合会开会纪（五）》，《民国日报》（上海）1921年10月12日第10版。
② 《商教联席会议开会纪（五）》，《民国日报》（上海）1921年10月17日第10版。
③ 《全国商教联席会议始末记》，《上海总商会月报》，第1卷，第4号，1921年10月，“记事”，第1页。

公意焉。”[①] 就整个近代中国历史发展进程来说，事实上也确实如此。商教联席会议经过慎重讨论和字斟句酌之后公开发表的宣言，可以说代表了整个民间社会对当时内政外交提出的合乎民意的主张与要求，体现强烈的爱国愿望。其中对内宣言阐明商教两界“以爱国之精神，自决之旨趣，开全国商会联合会、全国教育会联合会联席会议于上海，郑重宣言，我国民无私好、无私恶，能尊重民意者共戴之，不能尊重民意者共弃之”。这份对内宣言还强烈呼吁政府遵从民意，切实整理财政和整理军政。政府“果因执行民意，感受困难，定当合全国民力以盾其后，倘尚畏难因循，不能副国民之责望，我国民惟有行使约法赋予之主权，促其退位，以避贤路。国之存亡，宁尽当局之责，实我国民全体之责也”[②]。作为民间社会团体的商联会和教联会，以这样的激烈口吻向政府提出宣言，并以政府是否尊重民意作为拥戴还是共弃的标准，无疑是前所未有的壮举。

商教联席会议的对外宣言，也义正词严地提出了一系列维护国家主权、符合人民利益的要求，主要内容包括：（一）根据国际平等原则，凡不公平之条约，有妨碍中国之安全，或东方之和平者，均否认之。凡国际间之缔约或协定，于中国有关系而未经中国同意者，亦否认之。（二）各国不得藉口特殊地位或某种关系，以冀获得中国任何一部分势力范围及特种权利。“依据前两条，我国民特为声明如左：（甲）应取消日本二十一条之要求及所强取之满蒙山东等一切权利，并促其履行无条件交还青岛之宣言。（乙）应取消片面协定之关税条约，使中国关税得国际间之平等。”[③] 这份理直气壮的对外宣言，向即将举行的华盛顿会议集中体现了中国的一致民意，成为中国出席这次重要国际会议的强大后盾。

商教联席会议的对内对外宣言除在当时各大报上刊登之外，会议结束后全国商联会和全国教联会还共同署名，将这两份宣言印成题为

---

① 《第七届全国教育会联合会纪略：商教联席会议之发起及经过》，《教育杂志》（上海），第 14 卷，第 1 期，1922 年 1 月，第 1 页。

②③ 《全国商会联合会全国教育联合会联席会议宣言》，《申报》1921 年 10 月 16 日第 14 版。

《商教联席会议对内对外宣言书》的16页小册子，向社会各界团体广泛赠送。联席会议书记长王言纶为其专门撰写了一篇《缘起》，阐明“我国民感于内政之纠纷及外交之紧迫，应本自觉之精神，发表公共之意思，以宣示中外，使知我国系共和政体，主权在民，政府与友邦俱当以民意为从违，特由上海总商会、江苏省教育会提议，在两联合会开会之前发起组织全国商会联合会、全国教育会联合会联席会议于上海，以全国人民之意思，商榷内政外交诸重要问题”。同时表示：“宣言书两种系二十省区商学两界之共同主张，代表全国人民之意思，其希望之条件，期在实行，自应将全文披露，以供众览。”① 这本小册子的印行与赠阅，进一步扩大了商教联席会议的社会影响。

不仅如此，商教联席会议还通过议案，发起召开国民会议解决国是，并致电各省议会及各公团，阐明：“我国民苦水深火热久矣，政治纠纷，法律失效，兵戈满地，灾祲频仍，国利民生，不绝如缕。共和国家，主权在民，载在约法，乃竟听其摧残，不加督责，吾民其何以自解？我各公团同人，论分子则均属国民，论团体则各负重责，死生同命，利害相关，本互助之精神，筹救亡之大计，鉴兹危局，谅表同情。本联席会议合全国商界教育界代表在沪开会，议决联合贵会等为较大之组织，策群力以拯颠危，集众思以谋国是，如荷赞同，盼于十二月二十日以前，复到上海总商会本会议驻沪办事处，俟赞同者得半数以上，再行通告，请推代表集沪，共商组织及进行方法。”② 在此之后，商教联席会议驻沪办事处承担了国民会议的联络与筹备工作。次年5月，以“国是会议”命名的重要会议在上海隆重举行，会场仍设在上海总商会议事厅。大会“通过议案十五件，并特组织国宪草议委员会及国民监督财政委员会”。国宪草议委员会于6月19日成立，公推张君劢起草宪法，“自六月二十四日起至八月二十三日止，开临时会九次，常会七次，通过中华民国宪法草案甲种一百零四条，乙种一百

① 王言纶：《缘起·商教联席会议对内对外宣言书》，1921年，第1、3页，无出版信息。
② 《商教联席会议开会纪》，《申报》1921年10月18日第14版。

零一条，公告全国”[1]。国是会议是中国近代历史上影响更大的一次由民间社团组织的全国性重要会议，而其得以举行离不开商教联席会议的最初动议、发起与联络。出席这次会议的代表涵盖了社会的各重要界别，也是在商教联席会议跨界组合的基础上，更进一步实现了各个重要界别的共同组合，体现出近代民间社会力量的广泛联合及其重要影响。

不过，对商教联席会议的实际作用和效果也不能评价过高。因为无论是对内宣言还是对外宣言，商教联席会议虽然都提出了顺应民意的主张和要求，但实际上却没有能力付诸实现。不仅如此，在当时的报章上甚至还接连出现对商教联席会议的负面评价乃至激烈批评，而且这些批评都是来自上海的工界团体。工界团体为何对工商联席会议颇为不满，原来是事出有因。前文曾提及，商教联席会议最后一次大会讨论国民会议案时，就工会是否应列入参加国民会议的公团名单时出现争议，最终是以表决的方式予以否决。当表决“全体通过”组织国民会议案后，高语罕（安徽教育会代表）等代表仍“主张电文上列入工会二字”，其理由是“我国向有四民之称，今既列入商会、教育会、农会，不能于工会独付阙如。盖吾人日用之物，莫不出于工人，无工人即不能生活，故对于工人不能不尊重，语极沈痛”。但马息深（上海商会代表）、赵叔雍（江苏武进商会代表）等人表示反对，并轻率地说出“工人多无智识，字且不识，非教训三年，不配与论国是”这样的不妥话语。随后双方反复辩驳，高语罕称：“智识无止境，且今日之工程师、工厂领袖，多由外国毕业者，其智识未必即居吾人之下。”马息深谓：“今之工会，非纯粹工人所组织，多为政客武人所利用。”高语罕反诘：“利用二字，若无限制，则今日之商会、教育会及银行公会、报界联合会能担保独无人利用乎?”[2] 由于双方争持不下，故大会主席只能以电文是否加工会付表决。表决结果赞成者仅 15 人，反对者占绝大多数，工会遂未能列入电文之内。从这一表决结果可以

---

① 《中华民国八团体国是会议》，《江苏省教育会年鉴》（上海）第 8 期，1923 年 7 月，“大事记”第 8 页。
② 《商教联席会议之末幕》，《民国日报》（上海）1921 年 10 月 18 日第 10 版。

看出，当时的商界和教育界中除少数人外，绝大多数人尚未意识到工人以及工会的作用及其影响。会议讨论发言的具体情况见诸报端后，马息深、赵叔雍在会上的不当言论激起工界的强烈反应，认为这是对工人的极大侮辱，纷纷向商教联席会议提出质问和批评，从而在一定程度上影响了商教联席会议的声誉。

上海中华电器工界联合会、工商友谊社率先联名致书抗议“商教联席会议组织国是会议，通过拒绝工界加入，骇人听闻”①。接着，中华劳动联合会发动联合上海各工会、各公所于10月23日召开联席大会，“讨论此事，将发表宣言，通电全国力争”②。中华全国工界协进会则公推王吉人、史观涛二人为代表，至上海总商会责问聂云台：“商教联席会议发表国是会议通电，不肯列入公［工］会，是何用意?”聂云台解释其原因：一是“工人无正式统一之团体”，二是“现在无纯粹工人组织之团体”。史观涛指出：“商教联席会议否认工会，此举似不妥，是日会场议论多有侮辱工人人格之处，代表等为争工人人格计，不得不向先生声明，并望有以致之。”聂云台只好表示：“以个人私意，颇愿工会亦加入国是会议，当时尚有十余人亦表同情”，但受限于议事规则，只能按表决结果处理。并说“国是会议召集尚须在二月以后，不妨从长计议”③。

但风波并未轻易停息，中华全国工界协进会在报上登载质问赵叔雍、马息深书，要求“二君明白答复，登载报端”④；中华劳动联合会也发表致赵叔雍、马息深二人函，质问“两君排斥工人，不许加入国是会议，究竟根据何种法律”；驻沪参战华工会则发表宣言，谴责“上海全国商教联席会发起什么国是会议，竟将工界拒绝，……他们这种举动，即令开会也不能得好结果”⑤。北京工业协会致电上海工界，称商教联席会议“竟屏工界于社团之外，是不啻蔑视我神圣之劳工，敝

① 《工界之国是会议观》，《民国日报》（上海）1921年10月19日第10版。
② 《工界不满意国是会议》，《民国日报》（上海）1921年10月22日第10版。
③ 《工界与聂云台之谈话》，《民国日报》（上海）1921年10月23日第10版。
④ 《工会质问商会代表》，《民国日报》（上海）1921年10月24日第10版。
⑤ 《驻沪参战华工会宣言》，《民国日报》（上海）1921年10月26日第10版。

会同人实深愤激”，并表示要“坚决争持，贯彻初志，敝会同人，自当起为后盾，一致进行”①。可见，此事导致商界、教育界与工界之间产生了不必要的矛盾冲突，致使上海工界认定商教联席会议“无解决国是能力，此项商教联合会，誓不赞成”②。在此情况下，商会代表马息深仍拒不接受质问和指责，在复函中表示“会场言论，不负对外责任，此通例也”；另还认为“照现行商会法，工会已合并改组商会，不能认为拒绝加入。……前日会场所论，论法律上之工会，实无拒绝工界加入之意也”③。全国工界协进会指出这种答复“引法律为护符，以职业教育为抵塞，敝会认为无诚意之答复，殊不满意”④。

最后，上海各工界团体举行联席会，制定以下办法：不加入商教联席会议之国是会议，发表宣言，宣布该内容与工人不能为伍，决定组织上海工团联合会，通电全国工界团体一致进行，自行讨论国是会议。有报章认为此系“因受侮辱引起觉悟”⑤。由中华劳动联合会领衔，上海 12 个工界团体发表宣言称：“我们应该准备纠合全国的劳工，择定相当地点，召集一个真的国是会议，以救济被智识阶级投机商人和议员先生们闹糟的祖国。凡属不生产而分利的份子一概不许加入，即非工人组织的工会，非农民组织的农会，也不许加入，特此宣告全国。”⑥ 甚至连《上海总商会月报》发表的一篇题为《国是与国是会议》的文章，也认为：“今日国是会议，工团尚未加入，此大缺憾也。盖国是会议既为国民自动合作之机关，则凡属国民之团体，应有加入之义务，若故为畛域，别分门户，则对于国是会议之根本命意，未免有所背驰，吾深望与会诸公亟起而弥缝此缺撼也。”⑦ 经过此番风波之后，商会和教育会也知其存在不当之处。至 1922 年 5 月国是会议正式举行时，也邀请工会加入。参加的团体由原先的省议会、农会、商会、

① 《北京工界致沪工界电》，《民国日报》（上海）1921 年 10 月 27 日第 10 版。
② 《上海工界致北京工团电》，《民国日报》（上海）1921 年 10 月 30 日第 10 版。
③ 《工界与蔑视工界之笔战》，《民国日报》（上海）1921 年 10 月 28 日第 10 版。
④ 《工界诘质赵叔雍》，《民国日报》（上海）1921 年 10 月 30 日第 10 版。
⑤ 《各工团联席会议纪》，《民国日报》（上海）1921 年 10 月 31 日第 10 版。
⑥ 《十二工团之宣言》，《民国日报》（上海）1921 年 11 月 2 日第 10 版。
⑦ 茹玄：《国是与国是会议》，《上海总商会月报》第 2 卷，第 2 号，1922 年 2 月，“言论”，第 3 页。

教育会、银行公会、律师公会、报界联合会等加上工会，变为“中华民国八团体国是会议”。

另外，商教联席会议期间还曾发生一件令新闻界不满之事。此事缘于大会讨论通过对外宣言后，主席“劝暂勿发表，各报已按照主席劝告，均不登载，独动议之汤节之君所办之商报，单独揭载全文，因此提出质问书，请主席答复”。这份质问书由专门报道商教联席会议新闻的各报记者张冥飞、严谔声、侯可九、严慎予、张静庐等多人共同署名，指出：“昨在议场关于对外宣言一节，承主席先生一再谆嘱，暂勿披露，敝报等为尊重主席意见起见，是以均未登载。不料贵会汤副议长所办之商报，将全文悉记本日报端，且暂不登载一事，由汤副议长首先提议，何以首先违反？是否有副议长之资格者，即有特别自由之权利，可不必尊重主席之言论，抑不必顾及个人之提议？用特专函奉询，即祈明白答复，以定从违。”① 次日大会开始时，主席黄任之对此事予以解释说：“昨日通过草案，为时已晚，致各报均未送稿，其先登者乃自行携去。嗣后应送各报稿纸，均须一律，不可有先后之分。”黄任之说完后因有事先行告退，聂云台接任大会主席，“谓此系已过之事，即将原函交书记长，正待宣读，忽有人谓开会要紧，何必虚掷光阴，更有二十二号杨子春谓各记者如不愿听，尽可出去。各报记者遂相率而出”。这样的结果当然更让新闻界不满，有报纸在报道这一事件后发表评论指出：“此种愚弄蔑视新闻界之事，不幸发现于公开之教育会商会联合会之席上，实可惋叹。惟念各代表必多明白事理者，以一二人之荒谬行为，而不满意于其全体，固亦吾人所不愿。……既有此愚弄蔑视于前，将何以转圜补救于后，此则联合会之事，非可以一二人之故，遂置新闻界之愤慨于不顾也。”② 最后需要指出的是，虽然商教联席会议存在某些不足或缺陷，发生了上述令工界和新闻界不满的事件，但仍瑕不掩瑜，并不影响我们在整体上对商教联席会议的作用与影响做出肯定的评价。

---

①② 《商教联席会议开会纪（三）》，《民国日报》（上海）1921年10月15日第10版。

五、抗战期间上层商人日常生活个案

本文主旨是依据日记考察“钱业巨子”秦润卿在抗战时期的日常生活，由于秦润卿的个人特殊性使其很难具有多少代表性和普遍意义，只能提供一项个案研究。但此项个案研究并非没有学术价值，它不仅可以一定程度地弥补学术界探讨抗战时期上层商人日常生活的不足，而且对于具体了解日本帝国主义发动侵华战争给不同阶层的中国人民所带来的灾难，同时对于综合研究抗战时期不同阶层和个人的生活样态也不无裨益。

1. 秦润卿其人及其日记

秦润卿（1877—1966），名祖泽，字润卿，晚年号抹云老人，浙江慈溪慈城（今宁波市江北区慈城镇）人。秦家早年家境尚可，但经“洪杨之役，先人遗产，荡然无存”，只能“勉强度日”。[①] 因此，秦润卿出身于一个普通家庭，家境非但不富裕，甚至还陷于贫困。其子女在回忆文章中曾说父亲出身于“一个贫苦的家庭里”。秦润卿的父亲曾由族人介绍在宁波招商局和上海新康洋行担任会计，但因病去世较早，

① 秦润卿：《抹云楼家言》，载孙善根、谢振声编注《秦润卿文存》，凌天出版社，2014，第 176 页。

仅靠母亲“克勤克俭勉撑家务，以刺绣所入抚养一子二女”。[1] 秦润卿作为家中唯一的儿子，8 岁时开始断断续续入读私塾，尽管“天资颖异，学业成绩每冠其侪辈”，但后来却无法继续读书，只能在 15 岁时经表叔林韶斋介绍，到上海协源（后相继改名为豫源、福源）钱庄当学徒。

秦润卿出身于这样的家庭，对其日后的勤奋与克俭影响至深。尤其长年目睹母亲为维持家庭生计，终日辛苦劳作，仍无法保证家人的一日三餐，由此深知生活之艰辛不易。他曾回忆年少时家中“告贷不得，无以为炊，余年少无知，饥甚，呼母曰，人家饭熟矣，何余家不举火？”此时母亲常常只能想方设法四处求人借点食物让其暂时充饥，而其他家人则“皆忍饥至晚”。在晚年的回忆中秦润卿对这一印象极为深刻，“余书至此，不禁泪下涔涔已！”[2] 当学徒期间，他一直吃苦耐劳，勤奋好学，“行有余力，晨则习字，晚则学算，不稍怠忽”[3]，深受东家赏识。学徒期满后仍一如既往，踏实上进，先后出任账房（会计）、信房（文书）、跑街（信贷），皆克尽职守，信誉卓著。于是，1906 年协源钱庄改组为豫源钱庄时，秦润卿即升任经理。民国八年（1919），豫源改名为福源，秦润卿在上海钱业已经小有名气，不仅继续担任福源钱庄的经理，而且还兼任福康、顺康两个钱庄的监理。

身任经理和监理的秦润卿不仅踏实勤奋、稳健能干，业绩显著，而且洁身自好、乐于助人，信誉日隆，受到同业的广泛称赞。1920 年，已经声望卓著的秦润卿被一致推举出任上海钱业公会会长，并兼任上海总商会副会长，成为上海钱业领袖和整个工商界名副其实的著名人物。与此同时，他还曾相继兼任上海工部局华董、中央银行监事、上海交通银行经理、四明银行常务董事、垦业银行董事长等职。经商之余，秦润卿还热心从事公益和慈善事业。1915 年与李寿山、王荣卿等人在家乡集资创办普迪学校，后又参与资助创办私立效时中学和县立慈溪初级中学，担任效时中学校董会主席，与陈嘉庚、胡文虎一起被

① 秦则贤：《先严润卿公事略》，见宁波市政协文史委员会编《钱业巨擘秦润卿》，中国文史出版社，2010，第 3 页。

②③ 秦润卿：《抹云楼家言》，载孙善根、谢振声编注《秦润卿文存》，第 177 页。

誉为“办学三贤”。除了在家乡捐资兴学，秦润卿还曾修建了一座名为“抹云楼”的藏书楼，后成为公益性图书馆，另还发起在上海钱业会馆创办修能学社，三年后相继改为钱业公学、上海钱业中小学，出任校董会董事长。

除此之外，秦润卿对地方慈善事业也极为热心，在故里赢得了“邑中善人”称号。具有慈善性质的保黎医院，由他和旅沪同乡任士刚等组成的董事会提供经费，抗战期间更完全赖其筹款得以艰难维持；另还担任慈城云华堂董事，于1922年创办云华孤儿院，并相继出任宁波佛教孤儿院、四明孤儿院、鄞奉公益医院、宁波七邑教养所的董事。在上海，秦润卿也担任四明公所和四明医院董事，并被推举为宁波旅沪同乡会永久会董。

由于秦润卿是钱业领袖，长期担任上海钱业公会会长（总董、主席）要职，同时又热心慈善公益事业，不仅资助创办各类学校，兼任校董会校董或主席，而且在其他许多公益团体或机构中也担任重要职务，事务庞杂，应酬繁多，所以其日常生活十分充实忙碌。尽管如此，秦润卿却有坚持写日记的习惯。由孙善根整理编注、香港凌天出版社2015年出版的《秦润卿日记》，分为上下两卷，共计约60万字，时间自1936年1月1日至1950年12月31日。据介绍，秦润卿日记原件计15册，每年1册，系用小楷书写。因秦润卿喜好被苏轼称为“山抹微云秦学士”的北宋著名词人秦观的诗词，而且与之同姓，故晚年自号“抹云老人”，由其所建藏书楼也命名为“抹云楼”。“该日记估计是1952年秦将其与抹云楼藏书及其所属财产一并捐赠给浙江省人民政府，后转存于浙江省图书馆。由于其日记以《抹云楼日记》命名，故少有人注意，一直在那里静静地躺了半个多世纪。现经其后人授权，整理公布，以为学术研究者及相关爱好者之参考。”①

秦润卿在90年的生涯里经历了多次战乱与变革，其中包括两次日

① 孙善根编注《秦润卿日记》上卷，凌天出版社，2015，“整理说明”，第18页。凌天出版社2014年出版的《秦润卿文存》收录了秦润卿1936年这一年的日记。

本帝国主义发动的侵华战争，所见所闻在日记中多有记载。1938 年 5 月 31 日的日记中即说明：“战事开始以来近一年，忆余自十五岁到沪，迄今四十有七年，其中，如甲午中日战争，庚子拳匪之乱，日俄战争，辛亥国体变更，迭次内战，欧洲大战，九一八、一二八之战，各处损失均无此次之巨，将来尚有经过疫疠之丛生，水旱之遍灾，人民饥饿之载道，此种现象乃战后必有。”① 秦润卿日记的内容虽较为简约，但其时间段贯穿整个抗日战争时期，是考察这位上层商董在抗战期间日常生活的第一手史料。其多年挚友陈谦夫（1880—1945），系民初慈溪著名教育家和慈善家，曾在 1944 年 4 月即阅读过秦润卿的日记，并连续数日在自己的日记中写下读后感：“晨起阅润公昔年日记，多有令人钦佩之处”；“晚餐后读润公日记，津津有味，使余不忍释手也”；“晨起阅润公廿九年日记毕，见其待人接物，多足法者，钦羡久之”②。

通过考察和分析秦润卿的日记，不仅可以较为深入地了解其内心在抗战期间之所思所想，以及他和家人在抗战时期的日常生活状况，而且还能够从一个上层商董的独特视角，观察抗战时期上海和宁波经济与社会的发展变化。正如这部日记的整理者孙善根所说的那样：秦氏“日记内容涉及诸多方面，包含的历史信息相当丰富，具有较高的史料价值。特别是提供了这一时期上海社会经济情状与一个商人在乱世中如何处世的第一手史料。同时作为一个著名商人，秦在日记中对当局的经济政策与各类人物特别是商界社会生态以及这一阶段的经济变动情况与商界动向多有记载与评述，对上海乃至家乡宁波社会情状也多有涉及”。另外，“日记中折射的一个近代中国商人亦新亦旧的社会面貌可谓栩栩如生”，因而“从中可以了解一个现代商人悲天悯人的社会情怀及其从商人向现代慈善家转型的心路历程”③。

① 孙善根编注《秦润卿日记》上卷，第 116 页。
② 转引自孙善根：《钱业巨子：秦润卿传》，中国社会科学出版社，2007，第 189、190 页。
③ 孙善根编注《秦润卿日记》上卷，“整理说明”，第 17、18 页。

2. 抗战前期的忧愁、感叹与无奈

面临持续多年的大规模战争，社会各阶层人士的日常生活或多或少都会受到直接与间接影响，整体生活水平一般都会下降，有的甚至颠沛流离家破人亡。但对于不同地区和不同阶层的人士而言，战争对其日常生活所带来的具体影响会有所差异，由此导致不同阶层的人对战争危害的感悟也有所不同。普通贫穷百姓的直观感受可能更多的是生活物资供应日益紧张，物价不断上涨，收入则越来越低，生活难以为继。家境宽裕的中上层人士，尽管在这方面也会有强烈感受，但日常生活尚可维持，不致因此而断炊。而拥有爱国之心的人士，除上述日常生活也会受到多方影响外，还会因担忧国家和民族的危亡，处于身心双重煎熬的生活状态之中。那么，秦润卿作为一位生活在上海这个特殊地区的上层商人，在抗战期间的日常生活又会受到哪些影响，进而给他带来哪些忧愁、感叹与无奈呢？

在抗战初期的四年多时间里，上海并没有直接遭受日本帝国主义的侵略与统治，但居于此地的秦润卿仍然因为日本侵略以及担忧国家命运而感到了极大的忧愁。在1936年至1937年7月7日的日记中，我们几乎看不到秦润卿有担忧国家和民族命运的记载。但从“七七事变”的次日起，秦润卿的日记即开始连续记载日本侵略与中日交涉的内容。当时战争局势的发展走向尚不明朗，但日记中已日益体现出秦润卿的深切忧虑。1937年7月8日的日记只在最后写了“日军丰台与我军冲突，开枪用炮，双方甚烈”。而随后近10天的日记，则都是首先写日军侵略中国的战事，其他事项一概置后，由此可见其关切程度之变化。

从日记中不难看出，7月9日的日记未记其他内容，全部都与抗战相关，可见秦润卿对日本侵略之高度关注。此外，他还意识到中国已遭遇空前危机，政府与民众须做长期抗战准备，尤其是“国家当此国难严重之际，人民不得不作卧薪尝胆之预备”，“现今家与国站在一线

中，人民须一致团结，协力对外，使敌人有所畏惧，即牺牲亦所愿也”。[①] 作为一介商民在当时能够有这样的认识，充分体现了秦润卿超越一己私利而关心国家和民族命运的殷切情怀。

从日记中还可以明显发现，在随后的日子里秦润卿一直都十分关注中日两国政府之间的交涉。忧虑战事的发展与国家的命运，已成为其日常生活中的一项重要内容。7 月 20 日的日记记载了国民政府提出的大纲四条：主权领土完整不受侵害、冀察行政组织不容改变、中央所派官吏不能任人要求撤换、二十九军驻地不受约束。由此虽感“和平不无希望”，但却特别强调“人民应一致御侮，责无旁贷矣”。稍后几日的日记则几乎是日日感叹形势严重，“时局甚悲观”“时局和平绝望”。7 月 28 日的日记记载“报传我军克复丰廊，人心喜极放炮”，但秦润卿却“殊觉嫌早”。不过，在对时局日益悲观和绝望的同时，秦润卿对抗战的胜利也仍抱有希望。7 月 30 日的日记称：“苟一致精诚团结，人民与政府站在一条线上，不难获到最后胜利。”[②]

继平津失守之后，8 月 13 日淞沪战事爆发，包括秦润卿在内的上海各界人士开始直接面临严酷的战争，随之更加剧了其忧愁、感慨与无奈。秦润卿在日记中记录了战争对民众日常生活的严重影响：战事爆发前夕“人民迁移租界，途为之塞”（8 月 12 日）；沪战爆发后“租界难民甚众，极凄惨”（8 月 13 日）；“炮声、空战日夜不绝，人心恐慌”（8 月 16 日）；“宁波路一带银行纷迁法租界，其实流弹到处皆有，亦非安乐土也”（8 月 18 日）；“有炮弹降落先施公司门口，死伤二百余人。予车甫过十分钟，可谓幸矣”（8 月 23 日）；“昨今日机在北新泾掷弹，炸伤乡民数百，又在松江相近炸伤湖绍难民船数艘，真不顾道德也”（9 月 6 日）。淞沪战事持续近三个月，中国军队最终被迫撤退。秦润卿日记中的记载表明，在炮火纷飞的恶劣环境之下，无论是上层人士还是下层民众的日常生活都受到严重影响，甚至随时遭受飞

① 孙善根编注《秦润卿日记》上卷，第 89、90 页。
② 孙善根编注《秦润卿日记》上卷，第 92 页。

来的横祸，被炮弹炸死炸伤，即使是在租界也可能遭遇流弹。秦润卿本人就曾陷于险境，在其经过先施百货公司不久，该处即落下炮弹，炸死炸伤二百余人。

至1937年底，日本帝国主义不断扩大侵华战争，江苏苏州、常熟、无锡和安徽芜湖等地失守，更多国土相继沦陷，都城南京告急，国民政府被迫决定迁都重庆。12月13日南京也被日军攻陷，蒋介石于当日发表宣言，声明国军退出南京“不影响抵抗日本侵略的既定国策，更加强全国继续抗战的决心”①；并在两日后又发布《告全国国民书》，阐明“敌武力终有穷时，最后胜利，必属于我，所谓当坚决抱定抗战必胜之信心者此也”②。尽管如此，从秦润卿日记中似乎很难看到胜利的希望，只有更多的忧愁。12月28日记载：“济南又告失陷，青岛危急。种种悲观，欲哭无泪。”该年最后一天的日记，更以“悲哉悲哉”四字而告终：“今庚结束，金融界独受其亏，盖物质损伤、货物滞销、账面呆滞，将来间接皆在金融界，无可避免也。若此景象，为从来未有。当战事破坏到何地步，皆未可知。正是今日只知今日事，悲哉悲哉。”③

在如此悲观氛围之下，新年元旦中的秦润卿也难有好心情。其元旦当天日记的开篇文字即是“元旦休业。国难如此，在悲怆中过去，惟醉生梦死者流往娱乐场甚众”④。1938年1月31日是春节，本应在欢乐愉快中度过，但秦润卿日记所载却是：“今庚在强颜苦笑中过去，无喜可道，回忆亿万难民饱尝颠沛流离之苦，均局促于收容所中，真觉啼笑皆非。”很显然，秦润卿的忧愁与无奈主要是缘于同胞受难和国家危亡，并不是自己个人和家庭遭受战争的诸多影响，由此进一步体现其爱国思想与情怀。正因如此，他特别反感在国难当头之际，“醉生梦死者流往娱乐场甚众”，在大年初二的日记中写道：“各业皆亏，意兴

① 《蒋委员长宣言》，《大公报》（汉口）1937年12月14日第3版。
② 《蒋委员长告国民书》，《大公报》（汉口）1937年12月17日第2版。
③ 孙善根编注《秦润卿日记》上卷，第111页。
④ 孙善根编注《秦润卿日记》上卷，第112页。

索然，金融业尤甚，职员家家减少，失业众多。环顾游嬉场中均告客满，此种人不知国家、家庭之苦楚，真后苦未艾也。”① 可以说，这种挥之不去的忧愁与无奈，一直在抗战时期伴随着秦润卿的日常生活，成为他在精神和心理上的一个巨大压力。

物价不断上涨，生活日益艰难，是抗战时期民众日常生活面临的最大难题。作为上层商人的秦润卿，其家庭虽然不至于因此而揭不开锅，但同样也深切感受到物资短缺和物价猛涨给生活带来的压力，并导致日常生活水平下降。在秦润卿的日记中，常会看到记载这一时期通货膨胀和物价上涨越来越严重的文字，以及因此对家庭日常生活的严重影响，其感叹、悲观与无奈之情跃然纸上。例如 1937 年 11 月 15 日记：“惟菜蔬奇贵，买米拥挤”；17 日又记：“市面除日用品外均摒住，百物昂贵，难民众多，后顾茫茫，焦灼之极”；18 日再记：“家眷到沪后，米竟无买处，承文卿让一石。长此以往，危至极矣。”② 可见，当时的物资紧张和物价上涨给秦润卿这样的上层商人家庭的日常生活同样也造成了极大影响，并使他陷入前所未有的焦灼和无奈状态中。

更为严重的是，这样的状态随着战争的延续越来越恶化，对包括秦润卿在内的各阶层民众日常生活的影响也旷日持久。而且至 1938 年初春，在战争阴霾下气候时令也显得反常，秦润卿于当年 3 月 7 日的日记中记载“昨雷今雪，气候迥异”；3 月 9 日又记：“大雪纷舞，终日未息，彼苍不降于冬偏沛于春，似不合时宜。”③ 数十年所罕见之春季大雪，显然并非瑞雪兆丰年之迹象。紧随其后，“市上恐慌又起”，政府于 3 月 14 日“宣布统制外汇，法币照常通行”，秦润卿意识到“将后之物价不免步涨，生活之难又紧一步矣”。④ 与一般贫穷百姓日常生活所受影响有所不同的是，秦润卿还感受到有钱人家遭遇战争的特别拖累。他在日记中写道：“战启后，凡有钱者，买外汇，购货物，

① 孙善根编注《秦润卿日记》上卷，第 116 页。
② 孙善根编注《秦润卿日记》上卷，第 106 页。
③ 孙善根编注《秦润卿日记》上卷，第 120 页。
④ 孙善根编注《秦润卿日记》上卷，第 121 页。

藏现金，易钞票，日夜彷徨，几至寝食不安，身体反形瘦弱，有钱之累，其情可悯。曾文正公尝言，处乱世之际银钱愈少愈可免祸，旨哉斯言。”① 此虽富人之忧，但也反映了这场战争几乎给所有人的日常生活都造成了极大的影响。

至1939年，中国经济日益衰败，通货膨胀和物价上涨更加严重。秦润卿在日记中对此不无忧虑。是年6月8日的日记中载：“昨外汇停止供给，八便士限价，各种外币奇缩，金价到二千四百元，物价亦步增，陷受通货膨胀之苦矣。”次日又记：“今日先令六便士半，美洋十二元七角五分，足赤二千四百六十元，均开埠以来新纪录。然而小民受物价之昂，无不吃苦连天。”② 7月，物价上涨不断屡创新高。“外汇步缩，百货飞涨，金价到四千元，开新纪录。市面混乱，人心惶惶，非一时能定。”当时的《申报》曾登载60年前沪上白米、食盐、面粉、砂糖、鹅、鸭、牛肉、酱油、豆油、火腿的价格，秦润卿看后感慨万千，在1939年7月9日的日记中予以照录，并无奈地表示“上列物价，与日下相较，固不可以道里计”③。随后“物价仍涨不已”，不仅“米价飞涨”，而且“棺材照普通价须增一倍之价格，生者死者均有为难也”④。无论穷者富者，其日常生活显然都因此受到严重影响，大户人家同样也有难言之隐。正如秦润卿所说：“即是我家而论，大有居大不易之叹。”⑤

1942年4月，“上海物价飞涨，国米每担四百元，煤每吨七百元，煤球每担三十元，猪肉每斤九元，生油每斤八元五角，肥皂每块三元，火柴每小盒八角，蔬菜每斤四角，鱼类每斤三元，各种粗布每尺三元，鞋每双三十余元”。作为上层商人的秦润卿，也感叹“若此价目，何以度日”⑥。由于物价上涨，小民维持生计日难，上海又不断发生富家之

① 孙善根编注《秦润卿日记》上卷，第125页。
② 孙善根编注《秦润卿日记》上卷，第181页。
③ 孙善根编注《秦润卿日记》上卷，第186、187页。
④ 孙善根编注《秦润卿日记》上卷，第195页。
⑤ 孙善根编注《秦润卿日记》上卷，第194页。
⑥ 孙善根编注《秦润卿日记》上卷，第305页。

人遭绑架勒索事件，甚至连法院院长也被绑架，致使富裕之家皆人心惶惶。此前秦润卿在1940年9月的日记中即曾记载“近日租界绑案日有”，12月17日的日记中又云：“伯元来，谈近来为防绑案，有一月未曾到行，渠所剩只产业股票，现金缺，欲不得不作预防。”为此再次感叹：“当此之世，银钱愈少愈可免祸。”① 该年最后一天的日记，文字凄然悲观，其中有“物价无不高涨七八倍”，“每日冻毙不断，长此以往，必有崩溃之一日也，言之寒心”等记载，无不反映秦润卿的悲叹与无奈之情。

由上可知，抗战期间秦润卿家庭的日常生活也受到不小影响。由于生活物资供应紧张，尤其大米奇缺，即使富裕人家有钱也无处购米，故一日三餐不得不改为两粥一饭。从秦润卿1941年12月16日的日记可知，该日他“往四明医院议事，因近来购米不易，全院改为二粥一饭，藉此节省，我家拟亦照此办理”。由于“汽油无处设法，今日起亦停用汽车”②。与此同时，富户人家的祭祀活动也因物价上涨受影响，秦润卿在日记中称：“明年壬午岁起，除扫墓照簿承办外，其余祭祀，一律改用素菜，俟物价低落再行恢复原状。盖物价奇高，不得不暂行改革也。”2月1日秦家举办祭祀，也是“完全素菜，用去二百元，其价昂可知”。③

不仅如此，子女不肖也是导致抗战期间秦润卿日常生活中深感无奈与自责的烦心之事。在其日记中，有关这方面的文字记载随处可见，感慨、伤心、担忧、无奈之情溢于言表。秦润卿育有二女五子，次女早逝。据其自述：“余向来专管公事，对于家务不免放任”，结果“所生五子皆不听话，不知前世作何冤孽，非不教训，实系听后即忘，真无可如何，愧甚”④。抗战期间，其五子均已成年，均贪图享受，甚至染上不良习气，成为公子哥式的纨绔子弟，为此常给秦润卿带来诸多

① 孙善根编注《秦润卿日记》上卷，第250页。
② 孙善根编注《秦润卿日记》上卷，第294页。
③ 孙善根编注《秦润卿日记》上卷，第298、299页。
④ 孙善根编注《秦润卿日记》上卷，第15、24页。

烦恼与忧愁。可以说，国忧家愁在很大程度上是抗战时期秦润卿日常生活中无法摆脱的困扰。

秦润卿曾感叹："我生五男均不知苦辣，自惭德薄，可悲也夫。"对于自己的五个儿子，他在日记中曾分别做出评价，无一满意。"余五子皆不肖，长，昏愦糊涂；次，骄奢淫逸；三，才疏敢傲；四，庸愚浪漫；五，性躁浮动。均难期振作，将来必败门楣。"[①] 其中长子秦颂如（别名履平），作为大哥不仅没有起到好的表率作用，反而最使秦润卿头痛。"颂儿去岁（1937 年——引者）往杭就太阳职，曾函致元泰赵舜惠君，托彼招呼。岂知渠临行时向元泰借洋三百元，今元泰有函致彼催索。余既介绍在前，不能置诸不问，代其还脱。生儿不肖，到处削面子，叹痛之至。"[②] 由于长子向亲友借款拖欠不还之事，屡屡发生，债务缠身，甚至被人诉追于法院，使秦润卿颜面尽失，极为震怒。秦润卿在 1938 年 7 月 9 日的日记中记载："接陈霆瑞来函，谓颂儿该张少卿洋三千元，托其诉追。承其美意，嘱调解。但颂如负债累累，终日糊涂，非重罚不可。当函复准其依法办理，不必顾忌余面子，出此不肖，夫复何言。"[③] 随后，秦润卿不得已在报上刊登启事，敬告各亲友不再借款给其长子。当日的日记中也惭愧地记录了如下文字："颂儿在外专向亲友借贷，滥发支票，调换现币，亲友被骗，不知凡几，殊深痛恨。今日登报敬告，免人受累，生子不肖，惭愧之至。"不料登报后颂如不仅不思悔过，"竟敢迁怒于母，演成种种不法"，并"常在中央旅馆盘桓，每至深夜始归，屡诫不听"。秦润卿对其无可奈何，只能感叹"枭性难改，决无好结果"。[④]

更令秦润卿烦恼的是，长子颂如后来还"嗜好鸦片，品格愈卑"，遂强行令其在怡和医院戒烟，时间长达近一个月，花去 350 余元。但在 1943 年又复吸，"品行更劣"。为此，秦润卿在日记中屡屡自责子不

① 孙善根编注《秦润卿日记》上卷，第 127 页。

② 孙善根编注《秦润卿日记》上卷，第 118 页。引文中的"就太阳职"，系指到宁波太阳保险公司分行任职。

③ 孙善根编注《秦润卿日记》上卷，第 137－138 页。

④ 孙善根编注《秦润卿日记》上卷，第 139－140 页。

教父之过："我家如颂、式、绳三儿，专为用钱，不事生产，在外东骗西借，荒唐之极。颂更吃鸦片，尤属不可收拾。近日，向母借钱不遂，竟敢谩骂。禽鸟尚知返哺，真与禽兽不如矣。自惭失德，愧对于世。"[①]

次子秦式如（别名履中）与其兄颇为相似，抗战初期因"无事可谋"，秦润卿提议"往读法政，将来可留啖饭地步"，却遭其拒绝。这位公子哥既无职业，又喜享受，唯有四处借债。结果秦家长子和次子均由于"在外负债甚多，先后由法院查封器具，败坏门楣，耻莫甚焉"。四子秦曾如（别名履正）同样不争气，原本已有妻子儿女，却又不顾父亲反对纳一舞女为妾，并于1938年11月惹上更麻烦的官司。据秦润卿日记透露："四儿在外游荡，屡戒不听，近被人控告强奸未成年子女，有犯刑章，迭次来寓拘捕，适早返里，未曾获到。此种人咎有应得，余决不设法，将来通缉坐牢，余亦听其自然。"五子秦耿如（别名履直），"近来颇信邪说，屡戒不悛，愤极重责"，[②] 同样不能令秦润卿省心。

如前所述，秦润卿并非出身于富裕之家，而且在父亲去世后家境趋于贫困，不得已而在十余岁即赴上海为学徒，通过自己长期吃苦耐劳努力奋斗，最终成为钱业巨子。秦润卿的一生可谓是成功者的典范，但他却始终因儿之不肖感到万分惭愧，其日记透露他有时甚至羞愧得希望自己能够一死了之："近来家境不顺，儿辈均不争气，贻笑于世，惭愧交深，致身体不舒服。夜间少寐，每遇走路，似有身重足轻之态，恐血压较高，有中风之预兆。当兹时世，能死便是福。"[③] 1938年12月2日是秦润卿与发妻结婚40周年纪念日，但在他当天的日记中看不出有丝毫喜悦之情，只是写下了这样的文字："余自戊戌今日，结婚正直四十年，其中沧桑，不知变更多少，夫妇虽仍健在，奈儿辈均属不肖，既不能光大门楣，又不能于社会谋福利，虚度光阴，有负于世。"[④]

---

① 孙善根编注《秦润卿日记》上卷，第192页。
② 孙善根编注《秦润卿日记》上卷，第152页。
③ 孙善根编注《秦润卿日记》上卷，第141页。
④ 孙善根编注《秦润卿日记》上卷，第155页。

一位在外人看来无疑是值得尊敬、羡慕的典型成功者，内心世界却常常充满了惭愧与自责，这种表面光鲜背后酸楚的感觉，恐怕只有秦润卿本人体会得最为深切。

3. 抗战前期的忙碌、应酬与悠闲

战争给国人的日常生活造成了极大影响，处于水深火热之中的民众遭受着各种磨难，但仍须在煎熬中继续生活下去。秦润卿是上层商人，其日常生活当然不同于一般下层民众，他十分关心国家和民族命运，积极投身于支持抗战的各项活动。另外，除了要勉力维持一个大户人家的日常生活，还需致力于钱庄的经营业务，同时又身兼许多社会团体和慈善公益机构的重要职务。从日记中即不难发现，在抗战期间尤其上海处于“孤岛”时期，秦润卿仍参与了不少社会活动，各类应酬繁多，日常生活也非常忙碌。

秦润卿作为一个爱国的上层商董，在工商界拥有较高的地位与声望，积极参与支持抗战的各项活动，自然不足为奇。自1931年“九一八”事变发生后，身为钱业公会主席的秦润卿积极推动上海银行公会和钱业公会在《申报》发表通电，呼吁：“警讯传来，日军竟甘冒大不韪，进袭辽宁各处，全市震动，悲愤曷极。窃思时至今日，再不努力图存，国将不国，遑论其他。”[①] 随后又主持召开钱业公会执委会，议决对日经济绝交具体办法。同时，他还积极参与上海地方维持会的抗日救亡活动，并担任该会理事，呼吁募集救国捐支持十九路军抵抗日军；同年3年，又参与发起成立阵亡将士遗族抚育会，出任该会保管委员。[②]

七七事变发生后，日本帝国主义发动全面侵华战争，中国陷入更深的民族危机。随着战事的发展，尽管秦润卿充满了忧愁与无奈，但

---

① 《银钱业电请息争对外》，《申报》1931年9月22日第13版。
② 孙善根：《钱业巨子：秦润卿传》，第169－170页。

仍积极投身于各项支持抗战活动，并成为其此后几年日常生活的重要内容之一。1937 年 7 月下旬，上海各界爱国人士成立抗敌后援会，秦润卿不仅是发起者之一，还被推举为后援会征募组主任。他在当天的日记中写道："沪市抗敌后援会征募组成立，予推列为主任，事关民族存亡，勉为之。"稍后，国民政府发行救国公债 5 亿元，组织劝募委员会，秦润卿也应邀入会，并在日记中表示："事关国家兴亡，不得不尽力为之。"[①] 从日记中还可看出，在此之后秦润卿常常都是整日或半日参与各项相关活动。例如 8 月 3 日，"午后，开筹募组会议。夜，往地方协会，八时回来"。8 月 10 日，"二时，出席市商会召集同业公会开会，并播音为筹募救国捐事。五时，出席地方协会理事会"。8 月 27 日，"十时，筹募救国公债开议。四时，往同乡公会商议救济事宜"。[②] 由上可知，秦润卿频繁出席各团体组织的支持抗战活动，尤其是利用其在工商界中的声望为筹募救国公债多方奔走，发挥了重要的作用。在他的动员和组织之下，钱业曾一次性认购国债多达 190 万元。

不可否认，抗战时期的绅富阶层中虽不乏秦润卿这样的爱国人士，但同时也有依然沉迷于花天酒地生活者，或者是面临物价高涨、生活困难而不愿慷慨认购救国公债者。对于那些国难当头仍然流连娱乐场所而享受纸醉金迷生活的人，秦润卿感到十分痛惜和愤恨，常常在日记中予以抨击。1938 年 4 月 25 日的日记中说："近来正当营业均甚清淡，惟娱乐场生意独好，醉生梦死之人何其多耶。"10 月 19 日的日记又写道："战事广州吃紧，武汉危急，上海一班民众尚醉生梦死，或往娱乐场征逐，或将资金购买外汇，不胜浩叹。"秦润卿对这种现象非常痛愤，直言"娱乐场中处处均告客满，人民不知国难，实属全无心肝"；"人民少爱国思想，只顾自己，皮之不存，毛将焉附?"[③] 令秦润卿尤为痛心的是那些绅富一边继续享受奢侈生活，一边却对认购救国公债毫不关心。虽然秦润卿为劝募救国公债四处奔走，竭尽全力，但

---

① 孙善根编注《秦润卿日记》上卷，第 92、96 页。
② 孙善根编注《秦润卿日记》上卷，第 92、93、95 页。
③ 孙善根编注《秦润卿日记》上卷，第 127、149、168、219 页。

有时仍然成效不著，使其忍不住在日记中写下这样的文字："劝募公债开会，绅富应者寥寥。……当此国家存亡之秋，有钱者尚不觉悟，殊堪痛哭。"①

坚持参与救助难民和继续从事各项慈善公益活动，是秦润卿抗战期间日常生活中的另一项主要内容。秦润卿乐善好施，无论在家乡还是在上海都一贯热心资助慈善公益事业。他不仅在许多慈善公益团体中担任重要职务，而且还是宁波同乡会永久董事，因此这方面的日常事务也较多。特别是抗战期间难民与日俱增，救助难民随之成为这一时期慈善事业的重要内容。

秦润卿对难民十分关心，日记中时常记录沪上难民情况，并深表同情。1937 年 11 月 9 日记："西南一带火烧甚旺，难民众多，观之伤心。" 11 月 14 日记："南市火烧未息，难民共有五六万人，若再延长，吾侪亦属难民矣。"② 他主持创办钱业公学，在校舍建成之后适逢难民人数日增，遂毅然在该处设立难民收容所，将新建校舍"借与难民居住"。上海各界人士发起成立难民救济协会，秦润卿积极参与其事，并担任理事，被推选负责最为重要也最为困难的财务组工作，他深感"责任重，学识浅，深虑陨越"。在此之后，秦润卿为筹募难民救济款四处努力，费尽周折。1938 年 10 月，"上海尚存难民十一万名，每月经费需二十五万元，捐款已成强弩之末"。针对这一情况，秦润卿向难民救济协会提议："拟各界抽薪百分之一，再请店方捐百分之一，以谓劳资合作。数目不大，轻而易举，然全埠合计起来却亦可观。想能推行，惟手续繁多，幸尽义务，人亦不少。"该办法试行后对于缓解难民救济款的短缺不无成效。至当年 12 月初，难民救济协会"已收捐款二十余万，各界帮助甚踊跃，上级办事人员均尽义务，中外理事办事亦甚出力"③。不过，由于难民人数太多，救助经费一直严重缺乏，单纯依靠民间力量难以维持，不得不采取消极办法，由难民救济协会发给

① 孙善根编注《秦润卿日记》上卷，第 102 页。
② 孙善根编注《秦润卿日记》上卷，第 105－106 页。
③ 孙善根编注《秦润卿日记》上卷，第 150、154 页。

补贴予以遣散。秦润卿积极参与民间救济难民之举，虽不能从根本上解决难题，但对于缓解广大难民迫在眉睫的食宿生存之苦仍产生了一定作用。在此之后难民救济协会也并未因此而解散，仍继续开展救济难民活动，秦润卿的日记也多有出席难民救济协会理事会的记载。

从日记中获知，1941 年 5 月和 7 月秦润卿家中接连遭遇不幸。宁波失陷后，地方秩序混乱，富豪之家多遭抢劫，秦润卿老家也被抢，而且“我家及绅伯家物件抢劫最巨”，损失惨重，“宅中细软被劫一空”。随后，“先母颜太君墓穴被掘开，棺材亦损坏。现在时势，匪徒猖獗异常，然墓旁尚雇人日夜看守……匪徒来者均带手枪，众寡不敌，仍有此失，痛深极矣”①。但是，家遇不幸并未影响秦润卿继续从事慈善救济活动。在此之后，他仍然一如既往地热心于难民救济等慈善公益事业。七七事变后战事日趋激烈，“甬籍难民极众，同乡会办理救济事宜，需款甚殷，不得不分头劝募，余忝任筹募主任，殊为胆寒”②。由于受到战争的多方影响，在当时的条件下承担劝募慈善基金重任较诸平时可谓难上加难，所以秦润卿才会感到“殊为胆寒”。尽管如此，他一方面身体力行做出表率，先于他人积极踊跃捐款，另一方面也利用个人的声望与影响，努力争取获得更多人支持，争取更多的慈善资金。据其 1937 年 8 月 21 日的日记透露，在出任筹募主任一职的两天之后，他即捐出数笔款项用于慈善公益，包括“救国捐一千元，宁波同乡会救难民捐一千元，江阴花山造井捐三百四十元”③。

作为同乡会的募款主任，秦润卿最为担心的还是难以筹集到款项，无法及时开展各项救济活动。1939 年 5 月 20 日，秦润卿“至同乡会，参与征求会总揭晓，结果共得六万另”。这一结果似乎超出了他的预料，感到“际此国难严重之候，有此结果，非常欣慰”④。在此之后日军对宁波和慈溪的空袭日益频繁，造成的损失和人员伤亡也更为惨重。秦润卿闻讯坐立不安，6 月 17 日晚出席“宁波同乡会执监会会议，甬

① 孙善根编注《秦润卿日记》上卷，第 269、276 页。
②③ 孙善根编注《秦润卿日记》上卷，第 94 页。
④ 孙善根编注《秦润卿日记》上卷，第 178 页。

灾救济会，慈溪部分派拨二千元。夜，写周聘三函，托其调查被灾情形，然后再定办法，将洋汇往，藉尽义务而已”。7月初，在收到周聘三报告灾情信函之后，秦润卿立即慷慨地“汇去赈灾、平粜各洋三千元”①。

1938年4月以后，日军开始不断派军机向宁波投放炸弹，家乡的情形也日益危急，秦润卿甚为担忧。至1939年4月宁波粮食供应越来越紧张，亟须设法从外地转运大米。秦润卿在日记中说：“宁波缺米，同乡会开会讨论，拟先定西贡米五万石，设法运往。”同月底，日军又向宁波投弹，“毁屋二百余间，死伤百余人”。宁波旅沪同乡会紧急商议之后，“派德平船前往救济，医生十余人，看护三十余人，药品万元”，另募款“共得一万二千元”。② 1940年4月宁波再现米荒，“宁属既无余积，各处又严禁出境，以致城乡米店存底日减，不敷分配，乡民往往徒步数十里，竟不能得到一日之粮。甚至薯丝糠秕，亦视同觅宝，此种惨状，实未前闻”。获悉这一情形，宁波旅沪同乡会“决想办法，以救危急”。秦润卿先前曾担心，召集的募捐会议“不知届时有几人可到也”，结果“慈城区同乡开会，到二十人，集捐七千余元，筹办洋米，转慈办平粜，调查赤贫户口入手起，配一月约千包，僧多粥少，聊尽心意而已”。半月之后又实施新的举措，“宁波同乡会执监会议，决定装洋米五万担，直放宁波办平粜，即成立劝募委员会，分头接洽捐款”。虞洽卿、秦润卿等宁波同乡会的头面人物不辞辛劳，连续多日“分往同乡各帮领袖处劝捐”。数日后秦润卿在日记中说：“与洽老奔走多处，成绩尚好。”6月7日，“同乡会开平粜大会，到者数百人，集款八十万，可谓热心踊跃矣”。至7月间，“同乡会捐款已实收一百十五万元，上海同乡募捐此次最为踊跃，足见甬人好义，可称首屈一指矣”③。

秦润卿也常感抗战时期开展慈善救济之不易，只能勉为其难。他在1939年10月1日的日记中就曾这样写道：“同乡会来函，嘱再劝募难民捐款，但同乡会名义，余担募捐总队长以来，先战时同乡难民捐

---

① 孙善根编注《秦润卿日记》上卷，第182、185页。
② 孙善根编注《秦润卿日记》上卷，第174、175页。
③ 孙善根编注《秦润卿日记》上卷，2015，第222、223、225、227、228、231－232页。

款十六万，后难民救济会，次甬灾救护会五万元，征求会六万元，再加募捐，真难为力矣。”尽管感到困难，但他并未停止资助家乡的慈善公益事业。一个月以后，“慈溪日报取去补助费四十余元，云华常费六十元，保黎费三十元，体仁常费一百元，普迪常费四十元，家乡之义务不得不尽。”仅过半月，又是“体仁堂施粥达三千余元”，秦润卿也再次在日记里写下“家乡义举实不易办”的字句。仅截至 1941 年 1 月，抗战期间他的捐款已为数甚巨，“各赈名下前后已四万余元”。[①] 综上所述，抗战期间秦润卿为救济难民和家乡慈善可谓呕心沥血，几乎是每日不停地奔走呼吁，其作用与影响十分显著。作为一个上层商董，在面临民族危亡以及家庭生活同样受到严重影响的情况下，却能有如此非同常人的担当和表现，无疑应给予充分肯定。

不难看出，与一般人在抗战时期的日常生活相比较，秦润卿的不同之处是他仍十分忙碌。除了上述参与支持抗战的各项活动和从事慈善公益事业之外，在抗战期间尤其是上海处于“孤岛”时期，秦润卿出席的各种会议也特别多，这几乎成为他日常生活的另一种常态。在日记中，秦润卿一般都会写下他当天出席的会议，从中可以发现经常是同一天出席了多个会议。有时因接连开会，延至很晚都不能回家吃饭，“到九时，忍饥回庄”。[②] 除出席民间团体举行的会议，官方举办的一些活动与会议他也需要参加，包括多次出席代理市长举行的茶话会、谈话会以及市政府参议会，并连续多日参加参议会审查预算。[③]

秦润卿一生没有进入新式学堂就读的经历，只是在少年时期读过数年私塾，但他却十分喜爱购置图书，并在繁忙的日常生活中长期保持读书的习惯。其后人在回忆录中曾说：“祖父自奉克俭，一生无其他嗜好，但嗜书成癖。”[④] 秦润卿喜欢购书之爱好，透过其日记一览无遗。每当购得一部有价值的好书，他都会以喜悦之情在当天的日记里记录

---

① 孙善根编注《秦润卿日记》上卷，第 196、199、214、254 页。
② 孙善根编注《秦润卿日记》上卷，2015，第 93、94、95、97 页。
③ 孙善根编注《秦润卿日记》上卷，第 85 页。
④ 匡宗、亢宗、启宗等：《钱业领袖　邑中善人——缅怀先祖父秦公润卿的一生》，见宁波市政协文史委员会编《钱业巨擘秦润卿》，中国文史出版社，2010，第 222 页。

下来。经过日积月累，秦润卿的藏书已达相当规模，并建了名为“抹云楼”的藏书楼。尤其是在1936年收购同里冯氏醉经阁流散之书，还受到宁波当地报纸《时事公报》的关注，刊发“冯氏醉经阁珍藏由抹云楼价买收藏”的消息：“近闻该氏（秦润卿）为保存文粹起见，已将冯氏醉经阁已售与书贾，在运送出境途中为县政府截获之珍籍五千余本，业已向县政府全部收买，计价一千一百元。故该楼书籍，益觉琳琅满目，美不胜收。”① 抗战爆发后，秦润卿为保护“抹云楼”近4万册藏书，曾费力将其运至乡间隐匿，使之基本完好无损。战后又请专人运回，整理上架，并成立抹云楼图书保管委员会，于1947年元旦开始对外开放，供大众阅览。

秦润卿不仅爱好购书藏书，而且勤于读书看报。即使是在战火纷飞、生活艰难的抗战时期，每日早晚休闲时的阅读是秦润卿日常生活的内容之一。他曾自述职业以外之兴趣爱好，除“平时多事劳动，强其筋骨，以符运动之旨。公暇浏览载籍，修养身心，藉得开卷有益之助，他若教育公益等事，力所能及，勉力为之。一事即成，亦感兴趣。至于声色之娱，博弈之戏，素非所好，非矫情也，聊适我心而已”②。通过日记可以发现，秦润卿的日常生活起居较有规律，一般是清晨6时起床，洗漱后阅读报纸约1个小时，晚上就寝时间在日记中很少见有记载，只偶尔看到“十时寝”的文字，但就寝之前他通常都会读书，而且会在当天的日记中记下所读书目，这也表明他的日记是在每日入睡之前写的。

秦润卿阅读的书籍种类较多，比较喜欢的有《曾文正公全集》，对曾国藩的为官为人、待人接物以及教养子女之道，颇为钦佩。他不仅自己经常阅读曾国藩集，而且自1938年7月5日始，“每日令匡孙录《曾文正公家书》一则”。抗战期间秦润卿喜读之书还有《剑南诗稿》，

---

① 转引自谢振声：《秦润卿与近代宁波文教事业——以普迪小学和抹云楼图书馆为例》，见孙善根、谢振声编注《秦润卿文存》，第34页。

② 秦润卿：《我的兴趣》，载《东方杂志》第33卷第1号（1936）。另见孙善根、谢振声编注《秦润卿文存》，第198页。

有时接连10余日每晚必读，并且过一段时间之后又反复连续阅读。该诗稿共计85卷，收诗9 000余首，作者是南宋大诗人陆游。诗中大量反映宋金交战时期，战争给社会带来的影响、南宋的屈辱以及民众生活的困苦，其题材与抗战颇为相似，因此受到秦润卿的格外关注。另还有《约园杂著》（作者张寿镛，字咏霓，别署约园，民国时期的教育家、财政学家）、《随园诗话》（作者袁枚，清代诗人、诗论家）等书。从日记的记载中还发现秦润卿对梁启超、章太炎的著作也有阅读兴趣，读过《欧游心影录》之后特地做出说明：该书“系梁任公前次欧战后往游时记，载地方情形甚详。想此次大战后，其痛苦情况，更觉不堪。兵凶战危，古有明训”。在阅读了《西溟文集》之后，他也在日记中写道：“集有升十六复斋公诔一篇，说述公隐居不仕，极崇仰。”

另外，在阅读了其他一些书籍后，秦润卿常常会在日记中写下几句简明扼要的读后感。例如读了杨毓瑊的《微想录》，他就特别指出书中“有一段欲救中国须创立新伦理，爰别为二，曰亲伦，曰友伦，此两伦中又各别为三，属于亲伦者曰夫妻、曰父子、曰兄弟，属于友伦者曰东伙、曰长属、曰师生，虽属倒置，事却实情”。又如浏览了《约园演讲集》后，他也特别称赞作者张寿镛说：“此公在政界称理财好手，现刻书，任校长，对于国学亦有根蒂，可谓识时人杰。”秦润卿对清末民初的著名实业家张謇也深感敬佩，他在《啬翁自订年谱》一书的读后感中说道：“由农家子卒成大魁，又兼实业大家，一生在困苦艰难中奋斗，非偶然也。”①

阅读书报对于抗战期间的秦润卿来说，从某种意义上是一种休闲方式。之所以在抗战的特殊历史环境下坚持阅读，是由于在此之前他已经养成了这一习惯，只不过在抗战期间得以延续。加之他非常关心国家危亡与抗战发展进程，希望通过阅读报纸了解相关情况。在日记中我们常常会看到他记载的通过阅报所知的中日战事进展，当得知又有某城某地失陷的消息时即会感到忧虑，而当获知抗战将士英勇抵抗

① 孙善根编注《秦润卿日记》上卷，第302、261、277、273、198页。

并击退日军进攻以及其他有利于抗战的讯息时，则会感到高兴与兴奋，进而表示“我虽失地近十省，然抗战仍力，不难得到最后胜利”[①]。当然，秦润卿在抗战期间能够保持读书看报的习惯，也是由于他的家境比较宽裕，当时虽受战争影响物资供应紧张，物价上涨，家庭开支随之大大增加，生活水平也较之战前有所下降，但秦家尚不致因此而像贫困家庭那样无法生存，故而秦润卿能够在日常生活中有条不紊地继续保持读书看报的习惯。

另外，秦润卿是上海工商界的头面人物之一，而且人缘好、关系广，即使是抗战时期，其日常生活中也多有与各类人的交谊活动，包括祝寿和婚丧嫁娶之类的人情往来，这些既是私人应酬，也可以说是某种休闲活动。在秦润卿的日记中，记载了被许多人邀请吃饭以及“招饮”的内容，有时甚至是一日多处多次，似乎有应接不暇之感。至于参加祝寿与婚丧嫁娶活动，也为数甚多。有时接连数日，秦润卿都在忙于出席类似活动。例如1937年7月14日，“往新亚道贺刘鸿生娶媳、颜福庆嫁女喜”；次日“范少谷之叔与陈姓订婚，前往参与之”；再次日，“应徐佩潢招饮于华安八楼”；仅隔一日，又“在寓恭祭先妣颜太君九十冥诞，率子孙遥祝暖寿”，“承亲友均来，不得不设筵招待”；再隔一日，“往朱博泉家祝伊母七十寿”；次日“晚刘署长招饮”。[②] 抗战时期仍有如此频繁的应酬，恐怕除了类似于秦润卿这样的上层商董，一般普通人即使是在平日也不会出现。

不过，有些应酬在秦润卿看来也是身不由己，不得不参加，甚至在参加之后，对于某些大户人家在国难当头、人民困苦之际，仍然奢侈挥糜、追求豪华场面的举动，并不赞同，进而在日记中予以批评。例如1938年4月22日赴“陆宅吊丧，陆捕房一探长，排场之阔绰，无异巨绅，世道如斯，殊深感慨”。[③] 1940年3月31日，“晨荆山、振南来，旋往吊汤也钦丧。午，父执李兰谷召饮，家做潮州菜，鱼麦潮

① 孙善根编注《秦润卿日记》上卷，第148页。
② 孙善根编注《秦润卿日记》上卷，第90、91页。
③ 孙善根编注《秦润卿日记》上卷，第126页。

茶皆特殊风味。夜，子奇召饮蜀腴，座中方氏叔侄兄弟、李氏昆仲及西人家属共三席，费洋五万余元。正是富贵一席酒，穷汉半年粮，洵不诬也”①。是日秦润卿从早到晚有三场应酬，全天在外吃饭，但他晚上归家后却并无喜悦之情，而是感慨富裕人家的奢侈生活与贫困家庭的艰难生活形成鲜明对照。

透过其日记的另一发现，是秦润卿在抗战期间为教育孙辈而每周定期至沪上老宅“课孙”，向孙辈进行演讲或谈话，这也是秦润卿日常生活中的另一项内容。前曾述及，由于五个儿子在秦润卿看来都不成器，甚至其中多有败家之子，他为此而常常感到自责，但又无可奈何。于是，为避免重蹈覆辙，抗战期间秦润卿十分重视对孙辈们的家庭教育。1937 年冬，由于日军轰炸日见频繁，秦润卿就将家乡慈溪的所有家人全部接至上海租界的老宅居住。自 1939 年开始，他在百忙之中抽出时间亲自为孙辈讲授各种道德修养和为人处世的道理。当年元旦日记中有记：“以后拟每星期谈话一次，能否有效，姑我行我素。”②

每次演讲或谈话之后，秦润卿都会在当天的日记中记录所讲之题目，从中可以看出其具体内容。1939 年 1 月 8 日的首次谈话，题为“人必自侮而后人侮之”，随后所讲之“有志气有恒心”“人与禽兽何异”等题，内容均涉及为人之品德修养与有志者事竟成的道理。讲谈数次之后即产生一定效果，秦润卿在日记中称：“长孙每星期所讲颇能领会，殊可喜也。”③ 稍后演讲的题目，内容涉及更多方面。值得注意的是，时当国家有难、民族危亡，秦润卿的“课孙”演讲中也有“国民精神总动员意义”这样的题目，另还有“现在非常时期，凡百事件均须当二作用意义”，可见他虽注重以传统经典伦理“课孙”，但同时也不忽略抗战这一特殊历史时期的时事教育。如果碰上自己星期日有事无法亲自演讲或谈话，他也会邀请他人代劳，以保持每周一次不中断。例如 1939 年 6 月 25 日“余因同业有事商量，星期日课孙之举，

---

① 孙善根编注《秦润卿日记》上卷，第 218 页。
② 孙善根编注《秦润卿日记》上卷，第 160 页。
③ 孙善根编注《秦润卿日记》上卷，第 162 页。

请荆山代庖”。又如 7 月 14 日，“室人病稍痊，余打第一次防疫针。老宅请杨、潘二君补习诸孙”①。半年多之后，“课孙”之举虽有一定效果，但秦润卿并不满意。他在日记中说：“半年以来，品行一项，只启宗甲等，午刻，奖吃大菜一次。默诵朱子家训以开宗为最熟，一字不错，余平平。”遂再次强调：“余谓子弟品行第一，学问次之，告诫家人留意及之。”②

除“课孙”之举，秦润卿还采取其他一些措施，包括为孙辈各设教育储金，以资助孙辈读至大学毕业为止，并成立基金保管委员会“共同保管之”。为规范运作，他明确规定：“余之教育金，定以限制：（一）学费，（二）膳食费，（三）杂费，（四）书籍费，均需要收条发票。奖金：如品行甲等以上，学业八十分以上，给以奖品或现金。留级以一次为限，如再不升级，停止供给。”③ 奖励的现金为洋 300 元，这在当时应该称得上是不小的奖励力度。从后来孙辈们的最终发展结果看，秦润卿的“课孙”举措还是较有成效的。在其孙辈中成才者为数不少，例如 1948 年长孙“匡宗燕京大学已录取，文学院第一名”，不料数日之后又获通知，“长孙匡宗清华又录取，决计改读清华”。1950 年，“阅报知次孙亢虎已录取浙大文学系，三孙启宗已录取复旦理化系，前者年二十，后者年十八，尚属差强人意”。④ 次年，开宗也考入了清华大学机械系。这与秦润卿在抗战时期坚持进行家庭教育无疑有着密切的关系。

4. 抗战后期的变化与消极应对

抗战期间，具有爱国之心的秦润卿对于那些投靠汪伪政权和日本傀儡政府者，无论是朋友还是同乡，都不顾情面断绝往来，并且予以

① 孙善根编注《秦润卿日记》上卷，第 183、187 页。
② 孙善根编注《秦润卿日记》上卷，第 187 页。
③ 孙善根编注《秦润卿日记》下卷，凌天出版社，2015，第 57 页。
④ 孙善根编注《秦润卿日记》下卷，第 226、227、299 页。

谴责。例如曾经担任过上海总商会会长的傅筱庵，与秦润卿既是老友又是宁波同乡，原本过往甚密。日军占领上海后，傅筱庵出任伪上海特别市政府市长，秦润卿在日记中表达了对傅筱庵的极度轻蔑，认为这是宁波人的耻辱。“此公年将古稀，尚欲演此丑剧，不知如何心肝，足为甬人羞。”① 傅筱庵后来“曾以同乡关系邀请秦润卿出任市府参议，秦坚辞不受。次年 10 月，傅筱庵组织‘国庆大典’，邀其出席，秦又借故避席”②。由此体现了抗战时期秦润卿的民族气节。1938 年 12 月底，汪精卫发表所谓中日和议意见，秦润卿也在 1939 年元旦的日记里写道：“报载汪先生发表中日和议意见：（一）为善邻友好；（二）共同防共；（三）经济提携。此三点骤观之，条件松泛，细绎之，足可亡国，故官场皆反对此议。”次日闻讯国民党中央决定开除汪精卫党籍，他则在日记中欣慰地写道：“汪精卫已经被中央开除党籍，并撤销各职权。政府已议决，仍继续抗战。”③

1941 年 12 月太平洋战争爆发，日军侵入上海租界，宣告上海“孤岛”这一特殊历史时期结束，并成为整个抗战时期秦润卿日常生活的一个转折点。但他起初似乎并未意识到这一事件的严重性，只是在日军侵入租界这天的日记中写道：“日军进驻公共租界，秩序甚好，市尚安定。洋商银行、官办银行未开，华商银行、钱庄照常开门。”隔了一天之后又在日记中称：“市面仍定，租界秩序甚好，人心渐安。”④

不过，秦润卿随后不久即意识到环境改变，抗战形势更为严峻，自己的人生也面临考验。《秦润卿文存》一书附录的“秦润卿年表”称，时年 65 岁的秦润卿毅然“拒绝汪伪政府聘任，蓄须明志，辞去本兼各职”。⑤ 其孙辈在回忆录中也说：“1941 年日军侵占上海租界后，祖父蓄须明志，以年迈体弱为由，坚决不受汪伪政府的聘任，辞去本

---

① 孙善根编注《秦润卿日记》上卷，第 149 页。
② 孙善根：《钱业巨子：秦润卿传》，中国社会科学出版社，2007，第 182 页
③ 孙善根编注《秦润卿日记》上卷，第 160 页。
④ 孙善根编注《秦润卿日记》上卷，第 293 页。
⑤ 孙善根、谢振声编注《秦润卿文存》，“秦润卿年表”，第 213 页。

兼各职，保持了崇高的民族气节。”[①]《钱业巨子：秦润卿传》一书引用汪仁泽采访秦氏后人所写文章中的如下这段文字，进一步描述了秦润卿当时的表现：“次年（指 1942 年）初，传出消息，日伪将胁迫秦润卿、冯炳南、袁履登等人，筹组维持会和伪上海市商会。秦闻讯后，即同冯炳南匿居安路寺路（今南京西路）静安寺附近两座由客户抵押给福源钱庄的空屋内。秦仅带一仆人，平时极少和外间往来……使日伪方面无法挟持他出任伪职，乃得保持了民族气节。直到 1942 年 7 月，袁履登聘任上海市商会理事长后，秦才开始露面，但仍托言年迈多病，深居简出。”[②]

日军侵入上海租界后，秦润卿“蓄须明志”应并非为虚，《钱业巨子：秦润卿传》一书不仅以此为标题介绍秦润卿在这一时期的活动史实，而且还配有当时秦蓄须拍摄的照片。但有关秦“辞去本兼各职”，拒绝在伪上海市商会任职的说法，应并非完全如此。首先，1942 年初秦润卿等人被胁迫筹组伪上海市商会的时间不确切。1942 年 6 月 28 日秦润卿的日记称：“报载市商会整理，推余为常务理事，奈近来精神衰惫，时有头晕之症，万难担任也。”[③] 从这段文字可知，秦润卿从报章获悉自己被推举为伪上海市商会常务理事，已是当年的 6 月底，而不是汪仁泽采访秦氏后人所写文章中说的 1942 年初。当时的秦润卿因身体不佳，经常发作头晕之症，认为自己“万难担任也”。其次，在半月之后即 7 月 16 日的日记里，又明确记有“往市商会就理事职”的文字。这表明秦润卿本人虽很不情愿担任此职，但迫于无奈还是就任了这一职务。在随后的日记中，也有多次前往出席市商会理事会的记录。9 月 18 日的日记还感慨地说：“市商会常务会议出席，各业团体尚未入会居其多数，以致事务寥寥，徒存其名而已。”[④] 由于《秦润卿日记》

① 匡宗、亢宗、启宗等：《钱业领袖　邑中善人——缅怀先祖父秦公润卿的一生》，见宁波市政协文史委员会编《钱业巨擘秦润卿》，第 15 页。

② 汪仁泽：《钱业领袖秦润卿》，原载《近代传鉴》，第 143 页。转引自孙善根：《钱业巨子：秦润卿传》，第 186 - 187 页。

③ 孙善根编注《秦润卿日记》上卷，第 312 页。

④ 孙善根编注《秦润卿日记》上卷，第 318 页。

上下卷出版于2015年，2014年出版的《秦润卿文存》一书只收录了秦润卿1936年这一年的日记，因此，持以上不确之说法者很可能并未看到日记中秦润卿本人对此事的明确记载，故而出现了偏差。

秦润卿担任过伪上海市商会的常务理事，从表面上看这似乎是他抗战期间不太光彩的一面，其实这并不影响我们对他在整个抗战时期的表现做出客观如实的评价。或许是由于秦润卿在“孤岛”时期参加支持抗战的活动十分踊跃，日军侵占租界之后将相关人员列为“肃正会名册一本，内列海上闻人不少，余亦在其内”。秦润卿并不知晓自己也被列入了该名册，后“承郑炽范关照，偕往金门饭店与兵曹长渡井说明情况”。[①]

这一时期，秦润卿实际上也并没有完全辞去本兼各职，只是辞去了部分职务。对于市商会常务理事一职，他在1944年初确曾提出过辞职要求，但在当年6月“改选又蒙签留”，虽感到“现今时势，实非老朽可以对付矣”，但也只得继续留任。当时，秦润卿本人确实不愿再兼任多项职务，并主动提出辞职。1943年5月，福源、福康、顺康三钱庄改组成立股份有限公司，“余之总经理亦今日解除，改任常务董事矣”。接着，“垦业银行董事会，余之总经理兼职，今日亦向该会辞职，承董会诸君谅解，准允年终交替。又钱库常务委员一职照章不能充任，亦函请解除，如是职任稍轻，或能多活几年”。[②] 但有些职务秦润卿却无法完全推辞，如在钱庄虽不再任总经理，却仍然留任常务董事一职，“不得不勉力承之”。[③] 另外，对于在同乡会以及其他慈善公益团体中的兼职，秦润卿也因无法辞去而继续留任。与此同时，秦润卿在此期间的日常生活中似乎也并不是完全深居简出，只不过与“孤岛”时期相比有所不同。最明显的差别是由于形势和环境改变，日军侵占了租界，包括秦润卿在内的所有人都无法再继续公开参与各项支持抗战的活动。但从日记的记载可以看出，这期间秦润卿仍然参与了不少社会

---

① 孙善根编注《秦润卿日记》下卷，第1页。
② 孙善根编注《秦润卿日记》下卷，第15页。
③ 孙善根编注《秦润卿日记》下卷，第54页。

活动，包括出席商会理事会、各公司董事会和各慈善公益团体的诸多会议，并经常到四明医院、钱业公学考察议事。

不过，这一时期秦润卿的私人应酬和悠闲甚至家庭娱乐活动在日常生活中明显有所增加，这显然与环境的改变密切相关，同时也由于秦润卿年事已高辞去了部分职务，不再像过去那样忙碌，有了更多的休闲时间。从日记中即可看出，这一时期秦润卿邀请朋友聚餐以及被“招饮”的次数明显多于抗战初期，在很长一段时间内几乎是隔日即有一次，非常频繁。有时还“邀诸儿诸孙在寓午餐，极热闹”。[①] 另外，读书时间和阅读的书目也显著增加，读书成为他打发闲暇时光的一种主要生活方式，并从中生发出诸多感慨。其日记有谓：“夜阅《胡文忠公集》，有吾辈不必世故太深，天下惟世故深误国耳。一部《水浒》教坏天下强有力而不逞之民，一部《红楼梦》教坏天下之堂官掌印司官督抚司道首府及一切□人，专意揣摩迎合，吃醋捣鬼，当痛除此习，独行其志，阴阳怕懵懂，不必计及一切。官场如斯，生意场中何独不然，诚阅世之座右铭。”[②]

值得注意的是，1943 年下半年至 1944 年初，秦润卿断断续续一直在研读《史记》，并在日记中写下了许多读后感。例如读《淮阴侯列传》之感：“淮阴侯，汉功高，世人皆知，亦被贪字，卒致灭族。”读《滑稽列传》之感：“史公一书，上下千古、三代礼乐、刘项战争、律历天官、文词事业，无所不有，乃忽有调笑嬉戏之文，另有一种笔意。”其中有的读后感可以说体现了秦润卿个人的某种见解，如阅读了《龟策列传》之后，他在日记中指出：“通篇褚先生笔，不是太史公笔，盖前用对语，俊妙风韵，已开魏晋之风，至宋元王一段全用古语，文字奇深。”[③] 另外，他在这一时期阅读的书目也更加丰富，除一直喜爱的《剑南诗稿》《曾文正公全集》等书之外，还包括《清邃堂诗集》《胡文忠公文集》《张苍水集》《玩鹿亭集》《养心亭集》《碧川文选》

---

① 孙善根编注《秦润卿日记》下卷，第 25 页。
② 孙善根编注《秦润卿日记》下卷，第 50 页。
③ 孙善根编注《秦润卿日记》下卷，第 28、29 页。

《赵宝峰集》《杨文懿集》《纪文达笔记》《庸闲斋笔记》《人范须知》等，因书目数量太多，这里无法一一列举。甚至日本人写的著作也在其阅读范围之内，例如在读了日本人石川著的《我爱好的生活》一书后，他也在日记里写下读后感："此人系辛苦出身，后出版杂著立于社会上，其中如不借债、不慕荣利、先公后私，劳苦为先等，与余意旨相合，读之甚快。"①

抗战初期，由于秦润卿兼职太多，各种事务十分繁忙，其日常生活中几乎看不到娱乐活动的内容。同时，他对国难当头上海各娱乐场所灯红酒绿、人满为患的畸特情形非常反感，自然也不会出入这些场合。到了这一时期，秦润卿虽仍不会到那些公开的娱乐场所消磨时光，但却有了一些家庭式的休闲娱乐活动。例如"与家人作方城战""与家人打牌四圈""宿庄中，与庄友打牌八圈""在均泰打牌八圈"之类的记载，在日记中常常可见。因日常生活中的闲暇时间增多，他日记中所记内容也与过去略微有所不同，特别是记载家庭生活中发生的事件所占比例明显增加。家中养的猫死了，他也感到非常伤感和怜惜，并在当天的日记中写道："我家蓄猫一只，勤捕鼠，极尽职，五年来深资得力，讵被野猫咬伤头部，延至今日毙去，惜哉！"② 通常而言，如果是爱猫之人，并有写日记的习惯，其日记中往往会看到有关猫的记载。如果是作家，甚至会以猫为题材撰写作品，如老舍的散文《猫》和钱锺书的小说《猫》，张爱玲的小说《小艾》《等》也有较大篇幅对猫的描写。但通观秦润卿的全部日记，却唯独只有这一次提到家中的猫，可见他并非爱猫者。这天的日记之所以会提到猫，除了因猫去世之外，恐怕也与当时秦润卿的心情以及闲暇期间无事可记有一定关系。

由于抗战后期物价不断上涨，故对绝大多数人的家庭生活影响甚大，即使像秦润卿这样的富裕大户也不例外。他常常感叹物价飞涨："米价到八千元一担，黄金每两二十万，如此之价，自有历史以来所创

① 孙善根编注《秦润卿日记》下卷，第18页。
② 孙善根编注《秦润卿日记》下卷，第49页。

见。”[①] 受此影响，其家庭生活水平自然也会下降，以前并不在意的一些消费开支，此时则会感到是一种较大的负担。例如“家购白煤一吨，价洋四万元，闻之咋舌”[②]。显而易见，对于类似基本家庭生活必需品的购买，秦润卿过去绝不会过问和在意，现在却是“闻之咋舌”。至于非生活必需品之类，他则主张在当时的非常时期应该尽量减少消费开支。其日记中有载：“四儿知余吃水果，买来花旗桔四只，计价洋四百八十元，此种水果非我辈所食，后宜切戒。”[③] 难以想象一个堂堂大户人家，却连吃几个水果都不舍得，可见当时战争对民众生活之影响。也因此，其家人于 1943 年利用春假到苏州游玩的活动，更是受到秦润卿的批评。他在日记中写道：“余鉴于生活增高较巨，今年每房增加月规四百元。讵知下辈不知俭约，此次春假，效时髦行为，男女往苏州游玩，竟达七人之多，往返以资将近二千元，可谓豪也。现在时势不肯吃苦，将来之境遇必较苦于现在可无疑。”[④] 由于上述原因，这期间的秦润卿似乎也比从前显得要消极懒散一些，甚至他本人也意识到了这一点，1944 年 7 月 8 日的日记称：“傍晚，本年第一次洗澡，其懒可知。”[⑤] 这在过去恐怕是不可想象之情形。国家和民族前途、命运渺茫，个人和家庭生活每况愈下，处于如此环境下的秦润卿只能悲观地表示：“当此混乱时势，只好做一日和尚念一日经耶。”[⑥] 1944 年元旦写下的日记，同样也只能无可奈何地描述：“驹光虚度，又是新年，战氛未息，物价猛涨，生活难过，已达极点。”[⑦]

好在一年多之后，处于穷途末路的日本帝国主义宣布投降，中国人民艰苦卓绝的抗日战争终于胜利结束，秦润卿才又逐渐恢复到比较正常的生活轨道上来。在此之后，尽管年事已高，但他又开始接连出席官方主持的一系列重要会议和活动，包括“参与英美胜利谢主典礼，

---

① 孙善根编注《秦润卿日记》下卷，第 52 页。
② 孙善根编注《秦润卿日记》下卷，第 44 页。
③ 孙善根编注《秦润卿日记》下卷，第 45 页。
④ 孙善根编注《秦润卿日记》下卷，第 11 页。
⑤ 孙善根编注《秦润卿日记》下卷，第 55 页。
⑥ 孙善根编注《秦润卿日记》下卷，第 65 页。
⑦ 孙善根编注《秦润卿日记》下卷，第 36 页。

仪式隆重，历二时之久”，“出席市府保卫委员会”，“应钱市长招饮”，“参加市政府庆祝国父诞辰，并纪念国父南京路外滩铜像奠基典礼”，等等。1946 年元旦，秦润卿在日记中一扫心中积郁多年的阴霾，兴奋地写道：“胜利后第一元旦，人民欢跃异常。市府举行团拜，十一时至十二时，市长招待中外宾客，余承邀亦参与之一。”① 不仅如此，他还担任了上海市参议会议员、银行公会理事，以及新成立的一些重要社会团体的领导职务。1947 年 10 月，秦润卿以筹备会主席身份赴南京出席全国钱业联合会会议，在“开会词”中表示：“战后经济环境迥异曩昔，钱业也由合伙进而为股份有限公司之组织，一切体系制度渐趋统一，而国家政令税制之推行，全国并无例外，因此亟需有全国性之钱业联合机构，俾得纠合全国同业之力量，集思广益，共同商讨如何健全组织，发展业务，配合国策，发挥使命，此即本会成立之目的也。”② 按照会议日程，最后一天的大会举行选举，已经 71 岁高龄的秦润卿当选为全国钱业联合会理事长。选举结果宣布后，他“坚辞不获，勉承其乏”③，又开始在全国工商界发挥重要的作用与影响。另外，在抗战期间停刊的《钱业月报》也经其努力在 1947 年得以复刊。他还在复刊序中指出：“今后从事斯业者，当需要专门之知识，丰富之经验与常识，刻苦耐劳之修养，先公后私之精神，方克与近代银行业并驾比肩，以钱业月报发刊之廿余年间，吾人当以过去之史实为鉴，以时代知识为本，渡过危难，发挥功能。”④

陈布雷在为秦润卿之《抹云楼家言》所写的序言中说：“润卿先生以孤童自振单寒，秉其坚卓之操，而济之以忠信笃教，敬业乐群，慰然为商市魁率，朋僚景仰，譬如星辰之斗级，山岳之泰岱，自朱君葆三以后，吾郡人享名之盛，未有如先生者。”⑤ 言辞之间虽有溢美之意，但也描述了秦润卿不同于一般商人的特点。即使是在抗战期间，他的

① 孙善根编注《秦润卿日记》下卷，第 106、107、108、115 页。
② 《主席秦润卿致开会词》，《钱业月报》第 18 卷（1947），第 5 期，第 19 页。
③ 孙善根编注《秦润卿日记》下卷，第 187 页。
④ 孙善根、谢振声编注《秦润卿文存》，第 6 页。本文原载《钱业月报》，第 18 卷（1947）第 1 期。
⑤ 孙善根、谢振声编注《秦润卿文存》，第 175 页。

日常生活在某些方面也体现出不同于常人之处。概而言之，抗战时期的秦润卿可谓度过了他一生中较为漫长而又十分特殊的生活岁月。如果细加考察，又可发现以1941年12月日军侵占上海租界为转折点，秦润卿在抗战期间前后两个阶段的日常生活又呈现出不同的特点。

在抗战初期的几年里，秦润卿的日常生活就已充满了前所未有的忧愁、感叹与无奈，此点似乎与一般爱国者有相似之处。他不仅在心理上承受着极大的压力，而且身体也一度出现不良状况，甚至"有中风之预兆"。但即使如此，他在日常生活中仍积极投身于支持抗战的活动，并踊跃救助难民，勉为其难地继续开展各项慈善公益活动。作为一位上层商人，在国难当头之际，面临心理和身体的双重压力，能够有如此种种表现，这又是秦润卿的过人之处。尤其难能可贵的是，秦润卿对自己的这一系列所作所为，对自己为解救国家和民族危机所做的贡献很不满意，并为此感到惭愧。他在1938年最后一天的日记中写道："今庚全年在抗战中，将士之辛苦，难民之流离，均属不可忘之事实。吾侪在孤岛上度其优游之生活，未能与国家出钱出力，殊觉愧对。"[①] 由此可见其爱国之心与待人律己之胸怀。

日军侵占上海租界之后，居住在租界内的国人也与其他沦陷区民众一样遭受日本帝国主义的殖民统治，秦润卿的日常生活也因此与"孤岛"时期有所不同。在此期间，秦润卿虽然没有像以往一些论著所说的那样全部辞去本兼各职，仍兼任着上海市商会的常务理事和部分慈善公益团体的理事等职，同时也并非完全深居简出，仍继续参与慈善公益活动，但却无法再公开投入支持抗战和救济难民的活动，且辞去了包括福源、福康总经理在内的部分职务，因而日常生活中的私人应酬和闲暇娱乐活动明显增多，只不过他并未因此感到轻松愉快，也没有减轻抗战前期即已产生的忧愁与无奈，相反还因国家和民族危机的加深，以及物价上涨屡创新高、家庭生活水平进一步下降，显得更加消极忧虑和悲观无奈，在日常生活中似乎也感到前所未有的枯燥无

① 孙善根编注《秦润卿日记》上卷，第159页。

味，从而与抗战前期的生活状况形成了比较鲜明的对比。直至抗战胜利，秦润卿才又开始出任上海市政府参议会议员和全国钱业联合会理事长等重要职务，并积极投身于各项社会活动。

综上所述，日本帝国主义发动的侵华战争无疑给中国人民造成了深重灾难，但这场灾难也是对每个中国人所具有的民族情怀、政治情操和个人品行的一次严峻考验。在这场考验中每个人所交出的答卷，透过其抗战期间的日常生活即可大致有所了解。有的人离妻别子，为国捐躯，成为民族英雄；有的人助桀为虐，卖国求荣，堕落成为汉奸；也有人依然花天酒地，过着奢侈豪华的糜烂生活；还有人家庭条件比较优裕，尽力支持抗战和救济难民。总的来说，秦润卿作为一位著名的工商界上层人士，在抗战时期虽有过失望、消极与悲观，但却在这场严峻的考验中提交了一份令人比较满意的答卷。正因如此，上海解放后他作为特邀代表被聘为上海市第一届政协委员，随后又连任第二、三、四届政协委员。1966 年，秦润卿以九十高龄病逝于上海寓所，走完了自己经历丰富又充满成功与磨难的人生之路。

六、商会史研究的缘起、发展及其理论方法

商会史是新时期中国近代史研究中出现的一个新兴的研究领域。自20世纪80年代初我国近代史学界对商会史研究的初始起步，迄今为止虽然只有为时并不算太长的30多年时间，但已出版的大型商会档案、史料汇编为数不少，各种有影响的研究著作也接连问世，发表的论文更是数不胜数，日益受到学术界的关注与好评。尤其是2015年社会科学文献出版社出版的马敏主编4卷本200多万字的《中国近代商会通史》，在很大程度上可以被称为集中反映中国大陆史学界研究商会史最高水平的代表作。

商会史作为一个新研究领域，之所以很快就能够得到近代史学界的重视与好评，原因之一是从事商会史研究的老中青学者梯队较整齐，并且努力辛勤耕耘，刻苦钻研，不断推出分量较重和水平较高的研究成果；原因之二是在商会史研究中，不少学者十分注重扩大研究视野和相关理论、方法的运用，不仅使商会史研究得以不断深化，而且在一定程度上还起到了带动整个中国近代史研究不断发展的积极作用。本文并非对商会史研究的众多成果做具体介绍，而是着重从宏观层面阐述30多年来商会史研究视野、理论及其方法的探索与影响，以冀对

进一步推动商会史和中国近代史研究的深入发展有所启迪。[①]

1. 20 世纪 80 年代辛亥革命研究的产物

商会史研究为何能够在 20 世纪 80 年代初开始兴起，并很快成为中国近代史研究中一个重要的新研究领域？这一新领域又何以能从一开始就呈现出较好的发展势头，受到近代史学界的关注？要回答这两个问题，就必须对当时中国近代史研究的发展以及面临的问题予以回顾和分析，而且不能不谈到老一辈著名学者章开沅先生对商会史研究的倡导开创之功。

十年"文化大革命"期间，历史学虽然横遭摧残，甚至沦为政治路线斗争的工具，但随着"文化大革命"的结束，尤其是改革开放开始之后，历史学界也勇于解放思想，恢复实事求是精神，不断打破各种研究禁区，很快即呈现出前所未有的新局面。尤其是在中国近代史研究的许多领域，老一辈学者就近代史上的若干重要历史人物与事件的评价展开了热烈的讨论与争鸣。笔者作为"文化大革命"结束恢复高考后的 1977 级首届历史系大学生，读至高年级时这方面给我留下的印象极为深刻。几乎每期新出版的《历史研究》《近代史研究》等重要史学刊物，都会发表一些著名学者提出新问题、新观点的重要论文，与教材上和课堂上所讲的传统观点与结论有着明显差异。同学之间争相传阅并互相讨论，当时的整体感受是近代史研究进入了百家争鸣的繁荣局面，各种新见解和新观点对于我们这些历史系的学生而言几乎到了目不暇接的程度。

---

① 关于近代商会史研究的理论方法运用及其影响，冯筱才《中国商会史研究之回顾与反思》（载《历史研究》2001 年第 5 期），马敏《商会史研究与新史学范式转换》［载《华中师范大学学报（人文社会科学版）》2003 年第 5 期］一文有所论述。另外，冯筱才《最近商会史研究之刍见》［载《华中师范大学学报（人文社会科学版）》2006 年第 5 期］，马敏、付海晏《近 20 年来的中国商会史研究（1990—2009）》（载《近代史研究》2010 年第 2 期），张志东《中国学者关于近代中国市民社会问题的研究：现状与思考》（载《近代史研究》1998 年第 2 期），闵杰《近代中国市民社会研究 10 年回顾》（载《史林》2005 年第 1 期）和拙文《近代中国的"社会与国家"：研究回顾与思考》（载《江苏社会科学》2006 年第 4 期）也部分涉及相关问题。

从“文化大革命”结束至20世纪80年代初期，在中国近代史的诸多研究领域中，辛亥革命与资产阶级很快成为近代史学界的研究重点之一，不仅受到中国内地和港台地区学者的高度重视，而且亚洲的日本、韩国以及欧美等国的中国近代史研究者也格外关注，海内外各种新成果和新观点层见叠出，不同规模的学术研讨会也接连召开。特别是1982年海峡两岸的近代史知名学者经由美国芝加哥举行的北美亚洲学会第34届年会，首次汇聚一堂热烈争论辛亥革命性质等重大问题，不仅在近代史学界，而且在海峡两岸整个学术界都产生了很大的影响。①

在辛亥革命与资产阶级研究领域中，章开沅先生无疑是海内外近代史学界公认的一位成果丰硕、影响显著的重要学者。早在1979年，他就发表了一篇题为《解放思想，实事求是，努力研究辛亥革命史》的重要论文，对新时期辛亥革命史与资产阶级研究的发展产生了不容忽视的影响。这篇论文主要针对“文化大革命”期间有关辛亥革命与资产阶级的种种歪曲之说，呼吁解放思想、实事求是，以马克思主义的理论胆识推翻制约辛亥革命史和资产阶级研究的所谓“资产阶级中心论”“资产阶级决定论”“资产阶级高明论”，并提出要打破对资产阶级“立足于批”的精神枷锁，坚持正确地、全面地评价处于上升时期的资产阶级及其代表人物，客观认识辛亥革命的重要历史地位及其作用与影响。当时，章开沅和林增平两位先生正组织中南地区的学者编写三卷本《辛亥革命史》，编写组在多次讨论中深感如果不破除“文化大革命”期间对近代资产阶级评价的错误定论，就无法写出一部真正具有学术分量的辛亥革命通史。于是章开沅先生及时发表了这样一篇重量级论文，并在文中首次提到应该注重对商会、商团等课题的研究。“除了企业家与企业集团以外，行帮、公所、会馆、商会、商团、码头、集镇等等都应该列入我们的研究课题，也只有这样逐步弄清各

① 1982年4月在芝加哥召开的这届北美亚洲学会年会，主题是“辛亥革命与民国肇建——七十年后的回顾”，海峡两岸的知名近代史学者应邀出席。由于是互相敌对长达数十年之后海峡两岸学者首次面对面坐在一起的会议，故而受到广泛关注。

个侧面，我们才能对于资产阶级在辛亥革命前后的政治动向做出更为深刻的科学的说明。”① 可以毫不夸张地说，该文的相关论述在当时不仅为撰写大型辛亥革命通史扫除了障碍，而且对推动整个中国近代史研究的兴盛也产生了影响，因而受到海内外近代史学界的重视。美国学者将该文翻译成英文予以发表，并称这篇论文的新见解反映了中国内地近代史研究的最新发展趋向。

由于海内外学者的普遍关注，辛亥革命史和资产阶级研究的发展极为迅速，但在改革开放初期仍存在一些不足和缺陷，尤其是研究视野较为狭窄，研究方法也较为简单。为了进一步扩大研究视野，引导辛亥革命史和资产阶级的研究向纵深拓展，章开沅先生又相继发表了一系列相关论文，强调要注重对社会环境的考察与研究，指出当时的辛亥革命史研究“对人物评价问题注意较多，而对整个社会状况的研究却较少”，并进一步揭示了商会史研究的重要意义。例如在 1981 年发表的《辛亥革命史研究中的一个问题》这篇论文中，章开沅先生即着重说明以往对资产阶级的研究，更多的是考察少数个别企业主的经营活动，而对于这个阶级的整体在社会生活的各方面情况却缺乏专题性和综合性研究。“譬如商会，我们一向就研究甚少，其实这是从整体上考察资产阶级不可缺少的重要课题，1904 年以后，各地相继成立的商会，逐渐把工商业者组织起来。在资本主义比较发展的地区，其势力不仅渗透到传统的社会组织——会馆、行帮、善堂等等，而且更控制了新建立的各种社会团体——商团、体育会、救火会、市政工程机构、地方自治机构以至学校、教育会、文艺社团、医学团体等等。从不少大中城市来说，几乎社会生活的各个主要方面，都可以感受到它的存在和影响。”因此，“如果多注意考察一些类似这样的社会‘细胞’，并且认真地加以剖析，将有助于我们对辛亥革命时期的资产阶级进行更确切的估量”②。章开沅先生的以上论述，是近代史学界对商会

① 章开沅：《解放思想，实事求是，努力研究辛亥革命史》，载《辛亥革命史丛刊》第 1 辑，中华书局，1980，第 10 页。

② 章开沅：《辛亥革命史研究中的一个问题》，《历史研究》1981 年第 4 期，第 55 页。

史研究重要性的第一次较为详细的说明，同时也具体指明了如何开展商会史研究的路径与方法。

稍后，章开沅先生又以马克思主义理论为依据，将其注重考察辛亥革命与资产阶级所处之社会状况、社会环境的相关论述，简明扼要地提炼归纳为“社会历史土壤学”。其主旨是举凡研究历史思潮、历史人物与历史事件，都必须深入细致地考察和探讨孕育各种思潮、人物与事件的社会历史土壤，也即重视研究当时的具体社会环境所产生的多重复杂影响。章开沅先生对此曾予以具体说明，强调人物和事件都是社会运动的产物，而运动又总是在特定的环境中进行的，“马克思的方法首先是考虑具体时间、具体环境里的历史过程的客观内容，以便首先了解，哪一个阶级的运动是这具体环境可能出现的进步的主要动力”①。在对“社会历史土壤学”的具体论述中，章开沅先生又再次提到商会、商团等资产阶级社团研究的重要意义，并指出所谓资料匮乏绝不是我们缺少相关研究的理由，“只要把研究的视野扩大到整个社会环境，许多有价值的史料便可以不断发掘出来”。例如保存完好的商会档案、苏州市民公社档案已尘封多年，很少引起研究者关注，更无人充分利用。②

另还值得注意的是，改革开放之后中国主动打开了封闭多年的国门，不仅港澳台地区和内地学界得以进行学术交流，而且中国内地学者与西方学者之间的学术互动也渐次展开。随之而来的是中国港台地区以及西方学者研究辛亥革命和资产阶级的不同学术观点，对中国内地近代史学界的一些传统结论构成了前所未有的挑战，而对这一挑战如何做出令人信服的学理性回应，是当时中国内地学者面临的一次考验。例如中国台湾学者直接否认辛亥革命是一场资产阶级性质的革命，认为是“全民革命”，这一争议成为海峡两岸学者在芝加哥会议上交锋的焦点。与此同时，西方也有不少学者对辛亥革命是资产阶级革命的

① 《打着别人的旗帜》，载《列宁全集》第 26 卷，人民出版社，1998，第 140 - 141 页。

② 章开沅：《要加强对辛亥革命期间社会环境的研究》，载《辛亥革命与近代社会》，天津人民出版社，1985，第 207 页。

结论提出质疑，其主要依据之一是辛亥革命前的中国尚未形成一个真正意义上的资产阶级，并批评中国内地学者在研究中对资产阶级概念使用过于宽泛，存在明显不当之处。

作为中国内地研究辛亥革命与资产阶级的著名学者，章开沅先生不仅从视野、理论、方法的高度做出了回应，而且通过对江浙地区资本主义发展与资产阶级影响的一系列实证专题研究予以证实，受到港台地区和西方学者的高度重视。关于资产阶级概念问题，外国学者认为中国学者将并非资本家的革命者冠以"资产阶级"之名，是误用了资产阶级概念，真正的资产阶级应该是工商业资本家。章开沅先生指出，这是中外学者使用资产阶级的广义定义和狭义定义之区别，中国学者主要是使用资产阶级的广义定义，包括自由职业者和中产阶级，所以将革命者包括在内；而西方学者使用的则是资产阶级的狭义定义，只包括工商业家、金融家在内的近代企业家。其实，这种分歧不仅存在于中外学者之间，而且存在于外国学者之间，同时也存在于中国学者之间。因此，"中外学者之间的主要分歧，似乎并不在于'资产阶级'概念的本身，而是在于这个概念的具体运用"①。在此基础上，章开沅先生还从方法论的高度论述了应该如何判断辛亥革命性质。他阐明："有些人总爱攻击唯物史观是一种'框框'，但他们不知道，或者根本不愿意知道，最为反对以抽象的、僵死的'框框'硬套历史的，倒恰好是真正马克思主义的唯物史观。因为马克思主义的最本质的东西，就是'具体地分析具体的情况'，它反对一切先验的、主观臆造的模式。"② 考察辛亥革命的性质不能完全以英法资产阶级革命作为参照模式，因为它发生在距英法资产阶级革命一两百年以上的古老东方帝国，具有独特的时代和社会背景，也具有自身的特点。当时的革命者从表面上看绝大多数确实不是资本家，而是知识分子，但对于政治界和思想界的代表人物，不能简单地按家庭出身来划分阶级属性，应该

① 章开沅：《关于改进研究中国资产阶级方法的若干意见》，《历史研究》1983 年第 5 期，第 18 页。
② 章开沅：《就辛亥革命性质问题答台北学者》，《近代史研究》1983 年第 1 期，第 175 - 176 页。

着重分析他们的言论和行动代表哪个阶级的利益，反映哪个阶层的愿望。就此而言，辛亥时期的这些革命者显然是资产阶级的政治代表和代言人。

针对中国台湾地区与外国学者所说的辛亥革命时期资产阶级仍非常弱小，没有形成一股阶级力量，不足以决定辛亥革命是一场资产阶级革命的说法，章开沅先生则用大量史实以及国内近代史学界的相关最新成果，充分说明在 20 世纪初的中国已经“有一个资产阶级存在着，活动着，在社会生活的各个领域，都可以感受到它的影响”。由于在此之前国内近代史学界对资产阶级主体，亦即狭义概念的资产阶级的研究确实比较薄弱，因而对工商业资本家组织的社团，亦即商会、商团等进行深入考察，就更显得意义重大并且尤为迫切。为此，章开沅先生又一次强调开展商会史研究对于探讨资产阶级具体发展状况和辛亥革命性质的重要性，并具体指出：“1904 年以后各地商会的先后建立，可以看作中国资产阶级已经形成为一支独立的阶级队伍的重要标志。1905 年以后，资产阶级之所以能在历次反帝爱国运动中显示越来越大的活动能量，是与他们有了商会这个纽带和基地分不开的。……商会成立以后，资产阶级方才有了真正属于自己的社团，有了为本阶级利益说话办事的地方，从此不再是以个人或落后的行帮形象，而是以新式社团法人的姿态与官府或其他社会势力相周旋。”① 这段文字虽然不长，但却将商会在清末所产生的重要作用与影响展现得淋漓尽致。

可以说，章开沅先生对于辛亥革命史和资产阶级研究的视野、理论与方法等重要问题一直没有停止思考，并不断提出极具启迪和指导意义的新见解。例如他后来还曾阐明辛亥革命史和资产阶级的研究必须注重“上下延伸”和“横向会通”，具体是指在综合与专题研究中“努力向上下延伸和横向会通，即不仅要把辛亥革命放在中国几千年文明史长河中，而且要放在世界各国资产阶级革命总范畴中，做切实深

① 章开沅：《就辛亥革命性质问题答台北学者》，《近代史研究》1983 年第 1 期，第 173－174 页。

入的研究与相应的理论探索”。[①] 特别是章开沅先生对于开展商会史研究的反复倡导与呼吁，显示出极为敏锐的学术洞察力与前瞻性，对其后商会史研究的迅速兴起与发展产生了不可或缺的重要推动作用。

20 世纪 80 年代初，章开沅先生不仅从视野、理论与方法的高度呼吁开创商会史这一新的研究领域，而且还在推进商会档案的整理与出版方面也做出了重要贡献。改革开放之初，章先生为从事辛亥革命与江浙资产阶级这一课题的研究，于 1980 年冬赴江苏和浙江两省查阅相关史料，在苏州市档案馆发现该馆完好保存着苏州商会自 1905 年成立到 20 世纪 50 年代初的全部档案，只是因为没有整理，暂时无法对外开放提供给研究者阅览。这对于一直倡导研究商会的章开沅先生来说，无疑是一个极大的喜讯。他立即向档案局（馆）领导说明了苏州商会档案对于辛亥革命和中国近现代史研究的重要性，并主动提出由华中师范大学近代史研究所与苏州市档案馆密切合作，共同整理编辑并分期出版卷帙浩繁的苏州商会档案，苏州市档案馆领导欣然表示同意。1982 年初，笔者与大学同班的马敏学兄于本科毕业后一起考取章开沅先生的研究生，当年即经由章开沅先生安排，在刘望龄、唐文权两位老师的带领下先后两次前往苏州市档案馆参与了这项重要工作，不仅笔者后来的学位论文是以近代商会为题，而且还因此与商会史研究结下了终身难解之缘。马敏曾经回忆说：“一到苏州，我们顾不得舟车劳顿，也来不及观光慕名已久的古城绮丽风光与园林名胜，即投入了紧张的整理和编辑工作，夜以继日，剔抉爬梳于汗牛充栋的档案文献中。此间极其丰富的历史文献收藏使我们两个刚刚踏入学术殿堂的年轻学人眼界大开，简直有些乐而忘返了。”[②]

随着系统而完整的苏州商会和天津商会档案相继出版，开始有更多学者关注并加入到中国近代商会史研究的行列，其中还包括一部分海外学者。于是，在 20 世纪 80 年代中后期商会史研究迅速发展成为

① 章开沅：《辛亥革命史研究如何深入》，《近代史研究》1984 年第 5 期，第 116 页。
② 章开沅：《前言》，载马敏、朱英：《传统与近代的二重变奏——晚清苏州商会个案研究》，巴蜀书社，1993，第 1 页。

辛亥革命史乃至中国近代史研究中的一个分支领域。尤其是华中师范大学有不少中青年学者在章开沅先生的率领之下，先后加入到潜心致力于商会史研究的队伍之中，形成了一个研究商会史的重要团队，取得了一批又一批重要研究成果，并成立了中国商会史研究中心，被海内外近代史学界誉为国内商会史研究的重镇。

时光流逝，岁月如梭。如今30多年已经过去，章开沅先生现在已是耄耋老人，年龄高达94岁；当年参加苏州商会档案整理编辑工作的我们，那时风华正茂、朝气勃勃，现在也已年过花甲。今天我们回顾商会史研究的兴起历程，并非悲观地感慨逝去的无情时光与岁月年轮，而是格外地庆幸我们当初能够在导师的引领之下步入商会史这一新的研究领域，同时也更惊叹于我们的业师章开沅先生理论素养之厚实、研究视野之开阔、研究方法之完备。类似章开沅先生这样的老一辈优秀学者，大都具有深厚扎实的马克思主义理论根底，一贯重视马克思主义理论与方法的运用，同时也能够与时俱进，善于吸收、借鉴其他各种科学的理论与方法，因而研究视野也更加开阔。如上所述，章开沅先生正是根据马克思主义理论与方法，意识到考察社会环境和阶级、阶层、集团（团体）分析的重要作用，反复呼吁近代史学界应该大力开展对商会、商团等资产阶级社会团体的研究。难能可贵的是，在新的历史时期，由于受各种因素的影响，“有些史学工作者对马克思主义产生了怀疑，甚至要与马克思主义保持距离，而章先生一直坚持马克思主义，他从来就自称自己是马克思主义史学家，即使是到国外讲学也从不隐讳自己的马克思主义史学观”①。与此同时，章开沅先生还十分重视原生态史料的挖掘与整理，推动苏州商会档案得以出版问世，为商会史研究创造了极为有利的客观条件。可以说，倡导商会史研究是20世纪80年代初章开沅先生的一大学术夙愿。如果当时没有章开沅先生的反复呼吁和倡导，就不会有商会史研究的迅速兴起与发展。

---

① 王玉德：《章开沅先生的史学思想》，载《章开沅学术与人生》，华中师范大学出版社，2011，第152页。

其实，章开沅先生早在“文化大革命”之前即有开展商会史研究的初步设想。据章开沅先生回忆，1964 年春他参与筹备“中国近代社会历史调查研究委员会”计议中的有关资产阶级调查项目，随同杨东莼先生①、邵循正先生前往天津，了解到天津市档案馆收藏有天津商会的档案，即敏锐地意识到该档案对于研究资产阶级与资本集团的重要作用。但由于当时受到各种政治运动的影响，商会史研究难以付诸实施，“文化大革命”爆发后这一计划更只能束之高阁。直至“文化大革命”结束科学的春天到来，章开沅先生才又大力呼吁开展商会史研究。20 世纪 90 年代初马敏与笔者合著的《传统与近代的二重变奏——晚清苏州商会个案研究》出版问世，章开沅先生在该书序言中十分感慨地说：“马敏与朱英都是我‘文革’以后的学生与同事，但他们从事的商会研究，却是我‘文革’以前即已着手筹划却终于被迫中辍的课题。因此，他们合著的《传统与近代的二重变奏——晚清苏州商会个案研究》得以出版，帮助我了却了一桩多年未了的宿愿。”② 我们为能够实现先生多年未了的夙愿当然深感荣幸与自豪，但没有先生的远见卓识与直接引领，当年懵懵懂懂对商会一无所知的我们也不会自觉地意识到商会史研究的重要意义而步入这一新的研究领域。抚今追昔，感慨万千，真是千言万语也难以表达内心的情感。

2. 视野、理论、方法之全面拓展

就一般情况而言，一个很有学术价值的新研究课题或者新研究领域，由于是对过去极缺乏探讨的重要新研究对象进行考察和分析，很自然地会具有新课题、新史料、新观点等一系列引人瞩目的特点，因

---

① 杨东莼，又名杨人杞，湖南醴陵人。新中国建立后曾担任广西大学校长、华中师范学院院长、国务院副秘书长、中央文史研究馆馆长等职。中国近现代杰出的马克思主义学者，著名历史学家、翻译家、教育家和社会活动家。曾出版《中国学术史讲话》《开明新编高级本国史》《中国文化史大纲》等著作，译著有《费尔巴哈论》《古代社会》等。

② 章开沅：《序言》，载马敏、朱英：《传统与近代的二重变奏——晚清苏州商会个案研究》，第 1 页。

此常常比较容易引起学术界的重视与关注。20 世纪 80 年代中期商会史研究兴起之后，很快即呈现出以上所说的这种情况。特别是在当时海内外近代史研究者普遍关注辛亥革命史与资产阶级研究，并且对辛亥革命性质与资产阶级发展程度存在明显争议的特定学术语境之下，新兴的商会史研究可谓应运而出，正好能够在很大程度上对这些争议提供较为令人信服的新史料与新观点，所以受到近代史学界的格外关注与好评，也呈现出更好的发展势头。然而，一个新的研究课题或研究领域尽管在诞生之初受到重视与好评，但如果相关研究者只是满足于一时获得的赞誉，不从视野、理论与方法等方面不断进行新的探索，也仍然难以使该研究领域保持良好的持续发展态势，甚至有可能只是昙花一现，随着时间的推移而逐渐被人遗忘。商会史研究之所以在近 30 多年来的各个发展阶段不断有值得重视的新成果问世，正是相关研究者在视野、理论与方法等方面不断探索的结果，这种探索不仅使商会史研究日益拓展深化，而且对于促进整个中国近代史研究的发展也发挥了积极的作用与影响。

前文一再强调，商会史研究的兴起对辛亥革命史与资产阶级研究的深入发展发挥了重要的作用，受到近代史学界的重视与好评。但不可否认，商会史研究在初期的起步阶段，主要只是附属于辛亥革命史的一个分支领域，缺乏更为开阔广泛的研究视野，所使用的研究范式也主要是比较单一的政治史或曰革命史模式，并且多以商会的政治态度和行动作为评价其是否保守软弱的标准，这无疑存在着较为明显的不足。因此，在商会史研究进行了 10 多年之后，即有学者开始反思初期阶段商会史研究在视野及方法等方面存在的缺陷。2001 年，当时尚属青年学者的冯筱才发表了《中国商会史研究之回顾与反思》一文，指出："早期中国商会史研究主要是作为辛亥革命史研究的一个新兴领域被开拓的，商会成为对资产阶级进行集团分析的一个标本，而分析的动机多出于更加清晰地了解资产阶级的政治动向，所以时段上、价值取向上均有鲜明的时代特色。"此外，该文还分析了以往研究商会使用较多的"选精法与集粹法""演义法""'理想范型'与价值判断"

"静止、孤立的分析""总体论的倾向"等研究方法存在的不足。[①] 稍后，马敏也撰文阐明早期的商会史研究在政治史范式的指导下，呈现出较为明显的两个情结：一是"资产阶级情结"，即回应西方学者认为中国近代并无资产阶级的论断；二是"革命情结"，即通过商会的表现来证明辛亥革命的性质就是资产阶级革命。"这两个情结导致商会研究的早期兴奋点实际是政治性的，是一种政治性的关怀。……它常常使我们在关心政治性问题的同时忽略了历史的其它方面，不能完全实现'由革命转向社会'的初衷。"[②] 回过头看，早期商会史研究的这些缺陷还是较为明显的。

比较耐人寻味的是，商会史研究的兴起原本是20世纪80年代在辛亥革命史和资产阶级研究的过程中，为寻求扩大研究视野和改善研究方法的产物，结果初期阶段的商会史研究自身也陷入了研究视野狭窄和方法单一的窠臼。辩证法的基本原理在辛亥革命史研究与商会史研究两者之间再次得到充分体现，商会史研究的兴起在当时明显拓宽了辛亥革命史的研究视野，使辛亥革命史和资产阶级研究得到深化与发展，但受此影响，初期的商会史研究视野却又显得较为狭窄，变成了辛亥革命史研究的一个分支领域。由此也造成了一个值得令人深思的结果，就是商会作为一个研究对象无疑是全新的，因为过去在这方面的研究基本上是空白，但商会研究的问题意识却是陈旧的，即主要是为了回应当时海外学者提出的挑战性学术观点，论证中国近代资产阶级已经产生以及辛亥革命是一场资产阶级性质的革命，这似乎给人一种新瓶装旧酒的感觉。虽然早期商会史研究中这一缺陷的出现，在很大程度上是受到这一新研究领域产生的学术背景及特殊缘由的影响，也可以说受到一定客观因素的制约，但现在看来，主要还是当时我们这些中青年研究者的主观认识出现了偏差。其实，章开沅先生在倡导开展商会史研究的过程中，就曾经反复阐明商会的作用与影响并不限

① 冯筱才：《中国商会史研究之回顾与反思》，《历史研究》2001年第5期，第158页。

② 马敏：《商会史研究与新史学范式转换》，《华中师范大学学报（人文社会科学版）》2003年第5期，第12页。

于政治领域，而是在社会生活的许多方面都有明显体现，这实际上已经提示我们对商会史的研究不能仅仅限于单一视野的政治史模式。但是，我们当时对这些提示并没有真正领会透彻并且给予充分重视，因此也就难免出现同样的偏差。

很显然，经历了初期阶段的商会史研究如果不能在视野、理论和方法上有所突破，极有可能伴随着辛亥革命史研究的热潮逐渐消退而淡化，致使附属于辛亥革命史的商会史研究很快也将会陷入沉寂。从另一角度讲，经历了初期起步阶段的商会史研究，如欲获得进一步发展就必须在走出附属于辛亥革命史的商会史研究上苦下功夫，努力使商会史真正成为中国近代史研究中一个相对独立的研究领域。而要做到这一点，唯有通过扩大研究视野以及在新理论方法的运用等方面寻求突破，恰逢此时中国早期现代化研究及其理论方法在国内兴起，对新时期商会史研究的突破产生了重要影响。

20 世纪 80 年代后期，中国早期现代化（当时也称“近代化”）研究在国内史学界逐渐受到重视。此项研究对新时期的中国学术界而言，可以说是历史学与其他多种学科交叉的一个新研究领域。具体来说，中国早期现代化研究的开拓与兴起，主要得力于罗荣渠和章开沅两位先生的大力倡导与身体力行的开创性研究。已故的罗荣渠先生运用马克思主义现代化理论，相继撰写出版《现代化新论——世界与中国的现代化进程》《现代化新论续篇——东亚与中国的现代化进程》两部产生广泛影响的学术专著，并主编《各国现代化比较研究》《中国现代化历程的探索》《东亚现代化：新模式与新经验》等多部著作。特别是罗荣渠先生在深入理解和分析马克思对世界历史的具体论述之后，论证马克思的历史发展观是多线的而不是单线的，进而提出了具有重要启迪意义的“一元多线历史发展观”，并在此基础上对中国现代化的道路及模式进行了深入探讨。章开沅先生在 80 年代后期主编有“中外近代化比较研究丛书”（共计 7 本）和《比较中的审视：中国早期现代化研究》（与罗福惠共同主编），并出版专著《离异与回归——传统文化与近代化关系试析》，对中国早期现代化研究也提出了一系列独到的见解。

饶有趣味的是，当时国内史学界在无形之中出现了南北两个致力于中国早期现代化研究的团队，并且遥相呼应，各自形成了自己的研究风格与特点。罗荣渠先生领导的北京大学团队承担了国家社会科学“七五”规划课题“世界现代化进程研究”，章开沅先生率领的华中师范大学团队同时也承担了国家课题“中外近代化比较研究”。这两个团队各自具有世界近现代史和中国近现代史的学术背景，而且前期相关研究基础的积累都十分雄厚，“前者由世界看中国，后者由中国看世界，正好可以互相参照，互相补充”。关于现代化理论之用于历史研究，罗荣渠先生曾做过全面阐述。他指出：“人们通常都以为现代化是由西方资产阶级提出的理论，其实，早在一百多年以前，马克思在《资本论》第一卷第一版序言中就表述了这一思想。”不仅如此，“西方学者承认他们关于工业革命和现代化的概念中的一些基本思想借自马克思的思想”。[①] 罗荣渠先生还进一步提出“中国社会科学界有必要在发展中的历史唯物主义的客观指导下，归纳和总结马克思逝世一个世纪以来的丰富历史经验，建立起自己的一套研究现代发展问题的综合理论架构”，亦即“建立现代化研究的中国学派”。[②]

罗荣渠和章开沅两位先生依据马克思主义理论开创的中国早期现代化研究，在当时的历史条件下不仅进一步拓宽了中国近现代史研究的视野，极大地丰富了中国近现代史研究的内容，而且也为正在寻求商会史研究突破点的学者们提供了一个很好的参照与借鉴。于是，在20世纪80年代末和90年代初，开始有学者尝试将现代化理论与方法运用于商会史研究之中。经过数年的辛勤耕耘之后，均取得了较为明显的成绩，相关成果不仅有一批专题研究论文，而且还出版了新的商会史研究专著。其中，1993年由上海人民出版社出版的虞和平《商会与中国早期现代化》一书，称得上是现代化范式下商会史研究的代表作。

① 罗荣渠：《现代化理论与历史研究》，《历史研究》1986年第3期，第28、32页。
② 罗荣渠：《建立马克思主义的现代化理论的初步探索》，《中国社会科学》1988年第1期，第24页。

虞和平在该书“前言”中指出：“无论从理论逻辑出发，还是从本书将要谈到的历史事实出发，都可以说明商会是中国早期现代化的一个主要承担者。如果把商会放到中国早期现代过程中加以研究，那么无论是对商会本身的研究，还是对早期现代化的研究，或是对资产阶级的研究，都将会产生一种‘柳暗花明又一村’的感觉。”这段话所揭示的正是以现代化理论框架研究商会的意义所在。对此，虞和平还进一步特别强调了以往商会史研究中仅注重商会的资产阶级属性，而对商会作为社会团体的属性与功能注意不够的偏向，认为商会同样也具有一切社会团体所具备的社会整合功能。商会在早期现代化过程中所发挥的功能和作用主要有两个方面，“一是促进资产阶级本身的现代化——从分化到整合；二是促进经济与政治的现代化——资本主义工业化和民主化。因此，对商会的研究，除了已有的领域与方法之外，还应开辟与其现代化功能相应的领域和采用相应的方法。运用现代化理论把商会与中国早期现代化结合起来进行研究，或许可以更为确切而全面地说明商会在近代中国历史中的地位和作用”①。

中国早期现代化理论框架下的商会史研究，考察视野较之前明显扩大，问题意识也较为新颖，更重要的是使商会史开始逐渐摆脱依附于辛亥革命史研究体系的从属地位，发展成为中国近代史研究中一个相对独立的重要研究领域。因此，其作用是显而易见的。

简而言之，它首先是促使史学界对商会本身的考察和研究，不再像此前那样局限于较为单一的政治分析，而是在原有政治史和革命史范式的基础上，对商会进行更为全面深入的细致探讨，从而使商会史研究得到拓展和深化。罗荣渠和章开沅先生都曾强调，现代化研究范式并不否定革命史范式，也不是要取代政治史范式，而是对革命史和政治史范式的一种补充，帮助我们从更多的不同角度了解中国近现代史的发展状况，丰富我们对中国历史发展规律与特点的认识。现代化理论框架下的商会史研究同样也是如此。例如现代化理论强调社会各

① 虞和平：《商会与中国早期现代化》，上海人民出版社，1993，“前言”第2页。

系统之间的互相联系、连贯的整体性与协调的发展，就对新商会史研究具有很大的启示与帮助。“它促使我们以系统、整体和发展的观点去看待商会组织，而不是孤立、割裂地看待它们。同过去单纯就商会谈商会不同，新的研究往往从商会的组织系统、商会与社会的关系中去把握商会的性质与功能，除研究总会、分会和分所组成的商会本体组织系统外，也研究商会与商团、商学会、教育会、救火会、市民公社、农会等新式社团组织的相互关系，极大地拓宽了研究视野，丰富了研究的内容。”① 马敏与笔者合著的《传统与近代的二重变奏——晚清苏州商会个案研究》一书，在第二章即用很大的篇幅较全面地论述了广义范畴的苏州商会组织系统，包括其本体系统——商务总会、商务分会、商务分所；从属系统——苏商体育会、市民公社；协作系统——商会与教育会、农会等其他新式社团。虞和平的《商会与中国早期现代化》这部著作的论述更为全面，章开沅先生在为该著作所写的序言中强调指出：“本书堪称通论性的商会研究专著，因为它不仅探讨了商会发展的全部历史过程，探讨了商会的内部关系，而且也探讨了商会的外部关系，探讨了商会的功能与作用。特别可贵的是，它不仅从社会结构与社会生活的各个层面来考察、剖析商会，而且把中国商会放在更为广阔的世界范围中来加以观照。”② 这种新的研究视野显然使商会史的研究内容更为丰富，也更为全面。

其次是推动史学界加强了对商会与社会各方面关系的深入考察，并透过商会对一系列重要的相关问题进行实证研究，包括民族化与现代化、传统与近代、东方与西方、政治与经济、商会与近代社会变迁等。例如虞和平《商会与中国早期现代化》一书分为上编和下编两大部分，上编主要探讨商会的产生、发展、组织结构，以及对资产阶级从行业性整合到区域性整合，再到全国性整合并走向世界的重要影响及其整个发展历程；下编则分别论述商会与资本主义经济的发展、商

① 马敏：《商会史研究与新史学范式转换》，《华中师范大学学报（人文社会科学版）》2003 年第 5 期，第 14 页。

② 章开沅：《序言》，载虞和平：《商会与中国早期现代化》，第 2 页。

会与资产阶级的政治参与、商会与资产阶级独立民族运动等相关内容。不难发现，在现代化分析框架之下的商会史研究，探讨的具体内容更为宽泛，涉及西方商会对中国商会诞生的影响，亦即所谓东方与西方的复杂关系；作为类似中国这样半殖民地半封建社会落后国家的早期现代化，与西方多数国家现代化所不同的是民族独立运动成为其中一项重要内容，商会与资产阶级则是这一运动的重要力量；商会的经济功能以及对中国早期经济现代化的重要影响，成为重点考察与研究的主要内容；与此相关的内容，还涉及商会参与商政，也即与政府之间的复杂互动关系。另外，早期现代化视野下的商会史研究，又涉及新式商会与原有行会之间的关系，即传统与现代的关系。虞和平的《商会与中国早期现代化》和同期出版的马敏与笔者合著的《传统与近代的二重变奏——晚清苏州商会个案研究》两部著作，都以相当的篇幅对这一问题进行了较详细的论述，随后还在商会以及商人团体史研究者中引发了一些讨论，使我们对中国早期现代化进程中传统与现代既二元对立又融合互补的关系有了某些新的认识。

由上可知，现代化的视野、理论与方法的运用，在商会史研究中引入新的视野和新的问题意识，推动商会史的研究发展到一个至关重要的转折时期，对于丰富、拓展商会史研究确实产生了重要的作用与影响。特别是对于促进商会史从附属于辛亥革命史的一个部分发展成为一个相对独立的中国近代史研究中的重要领域，影响尤为突出。但是，现代化的分析框架也并非能够穷尽整个商会史研究的方方面面，而且这一分析框架自身也存在某些局限，甚至可以说在给新的商会史研究带来生机的同时又有一定的其他影响。例如在论证商会的现代性时，常常会不自觉地以西方的商会作为某种“理想型”的模式，从而忽略了诞生于中国本土情境下的中国商会的某些特点，其实在这方面章开沅先生早在分析中国资产阶级研究缺陷时即已提醒我们应该注意避免，但时隔多年我们却仍然在商会史研究中重蹈覆辙。正如马敏曾指出的那样：“现代化范式实际是一把双刃剑，它既带给我们锐利的理论分析的锋芒，但同时又带来若干理想化、简约化或结论先行的偏见，关键在于如何去运用这种利弊皆明的理论模式。”[1] 在此情况下，商会史研究在原有基础上的进一步拓展与深化，除了更为全面准确地运用现代化理论与方法，避免出现偏差之外，还需要在视野、理论和方法上做出新的探索。

20 世纪 90 年代，公共领域和市民社会（又称公民社会）开始成为国内学术界讨论的一个话题。如所周知，市民社会的理论与方法源于西方，一般都认为较早是由德国学者哈贝马斯将其运用于分析欧洲近代社会的转型与变迁而引起关注，随后不断发展成为一种有影响的理论分析框架。其实，马克思和恩格斯对市民社会（中译文马克思著作有时译作资产阶级社会）问题也曾有过较多的论述。尤其是马克思不仅阐明了市民社会的发展规律，揭示了市民社会与政治国家的关系，而且通过研究市民社会与政治社会（政治国家）的相互关系，建立了历史唯物主义的理论体系，对后来的哈贝马斯等西方左翼思想家的市民社会理论也产生了一定影响。[2] 20 世纪 90 年代，西方学术界尤其是美国研究中国近代史的学者将公共领域和市民社会用于分析明清至近代中国的发展变化，其中有些学者认为中国近代也曾出现类似的公共领域和市民社会，但也有些学者对此提出了否定意见，持不同观点的学者各抒己见，讨论甚至争议，一时间颇为引人瞩目。

市民社会理论与方法也给商会史研究提供了一个新的研究视野，于是又开始有部分学者从这一新角度对商会进行新探讨。章开沅先生曾经指出这一新探讨的学术意义：“西方学者对于‘市民社会’、‘公共领域’的讨论，可以促使我们从固有的‘线索’‘分期’‘高潮’‘事件’等空泛化的格局中解脱出来，认真研究中国走出中世纪并向现代社会转型的曲折而又复杂的历史过程，现代化的主要载体及其如何产生、演变，以及它的活动空间与活动方式等等。如果我们不花大力

---

① 马敏：《商会史研究与新史学范式转换》，《华中师范大学学报（人文社会科学版）》2003 年第 5 期，第 15 页。

② 对马克思市民社会理论的详细论述，参见俞可平《马克思的市民社会理论及其历史地位》，《中国社会科学》1993 年第 4 期。

气做这种扎扎实实的研究，却单纯跟在西方学者后面，从概念到概念地争论中国有无'市民社会'、'公共领域'，那就是舍本逐末，从土教条主义转向洋教条主义。"①

马敏与笔者合著的《传统与近代的二重变奏——晚清苏州商会个案研究》一书，是国内较早做出此一尝试的研究成果之一。该书的前言特别说明，当时的国际学术界对中国近代市民社会的发育程度极为关注，成为许多学者研究、讨论的热点。"在我们看来，弄清楚近代商会组织的实际运行情况，尤其是商会与行会组织和其他新式社团之间的关系，可能是解决这一问题的关键。"通过对苏州商会的翔实考察与研究，该书阐明清末商会组织已经把自己的影响力渗透到城市社会生活的各个领域，其具体方式是以商会为核心，众多民间社会组织纵横交错，形成一个官府以外的在野城市权力网络，控制了相当一部分市政建设权、司法审理权、民政管理权、公益事业管理权、社会治安权以及工商、文教、卫生等多方面的管理权，在很大程度上左右着城市经济和社会生活。如果不拘泥于字面意义，完全可以将此在野城市权力网络称为市民社会的雏形，其背后的推动者则是新兴的近代资产阶级。马敏又在其专著《官商之间：社会剧变中的近代绅商》中，以较多的篇幅从绅商论及商会问题，并进一步说明："20世纪初晚清城市公共领域在很大程度上已不同于先前传统的公共领域，其间已隐含着某种体制意义的变化，在许多方面它是可以和哈贝马斯所揭示的欧洲资产阶级初现时期的'公共领域'相提并论的。"伴随着城市公共领域这种具有体制意义的变革，某种更复杂的社会机体自组织过程也随之开始出现，其结果是形成国家权力机关之外的以商会为核心的社会权力体系——在野市政权力网络，实质上即是市民社会的雏形。②

1997年，笔者出版的《转型时期的社会与国家——以近代中国商会为主体的历史透视》，也是运用市民社会理论与方法集中探讨商会的

---

① 章开沅：《序》，载马敏《官商之间：社会剧变中的近代绅商》，天津人民出版社，1995，第2页。

② 马敏：《官商之间：社会剧变中的近代绅商》。该书第五章"独立社会之起点"有一小节题为"市民社会的雏形"，专门对这一问题进行了论述。

一部学术著作。拙著主要阐明在清末至民初的重要转型时期，近代中国的“社会”与“国家”均出现了前所未有的发展变化，而且相互之间一度建立了某种新型互动关系，对近代中国从传统社会向近代社会的演变产生了不容忽视的深刻影响。在清末诞生的商会虽仍在某些方面保留了传统色彩，但其契约性自治规则、近代民主原则，以及相对独立的经济职能、“司法”职能、政治活动、报刊舆论工具等，也明显反映出不同于传统旧式商人组织的近代特征，集中体现了近代中国民间社会的新发展；而商会之所以能够诞生并具备这些自治权利，又与清末民初国家推行的改革举措，尤其是对民间社团的大力扶植与支持密不可分，从中也不难看出这一时期“国家”的重要改变与影响。“国家”与“社会”的良性互动，使得近代中国在民族危机不断加深的历史条件下，民族资本主义仍获得初步发展，政治改良也提上议事日程，尤其引人瞩目的是出现了民间社会发展的“黄金时代”，甚至依稀可见近代市民社会的雏形。但令人遗憾的是，这种良性互动关系未能长期维持，加之民间社会自身存在种种难以克服的缺陷，导致近代中国始终无法孕育出成熟的市民社会，也无从根本改变一以贯之的强国家、弱社会这种结构性特征，更难以使近代中国走上独立富强的发展之路。

运用市民社会理论与方法探讨商会所取得的新成果，在当时的学术界引起了一定的重视与好评。有学者指出：“运用公共领域和市民社会的理论框架对中国近代史做实证研究和探讨，主要在商会史研究的丰富史料和大量成果的基础上，以本身在这方面的深厚功底论证具有中国历史特色的近代中国‘公共领域’或‘市民社会’，循此途径从事研究的学者可称之为‘商会派’或‘实证派’，以马敏、朱英等人为代表。”此外，与市民社会研究的“文化派”相比较，“由于‘商会派’走的是实证史学的路子，功夫扎实，论证有力，‘中国特色’鲜明，已在这一学术领域中占据主导地位”①。还有学者说明运用市民社

① 张志东：《中国学者关于近代中国市民社会问题的研究：现状与思考》，《近代史研究》1998 年第 2 期，第 296－297 页。

会理论使商会和近代中国市民社会两个重要问题都取得了值得重视的成果，“朱英、马敏在上述著作及相关论文中，通过对商会的具体考察，论证了中国近代市民社会的存在及其特点。他们的研究超越了考察商会的性质和作用的一般套路，使人们从这个熟悉了多年的社会团体中，发现其内蕴着多种与欧洲资本主义曙光初现时相仿佛的社会因素。他们的研究得到学术界的认同，不仅是历史学界，一些当代中国社会学的学者，当他们从历史上寻找曾经存在的市民社会时，多举近代商会为例”①。

概而言之，当时的我们之所以将市民社会理论与方法运用于探究商会，主要出于两个目的。其一，是希望借助市民社会理论与方法为商会史研究提供一个新的研究视角，形成新的问题意识，从而推动商会史研究朝着更深更广的方向拓展深化。前已述及，现代化理论与方法的运用帮助商会史从附属于辛亥革命史的一部分发展成为一个相对独立的中国近代史研究领域，使商会史研究向前迈进了一大步。但现代化理论与方法自身也存在某些局限，并不能解决商会史研究中的所有问题，而且学术研究也需要理论与方法的不断创新，不间断地做出新的探讨与尝试，这样才能促使商会史研究不断深化。将市民社会理论与方法运用于商会研究就是一个具体的尝试，并且取得了明显的效果。其二，将市民社会理论与方法运用于商会史研究，也是为了通过对商会进行新的实证考察与分析，取得中国学者有关市民社会的研究成果，来回应西方学者关于中国近代市民社会研究中提出的问题与争议，同时也以此将商会史研究的学术价值及其意义在原有基础上再提升一个层次。当时，在这方面也确实产生了一定的实际成效。有学者即认为：“10 年来，对市民社会研究最深入的是商会，做出成绩的代表人物是朱英、马敏。”在此之前，美国学者已经发表了中国历史上存在市民社会的观点，但他们用以证明中国历史上存在市民社会的论据，大多是中国传统社会的旧式社团。“中国学者可以凭直觉认识到，市民

---

① 闵杰：《近代中国市民社会研究 10 年回顾》，《史林》2005 年第 1 期，第 43 页。

社会是近代社会的产物，主要应该体现在近代社团中；以明清时期行会组织和慈善机构一类公共团体的扩张，来论证存在一个蕴含近代变革意义的市民社会是不能令人信服的，但他们一时拿不出确凿的论据。朱英、马敏的商会研究做到了这一点。”①

但是，将市民社会理论与方法运用于商会史研究同样也存在某些缺陷。其中一个争议较大的焦点，是因为无论就理论框架还是经验事实而言，市民社会都是来源于西方，而且迄至当代西方的市民社会理论本身已极为庞杂，这种用于研究西方社会的复杂理论体系是否适用于分析近代中国，这一尝试是否存在比较明显的功利性与目的论，曾有一些学者提出了质疑，甚至美国学者对此也有截然不同的看法。尽管我们已经非常小心谨慎地避免简单地套用市民社会理论，力图防止削足适履的弊端，一再阐明以清末民初中国商会与其他商办社会团体为代表而产生的市民社会雏形具有自身突出的特点。其中尤其显著的一大特点乃是近代中国商会的诞生及其功能和作用的运作，并不像西方市民社会那样主要是扮演制衡国家的重要角色，而是更多地与政府或国家形成一种中国历史上前所未有的良性互动关系。但即使如此，也仍然很难令人完全信服地阐述清楚市民社会理论的适用限度问题。关于公共领域和市民社会这两个概念，在我们的研究中也没有对其差异及其联系进行准确细致的阐述，容易给人造成混为一谈的感觉。

另外，仅以商会或是与商会关系密切的商人社团组织作为研究对象，考察近代中国是否存在市民社会这样一个综合性的重大问题，显然也是远远不够的。闵杰提出对近代中国市民社会“这个历史实体的研究，至少应该包括三方面的内容：社会阶层、社会团体、社会运动。三者是一个紧密联系的整体”②。但实际情况却只是对以商会为代表的商人社会团体的研究比较充分，对其他众多社会团体则研究较少；对社会阶层的探讨主要也只限于绅商，对其他阶层也缺乏研究；从社会运动角度则更少有考察分析，这显然很不全面。还有学者指出，探讨

①② 闵杰：《近代中国市民社会研究10年回顾》，《史林》2005年第1期，第44、45、48页。

近代中国市民社会的“商会派”虽然相对较为务实，“更重视史实的归纳和演绎，在此基础上进而提出中国学者‘自己的’近代中国市民社会或公共领域的理论模式”。不过需要注意的是，近代中国的商会虽然是最具代表性的市民社会组织，“商会派”学者“在研究中首先抓住这个最佳的切入点，提出了一些富有创意的新见解，其贡献是不容抹煞的。但近代中国市民社会毕竟是一个庞大而复杂的社会体系，商会只是其中的一环，如果过分耽溺商会与市民社会的学术课题，便很容易导致片面的学术成果，甚至给人以‘商会就是市民社会’的错觉，把近代中国的商会等同于、混同于市民社会。因此，不能因为对商会的研究而忽视对市民社会其他环节的研究，要避免近代中国市民社会研究中可能出现的‘商会中心主义’倾向”①。

由于上述原因以及出于其他方面的考虑，故马敏和笔者后来都很少再用市民社会理论与方法继续探讨商会。但我们通过尝试这一探索性研究仍得到一些启发，尤其笔者对马克思市民社会理论中关于市民社会与政治社会（政治国家）相互关系的论述，印象极为深刻，体会到“国家与社会”这一分析框架仍然不失为一个新的研究视野，它可以帮助我们对中国近代历史发展进行一些新的考察和分析，而且已有一部分学者开始做出实证性的专题研究，取得了值得重视的新成果。到2006年，笔者在《江苏社会科学》第4期发表《近代中国的“社会与国家”：研究回顾与思考》一文，阐明“在具体研究近代中国问题时使用‘社会与国家’或是‘国家与社会’的提法，也许较诸‘市民社会’或‘公共领域’更为稳妥和合适”。从实际情况看，以“社会与国家”这一新的理论框架从事近代中国专题研究的成果也已越来越多，“并且涉及近代中国历史的其他许多领域，甚至也不仅仅限于中国近代史研究，包括中国古代史研究也开始有了类似的尝试”。现在看来，仍需要注意的是“社会”与“国家”的边界问题，因为在中国近代特殊

① 张志东：《中国学者关于近代中国市民社会问题的研究：现状与思考》，《近代史研究》1998年第2期，第304页。

的历史条件下，“社会”与“国家”的边界划分有时并非十分清晰，常常是你中有我、我中有你，这就要求研究者不能以类似截然两分法的简单思维方式看待“社会”与“国家”，否则将很难准确地把握“社会”与“国家”的发展演变及其互动关系。

3. 商会史研究启示与展望

学术研究贵在创新，而运用新的理论与方法正是学术创新的一种有益尝试。近30多年的商会史研究能够持续拓展深化的历程表明，努力扩大研究视野，不断尝试新的研究理论与方法，在其中产生了不可或缺的重要作用与影响。① 具体来说，商会史研究的兴起，即是老一辈学者在辛亥革命与资产阶级研究中探讨新视野和新方法的结果；使商会史研究从附属于辛亥革命史的一个部分发展成为中国近代史研究中的一个重要独立领域，对商会的政治、经济与社会功能进行更为全面的探讨，主要得益于运用现代化理论与方法；继而又从“国家与社会”这一新视角考察和分析商会，对商会的产生、发展、作用，以及国家与社会的发展演变和互动关系获得了新认识，则主要是运用公共领域、市民社会理论与方法的结果，这一尝试不仅推进了商会史研究的深化，而且还使“国家与社会”这一理论分析框架逐渐运用于中国近代史研究的更多领域，产生了更加广泛的影响。

但是，现今回顾和总结近30多年商会史研究的学术发展史，也可以从中获得另外一些经验甚至是教训。从运用新理论与新方法探讨商会史的整个历程不难看出，这些尝试虽然扩大了商会研究的视野，促进了商会研究的不断深化，但同时也提醒我们运用新理论与新方法似乎难免存在着一定的风险。正如马敏曾指出的，我们尝试运用的某种新理论与新方法很可能是一把双刃剑，它既带给我们锐利的理论分析

---

① 在近30多年的商会史研究中，还有学者运用网络结构、交易成本、中介理论、社团理论、新制度经济学等进行探讨，但影响不大，故本文未做具体介绍。

的锋芒，同时也有可能会使我们坠入另外一种陷阱，出现某些意想不到的偏差。尤其是在借用来自当代西方的一些理论与方法时，更要格外小心谨慎，不能忘记中国不同于西方的国情与社会环境。

章开沅先生提出的注重考察社会环境影响的"社会历史土壤学"论说，虽然具体是针对辛亥革命与资产阶级研究如何深入有感而发的，但对商会史乃至整个近代史研究也具有启发意义。其要旨乃是马克思历史唯物主义的基本原理，列宁也曾强调不能"脱离具体的历史环境"认识问题，阐明"马克思的方法首先是考虑具体时间、具体环境里的历史过程的客观内容"。[①] 因此，无论我们运用何种理论与方法研究商会史，都要努力遵循这一重要原则，这样才能充分发挥其积极作用与影响，避免出现各种各样的偏差与失误。

展望未来的商会史研究，还需要有新的突破。首先仍然需要在理论与方法上继续创新。新理论和新方法在商会研究中的尝试应用，虽然并不能说都取得了成功，但可以说是近30多年来商会史研究不断推陈出新的重要原因。时至今日，应该注重哪些问题仍值得认真思考。

一是需要解决理论阐释与实际论述相脱节的情况。近些年的不少研究成果，可以说比较重视理论的阐释，有的还用较大的篇幅首先对其采用的理论进行多方面的说明，但却没有注意到如何将这一理论贯穿到其后对具体问题的实际论述之中，结果造成理论仅仅只是停留于理论层面，实际论述基本上仍无新意，有新瓶装旧酒的嫌疑。

二是应该认真总结近30多年来商会史研究中理论运用的经验和教训，可以对不同历史时期研究中所运用的理论及其相关成果，逐一进行考察和分析，也可以加以相互比较，了解各自的优缺利弊，互相融合补充。尤其需要慎重考虑的是，西方理论在近代中国本土情境中的适应性，使之与本土史料的解读和史实的论证真正融为一体，避免削足适履的现象。不可否认，近30多年来商会史研究中所运用的新理论有不少都是借鉴西方理论，包括所谓市民社会理论、现代化理论、交

---

① 列宁：《打着别人的旗帜》，载《列宁全集》第26卷，人民出版社，1998，第140－141页。

易成本理论等。这些理论的运用，确实对促进商会史研究的发展产生了明显的作用，但同时也存在着诸多问题。

三是不能总跟随在西方理论后面，应该在借鉴西方相关理论的基础上，通过进一步发展和创新，构建出中国式的商会史研究理论体系。当然，要想做到这一点，就应该允许和鼓励更多学者在理论与方法上继续创新，包括借鉴和引用西方的社会科学理论。这里应该分清楚的是，能不能借鉴西方的新理论运用于中国近代史的研究，与怎样合适地将西方理论贴切地运用于中国近代史研究，是两个方面的问题。有少数学者认为西方理论不适合中国，不应该借鉴或是引用，这种认识过于偏激。但如何合适地将西方理论贴切地运用于中国近代史研究，进而建构中国式的商会研究理论，则是需要认真思考的问题。

除了理论和方法上的创新，要想获得商会史研究的新突破，还应大力加强对不同历史时期和不同地区的商会特别是县镇基层商会的实证性的深入研究。

由于以往的商会研究在时段上大多限于 1928 年以前，因而无法全面了解商会在整个近代中国错综复杂的发展演变状况，甚至对一些相关的重要问题得出似是而非的结论。例如过去的许多论著都认为，国民党在建立南京国民政府之后，对商会进行了强制性的整顿改组。经过整顿改组之后的商会虽然名义上仍得以保存，但与以前的商会相比较却已完全不能同日而语，其中最为明显的变化是丧失了以往作为民间商人社团的独立自主权，已经不再是真正意义上的为商人说话办事、代表商人利益的商会，而是完全受国民党控制和利用，并且依靠于官府的御用组织。所以，遭受国民党整顿改组是中国商会在其发展历程中由盛而衰的转折点。

如果这个结论能够成立，也就意味着此后的商会对商人而言已经没有任何存在价值和实际意义。然而，这个结论并非建立在对改组之后商会的实际情况进行深入细致研究的基础之上，只是一种推论。其依据是国民党之所以要对商会进行整顿改组，目的在于实现其以党治国和实施反动专制独裁统治的目标。既然是为了实行独裁统治，国民党当然不可能允许商会像以前那样在许多方面拥有独立性和自主权，必然会对商会进行强力控制。实际上，国民党对商会的整顿改组，是其多年前开展商民运动时即已确立的一项措施，并不是成为执政党之后为实行独裁统治而采取的新举措。当时的国民党甚至决定将商会完全取消，以新成立的商民协会取而代之，但最后却取消了商民协会，保留了商会的合法地位。更重要的是，从现有资料看，整顿改组之后的商会也并未完全丧失作为民间商人社团的独立性和自主权，与政府之间的关系也仍然是既有合作也有对抗，并且在各方面依然发挥着重要作用。

迄今为止，学术界对抗日战争时期的商会更加缺乏系统和深入的探讨，只有为数甚少的几篇论文涉及这一时期的商会。因此，对抗日战争这一特殊时期商会的功能与作用、自身组织系统的变化、与政府之间的互动关系以及与各方面政治力量的关系，都缺乏全面而客观的了解。抗日战争胜利之后，不久又爆发内战，中国历史的发展进入一个新的特殊历史时期。这一时期的商会，与以往相比较，究竟扮演着一个怎样的社会角色？发挥了何种功能与作用？对此可以说学术界的研究更少，基本上还是空白，这不能不说是商会史研究的一大缺陷。

以往的商会史研究，在区域上主要限于上海、天津、苏州等几个重要城市。而对这几个地区的商会的考察，又主要着眼于上层的商务总会和总商会，对县级基层商会的探讨仍相当薄弱。从已出版的研究区域商会的专著即不难看出这种研究格局，例如专论上海商会的有徐鼎新、钱小明合著的《上海总商会史（1902—1929）》（上海：上海社会科学院出版社，1991 年）和台湾学者张恒忠撰写的《上海总商会研究（1902—1929）》（台北：知书房出版社，1996 年）两部著作，有关苏州商会的专著有马敏、朱英合著的《传统与近代的二重变奏——晚清苏州商会个案研究》（成都：巴蜀书社，1993 年），另有台湾学者邱澎生撰写的博士学位论文《商人团体与社会变迁：清代苏州的会馆公所与商会》（未公开出版），有关天津商会的专著有宋美云撰写的《近代天津商会》（天津：天津社会科学院出版社，2002 年）。除此之外，张晓波、陈忠平两位学者在海外出版的有关商会的英文著作，也是限于论述天津商会和长江中下游地区的商会，其他地区的商会一直没有专著论及。对这些地区的县级基层商会的研究，长期以来都非常薄弱，连相关的论文都十分少见，更谈不上有专著问世。这种状况导致我们难以掌握不同地区商会的发展特点，也影响到对中国商会的整体认识，因而也是一个需要突破的研究缺陷。①

对与商会直接相关的一些商人社团进行深入探讨，也可拓宽商会史研究的视野，达到推动商会史研究取得新突破的目的。从清末开始，许多地区的商会都建立了自己的外围社团网络，并通过这一网络实现了广泛的社会功能，发挥着重要的社会作用。例如清末苏州商务总会的外围商人组织，就有苏商体育会（后发展成为准军事性质的商人武装组织——商团）、市民公社（以街区为单位成立的商人自治团体）、教育会、救火会、农会等，由此形成一个广泛涉及社会生活各个领域的商人社团网络。在这个网络中，商会起着轴心主导作用。这不仅在于商会成立的时间比较早，更重要的是因为它是连接各行各业商人的中枢机构，即所谓“众商业之代表人”，在整个商界占据“总握商纲”的领袖地位。商会的许多领导人同时又在其他商人社团中担任重要职务，从而在人事上也与其他商人社团结成了不解之缘。这种领导成员人事上的交叉渗透，实际上也使各个不同类别的商人社团连成了一个整体，对于协调各个团体的行动起着重要作用。值得重视的是，通过这一商人社团网络，商会将其势力和影响扩展延伸到军事、市政、教育、卫生、公益等诸多领域。因此，深入研究这些与商会联系密切的商人社团，对于更全面地进一步了解商会的其他功能与作用将不无裨益。

进一步挖掘商会以及与商会直接相关的其他商人团体的资料，并加以整理出版，是推动商会史研究取得新突破的另一个重要因素。史学研究离不开史料，一个新研究领域的开拓首先是相关史料的挖掘利用。笔者之所以能够在 20 世纪 80 年代初开始进入商会史这一新的研

---

① 近年来研究其他地区商会的成果有所增加，但探讨县级基层商会的论著仍为数甚少。

究领域，最重要的机遇即是在攻读研究生期间即有幸参与苏州商会档案的整理工作，并选取商会作为硕士学位论文的选题。从那时起笔者就与商会史研究结下了不解之缘。在商会档案正式出版之前，由于相关史料利用的不便，参与商会史研究的学者为数不多。20 世纪 80 年代末 90 年代初天津和苏州商会档案相继出版，吸引海内外越来越多的学者加入商会研究队伍，成为促进商会史研究日益兴盛的一个重要原因，其作用和影响不容忽视。

但是应该看到，天津和苏州商会档案只是为数众多的商会资料中很小的一部分，还有更多地区的商会、同业公会资料尚待挖掘和整理。例如在近代中国最有影响的上海商会，留下的资料应当不会少，但在很长时间中都没有看到有关上海商会的档案和专题资料出版，这不能不说是一个遗憾。这一问题实际上已经受到研究者的重视，复旦大学历史系和上海工商联共同整理编辑的上海商会组织资料《上海总商会议事录》（共 5 册）业已问世，将对推动商会史研究的发展产生重要作用。如果有更多地区的商会档案能够出版，相信对于弥补区域商会史研究的不足将会产生显著效果。

七、商会的“联动”机制及其影响

在近代中国，自清末开始即出现了各类新成立的具有近代特征的民间社团。一方面，这些新式民间社团在很大程度上可以说是近代中国社会转型的产物；另一方面，这些社团在诞生之后又通过积极开展相关活动，从各方面对近代中国的发展变迁产生了多重影响，从而形成一种相辅相成的密切互动关系。值得重视的是，在为数众多的各类新式民间社团中，商会对近代中国社会许多方面所产生的作用与影响格外引人瞩目。

商会之所以能够发挥更为突出的作用与影响，是因为商会的会员都是新兴的工商业者，亦即我们以往所说的近代民族资产阶级，是近代中国最有经济实力和最具影响力的民间社会力量，同时也是因为商会具备独有的组织网络系统以及由此而形成的有效“联动”机制，使得商会能够以更大声势和规模开展一些重要社会活动，有些甚至能够拓展到全国各地，受到社会舆论的广泛关注，其作用与影响自然不同凡响。

所谓“联动”机制，简而言之，即采取联合行动的机制，主要是指全国各地商会乃至海外华商会依靠自身独特的组织系统网络，将全国工商业者以及海外华商连成一个整体，并通过商会表达工商业者的政治、经济愿望，维护工商业者的切身利益，或者针对某个重大事件保持一致态度，共同采取联合行动，表达工商业者的相关诉求。其具体活动涉及经济、政治、外交等各个方面的内容，既有对内与中央和地方政府的交涉，也有对外与外国公使、领事以及国际商会的斡旋，甚至形成近代“民间商人外交”的新趋势。近30年来的中国商会史研究虽然已在专题探讨和综合研究方面都取得了比较显著的成果，但对于商会的这种“联动”机制及其影响却仍然很少进行专门考察与分析。有鉴于此，本文拟依据相关史料选取若干实例对这一问题略做初步探讨，以进一步促进商会史研究的深入拓展。

1.“联动”机制的建立

近代中国商会在清末诞生之初，其成员构成即与传统的商人组织有着明显差异，其组织系统也具备了一些不同于其他许多民间社团的层级网络特点，由此为商会建立独特的联动机制创造了条件。尽管商会早期的这种联动机制并不完善，而且存在一些缺陷，但对商会自身的发展以及开展有影响的社会活动，仍发挥了较为显著的作用。

如所周知，明清时期伴随着传统手工业和商业的发展，全国许多地区的工商业者已经建立了会馆、公所等组织。无论是会馆还是公所，这些传统商人组织都具有较为明显的行会特征，难以形成像商会那样行之有效的联动机制。从成员构成看，会馆大多对成员的地域、籍贯有较严格的要求，主要是由同一籍贯的商人组成，因而其名称往往都冠有地名。例如苏州“为东南一大都会，五方商贾，辐辏云集，百货充盈，交易得所，故各省郡邑贸易于斯者，莫不建立会馆”①。其中江西会馆、安徽会馆、湖南会馆、岭南会馆、潮州会馆、邵武会馆、钱江会馆、大兴会馆、嘉应会馆等，无不直接标明其成员的籍贯域名。有些会馆起初只是同乡会性质的组织，主要功能为“迓神庥，联嘉会，襄义举，笃乡情”②，后来则逐渐发展成为同籍商人聚议商务贸易的行

① 《姑苏鼎建嘉应会馆引》，载江苏省博物馆编《江苏省明清以来碑刻资料选集》，生活·读书·新知三联书店，1959，第351页。

② 《潮州会馆记》，载江苏省博物馆编《江苏省明清以来碑刻资料选集》，第340页。

会性组织。及至晚清时期，才有少数会馆的成员开始突破地域、籍贯的限制。例如原由江苏各府木商建立的大兴会馆，后来即有在苏州的其他省木商加入，变成木商行之共同会馆；最初由杭州线商建立的武林杭线会馆，后也有苏帮商号加入，成为苏杭线商的共同会馆。[①] 这些变化体现了近代工商业发展对会馆演变所产生的影响。

与会馆主要由同一籍贯商人组成所不同的是，公所一般都是由同业商人或手工业者建立的团体，因而我们在各地相关史料记载中都常常看到冠名为“×业公所”的工商组织。苏州向来是传统工商业比较繁盛的地区，因此公所也十分发达。据不完全统计，苏州地区在清代即有各业公所多达一百余个，包括成衣公所、面业公所、花商公所、冶坊公所、茶业公所、玉业公所、钟表公所、锦文公所等。与会馆相比较，公所的行会特征更为明显。我们知道行会是为了防止竞争，排除异己，保护同业的既得垄断利益而建立的组织。公所建立之目的也是如此。为了维护同业的利益，绝大多数公所都制定了较为严格的行规，具体内容主要是限制同业者招收学徒和使用帮工的数目，限制同业作坊、店铺开设地点及数量，尤其对外地人限制更严，另还规定统一的手工业产品和各类商品的价格、规格和原料分配，并制定同业统一的工资水平。

由于会馆、公所主要是依据商人和手工业者的乡缘、地缘或业缘联系组织而成的，因而均非一个地区工商各业共同的组织机构，也无法具备动员整个工商界的号召力。加之传统会馆、公所为保护同业和排除异己，一般都具有封闭性、垄断性和排他性的特点，这些特点致使各会馆、公所此疆彼界分明，相互之间很少联络，甚至壁垒森严。另外，传统会馆、公所内部的组织形式也十分松散简单，通常只是推举司年、司月和执事各一人主持日常事务，并无分工细密的各种办事机构，更无层层联结的组织系统。如此种种，都决定了传统会馆、公所只是各自单独运作，不可能具备联动机制，也不可能共同开展各项

① 《修理武林杭线会馆碑记》，载《江苏省明清以来碑刻资料选集》，第166－167页。

大规模的活动，其社会影响自然也十分有限。

商会作为清末诞生的近代新式商人团体，虽然可以说是近代中国民族资本主义发展和工商业者力量壮大的产物，但也不能忽略商会又是清末新政期间清政府为了振兴工商、奖励实业和主动倡导鼓励商人向西方学习的结果。商会在欧美乃至日本等资本主义国家较早即已成立，对于促进各国工商贸易发展以及在其他方面都发挥了重要作用，戊戌变法期间已开始受到国人关注。至清末新政时期，不仅工商界中的有识之士意识到振兴工商业需要成立商会，而且一部分官员对此也不无共识。清朝中央执掌工商实业的商部就曾上奏一道劝办商会折，从各方面阐明成立商会的意义：“纵览东西诸国，交通互市，殆莫不以商战角胜，驯至富强。而揆厥由来，实皆得力于商会。……现在体察情形，力除隔阂，必先使各商有整齐划一之规，而后臣部可以尽保护维持之力。则今日当务之急，非设立商会不为功。”[①] 正是因为官与商在设立商会以促进工商业发展方面达成了共识，商会才得以在清末短短的几年间发展成为最为普及和数量最多的新式商人团体。

于此特殊背景下仿照欧美和日本等国成立的商会，在许多方面自然与以往的会馆、公所有所不同，可以说在很大程度上弥补了上述传统商人团体的各种缺陷。

首先，商会的会员既不像会馆那样受地域、籍贯限制，也打破了公所的单一业缘规定，而是包含了各个行业的工商业者，成为联结某个地区全体工商业者的统一组织。而且，新兴工商业者又是当时民间社会中最具经济实力并且十分活跃的社会群体，尤其像张謇这样具有近代新思想又富甲一方的绅商，甚至能够依靠一己之力的多年经营，使其家乡南通从一个封闭落后的传统城镇变成颇具规模的近代化城市。而在整个近代中国，也唯独商会拥有前所未有的动员整个工商界共同行动的号召力，这正是这一新式商人社团能够通过联动机制，得以在社会生活各个领域产生显著影响力的重要原因。

① 《商部奏劝办商会酌拟简明章程折》，《东方杂志》，第1年（1904），第1期。

商会的宗旨是保护各业商人的利益，促进工商业发展。各商会章程虽具体表述不一，但其目的不外乎如此，有的明确指出："商会之设，为各业商人互相联络，互相维持，以期振兴商务，自保利权起见。"① 既然要联络各业，振兴商务，就必须打破地域、籍贯或行业帮派之别，广纳各业之工商。天津商务总会即强调："无论何项商业，凡允认常年会费四元以上者，均得入会。"除此之外，该会又特别说明"如有外省客商住津贸易，商会亦应保护"，并准由"该商等公举商董入会，以便遵章一体优待"。② 其他各地商会也都有类似规定，例如上海商务总会章程的相关条文指明："凡在上海按律经商，有实在营业之本国人民，得入本会。"即使外地商人"庄号不在上海，而有分支庄友驻沪者"，同样也"得入本会"。③ 显而易见，商会迥然不同于由某一籍贯或某一行业工商户建立的狭隘封闭的会馆公所，并由此完全改变了传统商人团体以乡缘或业缘关系维系其成员的方式，是不分籍贯和行业的整个工商各业共同的新式社团。时人对商人团体的这一重要变革也不无感触，意识到"公所为一业之团体"，而商会为"各业之团体"，是"众商业之代表人"。正因如此，商会才得以具备会馆、公所始终未有的"登高一呼，众商皆应"的联动号召力，其能量与影响也非同一般。

需要补充说明的是，早期的商会虽然并非如同行会那样强制要求工商户加入，而是采取自愿的原则，但由于各地商会成立后在保护工商业者切身利益、促进工商业发展等许多方面都发挥了令人瞩目的重要作用，故自愿加入商会的工商业者越来越多，未入会之工商户则为数极少。当时即有商人主动表示：商会"综握商务机关，凡我商民均

---

① 《保定商务总会禀呈试办便宜章程》，载甘厚慈编《北洋公牍类纂》（光绪三十三年铅印本），第21卷，商务二。

② 《天津商务总会试办便宜章程》，载甘厚慈编《北洋公牍类纂》（光绪三十三年铅印本），第21卷，商务二。

③ 《上海商务总会暂行试办详细章程》，载天津市档案馆、天津社会科学院历史研究所、天津市工商业联合会编《天津商会档案汇编（1903—1911）》上册，第11页。

隶属之”①。另外，商会的会员一般都分为团体会员和个体商家会员两种，以前者占绝大多数。所谓团体会员，具体而言是由工商各业按照本业商家店铺数量多少，推举“各帮各业之领袖”1～3人担任商会会员，这类会员实际上是各业之领袖人物，也可以说是商会团体会员的代表。其所属各业之所有商家，则全部担任商会会友。会友也缴纳少量会费，列入商会同会录，受商会一应保护，“凡有公益，一律均沾”。因此，会友也应看作是商会的成员。商会的个体商家会员为数并不多，因为近代中国长期工商不分，工商业者一般都自称“商人”，所以商会成员中也包括手工业者和工厂主。所谓个体会员，即是工厂主或者少数较大百货公司的代表。

其次，商会不同于会馆和公所的完善组织系统，也为其奠定了通过联动机制共同开展大规模社会活动的良好基础与条件。与传统的会馆和公所略做对照，即可看出商会内部的组织结构显然十分完备。早在清末诞生之初，商会内部就设有分工细密、职权明确的各种办事机构。除总理、协理和会董（有的也称议董，总会一般30人左右，分会15～20人）之外，各商会一般都设有文牍处、评议处、考察处、收支处、庶务处、接待处等，这些机构“各有责成，各有权限”，并且互相配合，不仅保证了商会的日常会务能够有条不紊地按章运行，而且遇有突发事件也能及时应对和联动。

更重要的是，各级商会的组织系统为各地商会建立联动机制创造了条件，使不同层级的众多商会能够遥相呼应，协调一致地开展各项活动。根据商部奏准颁行之《商会简明章程》的原则性规定，在各省垣以及通商大埠均可成立商务总会，府厅州县等中小城市则成立商务分会，其中有些商务发达之地所设分会还不止一处。1906年上海商务总会总理曾铸呈文商部，提出“近来商界渐知商会之益，凡贸易丰富各村镇均欲遵章请设分会”，以促进商贸之繁荣发展，请明定章程以便

① 《苏州市民公社档案选辑》，载《辛亥革命史丛刊》编辑组编《辛亥革命史丛刊》第4辑，中华书局，1982，第92页。

办理。商部表示“现在风气日开，群情渐臻鼓舞，多设一处，自可多获一处之益”，遂又颁布《商会章程附则》，说明“各省商务情形不同，往往一州县中商务繁富之区不止一处，彼此相同，无可轩轾，自应量予变通，两处均准设立分会”[①]。于是，在一些地处水陆通衢且商务发达的府厅州县即成立了两个商务分会。即使是在县以下的乡镇，也成立了为数更多的商务分所。1906 年锡金商会总理周廷弼呈文商部，说明“苟乡镇之商业不能互相联络，则居县邑而言联络，非失之范围狭小，即失之呼应不灵。……宜就各乡镇凡有商铺荟萃之处，次第筹设分会之分会”。商部认为言之有理，札饬各商务总会“嗣后各府州县中，如已设立商会而各村镇尚有续请设立者，即令定名为商务分所，与各处总分会设法联络”。[②]

于是，在此之后的清末商会即形成总会、分会、分所层层联结的三级组织体制，分所隶属分会，分会隶属总会，相互之间宗旨相同，规章一致，组成了一个层层统属、不可分割的有机整体，而且除西藏之外，全国各地的分会、分所如雨后春笋般相继建立，很快就成为林林总总的清末各类新式社团中数量最多、影响最大的商人团体。不管是在大商埠和中小城市，还是在县镇集市等广阔区域都设有商会，达到相当普及的程度，并由此建构成一个广泛的网络系统。正是因为具有这种层层联结的组织体制和广泛的网络系统，商会才拥有了独特的联动机制。尽管商部曾说明：“所谓分会隶于总会者，不过分会按季将商务情形及年底将办公经费报由总会汇呈本部查核。盖总会、分会以地方商务繁简为衡，不以体制论也。……总、分会之实质在联络，不在统辖，非地方隶属政体可比。”[③] 但这种从未有过的紧密“联络”就是商会的联动机制，它使得各级商会在很大程度上形成一个整体。不仅总会与分会建立了“实质在联络”的密切联系，而且为数众多的分所与分会乃至总会之间，也同样建立了这种“联络”机制，并带动工

① 章开沅、刘望龄、叶万忠主编《苏州商会档案丛编》第 1 辑，第 72 页。
② 章开沅、刘望龄、叶万忠主编《苏州商会档案丛编》第 1 辑，第 72 – 73 页。
③ 章开沅、刘望龄、叶万忠主编《苏州商会档案丛编》第 1 辑，第 70 页。

商业者也随之从分散走向联合，在一定程度上实现了当时商界有识之士呼吁的“合大群”目标，进而发展成为一支独立的社会力量，以全新的形象和姿态登上近代中国波谲云诡的社会舞台，演出一幕又一幕历史活剧。对此，当时的商会中人也不无切身感受，认为各级商会“分之则各自为部，合之则联成一气，譬如身之使臂，臂之使指，部位分明，血脉联属，毫无扞格不通之弊，然后可实收联络之效”①。

在清末的新式社团中，只有农会具有与商会相似的总会、分会、分所这种组织体制。1907 年底，农工商部（1906 年商部改组为农工商部）奏准颁行《农会简明章程》，规定各省于省城设立农务总会，于府厅州县酌设分会，其余乡镇、村落、市集次第酌设分所。在此之后，各省农务总会、分会相继设立。据《清朝续文献通考》记载，及至 1910 年，“农务总、分会直省以次举办，总计总会奏准设立者 15 处，分会 136 处”②。农会虽然与商会的组织体制相似，而且成立后也开展了一些活动，但却并不具备如同商会一样的联动机制与影响。其原因是农会远不如商会普及，其数量比商会要少得多，而且农会的三级组织体制并不完整，尤其农务分所建立很少，在各种历史文献中几乎难以看到分所的记载。更重要的是，农会会员的社会身份较为复杂，包括绅商、新式知识分子和其他各界人士，他们虽为促进农业发展的共同目标走到一起，但因各自身份差异对许多具体问题的认识并不完全一致。商会会员则全部都是新兴工商业者，人数众多，利益诉求完全相同，再加上具有较强的经济实力，因而能够通过联动机制协调一致地共同开展各项较大规模的社会活动并产生重要影响。

2. “联动”机制的运用

商会通过联动机制动员商人从事较大规模的社会活动进而产生重

① 章开沅、刘望龄、叶万忠主编《苏州商会档案丛编》第 1 辑，第 73 页。
② 刘锦藻编《清朝续文献通考》第 378 卷，实业一，商务印书馆，1955，第 11247 页。

要影响的事例，在其诞生之初的清末几年间屡见不鲜。例如1910年，上海商务总会为抵制官府的统捐方案，应对纷繁复杂的裁厘认捐事项，提议设立江苏全省裁厘认捐事务所，由各商会分别设立认捐事务所，选派调查员对各业厘捐进行详细核查，在此基础上再共同商议认捐的具体方案。上海商会的这一动议很快即透过联动机制得到全省各商会的呼应，有商会明确表示："认捐一节，果能办成，既免病商，又彰国体，商人岂不乐从？"① 各属认捐事务所遂很快成立并展开详细调查，于次年提交调查报告，在上海召开苏属商会联合会。与会各商会代表均充分发表意见，最终讨论了认捐标准，确定由各商会负责派认。而在商会诞生之前，很难想象江苏全省工商界代表能够为捐税事项聚集一堂，共同商议对策与实施方案，由此即可看出商会的联动效应。不仅如此，江苏各地商会还以此为契机正式成立苏属商会联合会，"以公议关系苏属之商务事宜，研究商业之进步为宗旨"②。在此前后，其他许多省份的商会也都联合成立了各省商会联合会，定期开会共同商讨本省商务以及其他重要事项，从而使全省各商会之间的联络更为紧密，联动机制也更加行之有效。

除了一省商会之间的联动，在清末也有全国乃至包括海外中华商会在内的更大范围的联动。例如，海内外众多商会代表曾连续两次共聚一堂，在上海举行全国性商法讨论会，当可视为这方面的典型事例。

清末新政期间，清政府为保护民族工商业发展而制定、颁行了《商律》等一批新经济法规，此举虽受到工商界欢迎，但由于"政府颁布商事法令，每不与商人协议，致多拂商情之处，是非徒不足以资保护，而且转多窒碍"③，故而又有人指出工商界应主动参与其事，帮助政府拟订更加完备和更加符合中国商情的商法，既使工商业者的利益能够获得切实保护，又能真正发挥促进民族工商业发展的应有作用。

---

① 章开沅、刘望龄、叶万忠主编《苏州商会档案丛编》第1辑，第871页。
② 章开沅、刘望龄、叶万忠主编《苏州商会档案丛编》第1辑，第891页。
③ 天津市档案馆、天津社会科学院历史研究所、天津市工商业联合会编《天津商会档案汇编（1903—1911）》上册，第284页。

上海商务总会深知此事之重要性，"爰与商学公会、预备立宪公会商定，拟联合全国商民编成商法草案，要求政府奏准施行"。1907 年 9 月，上海商务总会以发行全国的《申报》作为联动工具，在该报醒目的广告版连日刊登邀请函，"请各省商会各举代表来沪，合力研究，以求进步"。这一号召得到海内外商会的积极响应，当年 11 月在上海举行的第一次商法讨论会，出席会议者达一百多人，海外有新加坡、三宝垅、长崎、海参崴等地华商总会的代表，国内有广州、汕头、福州、厦门、苏州、江宁、芜湖以及吉林、湖南、江西等省市的 80 多个商务总会和分会的代表。据当时报纸报道："远近各埠商会代表到会者，以分立之团体计，则有八十余商会；以所涉之省份计，则有一十四行省；以远来之道里计，则有东南两洋华商侨埠之三大埠。是诚创举，亦盛举也。"① 此外还有以书信形式与议者，如保定、梧州、扬州以及黑龙江等省市的总会和分会，也多达 30 余埠。1909 年 12 月，海内外商会代表又在上海举行第二次商法讨论会，议决通过《商法》第一编《公司法》和第二编《商法总则》。这两次商法讨论会的召开堪称全国工商界前所未有的盛事，充分体现了商会联动机制不可忽视的重要作用，也展示了商会特有的能力与影响。如上海商务总会总理李云书在第一次商法讨论会开幕式上所言："吾中国商情，向称涣散，从未有邀集各省府厅州县及海外侨寓之同胞欢聚一堂，藉巩团体而谋公益者，有之自本日会议始。"② 其意义确实非同小可，可谓写下了中国商人发展史上的重要新篇章。

显而易见，上海商会通过联动机制号召海内外众多商会选派代表，得以连续两次举行商法讨论会拟订商法草案，拟订了中国历史上第一部比较完整的近代资本主义性质的经济法规文献，亦即第一部民间商业立法，取得了十分突出的成果。中华民国建立后，张謇出任工商总长时又进一步致力于经济法规的完善，于 1913 年提出参照商法讨论会

①② 天津市档案馆、天津社会科学院历史研究所、天津市工商业联合会编《天津商会档案汇编（1903—1911）》上册，第 283 页。

拟订通过的商法总则与公司法草案，制定、颁行新商人通例和公司条例。他还特别说明：该草案“系采取上海总商会及商学公会、预备立宪公会等所呈送之商法调查案修订而成，而该商会等则由专聘通晓商律之士，调查各埠商业习惯，历时三载，然后参酌法理，编纂而成。观其斟酌之不厌求详，庸冀推行之必能尽利。因为急需应用起见，拟即用为工商部现行条例，改商律总则为商人通例，公司律为公司条例”①。民国北京政府准如所请，提交国会议决通过后颁行。

这两次会议除主要讨论商法之外，另包括“一切商情之利弊、商业之盛衰、公司之联合、轮轨之交通，并现今商事政策之得失，应如何改良之处，皆合力研究，以求进步”②。特别值得一提的是，与会各商会代表还多次商议成立全国华商联合会事项，以其“为各埠商会总机关”。与会代表敏锐地意识到：“商与商集合而成商会，其在今日明效大验”，在此基础上“若会与会联合而成大会，效力之大，必有十百于今日商会者。……宜乘今日组织一华商联合会，为海内外各埠商会总机关，为我全体华商谋极大幸福”③。鉴于全国华商联合会一时尚难正式成立，与会代表商定先在上海创办《华商联合报》（创刊后不久改名为《华商联合会报》），在报馆附设华商联合会办事处，负责联络海内外各埠商会，具体办理筹备成立华商联合会的各项相关事宜。不难发现，商会不仅通过联动机制顺利召开了有众多海内外商会代表出席的商法讨论会，完成了预期的行动目标，而且还借由召开这次会议的难得契机，共同商议了成立全国华商联合会等重要事宜，并动议创办《华商联合会报》和华商联合会办事处，使商会具有了自身独立的舆论工具，由此又进一步加强了海内外商会之间的密切联系，并使商会的原有联动机制建立了全新的重要联络管道。

清末的商会不仅针对省内和国内与商人利益密切相关的事务，通

① 江苏省商业厅、中国第二历史档案馆编《中华民国商业档案资料汇编》第1卷上册，中国商业出版社，1991，第166页。

② 《上海商务总会致各埠商会拟开大会讨论商法草案书》，《申报》1907年9月10日第2版。

③ 天津市档案馆、天津社会科学院历史研究所、天津市工商业联合会编《天津商会档案汇编（1903—1911）》上册，第292页。

过联动机制联合起来召开全省和全国性重要会议，集中表达广大工商业者的诉求，并提出若干具体要求和议案，维护商人的切身利益，推动民族工商业发展，而且还运用联动机制互相呼应，就近代外交事务发出工商业者的强有力声音，甚至还动员各地商人采取一致行动，掀起全国性的大规模反帝爱国运动。1905 年爆发的抵制美货运动就是这方面的典型事例。这场反帝运动在很大程度上可称为首开近代中国商人外交之先河，由于这场运动既关系商人利益，又涉及整个民族国家的主权尊严，因而其范围很快即突破了工商界，发展成为社会各阶层共同开展的一场爱国运动，达到了过去所不曾有过的普及程度，其影响也更为深远。

抵制美货运动的爆发源于 19 世纪末美国奉行排华政策，无端歧视和迫害在美华工与华商。1904 年，美国政府强迫清政府于 10 年前签订的《华工禁约》届临修订期，在社会各界的呼吁下清政府提出修改该条约，删除其中的歧视华人条款，但遭到美国政府的蛮横拒绝，由此激起社会各界的强烈愤怒。海外华侨报纸与国内报刊连篇累牍发表相关报道和评论文章，一方面揭露美国排华政策之无理，另一方面要求清政府坚持交涉，美国百余埠华商、华侨还联名致电清朝外务部、商部，呼吁废除《华工禁约》。清政府委派驻美公使梁诚为代表与美国政府持续交涉数月，但均无结果。至 1905 年春，美国新任驻华公使柔克义上任，直接与清政府进行修约谈判，并胁迫清政府接受美国签订续约的要求。在此情况下，有报刊载文提出需采取切实斗争方式迫使美国接受中国的改约条件，而抵制美货即是其中的具体方法之一。

值此紧要关头，又是被誉为近代中国“第一商会”的上海商会，勇敢地率先开启商会的联动机制，承担了向全国各地商会和工商界发出抵制美货呼吁的重任。1905 年 5 月，上海商会召集各业商董举行特别大会，身为会董的福建商帮领袖曾铸慷慨激昂地发表演说，提出“美国不允将苛例删改而强我续约，则我华人当合全国誓不运销美货，以为抵制”，该动议得到各业商董的大力支持，“在座绅商无一人不举手赞成”。会后，上海商会致电清政府外务部和商部，阐明“事关国体民生，吁恳峻拒画押，以伸国权而保商利"；同时向全国各地商会发出通电，告知"相戒不用美货，暗相抵制，祈传谕各商知之"①。

紧随其后，各地商会的联动机制迅速运转开来。尤其是天津、南京、苏州、汉口、重庆、汕头等通商大埠的商务总会与商人立即予以呼应，无不函电纷驰，表示"全体赞成"；随即又有更多中小城市的商人也通电表示"坚决照办"。在商会的有效动员下，各地商人踊跃投入抵制美货运动之中。有的表示："吾绅商尤当始终无懈，分途布告，切实举行不购美货。"② 有的召开大会，发表演说，宣传此次抵货运动之意义和作用。有的还成立了"拒约会""抵制美货事务公所"。商会联动机制的作用与影响在此次抵制美货运动中得到充分体现，短短一两月间"各省各业，无不各自聚会，实行抵制"③，许多地区都出现了"市上美货业已绝迹"的景观。

商会通过联动机制发起的大规模抵制美货运动，还得到社会各界的积极响应。先是学界率先呼应，在上海几乎"所有学堂均议不用美货"，接着下层民众也纷纷响应号召，相戒不用美货，不受美人雇用。为时不久，"内而穷乡僻壤，外而英荷属岛，亦均函电纷来，一律照办，人心大异从前。……义声所播，震动全球"④。于是，在抵制美货运动的高潮期间，无论是在各大都市还是在中小城市，乃至在一些集镇，美国商品都受到强有力的抵制，在市面上难以见到。其高涨之声势与普及之程度均前所未有。通过开展这场反帝爱国运动，商会中的有识之士还难能可贵地意识到："夫中国为二千余年之老大专制，无论内政外交，向任执事独断独行，国民纤介不得预闻，内政之腐败在是，外交之失策亦在是。现今略施教育，顿使雄狮睡醒，振摄精神，此次抵制禁约，是我四百兆同胞干预外交之第一起点。"⑤ 由此不难看出，发起抵制美货运动也是近代中国商人外交的重要开端。在此之后的近代中

① 苏绍柄辑《山钟集》，鸿文书局，1906，第27－28页。
② 《抵制美约要闻·商界之大会议续志》，《大公报》1905年6月20日第3版。
③ 《抵制美约要闻·各省抵制略情》，《大公报》1905年8月11日第3版。
④ 苏绍柄辑：《山钟集》，鸿文书局，1906，第32页。
⑤ 章开沅、刘望龄、叶万忠主编《苏州商会档案丛编》第1辑，第762页。

国历次反帝爱国运动中，抵制洋货几乎都成为行之有效的斗争手段之一。

商会领衔发起抵制美货运动的联动效应，甚至在太平洋彼岸的美国华侨中也产生了不小的回响。“抵制美货的消息传到旧金山以后，华人开始团结起来提供援助。……不久，抵货运动就收到了保皇会和致公堂的捐款，还得到了华人基督教徒发言人以及洛杉矶和蒙大拿华人组织的支持。”康有为时在美国并曾与美国总统罗斯福见面，据记载见面时罗斯福主动向康有为“表达了他对抵制美货运动的严重关注”，并表示将对排华政策“进行修改以给予（中国人）与日本人同等的权利”。① 由此可以进一步说明，声势浩大的抵制美货运动在海内外都产生了广泛的影响。

继抵制美货运动之后，许多省份的商会还曾通过联动机制开展收回利权运动，即抵制各国列强的奴役性贷款，反对西方列强攫取中国的铁路修筑权和矿山开采权，动员广大商人集股筹款，力争自建铁路和自开矿产，以保护中国的利权，这一运动也取得了较为明显的成效。在集股保路的号召下，有些地区出现了少有的集股高潮。例如在湖南，据《湘路新志》（第 1 年第 4 期）记载，不仅商、学、军各界踊跃认股，甚至“农夫、焦煤夫、泥木匠作、红白喜事杠行、洋货担、铣刀磨剪、果粟摊担、舆马帮佣，亦莫不争先入股以为荣”。迄至清末的最后几年里，各省成立的商办铁路公司总计 10 余个，均克服了资金不足等困难开始修建本省铁路，开启了近代中国民营铁路的先河。

清末商会通过其联动机制开展一系列社会活动以及取得的重要影响，在当时也受到一些政治派别的关注，有的还主动发出呼吁，希望借助商会扩大其声势与影响。例如立宪派为了推动清王朝加快召开国会实行宪政的步伐，大力鼓吹立宪对于救亡图存的重要作用，并于 1910 年 1 月发起第一次国会请愿运动。由于参加此次请愿运动的请愿团人数较少，而且主要只是限于各省咨议局的立宪派代表，规模和影

① 德尔伯·L. 麦基：《旅美华侨在一九〇五至一九〇六年中国抵制美货运动中的作用》，杜继东译，《华侨华人历史研究》1991 年第 4 期，第 64、65 页。

响都比较有限，没有取得预期效果。就在这次请愿运动失败后，立宪派即意识到必须扩大请愿代表的范围与规模，动员社会各界参与请愿，才能形成较大声势进而迫使清王朝不敢置若罔闻。在此情况下立宪派首先想到的就是工商界，认为“应以联络商界为中坚”，而欲使工商界参与国会请愿运动，则唯有透过其社团组织——商会才能达到目的。于是，立宪派以国会请愿代表团名义发出《敬告各省商会请联合请愿书》，言辞恳切地表示：“各省商会最多爱国之士，若能速举代表来京，同时并举，政府必有改弦之心，吾侪益无孤立之惧。”同时，请愿书还向商会阐明如能参与请愿运动，共同敦促朝廷尽快召开国会，“则商人受保护之利益者不少，否则无正当之保护，商人受害必烈，而欲立足于商业竞争之世界难矣”。①

立宪派的这一举措立即收到了明显成效。由于当时的工商界自身即赞同变革君主专制为君主立宪，因而商会对于立宪派的这一盛情邀请马上给予了积极回应，设在上海的华商联合会办事处启用了最新的联动工具，在《华商联合会报》上发表了《为国会事公告海内外华商联合请求书》，号召广大工商业者踊跃为国会请愿运动壮大声势，说明“今日实业之世界，论人数以商界为至众，论势力以商界为最优”，因此，工商界于请愿运动绝不能置之度外，否则“他日请愿不行，其咎不专在四万万人众之无能，而实由彼一万万余商人之不肯竭心以尽力。至是，恐倾东海之波不能濯其耻，罄南山之竹不足写其辜”②。商会的联动机制一经开启，其突出效应立即显现。各地商会纷纷采取行动，以各种方式对国会请愿运动予以宝贵支持。例如烟台商会致电请愿代表，“谓现正联合各商，晋京请愿，誓达目的”；吉林商会表示“现议再举代表晋京，直接上书请愿，以作后援”；天津商会邀集所属各分会商董，“议决直接上书要求速开国会，并函约各省商会继续吁请”。③当时除商界之外，学界也对这场请愿运动给予了声援。一时间，国会

① 《敬告各省商会请联合请愿书》，载《广东咨议局编查录》下卷，广州中山图书馆藏铅印本。
② 《为国会事公告海内外华商联合请求书》，《华商联合会报》第3期。
③ 《海内外商会纪事》，《华商联合会报》第2期。

请愿运动的声势明显得以扩大，影响也随之更为突出。"各省学会、商会，与京中国会请愿会遥相应和，或即开会，或拟上书，或任运动同志，或拟公举代表，以接续请愿者，不一而足。"[①] 1910 年 6 月，各地请愿代表再度聚集北京，发动第二次国会请愿运动，各省商会推举的代表也参加了这次请愿活动。请愿团按事先部署，总计向清廷呈交了 10 份请愿书，其中 3 份由商会代表领衔。[②] 由于在商会联动机制动员下，工商界积极采取各种方式给予支持，其规模和声势明显扩大，严格说来，国会请愿至此才真正发展成为一场有影响的社会政治运动。

通过上述若干实例，足可以看出新成立的商会运用其独特的联动机制，开展了一系列有影响的社会活动，其中既有一省商会为保护商人利益进行的裁厘认捐，也有海内外商会为拟订商法而举行的两次商法讨论会，还有首创以抵制洋货为斗争方式的全国规模的反帝爱国运动，以及以收回铁路和矿山主权的维护利权运动，甚至还有国会请愿这样的政治运动。由于有了商会及其联动机制，广大工商业者得以由散而聚发展成为一支独立的社会力量，能够在近代中国的历史舞台上充分展示其能量和影响，越来越受到社会各界的重视与关注。

3. "联动"机制的发展与影响

中华民国建立后，商会组织系统的进一步完善使其联动机制在原有基础上又获得了新发展，其中最重要的标志是中华全国商会联合会以及各省商联会事务所的成立。

前面已经提及，成立全国性的华商联合会在清末的两次商法讨论会上即是与会代表商讨的议题之一，并且拟订了章程草案，但未能付诸实施。辛亥革命后，成立全国商会联合会再次更为紧迫地提上了议

---

① 《记国会请愿代表进行之状况》，《东方杂志》第 7 年第 2 期。

② 由商会代表领衔呈递的这 3 份请愿书分别是：《各直省商会国会请愿代表沈懋昭等呈请代奏书》《江苏苏州商务总会代表杭祖良、上海商务总会代表沈懋昭请速开国会书》《南洋雪兰莪二十六埠总商会国会请愿代表兼澳州华侨代表陆乃翔上政府书》。

事日程。不少商会意识到："时至今日，无论对内对外，皆决不可无全国商会联合之机关。盖有此机关则视线远大，规划周宏，一致进行，众擎易举。"① 于是，1912 年 6 月，由汉口商务总会和上海商务总会拟订全国商联会"组织大纲"，向全国各省商务总会征求意见，获得各商会"极端赞成"。同年 11 月，民国北京政府召开临时工商会议，应邀与会的各商会代表借此机会举行了成立全国商会联合会筹备会，达成一致意见，呈报工商部，于 12 月获正式批准，全国商会联合会至此终于宣告成立。

全国商会联合会成立之后，商会的组织系统显然更趋完备，其联动机制随之也更加完善。在清末，各省商会虽已建立了总会、分会、分所三级体制，但却没有全国性的商会组织，而且绝大多数省份都成立了多个商务总会，各总会只能对所属之分会起联络、指导作用，相互之间并无统属关系，也不能作为全省各商会的领导机关。全国商会联合会的成立使商会的组织系统在总会、分会、分所之上有了一个共同的全国性领导机关，商会也变成四级组织体制。更重要的是，全国商会联合会的宗旨是"以联合国内外商人所设之商务总分会所，协谋全国商务之发达"②，承担着指导和联络全国各地商会的重任。全国商会联合会设总部于北京，另在上海设立总事务所，在各省省垣所在的商务总会设立分事务所。各省分事务所既是全国商会联合会的下属分支机构，又承担统辖联络本省各商会的职责，这样就使全国各地的众多商会都连成一个层层统属的整体，亦可称之为全国商会新的联动机制。除国内各省，海外各侨埠也在最重要的中华总商会设立分事务所，将其作为全国商会联合会的海外分支机构，由此又将海外华商会也紧密地纳入到这一新的联动机制之中。另外，全国商会联合会还创办了机关报《中华全国商会联合会会报》（1913 年创刊时名为《中国商会联合会会报》），这一机关报成为全国各地商会联络沟通的重要媒介和

① 《中华全国商会联合会缘起》，《历史档案》1982 年第 4 期，第 43 页。
② 天津市档案馆、天津社会科学院历史研究所、天津市工商业联合会编《天津商会档案汇编（1912—1928）》第 1 册，第 521 页。

反映商会诉求的全国性舆论工具。

全国商会联合会定期举行的代表大会和临时大会，也是民国时期商会新联动机制中的重要环节。在清末，尽管也曾举行过有各地商会代表出席的商法讨论会，但只是由上海商会发起，针对某一具体事项召开的临时性会议。类似会议不仅很少，而且各商会是否选派代表参会也属自愿，并无一种严格的制度性规定。全国商会联合会成立后则按其章程之规定，每年定期召开全国代表大会，此类大会称为“常年大会”，会期一般“以四十日为限”，海内外商会均派代表出席。另据章程规定，“常年大会期间各省事务所应召集各该省各商会开大会一次，由总分会所各就会员中公举代表一人至三人与会，本会常年大会议员即可于各省开大会时公举代表，每省五人至十五人与会。各侨商会亦得于常年大会期前开会公举代表，每处一人至三人与会”。除常会之外，全国商会联合会还经常召开临时大会，凡“遇有紧要事务，得由会长通告或各省事务所之请求，或各侨埠事务所二处以上之请求，召集临时会议”①。按此规定，不仅全国商会联合会的代表大会成为海内外商会代表每年定期汇聚联络、商讨要务的重要方式，由此更加加强了海内外商会之间的联动，而且在全国代表大会举行之前各省商会需先期召开会议，从而也加强了各省内商会之间的联络。从后来的实际情况看，全国商会联合会针对各项紧要事务召开的临时大会甚至多于“常年大会”，并且往往都取得了较为显著的成效，充分体现了全国商会联合会在商会联动机制中所发挥的重要作用。

例如在1913年，全国商会联合会各省事务所即联络商会开展了一次调和党争的活动，显示了商会过去所没有的政治影响力。当时，国民党与进步党之间的斗争日趋激烈，政坛风起云涌，达到剑拔弩张的紧张程度。全国商会联合会直隶事务所通电各省事务所，提议各省商会选派代表，晋京调停。“旬日之间，全国一致表示赞同。”5月，十

---

① 天津市档案馆、天津社会科学院历史研究所、天津市工商业联合会编《天津商会档案汇编（1912—1928）》第1册，第524页。

余省份商会的32名代表进京，以全国商会联合会各省代表名义发布通告书，阐明商会开展调停活动的原因及目的，并敦促国民党和进步党各推10人举行调和谈判。在随后近一个月间，经由商会“为沟通之媒”，与两党谈判代表共同“接洽数十次”，并通过“正式协商三次”，最终就若干问题达成了协议。尽管商会开展的这次调和党争活动随后并没有避免“二次革命”的发生，但如同张謇致商会调停代表电文中所说：“商人维持政局，为吾国轫举。”[①]

值得重视的是，全国商会联合会成立后各商会之间的联动机制更趋完备，也使商会的行动与影响力更为突出，尤其是在制衡官府方面，与清末相比较显得十分明显。例如1914年北京政府颁行《商会法》，因未将全国商会联合会列入条文，而且欲取消总商会名目一律改称商会，用虚设之各省商会联合会取代商务总会，并改变清末一直沿用的商会与各级官府之间的行文程式，要求商会对各级官厅的行文一律用“禀”或“呈”，官厅对商会则用“令”或“批”，使商会原有社会地位大为降低，引起海内外商会的强烈不满。当时，尽管《商会法》已经由政府正式颁行，但全国商会联合会仍领导海内外商会在长达近一年时间坚持予以抵制。

首先是设在上海的全国商联会总事务所致电各省分事务所，请广泛征求各商会对《商会法》的意见，并请提出应对办法。海内外商会即刻响应，纷纷表示：全国商会联合会“为海内外商人集合团体，借以集思广益，互通声气，必当永久存在。乃商会法未曾规定，应一致要求政府加入条文”[②]。有的商会还指出：行文程式之变将使商会间接隶属于各级行政官厅，“微员末职皆得令之，上下攸分，诸形扞格，商情何由而达！商会安有！事权薄弱，商民势必被豪官猾吏鱼肉摧崩，将全国商务立于世界失败之地”[③]，为此必须坚决予以反对，并强烈要

① 《商会联合会调和两党纪事》，《中国商会联合会会报》，第1年，第1号，第6页。
② 《专件》，《中华全国商会联合会会报》，第2年，第12号，第1页。
③ 天津市档案馆、天津社会科学院历史研究所、天津市工商业联合会编《天津商会档案汇编（1912—1928）》第1册，第667页。

求政府修改《商会法》，仍照前定公文程式办理。随后，上海总事务所根据各省分事务所及商会提出的意见和建议，先后数次致电和上书农商部、参议院，提出以下具体要求：将全国商会联合会及各省事务所所拟细则两条，列入商会法施行细则；各省商会联合会之设立颇有窒碍，且无法取代商务总会，请暂缓执行。但农商部却回复：“全国商会联合会名目不必另设，将来如有重大事件发生，由省联合会办理。”1914 年 11 月《商会法施行细则》公布，也没有列入商会要求增加的条文。对此结果“全国商民殊形绝望”，但各省商会仍表示应坚持力争，“万无中止之理”。

其次，全国商会联合会在通电和上书未能奏效的情况下，决定开启新的联动机制，通过举行全国商会联合会临时大会的方式更坚决地表达商会诉求，以便形成更大的声势与影响，吸引社会各界和报刊媒体的关注与支持。1915 年 3 月，全国商会联合会临时大会在上海举行，这也是该会成立后召开的最大规模的临时会议，国内 21 个省区的商会均派代表出席，海外也有若干华商会派代表参加。会上，各商会代表对政府取消全国商联会以及顽固拒绝各商会的请求均表示十分愤慨，一致强烈要求政府顺从商意，恢复全国商会联合会的合法地位，维持原有公文程式。大会除了致函农商部和北京政府政事堂阐明全国商会的共同要求，还决定公举盛竹书、朱葆三等 4 人为代表，“晋京要求照议修改，以顺商情”。如其所愿，全国商会联合会举行的这次临时大会广受舆论重视，上海各报均予以详细报道，有的还在报道中指出：“方今全国商业窳败，又当商战剧烈之时，欲谋商务之振兴，实业之发达，非有全国商界集合团体，为之联络研究进行，不足以言进步，抑且无以自存。吾国商会联合会上年业已组织成立，设总事务所于上海，现各省均已赞成存在，应即要求政府赓续有效，另拟强固章程，详请立案，作为全国商会联合会之主体，设分事务所于各省。”① 会议结束之后，大会公举的代表又在京“遍谒当道，将应请仍旧并不便奉行者逐

① 《全国商会联合会纪事·五》，《申报》1915 年 3 月 29 日第 10 版。

款说明，要求加以修正”。最后，在海内外商会坚持不懈的抗争之下，北京政府终于接受了商会的要求，对《商会法》予以修改后重行颁布，明确规定“总商会、商会得联合组织全国商会联合会”“全国商会联合会得设事务所”[①]，并删去原商会法中的“令”与“禀”等字眼。1916年初重新公布的《商会法施行细则》，又说明全国商会联合会、总商会“对于地方行政长官得用公函”。

抗争《商会法》能够取得成功，充分反映了全国商会联合会成立后使全国商会的联动机制得以增强，甚至具备了一定的制衡官府的能力，而这方面的能量与影响在清末是不曾有过的。清政府颁布的《商会简明章程》施行数年后，其中的不足与弊端逐渐显露，有些地区的商会也曾要求清政府予以修改。例如1911年3月成都商务总会发起召开四川全省商会联合大会，与会代表70余人“将公共弊害之应涤除者，公共利益之应扩张者，逐日逐件提出议案，公同研究”。大会通过了呈报农工商部的两项议决案，其中即有“成都商务总会议联名呈请农工商部修改商会章程案”。该议案阐明：“大部奏定商会章程共二十六款，固已提纲挈领，足为设会之根据。然简而［不］详，明而不备，致各会各拟其章程，即规制难期画一。现在各省总会分会分所成立已多，就川省言，总分会仅以奏定商会简明章程为施行法，一遇事实之发现，有非章程所规定者，辄疑畏不前，反贻放弃职权之诮。此本会呈请大部修改章程之议所由起也。”[②] 对于具体修改内容，经大会讨论也在议案中列出了商会经费、商事仲裁、商业登记、公文程式应列入章程等共计七条。但该案上报农工商部之后，却未见有任何回复批示。由于当时并无全国商会联合会进行联络和组织，尽管成都商务总会也曾“通照各省总会，征集意见”，但却没有形成全国商会的共同行动，自然也就难以产生民初商会成功抗争《商会法》这样的显著效果。

① 天津市档案馆、天津社会科学院历史研究所、天津市工商业联合会编《天津商会档案汇编（1912—1928）》第1册，第706页。

② 天津市档案馆、天津社会科学院历史研究所、天津市工商业联合会编《天津商会档案汇编（1912—1928）》第1册，第95－96页。

20 世纪 20 年代的国民革命运动时期，商会遭遇其发展历史上从未有过的生存危机。面临这一严重的危机，全国商会联合会和各省商会也是充分运用联动机制，通过全国各商会多年的共同努力和争取，才得以最终渡过这场深刻的危机，保持原有独立民间社团的合法地位，继续发挥保护广大工商业者的利益、促进民族资本主义发展的重要作用。

商会遭遇的这次生存挑战主要是政治危机。揆诸史实不难看出，国民革命与辛亥革命的一个显著不同，是革命浪潮广泛席卷了社会各个阶层，“革命”成为那个时代使用频率很高的流行政治词汇，而且几乎是评判各个党派、社团、个人言行是否正当的主要价值标准，“反革命”则是最为大逆不道之罪，如同被宣判了死刑。非常不幸的是，商会即在国民革命时期被国民党定性为“反革命”社团。1926 年 1 月国民党第二次全国代表大会通过的《商民运动决议案》，认定商会“受帝国主义者和军阀之利用，作反革命之行动，使一般之买办阶级每利用此种商会为活动之工具”，因此，需要“号召全国商民打倒一切旧商会”，在条件成熟时由中小商人新成立的商民协会这一革命团体取而代之。①

在此之后，许多地区的商民协会相继成立，与商会发生日益激烈的矛盾和冲突。在国民党中央和省市各级党部商民部的支持下，商民协会不断要求接管商会，长沙总商会和南昌总商会就曾一度被商民协会接管。毫无疑问，商会自清末成立之后从未遭遇过类似政治危机，如何应对这一危机是对商会的严峻考验。面对这种危机，仅依靠哪一个商会的努力肯定是无法最终达到目的，只有通过全国商会联合会和各省市所有商会的联动机制，齐心协力，众志成城，才有可能安全渡过危机。在全国商会联合会的组织之下，各商会首先采取的应对办法是竭力阐明商会并非反革命旧式社团，而是支持革命的重要力量，并

① 《商民运动决议案》，载中国第二历史档案馆编《中国国民党第一、二次全国代表大会会议史料》上册，江苏古籍出版社，1986，第 388 - 393 页。

历数武昌起义后汉口、上海等地商会支持革命的光荣史迹，证明商会在辛亥革命时期即对革命多有贡献。其次，各商会不断联名呼吁国民党中央和国民政府修订商会法，此举表面上是为了改进商会受到批评的一些弊端，实际上则是为了使商会重新取得合法地位，能够得以继续生存。再次，是对国民革命尤其是对国民革命军北伐给予大力支持。北伐军每到一处，当地商会都组织商家悬旗挂彩表示欢迎，并动员工商界踊跃捐款捐物，这对财政一直处于窘迫境况的国民政府而言称得上是雪中送炭。

鉴于商民协会与商会的矛盾纷争导致工商界陷于混乱，加之商会对国民革命确有宝贵支持，国民党中央不久即决定调整最初拟订的商民运动方略，禁止各地商民协会未经中央批准接管商会，并说明在现时情况下商民协会和商会应“同时存在”。但此举并没有真正解决商会的生存危机，1927 年 11 月国民党中央商民部再次提出将商会与商民协会合并的设想，又引发了激烈的商会存废之争。12 月，全国商会联合会在上海举行临时大会，国民政府辖区内近 90 个商会的一百余名代表出席。本次会议的开幕典礼，还邀请了蒋介石、戴季陶、孔祥熙等党政要员参加。全体与会代表集中向国民党中央和国民政府表示：“政府如不欲商民合作则已，若欲合作，又故将代表商民之商会而废弃之，是犹南辕而北辙也。……党部可以裁撤商民部，党内可以不要商人，但国家不能无代表商民之商会。”① 另外，大会还以全国商会联合会总事务所的名义呈文中央党部和国民政府，强烈要求撤销中央商民部废止商会提案，尽快修改颁布《商会法》。此次临时大会的召开不无作用，它使中央商民部合并商会与商民协会的设想未能实施。及至 1929 年 4 月，上海商民协会与总商会发生更为激烈的暴力冲突，导致上海总商会宣布“闭门”停止办公，广受社会舆论关注。此时，国民党中央意识到商民协会与商会难以并存，必须二者选其一。南京国民政府建立后，国民党中央即宣称国民革命已从“破坏”转入“建设”的新

① 上海市工商业联合会、复旦大学历史系编《上海总商会组织史资料汇编》下册，第 593 页。

阶段，在此新阶段以经济职能为主的商会显然较诸以政治职能为主的商民协会更为重要，于是国民党的最终抉择是取消所有商民协会，通过颁布新《商会法》将商会予以保留。以上事实表明，面对这次严重的生存危机，商会如果不是依赖其运转有效的联动机制努力坚持，不断争取，将难免被商民协会取代的悲剧。

除具备了一定的制衡官府的能力外，经由全国商会联合会建立新的联动机制之后，民国时期的商会还开始走向国际舞台，不仅派代表列席了国际商会代表大会，而且最终加入国际商会成为其中的一员。1925 年 4 月，全国商会联合会召开第五次代表大会，就曾初步讨论过加入国际商会的提案。1928 年底，国际商会会长比莱利通过中国驻比利时大使王景岐致函上海总商会，希望与中国商会建立联系。全国商会联合会获此信息后，在电告国民政府行政院、外交部和工商部的同时，通电各省商会联合会分事务所向各商会广泛征求意见。全国各商会“佥以不平等条约实为我国对外贸易不振之主要原因，国际商会既系各国商人及经济团体所集合组织，我国自应将此项重要问题，宣布世界各国商人，转促各该国政府之觉悟。故复电纷纷，均表示赞同”[①]。既得到全国各商会支持，全国商会联合会总事务所随即成立了参加国际商会研究委员会，于 1929 年 4 月讨论通过国际商会中国委员会筹备会章程。7 月，国际商会在荷兰召开第五届大会，全国商会联合会推举张嘉璈、陈光甫等 10 人组成代表团前往列席，是为中国商会代表首次参加国际商会大会，在更为广阔的世界舞台上亮相。至 1931 年 2 月，国际商会中国分会正式宣告成立，由陈光甫任会长，郭秉文任副会长。5 月，经国际商会理事会批准中国商会成为该会的正式会员之一。不难想象，在当时中国面临各种不利因素的国际形势下，能够加入国际商会可以说是中国商人成功登上国际舞台的一个重要步骤，此举同时也称得上在近代中国商会的发展史册上写下了值得重视的新篇章。

进入民国之后，由于商会联动机制在原有基础上得到进一步完善，

① 胡纪常：《国际商会概论》，商务印书馆，1933，第 57 页。

即使是发生于某一商会的地方性个案事件，往往也都会得到全国各地商会的有力声援。例如1919年日本驻津总领事船津辰一郎蛮横无理地干涉天津总商会选举卞荫昌担任会长，要求农商部革除卞荫昌的会长职务。天津总商会一方面呈文国务院和外交部，强烈抗议日本总领事的粗暴干涉行径；另一方面“通电全国商会，请协力赞助抗议”[①]。各地商会立即给予声援，湖南总商会呈文农商部，强烈谴责“驻津日领干涉商会选举，侵我内政，侮我法团，湘商闻之，同深愤慨”；同时要求“外交部严重交涉，无为强权所劫持，以保国权，而伸民气”[②]。兰州总商会致电国务院和农商、外交两部，阐明天津总商会“依法选举，局外不得干涉，乃日领竟以领事资格干涉法团，轻辱国体，莫此为甚”；外交部应该“依国际公法与日公使严重交涉，不达撤换该领事目的不止”[③]。全国商会联合会甘肃事务所也对天津商会予以声援，表示：“敝会虽处边侥，窃愿执鞭以随其后。”[④] 在各地商会的大力声援与支持下，天津总商会不畏强权干涉，坚持抵制，最终使日本总领事的阴谋未能得逞。

综上所述，本节主要以上述若干典型事例，阐明在近代中国林林总总的各类新式民间社团中，商会的社会能量与影响格外引人瞩目，其原因在于商会是由具有经济实力之新兴工商业者组成，并且确立了全国性商会、省总商会、分会、分所四级组织系统网络，势力遍及各大都市与中小城市乃至为数众多的乡镇，而经由这一特殊组织系统网络建立起来的“联动”机制，则使商会具有“登高一呼，众商皆应”之巨大号召力，能够得以在政治、经济、外交等领域开展一系列大规模活动并产生显著影响的重要原因，同时也是商会维护自身合法社会地位和权利行之有效的主要途径。

---

① 《天津总商会对于日领非理干涉之抗议》，《益世报》1919年11月21日第2版。

② 天津市档案馆、天津社会科学院历史研究所、天津市工商业联合会编《天津商会档案汇编（1912—1928）》第1册，第61页。

③④ 天津市档案馆、天津社会科学院历史研究所、天津市工商业联合会编《天津商会档案汇编（1912—1928）》第1册，第63页。

八、“二次革命”前后的上海总商会

商会是辛亥革命前新成立的重要商人团体，其与传统行会明显不同的是具备了“登高一呼，众商皆应”的号召力，由此在经济、政治乃至社会生活的诸多领域都发挥了不可忽视的作用。在商会史研究初兴的20世纪80年代上半期，商会只是附属于辛亥革命研究之下的一个新分支领域，尽管商会是一个经济团体，其主要职能也集中体现在经济方面，但当时对商会的探讨却侧重于政治方面，所采用的也是较为单一的政治史分析框架，完全以商会反对还是支持革命作为唯一的评价标准。

现今回看商会史甚至是辛亥革命史研究的发展历程，可以说20世纪80年代商会史研究的兴起，对于回应中国台湾地区以及外国学者提出的清末是否存在一个资产阶级和对辛亥革命性质的质疑，弥补我们以往对资产阶级主体缺乏研究的不足，用大量第一手商会档案文献论证辛亥革命前资产阶级已经成为一支独立的社会力量，辛亥革命是资产阶级性质的革命，无疑起到了一定的作用。但是，以单一的政治史研究范式考察商会明显存在着不小的缺陷，这样的研究无意中遮蔽了商会在经济和其他社会领域所发挥的重要作用，无法使我们了解近代商会的全貌，好在商会史研究者很快即意识到这一缺陷，随即从诸多方面对商会进行探讨，使商会史不再附属于辛亥革命史，发展成为中国近代史研究中的一个新兴领域。

但另一个至今仍被忽略的问题是，即使是在政治史范式下对商会的政治动向进行考察，也同样存在着不少问题，甚至有些基本史实也没有完全弄清楚，对商会的认识以及做出的评价也因此并不准确和全面。例如，从以往的大多数研究成果不难看出，武昌起义爆发后，革命浪潮以无可阻挡之势迅速发展至全国各地，武汉、上海以及其他一些地区的商会、商团领导人随之改变政治态度，转而支持革命，不仅推动了一些地区实现“和平光复”，而且在财政经济方面对新生的革命政权给予了宝贵支持。总体而言，武昌起义之后许多商会支持革命，发挥了值得肯定的积极作用。然而，对于“二次革命”期间全国商会的表现与作用，以往的论著几乎都给予了简单的全盘否定，包括笔者本人的著作同样也是如此。[①] 尤其是对号称全国第一商会的上海总商会在“二次革命”期间的表现，不仅当年的革命党人即曾加以谴责，而且后来出版的研究论著也一致予以否定，但其背后还有哪些我们未曾提及也不清楚的史实，长期以来却很少有研究者通过挖掘相关史料进行全面深入的具体探究，以至于对一些相关具体史实也没有描述清楚。[②] 笔者细读《上海总商会议事录》后，即感到在这方面尚有进一步厘清之必要。本文并非为上海总商会在“二次革命”中的政治表现做辩解，更不是翻案文章，只是想说明过去没有厘清或很少提及的“二次革命”期间上海总商会的若干重要史实，以帮助我们更加全面地认识“二次革命”时期的上海总商会。

---

① 相关论著请参阅章开沅、林增平主编《辛亥革命史》下册，人民出版社，1981，第 465－467 页；胡绳武、金冲及：《辛亥革命史稿》第 4 卷，上海人民出版社，1991，第 634－635 页；徐鼎新、钱小明：《上海总商会史（1902—1929）》，上海社会科学院出版社，1991，第 171－173 页；马敏主编《中国近代商会通史》第 2 卷，社会科学文献出版社，2015，第 730－731 页；虞和平：《资产阶级与中国近代社会转型》第 3 卷，中华工商联合出版社，2015，第 168－169 页。另见拙著：《辛亥革命时期新式商人社团研究》，中国人民大学出版社，1991，第 319 页；《转型时期的社会与国家：以近代中国商会为主体的历史透视》，华中师范大学出版社，1997，第 277－279 页。

② 在 1915 年北京政府农商部正式颁行《商会法》以及全国商会根据农商部部令实行改组之前，基本上仍沿袭清末的商务总会之称，极少用总商会之名。辛亥年上海光复之后，一部分商董认为原上海商务总会系清朝商部所设，不合时宜，报经沪军都督府批准成立了上海商务公所。1912 年 2 月底上海商务总会和上海商务公所实现合并，发布通告称：“现在民国大定，政治统一，应即规定办法，于 2 月 27 日在商务公所邀集各商董会议，公定名称为上海总商会，以昭统一。”（《上海总商会第一广告》，《申报》1912 年 2 月 29 日第 1 版）于是，上海商会又成为在全国率先使用总商会名称的商会。

1. 反对“二次革命”函电出台经过

“二次革命”爆发后，1913 年 7 月 18 日陈其美予以响应，宣布上海独立，沪上讨袁战争处于一触即发之势。此前一直担心战事再起的上海总商会，随即于 7 月 21 日召开了一次特别会议，经过一番讨论，最后议定以总商会名义公开发出一函一电，这成为上海总商会明确反对“二次革命”的铁证。这一函一电次日即在上海各大报章均有登载，而且多为相关论著摘录引用，此处照录全文如下：

致南北两军公函

敬启者：赣省事起，风潮骤急，商界首当其困。本日喧传南北军在制造局将有战事，商民恐慌，要求设法维持。倾间全体开会决议，上海系中国商场，既非战地，制造局系民国公共之产，无南北军争持之必要，无论何先启衅端，是与人民为敌，人民即视为乱党。为特函告台端，约束麾下，勿与人民为敌，轻启衅端，众商感戴。

北京国务院、参众两院、各省商会均鉴：

赣省变起，商业受害，今日上海全体商界开会，均反对此次扰乱，除通电外，特闻。沪总商会。[①]

在“二次革命”终于爆发，讨袁义军迫切希望得到各界声援的紧要关头，全国各地商会都陷入恐慌并表示反对。尤其是作为全国第一商会的上海总商会，公开发出这样的一函一电，明确反对“二次革

① 上海市工商业联合会编《上海总商会议事录》（一），第 121－122 页。另见《申报》1913 年 7 月 22 日第 6 版。总商会的这一公函之所以题为《致南北两军公函》，并称“南北军在制造局将有战事”，是因为上海江南制造局系一大型兵工厂和重要军事据点，当时由袁世凯政府所派北军驻守，上海革命党人组织的讨袁南军响应“二次革命”，首先需要攻占这一军事据点。因此，江南制造局当时也成为南北两军的必争之地。

命”，并称之为“扰乱”，将讨袁的革命党人视为“乱党”，所产生的影响自然非同小可。上海的革命党人对此十分愤怒，在《民立报》上专门发表评论文章对上海总商会予以抨击：“宋案起而市面凋敝，北军南下而金融停滞。请商会诸君想想，到底商家吃谁的苦来。不许上海有兵事，竭力调停可也，乃打电北京，竟称为此次扰乱，全体不赞成，这是什么意思？什么口气？请商会诸君，不要藏头露尾，说个明白来。中国银行钞票，故意留难，抬高贴水，钱庄银号，不许汇划，这明明是自己寻死路。请商会诸君，将眼前急应疏通之事，稍稍注意，不要学做政客，爱说空头话，反把头脑弄昏了。”①

从表面上看，上海总商会的这一表现似乎有些令人费解。因为上海总商会和商团等新式商人团体，在此前不久的辛亥革命时期还曾支持革命党人光复上海，此后又有多名商界领袖在沪军都督府担任要职，上海总商会还曾慷慨解囊，帮助解决沪军都督府的严重财政困难，但为时不久却对革命党人讨袁的“二次革命”公开表示反对。之所以如此，以往的论著均指明这是作为工商业者代言人的商会害怕革命再起，影响工商业发展，使工商业者的经济利益遭受损失，其实质是资产阶级的妥协性和软弱性所致，但却没有深入考察上海总商会这一函一电的具体出台经过以及何人为推手。而要了解相关具体情况，就目前所披露的史料而言，只有通过考察和分析总商会的议事录才能知其梗概。

据《上海总商会议事录》记载，7 月 21 日召开的这次特别会议，集中讨论的是“驻守制造局南北两军有即刻开战之说，商市岌岌，公议设法维持案”。会议开始时由总商会总理周金箴说明召开本次特会的缘由：“北军来沪，保守制造局，人心甚静。自南京宣布独立后，即有南北两军将开战衅之谣。南市各商，已大受惊恐，北市地界毗连，唇齿相依。今晨各商至会，声称调停无效，战祸在即。本日各报纸登有县议会提议办法，拟请两军各自退出，将局归公民保卫团暂管。事关

① 《致商会》，《民立报》1913 年 7 月 22 日第 10 版。

商务大局，诸公有何高见？请公议。"[①] 周金箴的这番说辞虽未明确表示对南北两军之具体态度，但认为袁世凯一方之北军进驻制造局时"人心甚静"，而革命党人在南京宣布独立后"即有南北两军将开战衅之谣"，显然是将商民的恐慌归咎于"二次革命"的爆发，这在很大程度上代表了当时上海商人和总商会多数议董的普遍认识。

不过，从随后的讨论中我们也可以发现上海商人和商会起初也并非完全只是针对沪上讨袁的南军，同时也对袁世凯政府所派驻守江南制造局的北军发出了呼吁和要求。据议董苏筠尚向会议报告："昨日在自来水公司与北军代表会议"，要求北军不得与南军开战，并撤出制造局。北军代表表示"系奉部令来守制造局，军人以服从命令为天职，如南军不来逼，则北军必不先开战衅"。但对于撤出制造局的要求，北军代表则声称："要我军撤退，只须有海陆军部命令，立可遵办，否则军律具在，实难遵命。"结果调停谈判"仍无结果"。在讨论上海县议会提议的将制造局交由地方保卫团暂为代管的办法时，周金箴认为"县议会所拟办法固属公允，特恐两军不允交付公团，将奈何？"议董叶明斋表示："共和时代，以民意为主体，公民保卫团为南北市公举，两军不能拒而不纳。"在当时的具体历史条件下，这样的说法就法理而言并不为错，但实际上却未免有些天真。因此苏筠尚马上指出："保卫团虽由四团体组合，然无军事实力，使之担任制造局，殊非所宜。"另一议董王子展也附议说："鄙人也不赞成此议。"于是对县议会提议的办法不再讨论。

随后又有与会者提出另外的应对办法。议董郁屏翰发言称："西商屡言伊等于此次之乱，均极痛恨，如中国商人有均不赞同之确证，则伊等即有办法。"总商会协理贝润生紧接着也说："顷间曾拟商请南北两军，彼此皆不得开战，由领事团居中签字作证。如此则战争可免，市面可安。"由此得知，上海总商会内部还曾有请外国领事团出面干预，以避免在沪发生战乱的动议。但在讨论中也有个别议董认为这一

① 上海市工商业联合会编《上海总商会议事录》（一），第120页。

办法并不妥当，例如印锡璋指出："今次起事，系属内乱，若请领事团居中作证，恐于主权有碍。"由于印锡璋的发言强调此办法有碍国家主权，其他议董竟一时无言以对。

以上两种方案的讨论均无结果，似乎使会议陷于僵局。此时，议董傅筱庵表示："现在时势已极急迫，我等在商言商，宜先筹保商为正办。"这种说法应该也是绝大多数与会议董的心声。另一议董夏粹芳则直截了当地提出："今日之事，必须先定宗旨，究竟南北众商，于此次独立，是否赞成？抑系反对？请即宣布，再议办法。"本次会议遂由此被引入至关重要的时刻。主持会议的总理周金箴提议："如不赞成此次乱事者，请举手起立。"结果与会者"全体举手起立"，上海总商会也因此而达成了反对"二次革命"的一致态度。苏筠尚进而还说："民国统一，已及两年，本无南北之分，如有先启战端，扰乱地方者，即视为乱党。"此说并未引发其他人异议，这为后来总商会致南北两军的公告函定下了基调。最后，本次会议"公决即照此意，分函南北两军军统约束麾下，幸勿轻开战衅。一面通电北京国务院、参众两院及各省商会，声明此次乱事，沪上商界均不赞同"①。

以上就是上海总商会公开反对"二次革命"的一函一电酝酿出台经过，在此过程中总商会内部也有人提出过其他两种应对方案，但最后还是一致通过以一函一电的方式，代表全体上海商界公开表明其政治态度，作为总理的周金箴，议董苏筠尚、傅筱庵、夏粹芳等人在本次会议上产生了重要的引导作用。他们几人不像李平书、沈缦云、王一亭、杨信之等商董，在辛亥革命时期即与革命党人建立了或多或少的联系，因此反对"二次革命"的态度也更为坚决，是上海总商会出台反对"二次革命"一函一电的重要推手。

除此之外，上海各业商人尤其是若干重要行业商帮的强烈呼吁，对总商会最终形成这一决议也不无影响。透过《上海总商会议事录》不难发现，在总商会发出这一函一电之前，上海许多行业商帮都曾接

① 以上几段文字中的引文，均见上海市工商业联合会编《上海总商会议事录》(一)，第121页。

连向总商会上书，要求总商会出面协调，向革命党人施加压力，尽量避免再起动乱，切实保护商人利益。[①] 总商会在多次常会和特会中也不得不讨论这一问题，而且多数议董认为总商会应该顺从众商之意，这主要是因为当时的上海商人和总商会都将造成动乱与恐慌的根源，归咎于革命党人酝酿发动武力讨袁的“二次革命”，而无法像革命党人所指出的那样，意识到“当知使吾民感兵祸之痛楚者，其罪魁祸首者实为袁氏，袁氏甘心与人民开衅，岂能转责他人。呜乎！此可为商民之当头棒”[②]。《时报》发表的时评文章，则似乎对上海商人以及总商会的这种态度和行动颇能表示理解，认为“商界何以反对南方兵事？盖兵事一起，商人之损失无限。此不独中国商人然也，即外国商人，亦甚望贸易之国，处于平静之地位，安居乐业，勿复惊扰。且商业凋零，则人民均受其影响。故彼等之反对，亦有不得已之苦衷也。”[③]

与上海总商会态度有所不同的是在陈其美宣布上海独立之前新成立的上海保卫团。该保卫团由上海教育会、上海南商会、上海救火联合会、商团公会 4 个团体组成，由商团公会的李平书担任团长。[④] 上海总商会在 7 月 17 日的特别会议上曾讨论是否也加入保卫团，会员沈仲礼认为“保卫团如能将南北两方和平解决，不用武力，本会极应加入”。但当主持会议的协理王一亭提议“本会应否加入，请列席诸君举手表决”时，却只有少数人举手赞成，因此总商会并未成为保卫团的一员。[⑤] 有关论著认为保卫团的成立也是上海商界反对“二次革命”的应对举措[⑥]，实际上保卫团与总商会在“二次革命”期间的态度并

---

① 例如洋货商业公会，绸业绪纶公所，洋布业振华堂公所，钱业、五金业、纱业、花业公所等，在“宋案”发生，革命党人积极筹备讨袁之役时，都曾接连呈文总商会，呼吁“贵会领袖群商，热忱素著，昔为他事筹款也，尚具电代请，昔为他事开会也，尚具名协助，至吾商界之被蹂躏，想必能首先维持，以尽天职。商等之所仰望于贵会者，眼将穿矣，乃延之至今，无声无臭，讵睹此现象，尚无动于衷耶？……祈速通电各当道，遍告全国，一面登报声明，商众断不附和其间，自取焚如，不使蓄心扰乱之徒，托名号召，利用无知，再呈乱象也。”见上海市工商业联合会编《上海总商会议事录》(一)，第 94 页。

② 《商民之当头棒》，《民立报》1913 年 7 月 23 日第 2 版。

③ 《商界之反对》，《时报》1913 年 7 月 22 日第 8 版。

④ 《上海维持种种》，《时报》1913 年 7 月 18 日第 7 版。

⑤ 上海市工商业联合会编《上海总商会议事录》(一)，第 118 页。

⑥ 徐鼎新、钱小明：《上海总商会史（1902—1929)》，上海社会科学院出版社，1991，第 173 页。

不完全一致。上海保卫团的设立虽然也是“一面维持内部治安，一面弭止战祸，务使我上海地方不遭兵火为目的”[①]，但其所采取的具体行动主要不是向武力讨袁的革命党人施加压力，也没有将讨袁的革命党人称为“乱党”公开表示反对，而是附和讨袁义军要求驻守制造局的北军撤出上海。7 月 19 日李平书等人还代表保卫团前往制造局面见北军首领郑汝成，随后，李平书又曾约见北军数位将领，甚至还邀请陈其美也参与秘密磋商，提出“将该局军火一并封存，以待南北大局定夺之后，再行办理”[②]。李平书领导的保卫团虽然未达目的，但因其与上海总商会的不同态度，所以袁世凯在镇压“二次革命”之后，即下令对上海总商会给予嘉奖，而对李平书则毫不留情地进行通缉抓捕。

2. 请求外国领事“维护商场”

在前述 7 月 21 日上海总商会召开的特别会议上，有议董提出请外国领事团出面干预，以避免沪上发生战乱的方案，因没有达成一致意见而未果。但从后来的史实不难发现，上海总商会的许多议董并未因此而完全放弃该方案，依然认为这一方案有望实施，并进行了若干努力。7 月 22 日总商会又再次召开特别会议，讨论“维护商场案”，实际上就是再次专门商议这一方案。有关这方面的情况，因以往的相关论著在考察“二次革命”期间的上海总商会时都很少提及，这里略作介绍。

据《上海总商会议事录》透露，总理周金箴在本次会议开始时特作如下说明：“昨日特会散会后，有议董多人嘱鄙人与贝协理、夏议董至领袖领事处，商量维护商场办法，并请领事团向南北两军协助和平解决。”这表明在 21 日的总商会特别会议上，只是因议董印锡璋指出请外国领事团出面干预“于主权有碍”，才没有再继续讨论并形成一致

① 朱宗震、杨光辉编《民初政争与二次革命》下编，上海人民出版社，1983，第 709 页。
② 朱宗震、杨光辉编《民初政争与二次革命》下编，第 712 页。

意见，但实际上不少议董对这一方案是表示支持的。由于关涉国家主权，他们在会上不便表明态度，而是在会后纷纷向总理和协理提出了这一要求。

在多名议董的要求下，由总理周金箴、协理贝润生和议董夏粹芳等人出面，代表总商会于当日即拜见了领袖领事。周金箴在会上也报告了这次见面商议的结果：“据领袖领事说，北政府可以电告，南军一方面各国不认为交际团，未便与商。惟保卫治安一节，自当协助，但须商会来函，方可与各领事妥议。”于是，总商会草拟了函稿，夏粹芳也另订了一稿，周金箴特别强调：“此函关系重大……应请诸公细心商榷。”经查参加本次特会的人员名单，印锡璋虽也有出席，但或许是碍于众多议董和总理、协理的一致主张，在会上没有再次提出此举“于主权有碍”的意见。遂经过讨论，“公议会拟一稿，较为妥当，迅即缮送”。该函稿全文如下：

致荷兰领事兼领袖领事函（7月22日）

启者：江西事起，南京独立。沪南制造局本有北来军队驻守，近日南路军队云集，喧传将有战事，商民已极恐慌。或开战，南市固遭糜烂，租界即不得安宁。商民连日开会，均不愿目见战事。租界以内，诚知贵领事已防护周密，毋庸过虑，然南北毗连，一旦启衅，事所难料。应请事前如何消弭之处，务祈贵领事迅速筹商。商民公意，商场万不能作战场，庶商务、治安两有裨益。专此奉布，顺颂日祉。①

显而易见，上海总商会的这一行动，表明其领导人在当时的情况下，一心只希望避免战事发生，商场不能变成战场，商人不能遭受经济损失，为达此目的而不惜采取各种行动。在此之前的6月初，附设于上海总商会的全国商会联合会总事务所甚至还曾直接致函孙中山、

① 《总商会致领袖领事函》，《申报》1913年7月22日第6版。

黄兴、陈其美，要求“诸公通电各省，表明素志，其有谋为不轨者，一体严拿，尽法惩治，并恳电致北京贵党本部，以国家为前提，一致进行”[①]。孙、黄、陈三人署名的复函虽承认“影响所及，首在商界。来函所称，殊深扼腕”，但同时也拒绝了全国商联会总事务所的要求：“至来函嘱通电各省及北京国民党本部一节，用意固佳，惟严诘奸宄，地方政府责无旁贷，谅无待鄙人等之谆嘱。国民党乃系政党，其政纲早经宣布，固已一致进行。此时大局稍定，若再以鄙人一二人之意通电全国，恐转滋歧惑耳。”[②]

上海总商会无论是致函孙中山、黄兴和陈其美，还是寄希望于借助驻沪外国领事，以避免战事发生，其实都不现实。革命党人显然不会应商会的要求停止武力讨袁的行动，外国领事也不会真心维护整个上海华商的利益，至多只是关注租界内的安全与治安。例如驻京公使团曾应驻沪领事团的请求，正式通告南北双方：“（一）无论南北，如欲在沪开战者，须离租界三十英里。（二）须各存金镑一千万镑，预备偿还各项损失。否则，即以违背万国公法论，定行干涉。”[③] 对于上海华界及华商的安全，驻京公使团的通告只字未提。不难看出，上海总商会寄希望于驻沪外国领事对华商给予保护，只是一厢情愿不切实际的幻想，并没有产生什么实际作用。

其实，对于请求外国领事团出面干预，以图避免“二次革命”致使商场变为战场的舆论与行动，在此之前即有报纸发表文章认为此举实不可取。例如《时报》发表的社论即曾特别指出，国内政争应该“绝对不受外人干涉”，同时也“绝对不受外人扶助”。因为“一国之政争，由一国人自主之，虽甚纷扰，其结果亦不过楚弓楚得。若一有外国加入其间，大之恐扰乱世界之和平，小之亦不免如墨西哥之丧地。……既求外人为援助，则他日以权利交换，在所不免”[④]。然而，

① 朱宗震、杨光辉编《民初政争与二次革命》上编，第379－380页。
② 朱宗震、杨光辉编《民初政争与二次革命》上编，第380－381页。
③ 朱宗震、杨光辉编《民初政争与二次革命》下编，第713页。
④ 《论第二次革命》，《时报》1913年7月18日第2版。

当时的上海商人和商会中除了印锡璋这样的个别人对此有所认识外，其他人都只是希望保全自己的商业利益，根本无暇顾及其他，因而也不顾报刊舆论的忠告，依然幻想请求外国领事团出面干预，由此可以进一步证实上海商人和商会在面临政治追求与经济利益相互冲突时，首先考虑的是经济利益的得失。当然，这种表现也符合商人“在商言商”的品格特征，并不足为奇。

3. 总商会协理王一亭辞职案

从《上海总商会议事录》中我们还可以发现在“二次革命”期间，上海总商会曾经发生过一场不大不小的王一亭辞职风波，从中可以窥探上海总商会内部在“二次革命”期间某些鲜为人知的内幕。而对于这场王一亭辞职风波，除个别外以往的相关论著几乎均未提及，[1]因此很有必要予以介绍和说明。

王一亭，浙江吴兴人，早年曾任日清轮船公司买办，后作为主要股东参与投资创办大立面粉厂、申大面粉厂、上海内地电灯公司、华兴水火保险公司等民族资本企业，同时担任这些企业的董事，并曾出任上海信成商业储蓄银行的董事长。1912 年，当选为上海总商会协理。据已故的丁日初先生考察，王一亭在辛亥革命前即与上海革命党人建立了密切的联系，曾资助于右任创办《民立报》，并参加了同盟会，[2]后来又成为国民党党员。

“二次革命”爆发后，上海也宣布独立，7 月 23 日驻沪讨袁军总司令陈其美下令向北军开战，上海陷于战火之中。总商会先前为避免战事发生的所有努力，全部化为了泡影。王一亭因其特殊身份，加之在“二次革命”爆发前后的表现，遭到外界诸多猜疑，报章也有披露，

① 虞和平的《资产阶级与中国近代社会转型》第 3 卷（中华工商联合出版社 2015 年版）的第 4 章第 1 节“商会在民初政争中的拥袁活动”，对王一亭辞职案略有论及。

② 丁日初：《辛亥革命前的上海资本家阶级》，载《纪念辛亥革命七十周年学术讨论会论文集》上册，中华书局，1983，第 316 - 317 页。

甚或连总商会的名声也因此受到某些牵连。7 月 22 日总商会特别会议曾议决在报上刊登一则广告，内容为："此次变起，商业受害，本总商会在商言商，迭次开会，全体议董会员，同一意旨，保护商业治安，并无要求独立之议。连日报载新闻，间有失实之处，恐多误会，合亟广告，惟祈公鉴。"① 传闻总商会有要求独立之议，应该是王一亭、沈缦云等人的某些行动致使外界产生的印象，而总商会为消除这一传言及其影响，急于在报上刊登广告予以澄清。迫于各方面压力，王一亭于 7 月 28 日在报上刊登启事，声明已经辞去总商会协理一职，并退出了国民党。该启事及所附王一亭致国民党、总商会的函全文如下：

> 近日各报登载关于鄙人之事不一而足，蒙总商会分别函请各报更正，并登鄙人致各报主笔函，度邀公鉴。鄙人素性和平，从未稍涉非分。此次南北二军开战，南市因遭糜烂，而租界亦必大受影响，故一意主张要求双方免战。不意众商自兵燹之余，元气未复，一旦兵戎再见，愤恨无极。鄙人力求和平解决，转启群疑，奔走呼号，适成多事。茫茫四顾，难索解人，可胜浩叹！兹将七月二十三日鄙人致国民党、总商会函照录于后，以明此心之无他，知我罪我，听之而已。
>
> 附：1913 年 7 月 23 日王一亭致国民党、总商会函
>
> 敬启者：鄙人生性拘谨，凡事悉主和平。此次赣省事起，宁沪相继独立。谣言初兴，尚思弭祸于事前，连日在南北商会集议磋商弭祸之法，曾将情形函登各报。盖深恐两军决裂，人民遭祸。旬日以来，竭力调停，苦口哀求，惟冀消弭祸端。虽牺牲名誉，伤失感情，四面受谤，皆所不惜。因置身商界，实受困难，徒以党籍所关，虽抱和平宗旨，区区之意，始终不能达到。至昨日求告既穷，目击大祸，窃自忿恨，无以对党员，无以对商界，惟有脱离国民党籍，告退商会协理，自引愆尤，不敢再赞一词。谨布

---

① 上海市工商业联合会编《上海总商会议事录》（一），第 123－124 页。另见《上海总商会广告》，《申报》1913 年 7 月 23 日第 1 版。

下情，务祈见谅，至所感祷。①

从王一亭的启事与致国民党、总商会函可以看出，他认为自己性格一向温和，凡事悉主和平，在南北两军对峙，沪上形势日益紧张之际，其与商界人士的主张并无二致，即要求双方免战，防止商场沦为战场，并且竭尽全力，居间调停，结果因没有达到目的，反而遭受误解和指责。王一亭认为自己蒙受了极大的委屈，牺牲了名誉，反而落得如此下场；另一方面，若以其国民党员的政治身份而言，面对国民党组织的武力讨袁行动却力主免战，则似乎又是格格不入。于是，从表面上看王一亭既不能使商界满意，也没有尽到一个国民党员的职责，所以“四面受谤”，只得声明退出国民党，辞去总商会协理一职。

其实，细加观察不难发现王一亭的主张和平与居间调停，与当时的商界乃至总商会多数人的言行还是有所不同的。总商会是将讨袁行动视为扰乱，将组织武力讨袁的国民党作为乱党，坚决予以反对，而李平书、王一亭乃至陈其美所主张的和平解决，是敦促驻守制造局的北军撤出，由讨袁军和平接收，或者由上海保卫团暂时接管。因此表面上虽然都强调“和平”，实际上却有着本质区别。

7 月 21 日上海总商会召开特别会议决定公开发布一函一电，表明反对“二次革命”的态度，作为协理的王一亭虽然也出席了这次会议，但从会议记录中却未看到他的发言，不过最后他肯定也是举手赞成的，因为总商会议事录写明的是与会者全体举手赞同。这或许是碍于众意，未便发表不同意见。然而，在此之前王一亭个人所参与的调停行动，主要是要求驻守制造局的北军撤出，似乎并不代表总商会多数议董的意愿。据上海多家报纸报道，7 月 18 日陈其美与李平书等人往见制造局督理陈洛书，希望敦促驻守制造局的北军主动撤退，由讨袁军和平接管。“后屡与北军商议，北军领袖坚不承认独立，且对于中立问题亦不赞同。”19 日，李平书又“会同王一亭君，乘坐汽车，前赴制造局

① 上海市工商业联合会、复旦大学历史系编《上海总商会组织史资料汇编》上册，第 142 - 143 页。另见《申报》1913 年 7 月 28 日第 1 版。

内，面商陈督理暨北军领袖郑中将汝成，告以上海刻下秩序不安，若再坚持，设有变端，商民生命财产，势必糜烂不堪，务请顾全大局等语。兹闻郑中将已有和平解决之希望，免动干戈，即日定可议决办法。言毕，李王二君遂于十二点出局”①。上海战事发生后，即有报纸发表的评论文章认为李平书和王一亭对此负有责任，并声称上海商团也因此蒙受了不白之冤。② 前还曾提及，李平书在“二次革命”结束后受到袁世凯政府的通缉，与其联合行动的王一亭自然也会引人猜疑。据《时报》报道，上海租界工部局曾议决以所谓“乱党”名义，“将孙文、黄兴、陈其美、岑春煊、李平书、沈缦云、王一亭、杨信之八人，逐出租界”。③

非常耐人寻味的是，这八人中的后四人均为当时上海商界的活跃人物，而且除李平书之外都曾在本届上海总商会中担任议董。据《申报》报道，上海宣布独立后，王一亭、沈缦云曾在总商会召集议董20余人，商议“请总商会劝告商界赞成独立”，协理贝润生和议董严渔三坚决反对，并表示总商会“亦决不能以独立通告商界”。在场议董进行表决，赞成者举手，结果“只有王一亭、沈缦云、杨信之、顾馨一四人举手，遂少数不能通过而罢”。④ 尽管总商会后曾刊登广告，特别强调总商会内部“并无要求独立之议”，但结合王、沈等人的言行，以及上海租界工部局对8名“乱党”发出的驱逐令看来，即使《申报》的这一报道有不准确之处，但恐怕也并非完全是空穴来风。⑤ 种种迹象表明，“二次革命”期间上海总商会内部领导层的政治态度与有关言行并

① 朱宗震、杨光辉编《民初政争与二次革命》下编，第711页。1913年7月20日之《民立报》《时报》《申报》等，都有内容大致相同的报道。

② 1913年7月25日《时报》第8版发表题为《商团蒙不白之冤》的时评，即声称“上海商团上次光复时，非名誉素著者乎？……乃此次北军驻守制造局，忽有人藉商团名义组织上海保卫团，表同情于松军，又以保卫团名义商允北军，将松军移驻于沪南人烟稠密之处，卒至松军攻局，玉石俱焚。近日沪南人民之转徙流离，人亡家破，皆该团长之所赐也，而全体商团因此蒙不白之冤。呜呼，李平书。”

③ 《本埠紧要新闻》，《时报》1913年7月24日第2版。

④ 《商界对于独立之言论》，《申报》1913年7月22日第6版。

⑤ 虞和平曾在近年出版的相关论著中指出：“‘二次革命’前，王一亭和沈缦云既是上海总商会的协理和议董，也是国民党上海分部的正、副部长，他们站在国民党的立场上，利用自己在上海总商会的地位，策动该会赞成独立，是完全符合情理的事情。”参见虞和平：《资产阶级与中国近代社会转型》第3卷，中华工商联合出版社，2015，第171－172页。

非完全一致，总商会声称的上海全体商界“均反对此次扰乱”也并不十分准确。另外，由上海南商会、商团公会、上海救火联合会等商人团体组成的上海保卫团，对待“二次革命”的态度与言行与上海总商会也有所不同，因而上海总商会在通电中所声称的“上海全体商界”严格说来并不准确。针对上海总商会的这一说法，《民立报》发表的文章也曾予以批驳，认为：“上海商界同胞，亦不乏识时名达，岂尽甘作袁氏牛马者，奈何总商会竟动辄用‘全体’二字，辱没尽净。……所谓‘全体’者，假托也。”①

另一值得考察和分析的问题是上海总商会对待王一亭遭受外界非议的态度。王一亭本人在启事中说“近日各报登载关于鄙人之事不一而足，蒙总商会分别函请各报更正”，这说明总商会仍在维护王一亭的名誉。在王一亭最初提出辞职时，总商会许多议董也表达了挽留之意。自7月22日的特别会议之后至8月30日，总商会有较长时间没有召开常会。据《上海总商会议事录》中的说明，是由于“第十三四两次常会，因暑假停议，第十五次常会因无事停议”。8月30日总商会召开第16次常会，但因到会议董不足法定人数，按规定只能“先开谈话会，将应议事件逐一研究后，然后再函未到会各议董追认定议”。会上所议之第一案，即为“本会王协理辞职案”。原案交议理由书说明：“七月间特会王协理以辞职宣告，经众挽留。旋又函告本会，坚词引退，是王协理之去志已决，无可相求。……本会旧章，只设总理一人，协理一人，此次王协理辞职，是否暂阙不补，候新商会法颁行，再行遵办？”经过讨论，“公议今日到会议董既不足法定人数，且俟下次常会再议”②。

9月13日上海总商会召开第17次常会，讨论的第一案仍是王一亭辞职案。总理周金箴首先发言，说明是日清晨王一亭“又以电话再三力辞，并亲至邵君琴涛处，详述此次沪乱以前，不惜牺牲一身，双方

① 《上海商会诸公究何用心乎》，《民立报》1913年7月26日第2版。
② 上海市工商业联合会编《上海总商会议事录》（一），第125页。

奔走，以求弭兵息战者，实冀免商埠之糜烂耳。不料事与愿违，苦求无效，而人言藉藉，莫谅苦心，自知浅弱，不敢再预外事，即使挽留，断不奉命，谆嘱邵君来会代达其意。是王协理去志已决，无可强留，应否允其告辞，抑阙不补，请公决”。据《上海总商会议事录》记载，经讨论之后，“公议王协理此次奔走呼吁，确为商民人等生命财产求免损失起见，心实无他。惟素性忠厚，易受人愚，遂致众口铄金，莫可辨白。当此危疑震憾之秋，似宜允其暂辞，阙而不补。会中一应事宜，目下暂从旧章，由周总理、贝协理二君偏劳”。这段文字中的“易受人愚”一句值得推敲，似乎是暗示王一亭在南北双方奔走调停，虽然是出自保护商民人等生命财产的目的，但因其生性忠厚容易被人利用，所以造成了这样的后果。不过，上海总商会的多数议董不仅没有对王一亭落井下石，而且认为其行为并无出格之处。在该案讨论即将结束时，议董沈联芳提出上年总理、协理的选举结果曾报工商部备案，现王一亭协理自请辞职，似也应呈部查照。“鄙意如果报部，则王因公受谤情形，亦宜各为剖陈，以彰公道。”对这一提议众议董表示赞成，“公决于呈文中将王协理辞职缘由，约略叙述，则被诬一层，不辩自明矣”。至此，王一亭辞职案作为“二次革命”期间上海总商会内部发生的一个插曲遂告结束。

总体说来，上海总商会对待王一亭辞职案的态度还是较为平和的。虽然王一亭等人的言行给总商会带来了一些困扰，致使总商会不得不在报上登载启事加以澄清，但总商会却并没有对王一亭进行指责，并且认为王的行动“确为商民人等生命财产求免损失”，这既保护了王一亭个人的名誉，同时也维护了总商会的声誉。另外，也表明王一亭确实是生性平和忠厚，平日之为人处事不错，很少树敌，因而遇事也没有被人推波助澜而陷于四面楚歌的困境。①

4. 力辞袁世凯政府所颁奖章

由于以上海总商会为首的全国各地商会在"二次革命"爆发后，几乎是无一例外地都公开表示反对，结果讨袁军没有得到商界在经济上的宝贵支持与援助，这虽然不能说是"二次革命"很快失败的主要原因，但多少也产生了一定的影响。而在袁世凯看来，商会有此行动就是对他本人及其政府的莫大支持。

因此，在"二次革命"结束后不久，黎元洪即向政府和国会提出应对商会反对"乱党"的行为予以褒奖，尤其"沪粤两埠，通海最早，程度较优，故抗拒残暴亦最力。赣浔宁皖，商力较薄，曲从不甘，显拒不纳，卒因默示反对，使该党筹款无着，失其后盾。至如湘谋独立，亦因不获商会之赞同，故宣布最迟，取消亦最速"②。这一建议应该正合袁世凯之意，可作为其进一步笼络商会和商人的手段。袁世凯随即亲自签发了奖励商会的通令，声称"各省商会，同心拒逆，实多深明大义之人，应由各该都督、民政长确切查明，分别呈请奖给勋章匾额。"③ 随后，各省官厅即遵令办理向所在商会颁发奖章匾额事宜，代理工商总长向瑞琨也为此专门向各省商会发出通告。上述黎元洪和袁

---

① 王一亭还是虔诚的佛教徒，著名居士、海派书画家、公益慈善家。1938 年 11 月王一亭去世，次年 1 月举行隆重的追悼大会，上海各团体代表颜惠庆、施肇基、叶尔恺等联名发表公祭王氏一文，指出"我一亭大居士，夙禀慧根，广施仁术，内行敦笃，外相庄严。其于佛化，尤能超乎言象之表，而以救护众生为心。观其治己，则凡人世之爱憎嫉妒，攀缘驰逐之念，一扫而空。及其待人，则励私德，慎公务，孜孜焉忘寝食寒暑。凡有一毫之利于人者，行之必力，不以一己得失而生趋避，诚所谓解业缚而溥慈愿者矣。"（见《公祭王一亭先生文》，《佛学半月刊》1939 年第 8 卷第 4 号，第 6 页）这段祭文详细描述了王一亭的为人处世准则，也是其广结人缘，遇事能够得到同情和理解的重要原因之一。

② 《致政府国会请褒嘉商会》，载《黎大总统文牍类编》，上海会文堂，1923，第 151 页。

③ 徐有朋编《袁大总统书牍汇编》第 2 卷，广益书局，1914 年，第 70 页。实际上，早在 1913 年 7 月 27 日上海报章即披露了国务院嘉奖上海总商会电，内容如下："上海商会为各埠领袖，此次暴徒倡乱，该商界集合团体，通电各埠，同心拒逆，实属深明大义，应由江苏民政长应德闳通令嘉奖。"（《国务院嘉奖商会电》，《时报》1913 年 7 月 27 日，第 8 版）另据《上海总商会办事报告》透露，8 月 28 日总商会还收到农商部文"颁给贝润生四等勋章"，以及袁世凯以大总统名义向上海总商会颁发的"信义彪炳"匾额。

世凯的这两段文字，在有关论著评价“二次革命”时期的商会时大多都会摘录引用，因此我们应该不会感到陌生。但是，却绝少有论著提及上海总商会对袁世凯政府给予的这一褒奖持何种态度，究竟是满怀感激乐于接受，还是忸怩作态加以拒绝？

就一般情况而言，无论是民间社会团体还是个人，能够获得政府颁发的奖励勋章与匾额，都应该会感到十分荣幸，不仅会恭恭敬敬地接受，而且还会摆放在较为显眼的位置加以炫耀。当时，对于袁世凯政府颁发的勋章匾额，全国各地虽有部分商会欣然接受，① 但被认为反对“二次革命”最大的上海总商会，却出人意料地一再表示不愿意接受袁世凯政府颁发的奖章，这一表现似乎有些令人不解。

9 月 27 日上海总商会召开第 18 次常会兼特会，到会者包括总理、协理在内共有议董 14 人，会员也是 14 人，“政府拟给奖章案”被列为本次会议的第一案进行了讨论。原案理由书称：“查前月沪上战事发生后，曾准前江苏民政长应（德闳）函开，奉国务院电开，奉大总统令：以上海商会通电全国，首先拒乱，实属深明大义，应将最为出力之人，择尤呈报，以凭奖励。”同时，京师商务总会、全国商会联合会京师总事务所也来电表示：“以代理工商总长向瑞琨先生与吾商界关系素深，凡遇商人事件，无不乐予维持。此次呈请大总统，由工商部及各省都督查明拒乱异常出力者，颁授徽章匾额一节，尤为尽力，已见命令，望就近与地方官接洽，遵令办理，期无遗漏，以副大总统、向总长惠商之雅意。”对此，上海总商会的原案理由书则认为：“此次通电，系特开大会公决，人心厌乱，全国一致，断无邀奖之理。应否具文呈谢，抑或如何办理，应请公议。”

总理周金箴首先在发言中强调总商会之所以向全国发布通电，只是顺从众商之意，维护商人利益，并无其他个人目的。“商人在商言

---

① 据农商部训令第 312 号载，当时获奖的商会为数甚多，包括保定、山海关、天津、河南、上海、南京、通崇海泰、武昌、汉口、甘肃、山东、正阳关、黑龙江、福州、厦门、广州、汕头、云南、吉林、杭州、宁波、陕西等商务总会，以及直隶商会联合会、天津商团、济南商埠商务分会、佛山商务分会、旅港华商总会、旅澳华商总会，共计 28 个商会。参见虞和平：《资产阶级与中国近代社会转型》第 3 卷，第 179 页。

商，惟以保持实业发达为唯一宗旨。三四月间，谣言蜂起，乱机隐伏，各商已心惊胆颤，纷纷来会，要求发电，设法阻止。当时本会以人心易扰难靖，岂可先事张皇，故一以镇定为主。迨后乱事日迫，诘责纷至，特开大会，邀众公决。”结果因众商“反对之烈，全体一致，遂决议通电全国商会，以定人心。是反对乱事，既非一二人之私见，则政府虽有命令，亦难尽人加奖。如诸君赞同不受奖章，本会拟具呈辞谢，请公决。”议董傅筱庵认为政府仅颁发奖章并无实惠，应该拨发现款以恤商艰，故在发言中指出：“奖章万不能要，惟商务困难，金融阻滞，政府有保护维持之责。鄙意当于辞奖呈内，力请政府筹拨现款，设法维持，俾商界得沾实惠。”这显然是出于“在商言商”和维护商人切身经济利益的现实考虑。与会的总商会会员钱新之则表示：“吾商界此次拒乱，乃商人天职，决无受奖之理。”

针对傅筱庵的发言，周金箴提出了不同意见，认为：“辞奖为一事，维持又为一事，不能牵混，况维持商业，乃政府分内所应办，即无此事，亦应设法，不能与辞奖并作一谈。”讨论过程中发言者均主张辞奖不受，随即进行公决，“不要奖者，请举手。全场皆举手。遂表决并分送辞奖呈稿，互相斟酌，定稿缮发”。表决之后，议董沈联芳又提出：“前次大会时议董、会员中有多位非常激昂，今日皆不在座，应否将本日集议情形，分函告知?”周金箴表示“拒绝乱事，各业中均有激烈之人”。如欲函询，则须普及，未免太过烦琐。据《上海总商会议事录》记载，对是否函询一事，“公议商会为商人公共会所，非总协理私事。今日如此大会，到者不及十成之二，亦系自己放弃，只能作为默许。若议决之件，尚须函询，何必开会集议?”最后再次公决的结果是：“不必函询，但将呈稿送登各报，俾未到诸君周知可耳。”①

上海总商会议决辞奖之后，即将其呈国务院文在报上公开发表，以广而告之。这封呈文的具体内容在《上海总商会议事录》中并无记录，

① 以上三段文字中的引文，均出自上海市工商业联合会编《上海总商会议事录》（一），第131－132页。

从《申报》上查到全文如下：

> 窃本年六月赣省事起，扰乱东南大局，上海商界，全体反对，通电全国商会，一律同意。商人在商言商，自前年光复后，元气大伤，至今未复。当此民国初造，建设方殷，深望大局和平，商务发达，国家岁入增加，庶几种种建设，有所措手。人人心中所盼望者，既造民国，必求巩固，以尽人民之天职，别无宗旨于其间。乃迭蒙江苏民政长来函、工商部来电，转行大总统命令，以商会深明大义，将出力人员择尤开单，奖给勋章匾额，等因。奉聆之下，无任惶恐，于九月二十七日敝会本年第十八次议董常会改为全体会，咨询意见。各团体代表暨到会各员，佥称此次反对扰乱，乃出于商界全体之同意，不特沪商一致相同，即全国商会亦与沪会相同，既非一二人之力所能致，自不得与行军前敌冲锋陷阵者，相提并论，政府固不能尽人而奖，商界亦实无邀奖之人。政体既改共和，政府与商民实为一体，当以保商恤商为根本，则商民受赐良多。恳请呈复国务院转呈大总统，俯察舆情等语。理合据情具呈，伏乞俯赐察核转呈，不胜感祷之至。①

此后，汉口商会也十分关注上海总商会的这一辞奖决定，曾致函询问是否有变。上海总商会回复告知："本会前经具呈恳辞，并无变更。"② 受上海总商会之影响，汉口和武昌商务总会也致函大总统、副总统、国务院和工商部，表示："读九月十七日大总统命令，查请奖给各商会等因，至深感激。惟是此次商会抗乱保安，系商全体之力，非少数人奔走之劳，共容国民义务，岂敢上邀矜奖。……商会同人，实不敢受。谨布悃忱，惟祈垂鉴。"③ 南京总商会也曾向全国商会联合会

① 《总商会谢绝虚奖》，《申报》1913 年 9 月 30 日第 10 版。

② 上海市工商业联合会编《上海总商会议事录》（一），第 280 页。

③ 《武汉商会上大总统、副总统、国务院、工商部电》，《中国商会联合会会报》，第 1 年（1914），第 5 号，"文牍"，第 10 页。

京师事务所表达此意，并"电请代辞"[①]。

但是，我们从《上海总商会议事录》中却发现，上海总商会于1914年2月14日召开的第3次常会，又再次讨论了这一问题。据总理周金箴介绍，之所以不得不再次商议是否受奖，是因为尽管总商会"一再函辞"，但农商部、江苏省长公署、上海县知事仍要求总商会上报受奖人员名单，尤其"农商部电以本会去秋对于乱事，发电宣言，拒逆效顺，大局赖以安全。纵谦让为怀，而国家不能无酬庸之典，仍请将当时出力人员姓名履历开送"。所以，总商会只能再次开会，议决是否再辞。经讨论，"公决本会前已具呈力辞，而部电仍以奖励为酬报之品，必系他处已有具呈请奖之故，应即录知"。为了应付各级官厅一再催报的要求，总商会议定只上报"当时反对最力之出口公会、皮商公会、山东河南丝业公所等各团体，请其示复"[②]。换言之，上海总商会仍未按照指令上报受奖人员的具体名单和履历。

实际上，不难看出上海总商会自身也并不认为其反对"二次革命"的所谓"拒乱"之举，是什么十分光彩的行为，所以才屡屡请辞袁世凯政府颁发的奖章。在此之后，上海总商会也不愿意提及在"二次革命"期间的这段历史，而是对辛亥革命期间上海光复中的表现多有渲染。国民革命期间国民党曾大力开展商民运动，将商会认定为"不革命"和"反革命"性质的旧式商人团体，拟以新成立的商民协会取而代之。为了洗刷强加给自己的"反革命"定性，保持原有合法地位，上海总商会曾电告各省总商会和商会联合会，说明："各级党部所主张撤销商会者，恒以商会为买办阶级操纵，非革命商人，并以中小商人多未能参加商会为藉口，虽属风影之谈，无当事实，然文词辩驳不若征诸事实，敝会于力争商会存废问题之余，拟调查各处商会参加革命工作经过并会员组织概况，制成统计，汇列专书，以告国人，庶几各

---

① 《南京总商会致京师事务所函》，《中国商会联合会会报》，第1年（1914），第6号，"文牍"，第17页。

② 上海市工商业联合会编《上海总商会议事录》（一），第300－301页。

种风影之谈，不难以事实证明。”[①] 而各商会都是历数其辛亥革命时期支持革命以及后来参加反帝爱国运动的经历，而对“二次革命”期间的表现只字不提。由此可知随着时间的推移，各商会都越来越清楚地意识到当年反对“二次革命”的行动并不光彩。

以上主要就“二次革命”期间上海总商会受到指责的一函一电的出台经过、总商会请求外国领事“维护商场”、协理王一亭之辞职案以及总商会拒绝接受袁世凯政府授予勋章匾额等过去很少提及的史实，略作叙述与分析。显而易见，如果与辛亥革命时期的上海总商会相比较，“二次革命”期间上海总商会的表现与作用确实大不相同。如同《民立报》发表的一篇评论所说：“商会致北京电，目此次革命为乱党，不胜诧异！回忆辛亥革命之役，商界中人，亦尝赞助义师，岂诸君但知种族革命，而不知政治革命之意义乎？……政治一日不改良，商业决无发达之日，吾等识见，固不可不务其远大也。夫兵凶战危，全国人民，孰不蒙其祸害，惟有万众一心，共声民贼之罪，庶同独夫丧胆，家国可早底于安宁，方为合法。若贵会所发之电，欲授奸人以口实，使延长战祸也。”[②] 然而，信奉“在商言商”的商人乃至商会，恰好缺乏的就是远大的政治识见，我们也不应该用现今的眼光强行要求当年的商人和商会具有长远的政治目标与追求。因此，上海总商会在“二次革命”期间的表现，与辛亥革命时期相比较似乎有所反常，但就商人本性而言则又属正常。

最后需要附带指出的是，现今保存下来的上海商会档案并不完整，与已经出版的多卷本天津商会和苏州商会档案相比较，显然存在着很多缺陷。但是，保存并不完整的上海商会档案却有其独特之处，这就是收藏于上海市工商业联合会的《上海总商会议事录》仍然保存完好，弥足珍贵，而天津和苏州商会档案中却只留存下来少量议事录片断。《上海总商会议事录》共五大册，由上海市工商业联合会编辑，上海古

① 天津市档案馆、天津社会科学院历史研究所、天津市工商业联合会编《天津商会档案汇编（1928—1937）》上册，第501页。

② 孟问性：《告商会（二）》，《民立报》1913年7月23日，第10版。

籍出版社于2006年出版。这部大型史料书籍是影印1912年至1928年上海总商会的议事录和办事报告，可谓研究上海总商会珍贵的第一手原始文献。尤其是该书主体部分的议事录，完整反映了上海总商会在常会及特会中讨论和决定各类事项的全过程，从中可以窥见上海总商会不曾公开为人所知的史实。例如上海总商会的各种重要决议以及通电、通告，在当时的报纸上都不难看到，但这些重要的决议和文件形成的过程及其成因，除少数在报章有所报道之外，绝大多数都鲜为人知，而《上海总商会议事录》在这方面则有完整的原始记录，也就为我们探究上海总商会的背后故事提供了可能。不得不提及的是，现今许多研究者喜好经由各种数据库轻而易举地获取史料，对已出版的史料书籍反而不重视。如此重要的《上海总商会议事录》虽已出版了10余年，但却并没有受到商会史研究者的普遍重视和充分利用，目前仅见虞和平先生在2015年出版的《资产阶级与中国近代社会转型》第3卷中对该史料有所引用，其他相关论著则极少征引，这实在是一大遗憾。[①]

---

① 在《上海总商会议事录》公开出版之前，徐鼎新、钱小明合著的《上海总商会史（1902—1929）》曾引用过其中部分史料。

九、20世纪20年代的戴季陶与商会

戴季陶是近代中国十分独特的著名历史人物，以其系统丰富之思想命名的“戴季陶主义”[①]，是20世纪20年代后期国民党及其南京国民政府重要的思想理论基础。戴季陶并非工商界人士，也未曾加入商会，但在20年代却与商会以及商会法的修订发生了较为密切的联系，并曾拟订了一份《广东省商会法草案》[②]。有关这方面的具体情况迄今尚无人论及，本文拟对此略作阐述，以期有裨于戴季陶、国民党以及南京国民政府初期历史的研究，同时也希望有助于对这一特殊历史时期商会存废命运跌宕起伏的深入探讨。

---

① 已故的唐文权先生在其与桑兵教授合编的《戴季陶集（1909—1920）》（华中师范大学出版社1990年版）“序言”中说：“近代中国的思想家不下千百，但思想以主义名者，似乎只有两位：一是孙中山，另一位就是以孙中山信徒自称的本集主人戴季陶。虽然两者的政治价值不同，并且人们对之的评估也往往大不一样，但近代历史的发展却仍充分表明了后者不容忽视的重要地位。”

② 1920年底至1921年初，戴季陶自行拟订了《广东省商会法草案》《广东省商会议员选举法草案》，并撰有《广东省商会法草案理由书》，唐文权、桑兵两位教授合编的《戴季陶集（1909—1920）》收文截止于1920年，上述三文均未收录。1927年，国立中山大学政治训育部宣传部将这三文连同戴季陶新写的“重刊序言”，定名为戴季陶著《商会与商会法》予以印行，作为政治训育丛书之第22本。台湾出版的陈天锡编《戴季陶先生文存》4册以及续编、三编同样也没有收录这本小册子。可见戴季陶这本小册子以及他与商会、商会法的关系，长期以来一直都未受到关注，只有陈天锡著《戴季陶（传贤）先生编年传记》（收入沈云龙主编近代中国史料丛刊续编第43辑）一书曾简略提及此事。

1. 对商会与商会法之认识

20世纪20年代初的戴季陶何以会关注商会问题，并且煞费苦心地拟订了《广东省商会法草案》和《广东省商会议员选举法草案》。按照戴季陶本人在1927年的解释，是由于五四运动前后，好读书不求甚解与不切实际空谈政治、社会问题的“两个毛病，从新发作，中国八股变了洋八股，研究革命的理论和政治经济的人，把‘改造’、‘解放’替代了之乎者也，整天家高喊其打倒甚么，而实际问题，却很少有人去过问。劳动运动是闹了八九年了，却没有看见于实际劳动组织、劳动立法有甚么贡献。谈政治革命的人也多了，却也没有看见从行政组织的改造和法律的改造上面做了许多工夫在那里。……对于任何问题，都抱定了‘要全体改造，要根本改造’的念头，问起怎样改造来，却大家又都抱定一个‘船到桥头自会直’的意见，想把这些困难的问题，嫁祸于后人，这种态度，这种办法，如何得了”①。显而易见，戴季陶对当时空谈理论而不注重解决实际问题的社会风气非常不满，并且希望通过自己的努力使这一状况有所改变。因此他大声疾呼：“在一方面，我们要细心研究主义的理论，把我们的思想坚定起来；另一方面要把一个一个的事实问题的解决方法研究清楚，把改革的方案，拟制出来。行得通时就要去行，行不通时，再求改进。”②

在戴季陶看来，商会组织的改革即可谓当时面临的一个重要的实际问题。他曾说明：“商会组织问题，固然在许多更重要的组织上看来，是较小的问题，犯不着便发这么一篇大牢骚。其实再重要一点的问题，也何尝不是如此。”实际上，戴季陶并不认为商会是可以不予重视的小问题，从后面介绍他对商会重要作用的论述即可看出这一点。此外，戴季陶还认为当时商会组织面临的问题，在很大程度上也与其

---

① 戴季陶：《商会与商会法·重刊序言》，国立第一中山大学政治训育部宣传部，1927，第1-2页。

② 戴季陶：《商会与商会法·重刊序言》，国立第一中山大学政治训育部宣传部，1927，第3页。

他问题一样，缺乏具体解决方案。“就商会的问题来说罢，在上海的商人们，许多都晓得上海总商会要不得，想要去改造他。可是他甚么地方要不得，如何改造他，也没有人发表过甚么有价值的意见。不高兴的时候，便各自去另造一个似乎像商会的东西来，和他抵住。广东呢，简直老老实实地，在一个地方，组织几个商会来，政府看得惯，社会也看得惯，不觉其怪，不觉其糟，对于明天，也不发急，而社会的纠纷，却因此愈益加多，决不会逐渐减少。”①

正因如此，20 世纪 20 年代初希望能够解决商会组织这一具体问题的戴季陶，即曾以政治思想家的独特眼光，对民初北京政府颁行的《商会法》以及商会的现状进行了相当激烈的抨击与批评，并提出了自己的具体改革方案。这里提及的《商会法》，最初是经参政院议决之后，由北京政府于 1914 年 9 月公布的，也是近代中国历史上第一部直接以“法”命名的有关商会的法律文件。该商会法共 3 章，总计 60 条，较诸清末的《奏定商会简明章程》26 款，增加了许多新内容，似乎显得更加完备。同年 11 月，农商部又公布了《商会法施行细则》20 条，规定“商会法施行前成立之各省总、分各商会等，遵照商会法规定，六个月期限一律改组为商会。其不合商会法所规定及逾限不报者应即取消”。改组之后，“每县以一会为限”，其余或裁撤或改为该县商会分事务所，原有商务分所一律裁撤。各商会“每届选举，应先期禀请该管地方官派员到场监视”。② 新《商会法》及施行细则公布之后，因受到全国各地商会的强烈反对，实际上并未真正付诸实施。当时，海内外商会最为不满者主要有以下几点：第一，1912 年获准成立并发挥重要作用的全国商会联合会③，在《商会法》中只字未提，实际上被取消；第二，《商会法》虽未就商会与官厅行文程式做出具体规定，但该法各条款凡官厅对商会者无不用“令”，商会对官厅者则无不用

① 戴季陶：《商会与商会法·重刊序言》，国立第一中山大学政治训育部宣传部，1927，第 2 页。

② 该商会法及施行细则见上海市工商业联合会、复旦大学历史系编《上海总商会组织史资料汇编》上册，第 178 – 184 页。

③ 全国商会联合会于 1912 年 12 月经工商部批准成立，总部设于北京，另在上海商务总会设立总事务所，并在全国各省相继成立分事务所。

"禀"，形成了所谓官厅与商会的上下级隶属关系；第三，按《商会法》及其施行细则的规定在六个月限期内进行改组，各省原有的商务总会都将被撤销，以松散的临时集会性质的商会联合会取而代之，另外，各县将只能保留一个商会，其余的原有商会或者撤销，或者改为分事务所。

在全国商会的一致反对和要求之下，农商部不得不对《商会法》进行修订。1915年12月15日，北京政府以大总统申令公布参政院重新议决的新《商会法》，总计9章，46条。① 修改的《商会法》基本上接受了商会提出的三方面要求，因而得到商会的认可。但是，戴季陶却对该《商会法》以及商会现状提出了强烈批评。1921年初，戴季陶就在其拟订的《广东省商会法草案理由书》中指出如下几点："第一，民国三年九月十三日及民国四年十二月十五日北京政府所制定之商会法暨商会法施行细则，其立法主旨，全与设置商会之必要及理由相背。而现在中国各省之商会，纯为少数人集合之私团体，不足以资工商业之发展。故应全体取消，另行组织。第二，商会为特殊自治机关之一，故关于商会法令，可由各省自定。"② 戴季陶将商会性质确定为"特殊自治机关之一"，而不是促进工商业发展的经济团体，显然更多的是着眼于政治方面的考虑。1927年他在国立中山大学政治训育部宣传部编印其《商会与商会法》一书的"重刊序言"中阐明："向于商会组织，我确是费过一点苦心研究，意见对与不对是另一问题，可决不是不负责任，东挪西凑而成文者之比。"自身并非工商业者的戴季陶，能够如此关心商会和商会法，并有不同于他人的认识，这在当时的社会上实不多见。

戴季陶还认为，民国初期北京政府制定的《商会法》只顾及已有商会的组织形式，并没有充分考虑商会应有的组织架构以及功能作用，而原有商会存在诸多缺陷，以致《商会法》弊端甚多。他明确指出：

---

① 修订后新颁布的《商会法》与施行细则见上海市工商业联合会、复旦大学历史系编《上海总商会组织史资料汇编》上册，第200－206页。

② 戴季陶：《商会与商会法》，国立第一中山大学政治训育部宣传部，1927，第11页。

“商会决不能是一种会员组织的任意结合。北京所定的商会法，他本是顾虑着已经有的事实来作规定，并没有问商会的本体应该如何。他立法的主意，是先已经划了一个上海总商会在脑筋里，把上海的组织形式认成一个天经地义，不能更改，于是乎便铸成这样的大错。他把日本商业会议所法，拦腰截为两断，只要了他的上半截，不要他的下半截，商会的基础，便根本没有了。”戴季陶强调日本商业会议公所是规范的商会组织形式，即真正的商会应该“是一个商人会议的组织，既然如此，组成的分子当然凡是叫作商人的，都应该有分，不能说谁可以做会员，谁不能做会员。像中国这样的会员组织，商会简直成了少数人包办的东西，完全失了自治的意义”。很显然，戴季陶对《商会法》最为不满的是其中有关会员资格的限制以及由各行业推举会员的规定，而这却是清末民初商会普遍实施的办法。他最后归纳的结论是：“总而言之，中国商会组织的错误，一在于当时上海的商人，太无智识；二在于袁世凯时代北京起草法律的人，太过因循敷衍，不负责任，或者也是没有仔细研究，所以弄到这样非鹿非马。”①

当时，除戴季陶外国民党内部并无多少人关注商会和《商会法》，也可以说此时的国民党根本未曾顾及商会与《商会法》问题，因此上述否定民国初期《商会法》的言论，主要只是反映戴季陶个人的观点，并不代表当时国民党对待商会和《商会法》的态度。加之这一时期戴季陶尚未进入国民党最高核心决策层，只能算是国民党内部言论活跃、见解独特的成员之一，他的这些观点在当时也难以直接影响国民党关注商会与《商会法》问题，更无法产生重要作用与影响。但从后来国民党大力开展商民运动后如何对待商会成为必须面对的重要问题，《商会法》的修订也不得不提上议事日程的实际情况看，戴季陶较早即敏锐地注意到商会和《商会法》问题，确实具有一定的前瞻性。

不仅如此，当时的戴季陶还特别强调了商会的重要作用以及完善商会组织以发挥其独特作用的紧迫性。他较为详细地指出：“在现行之

① 戴季陶：《商会与商会法·重刊序言》，国立第一中山大学政治训育部宣传部，1927，第4－6页。

社会组织及产业组织下，欲发展国民产业，非使为社会生活中坚之工商业者为自动的行动不可。故商会组织，大有提倡及改良之必要。各地方若有有力之商会，则关于工商业之计划、调查、统计、研究以及足资工商业发展之特殊事业之发起改良，皆能由其独力推行。而政府所定之产业计划，亦能得其援助，不特可节省一部分行政经费，且于社会知识之发展上，亦有不少裨益。将来产业劳动者之智识日增，产业劳动团体之组织，日趋完备，则政府今日所望于商会之事业，亦可同时求诸'产业的劳动组合'。故就目前情形论，商会之组织及改良实属刻不容缓。"① 由此可见，戴季陶对商会作用的认识，在当时的政治思想家中应该说也是比较全面且深刻的。

2. 商会法草案之设计

正是为了解决实际问题，即拟订新商会法和改变商会存在的弊端，戴季陶才不惜花费一番气力，于 1920 年底至 1921 年初拟订了一份《广东省商会法草案》，共计 49 条。② 他后来曾解释为何以广东省商会法命名："我这一个草案，是当年专为广东起草的。因为当时长江和北方的情形，再也不能希望他们改良，所以我想从广东作起。那时陈炯明在广东，还有所谓省议会者，像煞有介事地握住了立法权。"③ 因此，戴季陶认为在当时的情形之下，只有在广东尚存在实现这一变革的可能性，故而只拟订了一份广东省商会法草案。后来的事实证明，他的这一判断是错误的。"陈炯明先生也似乎不大愿意做这些实际改革的工作，所以大家一丢，就把这几个法案都塞到阴山背后去了。" 7 年之后，即 1927 年 8 月戴季陶又将该商会法草案重新印行，其原因是："因为商会反对裁厘加税的怪运动，和一般钱庄鬼对于中央纸币，低折挤兑

---

① 戴季陶：《商会与商会法》，国立第一中山大学政治训育部宣传部，1927，第 11 页。

② 戴季陶曾自行说明该商会法草案"若由省政府发表则称为'广东省商会组织法'，或'广东省商会法'，但均不宜用章程为名称。因本草案内所用章程字样，系专指经主管官厅核准之商会章程而言"。(《广东省商会法草案理由书》，见戴季陶：《商会与商会法》，第 14 页)

③ 戴季陶：《商会与商会法·重刊序言》，国立第一中山大学政治训育部宣传部，1927，第 7 页。

的事件发生，我觉得广东这样大一个商场，一些商人原来如此的无知识，无公道，不顾大局，甚至连自己商场的死活都不顾，实在太难为情。于是又想起前些年所起草的商会法草案，因此重新把他翻印出来，请朋友们大家看看，并且希望政府下一个决心，费一点心力，把这个法案细细审定一下，制定成暂行的法律，把全省的一切商会总商会造成名副其实的商人的议会，造福于经济建设的前途，一定不浅。"① 上述表明，那时的戴季陶对待商会的态度和认识与前期相比并无根本改变，甚至认为情况更趋严重。另外，国民党在 1926 年开始大力开展商民运动之后商会问题的解决也越来越迫切。所以需要将多年之前起草的广东省商会法草案重新翻印，以引起更多人的重视，达到改造商会发挥其应有作用的目的。

戴季陶当年拟订的这份商会法草案，所依据的蓝本是日本的商业会议所法。他自己曾经在《广东省商会法草案理由书》中说明："本草案法文之编制，取范于日本'商业会议所法'及'商业会议所议员选举规则'，而变更其立法主义。"变更的具体内容包括以下四点："（一）废除男妇差别。（二）废除资产等级差别。（三）容许劳动团体之参与。（四）承认有商会选举权，直接干预商会重大事件之权利。"第四条内容指的是"承认有商会议员选举权者可以直接干预商会重大问题"，之所以做此变更，缘于戴季陶"征诸上海因商会不良而起之商界风潮及商业公团联合会、马路商业联合会等之经过，认为确有承认有权者直接行动之必要。盖不以法律承认选举人有此权利，而有必要发生时，选举人亦必自己主张之，转觉以召纠纷。以法律承认之，使选举人此种权利，能为有规则之行使，实属有益而无害。且此种系非常事件，非有特别重大问题时，选举人亦不能行使此项权也"②。

上文所谓商业公团联合会、马路商业联合会以及上海商界风潮，是指 1919 年 3 月上海 40 多个商业团体代表召开大会，"公议结合公共

① 戴季陶：《商会与商会法·重刊序言》，国立第一中山大学政治训育部宣传部，1927，第 8 页。
② 戴季陶：《商会与商会法》，国立第一中山大学政治训育部宣传部，1927，第 12 页。

团体，积极救济，保我商人利益，定名为上海商业公团联合会，以联合上海商业各团体，促进商业，协力保持商界利益为宗旨”①。该商业公团联合会的成立，实际上已经反映了一部分商业团体对上海总商会长期在商界居完全垄断地位的不满。当年5月9日，上海总商会拂逆民意，发出主张中日直接交涉收回青岛的“佳电”，引致更加强烈的反对之声。商业公团联合会首先向总商会发出责难：“查青岛问题，我全国主张请求欧洲和议，由德国直接交还，并取消二十一条及各种密约。此万口一声，天下皆知者也。今读佳电，一则曰遴派大使克日起程径与日廷磋商交还手续，再则曰由中国派员与日本直接交涉等语。是我国人民所誓死坚拒，而日本所求之不得者，何以贵总会佳电，违反民意，适如该国之愿?”② 面对商界团体的一片谴责之声，总商会正、副会长不得不宣布辞职。经历了“佳电”风波之后，诸多报章均连篇累牍发表对上海总商会的各种强烈批评之声。有的尖锐指出：“上海总商会纯为一种贵族的组织，其会员仅为极少数之人，且不予多数之工商业者以入会之机会，而非总商会会员者，对于总商会内部之改革，又不能容喙于其间。”③ 于是，一方面要求总商会内部改革的呼声日趋强烈，另一方面缘于对总商会的怀疑与不信任，更多商人团体应运而生，特别是以各马路街区命名的马路商业联合会如雨后春笋般接连成立，并共同组成上海各马路商界总联合会（简称“商总联”），形成与总商会对峙的“商界领袖团体之一”。这一系列事件以及社会舆论对上海总商会的谴责与批评，当然会对戴季陶有关商会的认识产生直接的影响。

正因如此，戴季陶特别强调商会应该“是一个商人会议的组织”，凡属商人“都应该有分”，不应设会员资格限制，所以他拟订的《广东省商会法草案》不设会员制，只规定：“凡中华民国人民年满二十岁以上之男子女子，及依中华民国法律所设立之法人，在商会区域内有营业所、事务所，而其营业合于下列各项之一者，有商会议员选举权。”

---

① 《上海商业团体开联合大会》，《申报》1919年3月4日第10版。

② 《商人对于总商会之责难》，《申报》1919年5月11日第10版。

③ 《改革上海总商会组织议》，《申报》1919年5月22日第12版。

“法人及二十五岁以上之男子女子，在同一商会区域内，满二年间，继续有商会议员选举权者，有商会议员被选举权。”① 照此规定，所有商人都应是商会的成员，这样才能避免商会被少数人操纵。

按照戴季陶所拟《广东省商会法草案》的设计：“凡县所辖之城镇，及新设之市，其人口满二万以上者，得设立商会。但同一城市，不得设立两商会。有连跨两区域并设一商会之必要时，经主管官厅认可后，亦得设立。”凡设立商会，“须由该区域内有商会议员被选举权者三十人以上连署提出请求书，呈请主管官厅认可”。此外，“发起人取得前条认可后，应于三个月内，制定章程，取得该区域内有商会议员选举权者二分之一以上之同意，呈请主管官厅批准注册”②。从实际操作层面分析，规定该区域内有商会议员被选举权者 30 人以上联署提出申请，这是比较容易做到的，但认可后必须在三个月内制定章程，获得该区域内有商会议员选举权者二分之一以上同意，才能呈请主管官厅批准，却具有较大的难度。因为按照戴季陶在该商会法草案中的规定，几乎凡是商人均具有商会议员选举权，以什么方式获得众多商人的同意，本身即是一个操作上的难题，由此也给商会的正式成立增加了相当的难度。

关于商会的职权，戴季陶在《广东省商会法草案》中列出了以下十个方面的内容：拟制及调查谋工商业发展之方案；有关工商业法规之制定修改废止，及与工商业有关系之事项，得陈述其意见于行政官厅及地方会议；关于工商业事项，答复行政官厅及地方议会之调查或咨询；调查工商业之状况，编制关于工商业之统计；受工商业者之委托，调查工商业事项，或证明其产地及价格；受官厅之委托，推荐关于工商业之鉴定人及参考人；因关系人之请求，调处工商业者之争议；受主管官厅之认可，设立并管理关于工商业之各种特殊机关，且为其他足资工商业发展之必要施设；关于工商业之统计调查，得要求工商

① 戴季陶：《商会与商会法》，国立第一中山大学政治训育部宣传部，1927，第 17－18 页。
② 戴季陶：《商会与商会法》，国立第一中山大学政治训育部宣传部，1927，第 15 页。

业者及工商业团体，提出必要资料；征集关于陈列及赛会之物品。不难看出，戴季陶所列上述商会之职权较为全面，在某些方面甚至超过了清末商会简明章程与民初《商会法》规定的内容，这说明他确实希望能够充分发挥商会的作用与影响。

除了商会法草案，戴季陶同时还拟订了《广东省商会议员选举法草案》，共计20条。按照该草案之规定，商会得依其章程规定，置选举区及投票区，各区应选出之议员数，适应于其区内选举人数，其分配法以商会章程定之；商会得照其地方情形，就营业种别，定选举区划，其各营业种别所应选出之议员数，须适应于其营业种别之选举人数；商会于取得设立认可后三个月内，及以后每年一次，按照其章程所规定之日期，制成选举人名册二本，以其一本呈于地方长官；随后确定十四日以上之公布期间，将名册陈列于地方长官所指定或认定之公共场所，供公众阅看；选举事务由选举委员会负责执行，“选举委员会人数五名至七名，其中二名由地方长官任命，其余由商会发起人或职员推举，地方长官自为委员长，商会区域非地方长官驻在地时，其委员长由地方长官于委员中指任之”[1]。以上设计与民初《商会法》的规定明显有所不同，其中较为突出的是更强调官方的参与，特别是地方长官担任选举委员会委员长，为官方插手干预商会议员选举提供了机会，这恐怕难以为商会所接受。因为当时的商会非常看重保持其自身的独立性和自主性，其所希望的只是得到政府的保护与支持，同时也反对官方直接干预其职员选举和内部会务。从商会坚持抵制和抗争民初《商会法》长达近两年时间，最终迫使北京政府不得不按照商会的要求对《商会法》予以修订，即可看出商会的这一特点。

不仅如此，戴季陶在《广东省商会法草案》中所设计的商会组织系统网络中，官厅也具有较为重要的地位与影响，详见图9－1[2]：

---

① 《广东省商会议员选举法草案》，见戴季陶：《商会与商会法》，第28－33页。

② 《广东省商会法草案理由书》，见戴季陶：《商会与商会法》，第13页。原图中为从右至左排列的繁体字，本文改为由左至右排列的简体字。

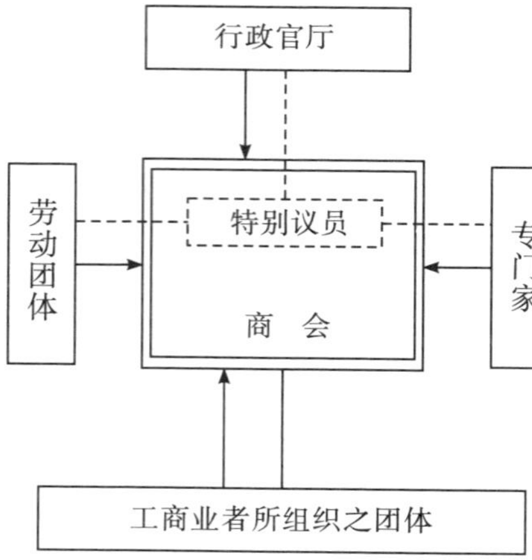

图 9－1

由该图可知，工商业者所组织之团体，是商会的主要基层成员，劳动团体与专门家是商会的两翼，行政官厅则俨然是商会的上层机关。如此设计的商会组织系统，与以往的商会确实大不相同，不仅将所谓“劳动团体与专门家”引入商会，而且格外凸显了官厅的作用。这表明戴季陶虽强调发挥商会的作用与影响，但其设计改组商会方案的立场，较为明显的是偏向于立足官厅而不是商会，此与戴季陶个人的身份是相吻合的。

然而在当时像戴季陶这样关注《商会法》，并试图通过拟订新商会草案以改良商会，使之充分发挥其作用的非商界著名人士，为数不多。同时，像戴季陶这样几乎是全盘否定原有商会与《商会法》的政治思想家，在当时也十分少见。戴季陶拟订的《广东省商会法草案》虽未曾付诸实施，① 但由于戴氏的思想在国民党内部具有相当的影响力，因而在随后的国民革命运动期间，尤其是 1926 年初国民党第二次全国代表大会（以下简称“国民党‘二大’”）通过的《商民运动决议案》，对商会同样也持否定态度，并随之引发了延续数年之久的修订《商会法》与商会存废纷争，因而其后续实际影响实当不应忽略。

① 至 1928 年 6 月，广东省政府第三届委员会曾讨论过戴季陶起草的《广东省商会法草案》。据该委员会第 68 次议事录记载之讨论事项，有“国立中山大学函送戴校长所著《产业合作社法》、《商会与商会法》，请提出会议，审定公布案”。议决的结果是“交许（崇清）马（超俊）委员审查”。（见广东省档案馆编《民国时期广东省政府档案史料选编》，1987，第 296 页）但其后未见广东省政府公布施行。

3. 戴氏思想的传承与影响

1926 年初国民党“二大”的召开，是促使国民党开始大力推行商民运动的重要转折点。现有史料虽不足以表明当时的国民党出现这样一个转折，与戴季陶先前对待商会和《商会法》的态度有直接关联，但从国民党否定商会以及通过开展商民运动改造商会的具体方略，却可发现其与此前戴季陶的相关思想完全是一脉相承，不仅有许多相似之处，而且还进一步有所发展，尤其是在政治上将商会定性为“反革命”的商人团体。①

国民党“二大”召开期间，国民党中央为了促使商民运动“普及于各省”，“根据一年来商民运动工作之经验与观察国内外商民之情势”，制定和通过了《商民运动决议案》，确定了国民党其后从事商民运动的主要方略。该决议案虽未批评民国初期的《商会法》，但却可以说在很大程度上沿袭和发展了戴季陶否定原有商会的一系列结论，认为“现在商会均为旧式商会，因其组织之不良，遂受少数人之操纵”。不仅如此，该决议案还认定旧商会“以少数压迫多数之意思，只谋少数人之利益”；勾结军阀与贪官污吏，“借军阀和贪官污吏之势力，在社会活动，以攫取权利”，甚至“受帝国主义者和军阀之利用，作反革命之行动，使一般之买办阶级每利用此种商会为活动之工具”。基于上述认识，国民党制定的对待商会的主要策略是：“须用严厉的方法以整顿之，对在本党治下之区域，须由政府重新颁布适宜的商会组织法，以改善其组织，更严厉执行。”另一个重要策略是令各地中小商人组织商民协会抗衡商会，“以监视其进行，以分散其势力，并作其整顿之规模”。其最终目的，就是要

---

① 1924 年国民党即开始重视民众运动，但起初主要是开展农工运动，是年底国民党中央设立商民部，在广东着手推行商民运动，但其规模和影响均十分有限。1926 年初国民党“二大”召开，许多省份的党部在发言中对民众运动的开展进行了检讨，一致认为商民运动发展迟缓是民众运动的一个明显缺陷，亟须加以纠正。大会经过讨论之后，对鼎力开展商民运动的必要性与可能性达成了共识，意识到“商民为国民之一分子，而商民受帝国主义与军阀直接之压迫较深，故商民实有参加国民革命之需要与可能”。（中国第二历史档案馆编《中国国民党第一、二次全国代表大会会议史料》上册，1986，第 388 页）

“号召全国商民打倒一切旧商会”，由商民协会取而代之。[①]

由上可知，该决议案不仅继承了当年戴季陶所说商会“纯为少数人集合之私团体”，受少数人操纵的结论，而且进一步断定商会“受帝国主义者和军阀之利用，作反革命之行动”。更重要的是，该决议案成为其后国民党开展商民运动的纲领性文件，由此对商会所带来的消极影响也更为显著。

在此之后，商会因被定性为“反革命”旧式商人团体，与新兴的“革命”商人团体商民协会之间不断发生矛盾冲突，甚至多次面临被取消的严重生存危机。在国民党中央商民部的支持下，长沙市总商会、南昌市总商会就曾一度被商民协会“接管”。与此同时，全国各地商会坚决反对被商民协会“接管”，一方面反复阐述商会是一贯支持革命的重要商人团体，并非受帝国主义和军阀利用而反对革命；另一方面不断要求国民党中央和国民政府修订原有商会法，使商会依据新《商会法》进行改组而重新获得合法地位。

随着北伐的深入与国民革命运动的发展，国民党也开始意识到商会在经济方面根深蒂固的重要作用与影响力，不仅根本无法予以取缔，而且在某些方面也有利用的价值。1927 年 5 月国民党中央执行委员会政治委员会第 22 次会议讨论决定，商会问题应通过制定商会法的方式解决，在目前情况下商会与商民协会应“同时存在”，商民协会对于商会“不准接管”。[②] 这意味着国民党对待商会的策略已有所变化，开始从取缔商会变为制定新《商会法》对商会予以整顿改组。1928 年，国民党中央鉴于“军政时期”的结束与“训政时期”的开始，颁布了“民众团体组织原则及系统”，确定商人组织方案为：（一）商民协会以中小商人为会员，接受国民党的领导；（二）在大工商业区，商民协会内各业会员，得发起各业公会，各业大工商业者得加入之；（三）各业公会得合组商会，商会得合组总商会；（四）总商会、商会受政府的

① 《商民运动决议案》之全文，见中国第二历史档案馆编《中国国民党第一、二次全国代表大会会议史料》上册，第 388－393 页。

② 中国第二历史档案馆编《中国国民党第一、二次全国代表大会会议史料》下册，第 1182 页。

管理，其任务专在发展工商业及国际贸易。[①] 与此同时，国民党也加快了制定新《商会法》的进程。

此时的戴季陶已俨然成为国民党中央高层决策群体中的重要成员之一。国民党“二大”时他虽当选为第二届中央执行委员，但尚未进入最高核心层的常务委员之列。到1929年3月召开的国民党第三次全国代表大会（下称“国民党‘三大’”）上，戴季陶当选为常务委员，进入了第三届中央常委会核心层。另外，国民党“三大”通过的决议案将先前执掌民众运动的中央民众训练委员会撤销，主管事务分别由中央组织部和训练部办理，戴季陶担任了训练部部长，副部长为何应钦。这样，戴季陶作为国民党中央的重要领导人，在决策方面与民众运动以及商会、商民协会等民众团体的关系也随之更加密切。

从其1920年就如此关注《商会法》与商会的情形可知，戴季陶显然是国民党内部十分重视法制编纂与民众运动的重要人物之一。是年底他还曾在《改革期中的广东》一文中强调：“现在各种法制都要赶快起草”，而他“自己很有研究趣味，而且受了委托的，就是下列几样：（一）工会法。（二）工场法。（三）产业组合法。（四）商会法。（五）各种社团条例”[②]。南京国民政府建立之后，他又曾在《青年之路》一书的第13章专门论述了“民众运动的过去现在和将来”，就新形势下如何开展民众运动提出了自己的一系列见解。他认为，此后的各项民众运动都必须充分重视各自发展的前提条件与基础，“商民运动的基础，必定要在一般市场经济的发展上”。这与商民运动初期强调政治基础相比较，是一个很明显的转变。不仅如此，戴季陶还特别阐明了立法对于民众运动和民众团体之重要作用：“从社会的秩序、政治的保障上说，法律这样东西，是一刻也不可断，一点也不可缺的。建国的工作，实质上在于施政，形式上在于立法。……自古以来无无法的国家，偏偏在国民党的建国工作上，创出一个例外，整天讲革命，讲

① 《国民党中央民众训练部制定之民众团体组织原则及系统》，1928年10月，载中国第二历史档案馆编《中华民国史档案资料汇编》第5辑，第1编，政治（3），江苏古籍出版社，1994，第8页。

② 唐文权、桑兵编《戴季陶集（1909—1920）》，华中师范大学出版社，1990，第1303－1304页。

改造政治，讲保障人民利益，讲唤起民众组织民众，而对于立法工作，一点也不作，并且似乎不许作不愿作的样子。……因为如此，于是所谓民众运动，在民众未曾起来的时候还不要紧，一旦民众起来了，便闹得一团乱糟。”① 显而易见，在戴季陶看来制定新的民众团体法规也是促使新形势下民众运动发展的重要前提条件。

戴季陶的呼吁加速了国民党以及国民政府各方面的立法进程，其中包括人民团体组织方案以及新《商会法》的拟订。1929 年 6 月 17 日，国民党中央三届二中全会通过了《人民团体组织方案》。该方案明确指出：人民团体除地方自治团体另案规定外，分职业团体及社会团体二种，“职业团体为农会、工会、商会等”，“社会团体为学生团体、妇女团体，以及慈善团体、文化团体等”②。在这个最新的方案中，所谓职业团体只有农会、工会、商会三种，并没有将商民协会列入，这已经在很大程度上显示了商民协会的最终命运。因为新通过的《人民团体组织方案》，是国民党中央确定的成立新民众团体以及整理、改组原有旧民众团体的主要依据，商会等商人团体当然也包括在内。

1929 年 7 月，国民政府加快了审议新《商会法》的进程。7 月 20 日，立法院第 35 次会议即议决通过了《商法会修正案》。8 月 15 日，国民政府正式公布了《商会法》，要求各地原有商会依法公布之日起，在 6 个月之内进行改组。9 月 1 日，戴季陶还曾在国民党中央第 32 次常务会议的临时会议上，提出商会组织之原则及新《商会法》运用方法要点案，顺利获得通过。他在该提案中对新《商会法》中有关的三个问题做了具体说明，其中第三条主要阐明：“新商会法规定商会之组织基础在于商店及同业公会，而不以自然人为组织之基础，其立法之意义，全系根据中国旧有之习惯，纠正从前北京所发布之个人自由入会制度之缺点，同时亦以解除数年来各地幼稚的商民运动之纠纷。”戴季陶认为：“商会之目的在于图工商业之发展，并非为各个商人解决何

① 戴季陶：《青年之路》，民智书局，1928，第 141、144－145 页。

② 《人民团体组织方案》，载中国第二历史档案馆编《中华民国史档案资料汇编》第 5 辑，第 1 编，政治（2），第 134 页。

种私人问题而设，其性质与现今各地之所谓商民协会迥殊。”不仅如此，戴季陶还改变了几年前大力鼓吹仿照日本商业会议所规章的主张，阐明：“此次新商会法所以不采用德奥日本等国商业会议所法之制度者，系因目前在运用上有各种之困难，为保育商业团体及商店之发育起见，不如相当的采用会馆制度之精神为善，故有此次新法之制定，亦可谓中国在立法上之一进步。”① 这也更加表明戴季陶乃至国民党中央改变了原有对待商会与商民协会的态度，开始实施不同于以往的新政策。

国民党浙豫沪等地省市党部曾对新拟订的《商会法》和《工会法》未明确规定国民党党部的领导权力提出质疑，并对训政时期不能明定党对工会和商会的指导组织之权的理由表示反对，认为“工会法精神形式绝对脱离本党之关系，不合者一；以训政时期之法律而必力避党治之明文，不合者二；党政机关对于工会之关系无明文规定，纠纷势所难免，不合者三”②。这表明国民党内部不少人认为地方党部对整顿改组之后商会、工会等民众团体的领导指挥权力未载入章程而有所不满，其与过去有关论著所得出的结论不无出入。戴季陶也曾针对当时有些地方党部批评新《商会法》未明确规定商会必须接受国民党领导指挥的说法加以解释，说明“制定法规其权责属于政府，现在各种尚未制定颁行而已成立未成立之各项人民团体，既不能一日失其指导，而监督指挥更不可无具体之方法，故先定此一般的方案，以示规模，俾在法规未制定颁行之期间，党部之指挥，政府之监督，人民之行动，皆有明白之分际与方针。即对法律规程已经颁布施行之时，亦易有保育指导之效，故其性质实系一大体之方案，而并无精密之条文也。关于商会之组织必须单行之法律，此属当然之事，至其文上未曾涉及党部之指导，亦为法律当然之形式。盖本党对于人民团体之扶植指导检举非法等，皆系促进法治运动。法律之政治手段，亦为训政时

① 《商会组织之原则及新商法运用方法要点》，《中央周报》第67期，1929年9月16日，第24页。

② 《浙豫沪等省市党部对工商会法意见要点》（手抄稿），中国国民党中央委员会党史史料编纂委员会收藏档案，政4/53－7。

期中本党对于政治上所应有之责任。……新商会法第二章第六条之规定与组织方案并无抵触，法律明文上不明定党之关系，系属通例，不独本法为然也。”当然，此时的戴季陶也不会完全否认国民党对商会、工会等民众团体具有领导权力，只不过是认为在训政时期此条已无须载入相关法规，实乃不言自明之理。按照他的解释，国民党“对于人民团体之法律行为有决定之效力，不论法律之规定如何，皆可运用”。[①]另外，国民党中央先前制定的《民众团体组织原则及系统》也曾规定：“党既是代表民众领导民众的，则党对于民众团体是领导的关系，不是命令的关系。以党治国，是以党透过政府而实施政策，并不是党直接去命令民众或统治民众。所以党对民众团体，不是上级管理的关系，乃是骨干核心的关系。”[②] 尽管如此，这样的规定与早期国民党领导民众运动时的做法仍然是有所不同的。

1930 年 2 月 7 日，国民党中央执行委员会第 70 次常务会议又通过决议，撤销商民协会组织条例，各地商民协会一律限期结束。稍后，国民党中央执行委员会又训令各省市党部，通告撤销商民协会的决议，要求一体遵照执行。国民政府工商部也发布商字第 8559 号训令，通令各直辖机关取消商民协会。这个结果，与国民党最初推行商民运动时制定的以商民协会取代商会的方略完全相反。

综上所述，20 世纪 20 年代的戴季陶确与商会以及《商会法》的修订有着十分密切的关系，并且产生了不容忽视的作用与影响。在此期间，戴季陶以及受其影响的国民党对商会的认识与采取的对策，也有一个发展变化的过程：起初是全盘否定原有商会，强调“应全体取消，另行组织”，导致商民运动期间商会与商民协会的矛盾冲突；后逐渐意识到商会的重要功能与作用，转而实施商会与商民协会并存的策略，但并未能解决两者之间存在的纠纷，甚至导致冲突加剧；最终在戴季陶等人的主导之下，国民党中央颁布了新《商会法》，明令商会通过改组予以保留，商民协会则一律予以撤销。

---

① 《商会组织之原则及新商法运用方法要点》，《中央周报》第 67 期，1929 年 9 月 16 日，第 23 - 24 页。
② 《国民党中央民众训练部制定之民众团体组织原则及系统》，1928 年 10 月，载中国第二历史档案馆编《中华民国史档案资料汇编》第 5 辑，第 1 编，政治（3），第 134 页。

十、清末民初上海商会选举制度

或许没有多少人注意到在中国近代历史发展进程中一个很有意思的现象，即是具有近代特征的选举制度，最早并不是出现在政治生活领域，而是在新式民间工商社团——商会中率先实行。中国的商会自清末1904年正式诞生起，即规定总理、协理、会（议）董等所有领导人均以投票选举的方式产生。会员因属各业代表，与一般社团的普通成员有所不同，也通过选举选出。这种具有明显近代特点的选举制度，是以往许多相关论著判断商会属于近代中国新式商人社团的重要因素之一。由于在中国长期沿袭的传统封建社会中，不存在真正意义上的选举问题，自然不可能建立所谓选举制度，故而在清末的商会等民间社团中确立这种选举制度，也可以说是近代中国社会从传统向现代转型变迁的具体反映。

关于商会的选举制度，已有的相关论著虽从不同角度兼有论及，但对这一问题进行专题论述的成果并不多见。在提及商会的选举制度时，有学者认为“商会章程中的投票选举文字是不可能立即落实成功的。有无投票选举章程，当然显示出近代中国受西方投票选举文化的影响，但是，对商人团体的内部运作而言，投票选举章程的意义却不是很大"[①]。还有学者指出，自下而上的选举制度构成了商会的近世民主性内涵，但在这个民主构成原则背后，还有一个时常为人们所忽略的经济与政治实力相交织的潜在构成原则在起着决定性作用，商会内部实际权力的分配，实际上是由资财的厚薄和纳资的多寡决定的，所以商会的总理、协理和会董长期为财大势众的领袖行业所分享，被工商界上层人物所垄断。[②] 与此相似的观点认为，商会领导人的选任完全是以资历和优点为标准，既无出身限制，也无籍贯限制，尤其强调经济地位，从事实上看，各商会所选出的领导人多为当地的工商巨子。[③] 上述几种看法尽管各有其理由，但由于都没有真正对商会的选举制度进行全面而深入的考察分析，因而还具有进一步分析论证的空间和必要性。另还有学者曾提出疑问：商会职员的选举是如何进行的？尤其是在普通的地方商会，选举是否真的具有"现代民主性"？还需要进行细致的研究。[④]

最近，关于商会的选举问题已开始引起部分研究者的重视，并有专文进行论述。例如有学者对清末民初苏州商务总会的选举制度进行了专题研究，特别是对以往忽略的"选举权数"问题有所涉及，并考察了民初苏州商会选举制度新旧交替的特点。[⑤] 还有学者针对过去流行的结论，对与商会选举制度紧密相关的清末民初上海商会领导层的改选更迭问题，包括上海著名商董出任总理、协理的意愿，1920 年上海总商会改选，1924 年和 1926 年上海总商会的选举纷争等，都进行了新的探讨，提出了不同于以往流行观点的新见解。[⑥]

从已有成果看，对商会选举制度的研究尚存在不足之处。就研究方法而言当然首先需要进行文本分析，亦即对商会章程中一系列有关

① 邱澎生：《商人团体与社会变迁：清代苏州的会馆公所与商会》，博士学位论文，台湾大学历史学研究所，1995，第 116 页。

② 马敏、朱英：《传统与近代的二重变奏——晚清苏州商会个案研究》，第 66 – 67 页。

③ 虞和平：《商会与中国早期现代化》，第 181 页。

④ 冯筱才：《中国商会史研究之回顾与反思》，《历史研究》2001 年第 5 期，第 166 页。

⑤ 谢放：《清末民初苏州商会选举制度》，近代中国社会群体与经济组织国际学术研讨会论文，苏州，2005。

⑥ 李达嘉：《上海商会领导层更迭问题的再思考》，《中央研究院近代史研究所集刊》第 49 期，2005 年 9 月。

选举的制度性规定予以剖析，而且还需要以动态和发展的眼光了解不同历史时期商会选举规章的变化，但仅仅只是做文本分析是远远不够的，因为制度规定在实践操作中常常出现差异，不可能完全吻合。所以，在进行文本分析的同时，还必须结合有关史实对商会的选举问题进行实践考察。本文即是按照这一思路，主要以清末民初的上海商会为例①，从文本和实践两个层面对近代中国商会的选举制度进行探讨，同时对过去的某些相关结论予以再思考。

1. 清末上海商会选举制度的建立

在中国长期沿袭的传统封建社会中，并无具有近代特征的选举制度，为何在清末诞生的商会中却能够建立这种选举制度？探讨这一问题，其意义不仅仅在于寻求该问题的答案，还可以从中看出近代中国社会从传统向近代演变的某些特点。

史学界曾有一种观点认为，中国传统工商团体行会也具有民主精神，并且在其内部存在着类似选举制度的“推选”方式。因为一般情况下每个行会均由会员推选董事，再由董事按年轮流担任会首，称为“值年”；此外还推选“司月”或“值月”数名，按月轮流协助董事处理会务。② 但是，这种“推选”方式恐怕还不能与商会的“选举”制度相提并论，也称不上是具有近代特征的选举制度，其原因在于“推选”与“选举”有着本质区别。这里所说的“推选”，是一种非制度性规定而带有某种随意性的推举方式，“选举”则是一种带有法定制度性规定的投票选举制度。有的行会甚至也不采取推选方式，而是“公请”董事，例如清代汉口茶业公所即规定：“公请董事十二位，轮流司

① 清末的上海商会除商务总会之外，1905 年上海南市商人还成立了沪南商务分所，宣统元年（1909）改分所为分会，1913 年改称沪南商会，不久又改为上海南商会。1916 年 3 月，根据《商会法》有关规定改组易名为上海县商会。本文所讨论的上海商会，主要是指清末的上海商务总会和民初的上海总商会。

② 虞和平：《商会与中国早期现代化》，第 158 页。

月，每年拈阄为定，不得推诿。”[①] 这种“公请”的方式随意性更大。即使是采用“推选”的方式，从现有能够看到的各类行会的规章中，我们也都无法详细了解行会究竟以何种具体方式推选董事，因为行会的规章对此并无规定；从其他相关史料的记载中，同样也看不到行会推选董事的具体情况，估计只是经人提名之后，多数人同意即可确定，不可能以投票的方式选举。许多行会的“司月”甚至也不是推选产生，而是由“值年”指定人选，当然更不可能是投票选举。更重要的是，行会不仅没有法定的投票选举章程，也没有制定“推选”职员的具体办法，缺乏制度性的规定，因而同样带有较大的随意性，自然不能说是具有近代特征的选举制度。商会则在章程中制定了详细的投票选举条文，甚至单独制定有专门的投票选举章程，其与行会的区别是显而易见的。

由上可知，商会具有近代特征的选举制度显然不可能从传统行会的职员“推选”方式发展而来。那么，它究竟是怎样形成的呢？揆诸有关史实，不难发现商会的这种选举制度是伴随着商会从西方的引入而产生的。换言之，商会的选举制度主要是从西方引进的。而在引进的过程中，政府与民间工商界人士都发挥了重要的作用。

商会这一新式工商社团，虽然与行会有着密切的联系，但并不是由行会或其他中国传统的本土工商组织自然而然地直接演变而来，可以说是清末新政期间清政府推行振兴工商、奖励实业改革，以及工商界给予积极回应，向西方学习而引入的新事物。“近世商会，肇于法国。”1599 年马赛商人推举 4 名董事，组成商人机构，这大概是世界上最早的商会组织。随后，法国各通都大邑竞仿马赛商会成例，也纷纷成立商会。1665 年，德国汉堡商人建立了德国第一个商会。英国、美国、加拿大等国的商会产生于 18 世纪。日本商会在明治维新时期也开始诞生，1878 年东京、大阪、神户三地商人已建立商会，只是名称不同，最初叫商法会议所，后改为商业会议所，20 世纪 20 年代又改称商

① 彭泽益主编《中国工商行会史料集》上册，中华书局，1995，第 588 页。

工会议所。欧美和日本商会的出现都早于中国，而且起初大多由商人自发组成，得到政府和法律的认可，具有法人社团性质，在保护工商业者利益、促进工商业发展、传播工商业科学知识、参与商政管理等许多方面都发挥了重要作用。鸦片战争之后，西方各国商人争先恐后地在中国各个通商口岸设立洋行和其他各类企业，并建立了洋商会。其类型大约有三种，即同在一个口岸的各国商人联合组成的洋商总会，同一口岸的某国商人组成的某国某地洋商会，各口岸的同国商会联合组成的某国总商会。① 这些在中国通商口岸设立的洋商会，对华商和清政府官员所产生的影响更为直接也更为突出。

19 世纪末，维新派的一些代表人物和工商界的有识之士，乃至清朝统治集团内部的个别开明官吏，都曾呼吁向西方学习，设立商会，但由于朝廷对创设商会的意义认识不足而难以付诸实现。20 世纪初的“新政”改革期间，在振兴实业的舆论推动下，更多官员意识到设立商会的重要影响，朝廷也开始予以重视。1902 年，盛宣怀奉朝廷之命会同商约大臣吕海寰在上海与英美等国谈判修订商约，即目睹上海“洋商总会如林，日夕聚议，讨论研求，不遗余力”，而华商向无商会或类似商会的商业会议公所，虽有行帮公所和会馆，但“互分畛域，涣散不群，每与洋商交易往来，其势恒不能相敌”。有鉴于此，盛宣怀于当年会同督办商务大臣调署两江总督张之洞上了一道奏折，阐明：“远规西制，近采舆论，商会之设诚非缓图。……中国商业之不振，大率由于商学不讲，商律不谙，商会不举，而三者之中，尤以创设商会为入手要端。”② 另外，作为清朝重臣的袁世凯，在分析中国和西方国家商业盛衰判然有别的原因时，也指出泰西诸国“各埠均设商会，国都设总商会，以爵绅为之领袖，其权足与议院相抗。并特设商务部专理其事。其经商他国者，则为置领事以统辖之，驻兵舰以保卫之。……故

① 虞和平：《商会与中国早期现代化》，第 54 - 64 页。
② 《光绪二十八年九月盛宣怀、张之洞会奏上海设立商业会议公所折》，载上海市工商业联合会、复旦大学历史系编《上海总商会组织史资料汇编》上册，第 47 页。

商人有恃无恐，贸易盛而国以富强，论者至以商战目之，非虚语也”[①]。此时，许多高官大员都奏请设立商会，朝廷也不得不加以重视。

1903 年 9 月，清廷设立商部作为执掌各项实业的最高领导机关。商部创设伊始，即决定仿照西方国家的商会模式，倡导鼓励华商成立商务总会和分会，于次年 1 月上《奏劝办商会酌拟简明章程折》，强调说明："纵览东西诸国，交通互市，殆莫不以商战角胜，驯至富强。而揆厥由来，实皆得力于商会。……现在体察情形，力除隔阂，必先使各商有整齐划一之规，而后臣部可以尽保护维持之力。则今日当务之急，非设立商会不为功。"[②] 朝廷准如所请，并谕令各省督抚晓谕商人，切实劝导设立商会。由于商会系仿照欧美和日本而设，带有引入的特点，自然会在许多方面都直接借鉴外国商会。商部曾在其创办的《商务官报》上发表翻译成中文的欧美和日本等国许多商会的章程，供各地商人组建商会时参考。[③] 此前，商部为了划一规章，还先行拟订了一个商会简明章程。

商部奏请朝廷批准的《奏定商会简明章程》共 26 条，规定凡属商务繁富之区，不论系省垣或城埠，均设立商务总会，商务发达稍次之地设立分会。关于商会的职员，总会设总理 1 员、协理 1 员、会董 20 员至 50 员；分会设总理 1 员、会董 10 员至 30 员。这种按地区或城市设立商会的方式，以及商会领导人和职员的设置，显然均系参照欧美和日本商会而来，只是领导人的名称沿用了中国式的称呼。如欧美商会的最高领导人一般称正副会长，日本商会称正副会头，中国商会则称总理和协理；正副会长以下欧美商会称委员，日本商会称议员，中国商会则称会董或议董。民国时期，中国商会领导人的称呼与欧美商会更趋相同。1915 年《商会法》实施之后，中国商会由商务总会和商务分会改为总商会和商会，领导人也改称正副会长，到南京国民政府

---

① 袁世凯：《创设东省商务局拟定试办章程折》，载天津图书馆等编《袁世凯奏议》上册，天津古籍出版社，1987，第 343 页。

② 《商部奏劝办商会酌拟简明章程折》，《东方杂志》，第 1 年（1904），第 1 期。

③ 《欧美各地商会章程辑译》，《商务官报》，光绪三十四年（1908）第 4、8 期。

时期会董又改称委员。

需要指出的是，商部所订章程对商会的选举制度并未做具体规定，只是说明总理、协理“应由就地各会董齐集会议，公推熟悉商情、众望素孚者数员，禀请本部酌核加札委用，以一年为任满之期，先期三月仍由会董会议或另行公推或留请续任，议决后禀呈本部察夺”；会董“应由就地各商家公举为定”，“举定一月后各无异言者，即由总理将各会董职名，禀报本部，以备稽查。至任满期限及续举或续任等，悉如上条办理”①。至于会员如何产生，该章程则完全没有提及。对于总理、协理和会董，奏定商会章程规定的办法是由商家“公推”或“公举”，并未具体规定必须是投票选举，从表面上看在某种程度上还是沿用了以往行会的推选之说，但实际上从后来实施的情况看应该是有所区别的。此外，该章程第 14 条规定：“商会既就地分设，各处商情不同，各商会总理应就地与各会董议订便宜章程”。也就是说，各商会成立时还需要根据当地的实情，另拟订章程。

于是，各地商会成立时都参照商部的奏定简明章程和国外商会的规章，又各自拟订了一个更为详细的章程。值得重视的是在各地商会的章程中，大都列出了投票选举领导人和职员的专条。尤其是最早成立的上海商务总会，所拟章程中的这种投票选举条款成为后来许多商会制订章程相关条文时参照的范本，产生了重要的影响。时人记载：“中国商埠之中，集全体商人而设公共机关，自上海始也。……余往办华商联合报，曾调查各处商会章程，类皆沿袭沪会，所损益无多也。”②为避免文字累赘和内容重复，有关上海商务总会章程中所规定的投票选举制度的具体情况，我们将在本文的第三部分予以具体介绍和分析。

上述表明，在将西方的商会和近代选举制度引入中国的过程中，一方面政府发挥了不可缺少的作用，另一方面作为民间社会力量的工

---

① 《奏定商会简明章程二十六条》，载天津市档案馆、天津社会科学院历史研究所、天津市工商业联合会编《天津商会档案汇编（1903—1911）》上册，第 22 页。

② 金贤采：《上海商务公所章程草案序言》，载上海市工商业联合会、复旦大学历史系编《上海总商会组织史资料汇编》上册，第 126－127 页。

商界人士，在自订商会章程中参照西方和日本的商会规章主动列入了投票选举制度，同样也发挥了相当重要的作用。特别是各地商人在商部奏定章程并无明确规定的情况下，主动将这一新的选举制度内容加入到自行拟订的商会章程当中，其作用似乎更为突出。然而也要看到，尽管清朝商部拟订的商会简明章程没有具体规定商会的选举制度，但这并不能表明近代中国商会选举制度的建立和实行与政府毫无关联。1915 年由大总统申令公布的《商会法》，即开始对商会的选举制度做了明确的具体规定，其中第 4 章的内容即为“选举及任期”，共计 8 条。除此之外，商会在选举过程中出现纠纷和争议时，往往都是呈请政府有关部门加以调解或裁决。因此，近代中国商会选举制度的建立、实施与发展变化，仍与政府有着直接关系，可以说是政府与民间工商界人士共同努力的结果。

另外，欧美和日本等国的外来影响也较为突出。在清末，无论是官方还是民间，都将设立商会作为向西方学习以振兴民族工商业的重要举措。其原因在于欧美各国和日本的商会在本国工商业发展过程中产生了重要作用和影响，尤其是西方各国在中国通商口岸设立的商会，使清朝开明官员和工商界人士直接耳闻目睹其令人瞩目的功能与作用，由此意识到中国民族工商业的发展也有赖于设立商会，从而下决心将商会引入中国，随之也将具有近代特征的选举制度引入中国。在这个过程中，欧美和日本等国商会的影响是不能否认的。但外来因素的影响还必须通过内部因素才能发生实际作用，如果没有官方的积极举措和民间工商界的支持，外来因素也不会真正产生影响。

2. 清末上海商会选举制度文本分析

1902 年 9 月上海商董严信厚等人禀请盛宣怀批准，并由盛宣怀会同张之洞向清廷奏准成立了上海商业会议公所。有学者认为这就是中国历史上最早的商会，后来的上海商会自身也将其历史由此算起。然而从章程的内容、组织机构的设立以及选举制度等各方面看，该公所与商会还是有比较明显的区别。严信厚等商董在拟订该公所章程时，虽“采取上海洋商总会及各处商务局所章程，悉心探讨”，但仍然只订立了“明宗旨”“通上下”“联群情”“陈利弊”“定规则”“追逋负”等较为简单和笼统的6条，规定设总理会员1人、副总理会员2人、议董28人，不仅没有制定领导人和议董选举制度，而且实际上也没有真正发挥商会的功能与作用。①

光绪三十年（1904）四月上海商业会议公所改组为上海商务总会，拟订章程23条。尽管初订章程也不完善，但在章程中对选举问题已有所涉及。按照该章程的规定，上海商务总会设立正总董、副总董各1人，董事8人至12人，由会友大会选举产生。“各商家并商务上所用人员，或有关商务或中国装船行家者，概可选充会友。”但必须有两名会友作为推荐人，并由董事投票，“投票多者为合选”。会友若欲享有当选董事资格，每年捐款必须达到规定数额，“捐款过银一百两者，得选充副董事，过银三百两者，得充举董事”。选举时，“不准请人代行莅会；会友欠少捐项者，不得干预选举；凡一行号内之人仅许一人，不许二人同时同举；倘一行号内之伙友全不在本埠，其受权之代表准得选举”②。

以上是近代中国商会最早在章程中拟订的选举制度，其值得注意的几点是：首次在商人自行拟订的章程中确认领导人和董事必须通过投票选举产生，所有会友均享有选举权，但享有被选举权者必须岁捐银两达到规定的数额，每一行号只能1人当选。当时，上海商务总会尚未将成员划分为会员和会友，均统称为会友，并且都享有选举权，在此基础上进行的选举可以说具有一定范围的“广泛性”。另外，也是第一次确立了被选举权与其成员捐助额相联系的原则，这一规定以往曾受到研究者的批评，认为它阻挠了工商界中下层当选为会董，主要

① 《上海商业会议公所第一次核定章程六条》，载上海市工商业联合会、复旦大学历史系编《上海总商会组织史资料汇编》上册，第48-50页。

② 《光绪三十年四月订上海商务总会章程二十三条》，载上海市工商业联合会、复旦大学历史系编《上海总商会组织史资料汇编》上册，第66页。

为那些富商大贾提供了方便，而在当时的工商界看来这是贡献大者应该享受的权利，并无什么争议。况且每一行号只准 1 人当选的规定，已经对那些资产雄厚的商号有所限制。

1904 年 5 月与上海商务总会同时成立的天津商务总会，起初并未重视制定选举制度。在其拟订的试办便宜章程第 4 条中，说明会董不由商家选举产生，而是由商会总理“先约会董十数员”。直隶总督袁世凯批示此条必须修改：“一曰公举宜实行也。查部章第五款商会董事应由就地各商家公举为定，总会自二十员以至五十员为率。今该会第四款云，本会遵照部章先约会董十数员，不曰公举而曰约，似总理、协理、坐办即有无限之权。查部章商会董事应由各商家公举，而总理、协理由各会董会议公推，所以联络商情允孚众望者，全在‘公举’二字为之枢纽，非少数之总理等人可以任便纠约也。”① 此后，天津商会对此条进行了修改，确定会董、总理、协理均通过“公推”产生。这表明清末商会引进并实施选举制度，也有一个认识和学习的过程，并非都像上海商会那样一开始就对这个问题十分重视，同时也进一步具体说明清朝官员在商会选举制度建立过程中具有一定的作用与影响。

上海商务总会正式成立后，还将章程翻译成英文分送驻沪各国领事、在沪洋商总会和工部局，阐明“敝会行名簿所载各位，至今日为止，皆系体面殷实商人，凡有与洋商往来，遇有钱债细故被控、控人，皆不可苛刻虐待及任意拘拿”②。各国领事主要对章程中涉及的会审公堂改良之事存有疑虑，其他方面并无什么意见。不过，上海商务总会成立时拟订章程仍很匆忙，所订章程的内容也比较简略，包括其中的选举制度在某些方面带有一定的模糊性。所以，上海商务总会在成立一个月后即对该章程进行了较大的修订。

光绪三十年（1904）五月上海商务总会拟订第二次暂行试办详细

---

① 《直隶总督袁并商部对修改〈天津商会试办便宜章程〉的三点意见》，载天津市档案馆、天津社会科学院历史研究所、天津市工商业联合会编《天津商会档案汇编（1903—1911）》上册，第 50 页。

② 《上海商务总会致领袖领事工部局及洋商商务总会函稿》，载上海市工商业联合会、复旦大学历史系编《上海总商会组织史资料汇编》上册，第 68 页。

章程73条。与第一次拟订的章程相比较，第二次拟订的章程在选举制度方面有如下明显变化。

第一，对选举做了更为详细和具体的规定。该章程第4章的标题即为“选举”，共计9条，全部内容均与选举有关。按照该章程的规定，总理、协理须于议董内选举，选举时“应照商部奏定公举会董格及本会所定总理、协理格，印出与选举票同交有选举之权者依律选举，每年于年会后择期举行”。以得票数最多者为总理，其次为协理。如得票数相同，则将同数之人由议董再行投票另选。上海商务总会所定当选总理、协理的资格是：品行方正、在沪有实业、谙习公牍并明白事理、身任会员、年龄在40岁上下。议董须在会员内选举，“凡选举议董，先期十四日由本会将选举票分送有选举权之人，每人十八纸。其应举者，除议董十六员外，应添备选总理、协理二员，共十八员，并将议董格同送，以备各人如法选举。以多数者当选，多数逾额，将数同者用掣签法掣定；不及额，除举定者外，示期再举”。当选议董必须具备的资格也是5条，前4条与当选总理、协理资格相同，第5条关于年龄的规定降低为30岁左右。总理、协理和议董的任期均为一年，总理、协理任满后，或另行公举，或留请续任，议董任期中因事不能任职者，由总理、协理酌情于会员中选派暂代，但任期到时仍照正任年满之例，一体另举，以免歧异。

第二，制定了总理、协理和议董选举的具体操作方法，即“机密投筒法”。其具体做法是由商会印发选举票，正面上端印有“上海商务总会选举票”，下端印有“第　次愿举　　　先生为　理，　字第　号，此票限　月　日投本会筒内”。背面刊印当选总理、协理必须具备的资格，另纸印商部劝办商会章程第6款，附送年在40岁左右之议董名单。凡遇选举总理、协理之期，先期7日由坐办将选举票填写号数，并填限期，分送有选举总理、协理权之人，每人二纸，坐办另立底簿，注明某号分送某人。分发既讫，即将此簿严密封固，不可预泄。各人得票填注后，封固送商会，投入筒内。届期集众由坐办开筒点清、注簿，当众宣示照行。议董选举也采取同样的机密投筒法，只是分送选举票的时间不同，需要提前两个星期送出。这种机密投筒法是一种比较独特的不记名投票选举方法，它究竟从何而来目前尚无法知晓。商会将其运用于总理、协理和议董的选举之中，即使称不上是一种创举，也应予以肯定。[①] 有学者认为，机密投筒法还不能说是不记名投票选举，因为选票虽不记名，但事先登记了某号选票分送某人，如果分送选票的人员不能做到严守机密，谁投了谁的票或未投谁的票完全可能外泄或事先查知，所以严格说来应是一种间接的记名投票方式。[②] 这种说法不无道理，但如果排除类似例外情况，单就机密投筒法的正常操作程序和方式而言，称之为独特的不记名投票选举或许也并不为错。

第三，对会员选举拟订了新的规定。上海商务总会第一次拟订的章程，并没有对会员的产生及选举问题做出明文规定，第二次修订的暂行试办章程在这方面进行了较为详细的规定。按上海商务总会修订章程之说明，会员分为行帮会员和个人会员两种，其中行帮会员也通过会友采取机密投筒法产生。"业经捐助商会经费，已为会友，其本帮或本行常年捐数至三百两以上，经本帮本行公选为会员，会众定议许可者得为本会会员。嗣后会友续有愿捐常年经费者，亦照此行。"此外，上海商务总会还拟订了"各帮各行选举会员法"，其具体规定是："凡一帮或一行每年公捐会费在三百两以上得举会员一人，六百两得举会员二人，九百两得举会员三人，九百两以上以三人为限。捐款交后，由该业或该行董事将捐款各户开一清单送本会。会员定议认为会友后，遇选举之期由本会照章分送选举票，及各帮公举会员格与清单。所开各户亦用机密投筒法令其照章选举，送本会投入筒内，定期开筒，以得票数最多者当选。"担任会员的资格如下：品行方正、确系在本业经

① 清末上海商会的议事规则中也采用"议事机密投筒法"，规定"议事时以可否孰多之数为准。可者签名议簿，否者不必签名。倘事有不便明言者，可用机密投筒法"。其具体操作方式是，在单独的室内备黑白子两匣，"与议各员鱼贯入门，各取一子至总理前投入筒内，可者取白子，否者取黑子。投筒毕，由总理倾筒取出，当众数明宣示"。（《上海商务总会第二次暂行试办章程》，见上海市工商业联合会、复旦大学历史系编《上海总商会组织史资料汇编》上册，第 76 页）可见，所谓"机密投筒法"并不仅仅只是用于选举，在其他方面同样也被采用。

② 谢放：《清末民初苏州商会选举制度》，近代中国社会群体与经济组织国际学术研讨会论文，苏州，2005。

商、明白事理、确为商会会友、年龄在 30 岁左右。除此之外，如有商家个人虽未通过投票选举，但每年愿捐助会费 300 两以上，且关心公益，经会员 2 人公荐，“会众定议许可者，得为本会特别会员”①。

会友的产生不需要通过选举，凡常年捐助会费 12 两以上者，即可成为会友。各行帮公捐会费，开单送商会业经公议允认者，也得为会友。

显而易见，上海商务总会修订暂行试办章程有关选举制度的规定，较诸第一次所订章程更为详细，也更具有可操作性，这对商会选举制度的建设来说可谓一大进步。但是，该章程也有不完善之处，如未限定总理、协理和议董当选连任的次数，在以后容易引起纷争。另外，按照各行帮所捐会费的多少，而不是依各行帮工商户户数确定其会员人数，尽管同时限定每一行帮的会员不能超过 3 名，但对那些经济实力不雄厚，中小商家却较多的行帮而言，即使其整个商户数多于那些经济实力雄厚的行帮，但在商会中的会员人数却有可能相对较少，似乎显得不是很公平，但实际上这对会董选举无较大影响。

上海商务总会首创的这种选举制度，被其后成立的许多商会参照使用，具有明显的示范效应，由此进一步证明上海商务总会在近代中国选举制度建设过程中发挥了开风气之先的重要作用。例如 1905 年 10 月成立的苏州商务总会，所订章程第 4 章也全部是有关选举的内容，而且几乎是全部借鉴了上海商会的选举制度，选举方法也是采用机密投筒法，选举票的样式完全相同，只是将当选总理、协理必须具备的年龄资格从 40 岁左右降为 30 岁以外，当选会员的年龄资格也从 30 岁左右降为 24 岁以外。另一项修改是规定了总理、协理的连任次数，“总理、协理办事允洽，期满后应由会众公同酌议留任，如历届办事实惬众心，亦只连任三次为限。以后须阅任续举，庶于择贤之中仍寓限止〔制〕，以防积重”②。从后来许多商会的实际情况看，总理、协理

---

① 以上未注明出处的引文，均引自《上海商务总会第二次暂行试办章程》，见《上海总商会组织史资料汇编》上册，第 70－72 页。

② 章开沅、刘望龄、叶万忠主编《苏州商会档案丛编》第 1 辑，第 20－21 页。

和会董的连任次数是经常遇到的一个容易引起争议的问题，苏州商务总会对此予以明确规定，弥补了上海商务总会所定选举制度在这方面的缺陷。除商务总会之外，商务分会大多也是仿照上海商务总会以选举的方式产生总理和会董。如江苏锡金商务分会在章程中的第 1 章即明言："本会系集两邑各业，仿照上海总会推广办理，因定名曰锡金商会。"章程第 5 章为"选举规则"，指明"会员、会友均有选举会董之权，会董有选举总协理之权，总协理有选举坐办理事以次之权。"其会董和总理、协理的选举，同样也是采用机密投筒法的操作方式进行。[①]

上海商务总会拟订的选举制度虽产生了重要的示范作用，但也并非一成不变，同样有一个发展变化的过程。光绪三十二年（1906）十一月上海商务总会改选之后，李云书（厚祐）任第三届总理、孙荫庭（多森）任协理。次年四月上海商务总会为修订章程事宜禀文农工商部，阐明"事经研练而愈明，法贵推行以尽利。……司员职道等接管以来，默察商情，博咨舆论，窃谓原订章程本声明暂行试办，现值宪部实力提倡于上，各业竞求进步于下，沪埠五洲互市，尤宜及时厘订禀准"。禀文还说明章程修订之处分送全体会员及各业商董请详细讨论，集众人之长，收合群之益，并举行特别大会，当众宣布，全体赞成。尤其值得注意的是，禀文就选举制度的具体修订条款进行了特别解释："原章选举一条，文义太简。默揣各省商会之振兴，全赖群情之踊跃，除名位、责任悉照旧章不敢更易外，拟请凡捐助会费至三百两以上者，得选举三权；二百两以上者得选举两权；不满二百两者得选举一权。"之所以做此修改，其目的是"于权限之中仍寓鼓舞激扬之意"[②]。五月，奉农工商部批示："所呈续修章程九十二条，纲目井然，核与原订章程更加详备，应即准其刊印分送，俾众周知。至选举一

① 《锡金商会发起章程》，载无锡市工商业联合会、无锡市档案馆、无锡市比较研究咨询事务所编《近代无锡商会资料选编》，内部印行，2005，第 4、6 页。

② 《上海商务总会第三次缮修章程上农工商部禀》，载上海市工商业联合会、复旦大学历史系编《上海总商会组织史资料汇编》上册，第 80 页。

条，……于增订权限之中仍寓鼓舞激扬之意，所议甚是，亦准照行。”① 根据捐助会费多少的差别，确定选举权数的不同，这是商会选举制度中的又一重要变更。另一变化是将会友分为领袖会友和一般会友，“业经捐助商会经费已为会友，其本帮或本行常捐数未至三百两者，经本帮或本行公选为入会代表，会众定议许可者，得为本会领袖会友”。会员和领袖会友“均有选举议董之权，惟选举权限分为三等；会员得三权，领袖会友捐助常年经费数至二百两以上者，得二权；一百两以上者，得一权”。但会友年龄未满20岁者，不得有选举权。当选总理、协理的年龄限制从40岁左右降为35岁以上，其连任次数也做了明确规定，“连举者得连任，惟不得过两任”。②

如何分析评价上海商务总会根据会员和会友所捐会费数额确定其不同选举权数的规定，是一个比较复杂的问题。这样的规定，也很容易使人感到完全是一种有利于实力雄厚行业的制度安排，对于那些实力并不雄厚的中小行业来说，受捐助会费数额的限制，会员名额可能原本已经少于实力雄厚的行业，再加上选举权数也较少，就更加不公平，这些行业的商董恐怕也因此很难当选为会董。但另一方面也要从当时的实际情况看待此项规定，不能简单地推定上海商务总会领导人主观上即有偏向实力雄厚的行业而压抑中小行业的意图。上海商务总会反复强调这一规定是“于权限之中仍寓鼓舞激扬之意”，其直接目的显然是为了鼓励会员和会友捐助更多的会费，从而解决活动经费不宽裕的难题，更好地发挥应有的功能与作用。上海商务总会自知做此修改需要慎重，不仅先前印刷清单分送全体会员及各行业商董详加讨论，并且在致农工商部的禀文中专门对此予以说明，结果获得顺利通过，在修改章程的特别大会上当众宣布时，也得到全体赞成，连农工商部也认为“所议甚是”，批准照行。从相关史料中，我们也尚未发现中小

① 《光绪三十三年五月初十日奉农工商部批》，载上海市工商业联合会、复旦大学历史系编《上海总商会组织史资料汇编》上册，第80页。

② 《上海商务总会第三次禀定详细章程九十二条》，载上海市工商业联合会、复旦大学历史系编《上海总商会组织史资料汇编》上册，第83、84页。

行业对这一规定提出强烈的反对意见。因此，至少可以说上海商务总会对选举制度的这一修改，并非少数领导人的独断专行，而是履行了修改章程所必须通过的一系列法定程序，并且最后还报经农工商部批准，在程序上是完全合法的。而当时的商会会员以及工商界，特别是那些实力并不雄厚的中小行业，对这一新规定也没有提出不同的意见，更没有公开进行抵制，似乎也并不否认其合理性。

正因如此，其他一些商会也都先后不同程度地仿照上海商务总会的这一新规定，根据缴纳会费的多少确定会员和会友不同的选举权数。例如苏州商务总会在宣统三年（1911）正月改选之前，曾就选举规定发布通告，说明“选举权照前例每业年纳六十元者一权，过一百六十元者作为两权，余依此类推”①。锡金商会也是规定会员和会友拥有不同的选举权数，实际上是因为会员和会友捐助会费数额有差异，会董选举“统用秘密投筒法，无论会员会友及年岁若干，皆可被选，惟选举之权分为二等，会友一权，会员二权，开筒统计得数较多者当选”②。其他一些商会也接受并采纳这种不同选举权数的规定，而且同样没有什么反对意见，更进一步说明上海商务总会的这一新规定在当时有其合理性而被工商界所接受。

3. 民初上海商会选举制度的发展演变

1911 年辛亥革命爆发，上海光复之后一部分工商界头面人物认为，原商务总会为清朝商会批准成立，应另立新商会，遂发起组织上海商务公所，使沪上一时出现了两个全市性的商会组织。虽然名称不同，但这两个组织的功能与作用并无二致，同时存在既无必要也易引起诸多掣肘。于是，不久之后上海工商界又多次商议两个组织的合并以及商会改良等问题。在此过程中，我们可以看到工商界内部开始有人对

① 《苏商总会通告选举规定》，载章开沅、刘望龄、叶万忠主编《苏州商会档案丛编》第 1 辑，第 66 页。
② 《锡金商会发起章程》，载无锡市工商业联合会、无锡市档案馆、无锡市比较研究咨询事务所编《近代无锡商会资料选编》，内部印行，2005，第 6 页。

商会选举制度提出了不同的意见，认为“今就实事言之，既以改良为宗旨矣，则商会前所办理之事，凡有不甚合法者，窃以为宜趁此机会改革而纠正之，不宜以其经手未完，一概赓续之也”①。

对选举制度的意见，主要集中于前面曾提及的以捐助会费的多少，确定各行帮会员人数以及选举权和被选举权等问题。有人指出：“沪会有所谓会员者，得举为议董。不论一帮一行，帮或数百家，行或数十家，凡岁纳白金三百两以上者举会员一，六百两以上会员二，九百两以上会员三。个人纳银三百两亦得为会员，亦得举为议董，不足三百两只得为会友，不得为会员，不得举为议董。若其资格所在，仍仅仅在此三百金也。虽曰举，邻乎鬻矣！”另还指出，对各行帮缴纳会费数额的规定也不公平，“其营业之大小，范围之广狭，弗之区别。若惟计其所举会员多寡，按数而输之值也”②。

实际上，上海商务总会的领导人也意识到上述问题，同样希望加以改变。1912 年初，上海商务总会在报上刊布《并合商务总会、商务公所改良办法意见书》，就商会选举与会费等问题提出改良方案，公请讨论商议。关于选举问题，意见书说明：“当时，以会费多寡规定资格，为整齐资望起见，未尝不是。然以被选之人不多，致有商会议董出资捐做之诮。”拟改良的办法是实行“各业普通选举”：即调查各帮各行，入会之商先行挂号入会，由入会各业行号每家举其经理或店东一人代表为会友。每届选举之期，如入会各业行号共有一千家，则发选举票一千张，于入会代表一千人之中普通选举会员 100 人，再由会员 100 人中复选办事会董 40 人，正副会长 3 人。其个人入会，须有正当营业，关心公益，赞助商会事务者得为会友，有被选会员、会董之资格。旧章规定选举总理、协理 2 人，议董 19 人，议董额定太少，“又皆公忙，不克分担义务”，因此拟加倍选举。

① 《金贤采致沈联芳书》，载上海市工商业联合会、复旦大学历史系编《上海总商会组织史资料汇编》上册，第 129 页。

② 《上海商务公所章程草案序言》，载上海市工商业联合会、复旦大学历史系编《上海总商会组织史资料汇编》上册，第 127 页。

关于会费，“旧法系各帮各行分投担任，或店少而费多，或店多而费少，颇有畸重畸轻之弊。……现改为各业普通选举，则会费亦应变通”。具体拟分为以下五等：凡挂号入会之行号店铺，经营较巨者每家每年入会费交银 60 两，其次 48 两，又次 36 两，又次 24 两，最少 12 两。各帮各行仍由公所或会馆分别收缴，其无公所会馆统属者则由商会径向收取，个人入会亦至少年费 12 两，公司局厂年费 100 两。①

经过多次商议，1912 年 2 月上海商务总会和上海商务公所实现合并，公定名称为上海总商会。这是近代中国最早由华商组织而以“总商会”命名的商会，1915 年《商会法》颁行之后，各地的商务总会才一律改称总商会。1912 年 5 月，新成立的上海总商会举行选举，也是上海商务总会的第七届选举。选举之前，上海总商会发布修改入会、会费、选举章程，说明“本总商会另订新章，附呈查照，是否仍愿入会，务祈于四月五号以前复会，俾便汇刊选单，再行分送”。新订缴纳会费标准及选举虽与上述“并合商务总会、商务公所改良办法意见书”所说不完全相同，但与以前的规定相比仍有较大改变。其具体办法是：“一、各业会馆、公所团体入会者，会费仍照旧章。惟向例仅举业董一二人代表入会为会员，现拟普通选举，即于各业团体中按营业之大小、会费之多寡，酌定推举代表之人数。一、各业团体出会费至一百两以上者，得举会员一人，以多至十人为止。一、各业商号商人不附入团体、单另入会，会费酌分三种，一百两、五十两、三十两。每年担任会费五十两以上者，得举其店东或经理人入会为会员；三十两者，得举为会友。会友有选举权，会员有被选举权。……一、会员由各业普通选举，分别入会注册，即由入会会员复举会董三十一人，再由会董公举总理一人，协理二人。”②

从文本上分析，这一新规定至少在两个方面对以前的选举制度进

① 《并合商务总会、商务公所改良办法意见书》，载上海市工商业联合会、复旦大学历史系编《上海总商会组织史资料汇编》上册，第 131－132 页。

② 《上海总商会通告并附修改（入会、会费、选举）章程》，载上海市工商业联合会、复旦大学历史系编《上海总商会组织史资料汇编》上册，第 135－136 页。

行了较大修改，一是实行了“普通选举”，参加选举的人数较诸从前大大增加，范围也相应扩大。按照过去的规定，仅人数不多的会员拥有选举权，某行某帮捐助会费300两以上才得推选1名会员，900两以上也只能推选3名会员，现在各行帮捐助会费100两以上即可推选1名会员，至多可推选10人，会员人数明显增加，参加选举的人数自然也相应增加。二是会员捐助会费的标准明显降低。会员人数以及参加选举的人数增加，原因就在于对会员捐助会费的标准明显有所降低，特别是未附入团体而单另入会的商家，过去一般都因难以承受每年300两的会费而无法取得会董的选举权和被选举权，至多只能成为会友，仅有推选会员的选举权。现在单个商家捐助会费50两以上，即可推举其店东或经理1人成为会员，标准比以前降低了六分之五，自然不会像以前那样可望而不可即。降低会费和增加会员，进而扩大会员的选举权和被选举权，这也是上海总商会进行选举改革的初衷。

按照新规定，上海总商会通过选举产生了新一届职员，名称仍为总理、协理和议董。其中总理1人，由周金箴（晋镳）当选，协理2人，由贝润生（仁元）和王一亭（震）当选，议董33人。从理论上看上海总商会关于选举的新规定，似乎对商会选举制度朝着更加民主化和广泛化方向的发展十分有利，但实施之后又带来新问题，无奈之下只能再次复原。1919年上海总商会会长朱葆三在解释会员会费规定的变化时曾提到此次变革的前后经过：“光复以前，会员之会费为三百两、二百两、一百二十两、六十两。民国元年，会董王一亭、钱达三二君曾建议减轻会费，推广员额，改为一百两、五十两者为会员，有被选举权，三十两者为会友，无被选举权。初以为费轻则款集，额广则人多，岂知议决之后，人数并不加多，而会费收入骤短五千两。至民国三年，仍议规复，非常困难，于是个人入会改为五十两（今之六十五两内有加收三成建筑经费在内），历癸丑、甲寅、乙卯三年而始复原额。”[①] 由此可知上海总商会所进行的选举制度改革，一方面没有达到迅速扩大会员名额的初衷，另一方面却带来了会费急剧减少难以为继的困境，几年后又不得不恢复原样。

经过此次并不成功的曲折尝试，上海总商会在选举制度方面的改革似乎陷入了顿挫。但民国北京政府制定《商会法》的举动，成为上海总商会和其他商会不得不变革选举制度的强制性外来推动力。1912年11月北京政府工商部举行临时工商会议，会上讨论了工商部拟订的《商会法》草案，工商界代表提出了不少修改意见，要求工商部重新修订。同年底上海总商会收到工商部寄到的工商会议录，内有《商会法》决议条文，规定商会各职员两年一任。上海总商会将该项条文印送全体会员查阅议复，最后经常会议决：“本总商会系商务公所改组，成立于民国元年。总、协理则于六月一号任事，为本总商会第一任之选举。应照新商会法两年一任，以免参差。于民国三年三月一号为二任选举期，六月一号为第二任总、协理任事期，以后即如法办理，著为定章。”[②] 这只是选举制度中的一个小小变动，而且有《商会法》决议案相关条文作为依据，因此不会引起什么反响。

不过，《商会法》的正式颁行却促使商会的选举制度发生了较大的变革。1914年9月，经民国参政院议决的《商会法》及施行细则相继公布，但引起海内外商会的一致反对。其主要原因是《商会法》未将1912年成立的全国商会联合会列入，使之无形中被取消，同时规定各省在省城、商埠及其他商务繁盛之区域成立商会，另在省城设立商会联合会，而对清末即已成立的各省商务总会的合法地位也只字未提，并要求各商会自本法颁行之日起，以6个月为期限进行改组，否则予以取消。以上海总商会为首的海内外商会多次上书北京政府政事堂转呈大总统，强烈要求保留全国商会联合会和商务总会，并于1915年3

① 《朱葆三对邹静斋等改革总商会组织议的解释》，载上海市工商业联合会、复旦大学历史系编《上海总商会组织史资料汇编》上册，第334页。

② 《1913年总商会第七次及第九次常会关于本会选举案摘要》，载上海市工商业联合会、复旦大学历史系编《上海总商会组织史资料汇编》上册，第143页。

月在上海召开全国商会会议，提出修改《商会法》意见书。由于海内外商会坚持抵制，北京政府最终接受了商会的要求，于是年底公布了新《商会法》。

实际上，1914 年公布的《商会法》对商会选举制度已进行了较大的修改，但商会却未对此提出不同的意见。因此，新修订的《商会法》在这方面并没有明显的改动。以下是 1915 年公布的新《商会法》关于选举方面的条文：

> 第四章　选举及任期
>
> 第十八条　会董由会员投票选举，会长、副会长由会董投票互选。会长、副会长及会董选定，须经由地方最高行政长官或地方行政长官报告农商部。
>
> 第十九条　特别会董，推选富有资力或工商业学术技艺经验者充之。推选特别会董后，应依前条第二项之规定办理。
>
> 第二十条　会员皆有选举权及被选举权，但有被选举权者之年龄须在三十岁以上。
>
> 第二十一条　每选举时，一选举人有一选举权。
>
> 第二十二条　选举用记名投票法，由选举人自行之。
>
> 第二十三条　会长、副会长、会董均以二年为一任期。其中途补充者，须按前任者之任期接算。
>
> 第二十四条　会长、副会长及会董任期满后，再被选者得连任，但以一次为限。①

原《商会法》第 14 条列有以下人员无选举权和被选举权的规定：褫夺公权尚未复权者、受破产之宣告确定后尚未撤销者、有精神病者。修订后的新《商会法》第 7 条规定，以上三类人员不能成为总商会和商会之会员。

---

① 《商会法》，载上海市工商业联合会、复旦大学历史系编《上海总商会组织史资料汇编》上册，第 202 页。

按照上引《商会法》有关条文的规定，商会选举制度在两个方面的改变显而易见：一是取消了此前许多商会根据会员缴纳会费数额差异确定其不同选举权数的规定，不管缴纳会费多少，每“一选举人有一选举权”[①]；二是改变了不记名的机密投筒法，采用记名投票法。除此之外还应指出，《商会法》对商会会员的新规定，也是与选举相关的另一项变革。所谓新规定主要是指“总商会、商会会员不限人数”，凡属商会所在区域内公司本店或支店之职员，为公司之经理人者；各业所举出之董事，为各业之经理人者；自己独立经营工商业，或为工商业之经理人者，均可成为总商会、商会会员。同时，《商会法》未列会友名目，实际上是取消了商会会友这一层次，所有加入商会者均为会员。由于不限会员人数，加上会友均成为会员，自然会扩大会员的人数，而拥有选举权和被选举权的人数也必然会相应扩大，这对完善商会的选举制度不无裨益。1916 年 2 月北京政府又公布了《商会法施行细则》，其中第 5 条规定：“每届选举时，除依本法第二十一条及第二十二条规定外，应先期十五日以前通知各选举人，并请所在地地方最高行政长官或地方行政长官派员届时莅视，即日当众开票。各当选人自受当选之通知后，逾十五日未有就任之声明时，得以票数次多者递补。”[②] 1915 年底新《商会法》公布之后，各省商会相继依照该法修改制订章程，确定新的选举制度。由此可以进一步证明政府对商会选举制度的建设，乃至像商会这样的民间社团的发展具有不容忽视的独特作用。如果说清末商部奏准颁行《商会简明章程》，对近代中国商会选举制度的建立产生了重要影响，那么，民初农商部制定公布《商会法》，对商会选举制度的发展和完善也发挥了不可缺少的重要作用。

---

① 有些商会后来虽不再以缴纳会费的数额作为会员选举权数的核定标准，但又以另外的方式以示区别。如苏州商会 1916 年 3 月 21 日通过关于改组选举问题的议案，规定“照上届选举票十二元为一权者，今改为十二元有一选举票。……选举票每票选举十人。”（马敏、祖苏主编《苏州商会档案丛编》第 2 辑，华中师范大学出版社，2004，第 37 页）其意为缴纳 12 元会费获取 1 张选举票，可选举 10 人，如果缴纳 24 元获得 2 张选举票，则可选举 20 人。这表明苏州商会会员缴纳会费的不同数额，对其享有的选举权仍有一定影响。

② 《商会法施行细则》，载上海市工商业联合会、复旦大学历史系编《上海总商会组织史资料汇编》上册，第 205 页。

1916年上海总商会遵照《商会法》的规定进行了改组。其他地区的商务总会改组后均改称总商会，商务分会改称商会，上海总商会因与《商会法》的规定相吻合故原有名称不变，但重新拟订了章程。与选举相关的规定除照录《商会法》的有关条文外，在个别方面经农商部批准拟订了变通性的条款，如规定“凡曾任会长、会董者，满任后仍认为会员”[①]。此条在《商会法》中并无明确说明，系由上海总商会呈请农商部批准，在自订章程中专门列入了这一条文。此后，包括上海总商会在内，全国各地的商会都开始实行新的选举制度。

需要指出，《商会法》虽促进了商会选举制度的发展变化，但也并非十分完善。由于《商会法》对某些方面的规定不细致，因此也带来了一些问题。例如规定正、副会长和会董任满后又再次当选，可以连任，以一次为限，但未具体说明正、副会长和会董的任期是合并计算，还是分别计算，即会董两届任满后虽明定不能再当选会董，但是否可以当选正、副会长却无明确规定。正因如此，导致各地商会做法不一并时有争议。1920年3月，农商部又发布训令对此做出补充性规定：“查商会会长、副会长连任问题，各商会因会长、副会长均由会董内选出，与会董任期合算者居多，亦有因合算致起争执者，自应明定办法，以昭划一。会长、副会长与会董名称既殊，职务权限亦各不同，依商会法第二十四条之规定，其任期当然不能合算。嗣后各商会于改选之时，所有会长、副会长与会董任期，应即各归各算。从前有因合算争执，尚未另行选定者，亦应照此办理，以归一律，而免争端。”[②] 训令公布后，有些商会对此仍有疑义。1921年2月南昌总商会选举时请求农商部予以解释，农商部第252号批示：“连任会长选充会董，连任会董选充会长，自属可行，前次通令解释，所谓各别计算，义即在此。”尽管该批示的解释已比较清楚，然“各商亦有表示未能赞同者”。全国

① 《上海总商会章程》，载上海市工商业联合会、复旦大学历史系编《上海总商会组织史资料汇编》上册，第209页。

② 天津市档案馆、天津社会科学院历史研究所、天津市工商业联合会编《天津商会档案汇编（1912—1928）》第1册，第66－67页。

商会联合会赣省事务所为免争执，又呈请大理院解释。大理院以统字第1509号公函回复，肯定农商部的训令与《商会法》实无抵触，并进一步说明："当选与连任系属两事，商会法只限制连任会长、会董之再行连任权，并未限制其再行被选权。……故连任之会董，虽不得再行连任，但依法仍得再行当选，当选之后，并得加入互选，当选为会长。至连任之会长，得被选为会董，尤属毫无问题。"①

经过如此反复，对这一问题似乎不应再有争议，但上海总商会在选举中遇到该问题时仍有人提出异议。1924年6月穆藕初与上海总商会之间就此问题曾数度进行问答辩论，穆藕初认为会长和会董既然按《商会法》之规定均只能连任一次，"若会长或会董接连两任，则当然受第二十四条之约束，不能借口于会长与会董职权不同，而二次任满之会董，仍享有选举被选举之权利也。即以选举法而论之，夫选举之有效与否，全视选举人之资格合法与否而定之，则会董于选举之前，必须正式就职，所投之票方能有效。会董既已就职，则显然违背第二十四条之规定，即使选举后退出，而违法就职之咎岂能避免"②。就法理而言，不能说穆藕初的质疑毫无理由。上海总商会实际上也无法做出更具有说服力的解释，只能坚持以农商部批示和大理院的解释为依据进行回答。面对这种情况，上海总商会深感要想彻底解决争议，只有修改《商会法》有关条文，"此项部令院函与其谓为解释当否问题，毋宁谓为立法需要问题"③。农商部也于1923年曾向国会提出修订《商会法》，欲将连任条文中"但以一次为限"删除，但时逾一年国会置而未议。上海总商会议决联同全国商会联合会各省事务所，呈文农商部催请国会议定公布，"以为根本之解决"。可见，农商部一方面通过颁行《商会法》推动商会选举制度的发展变革，另一方面因考虑不周又在某些方面给商会的选举带来争议，这从一个侧面体现了近代中国商

① 农商部第252号批示和大理院统字第1509号公函均引自《商总会再复穆藕初函》，载上海市工商业联合会、复旦大学历史系编《上海总商会组织史资料汇编》上册，第412、413页。

② 《穆藕初再函总商会问选举事》，载上海市工商业联合会、复旦大学历史系编《上海总商会组织史资料汇编》上册，第412页。

③ 《总商会致各省事务所函》，载上海市工商业联合会、复旦大学历史系编《上海总商会组织史资料汇编》上册，第416页。

会选举制度发展演变的曲折性与复杂性。

4. 清末民初上海商会选举实践考察

在进行了以上介绍和论述之后，接着需要了解商会选举是如何具体操作的。下面我们通过1918年上海总商会的选举过程，考察商会选举制度在实践中的具体实施情况。

选举首先需要进行的工作，是根据章程规定的改选期限，由总商会召开常会商议决定具体选举日期。上海总商会于1918年9月21日的第19期常会上议定："本任会长系丙辰阴历十月初一日接任，兹为期已近。拟于旧历九月初九日（阳历为10月13日——引者）选举会董，九月十六日复选会长，十月初一日新旧会长交替。"① 随后的事项，是邀集各业领袖暨会董会员，编纂全体会董、会员同人录，做好选举所需要的准备。大约在选举前一个星期，总商会又在报上刊登选举通告并告知相关事宜。1918年10月8日《申报》登载总商会通告会董会员及各业代表函，全文内容如下：

> 敬启者，谨按商会法第九条内开"总商会会长一人，副会长一人，会董自三十人至六十人"，又第十八条"会董由会员投票选举，会长、副会长由会董投票互选"，又第二十三条"会长、副会长、会董均以二年为一任期"，各等语。是会长、副会长由会董互选，会董由各会员投票选举，各会员由已经捐资入会之各帮、各行、各公司、各商号公举。本总商会遵照商会法第四章选举，今届改组后第二届选举之期，以旧历九月初九日为选举会董之期，旧历九月十六日为互选会长之期，并定旧历十月初一日为会长、会董到会任事之期。兹特检选举票一张，被选名单一通，即请台

① 《总商会常会临时提议拟定期办理选举》，载上海市工商业联合会、复旦大学历史系编《上海总商会组织史资料汇编》上册，第278页。

端照章慎选，填写票内，于九月初九日以前送投本会选举筒内。届期并乞驾临本会监视，以昭郑重。事关选举，幸勿他却。

不难看出，上海总商会在通告中特别强调依照《商会法》相关条文进行选举，并不惜笔墨反复转引这些条文，以便加强选举人和被选举人的印象。

选举前一日总商会又在报上刊登启事，说明“是日检票、报名、核数手续繁多，应请各位会董分别担任，以昭慎重。除分函外，用特专函奉邀，届期务祈台驾先时莅会为荷”[①]。10 月 13 日下午 3 时，总商会按期召开选举会董大会。从有关史料的记载中可以获悉，其选举会董的程序如下：①摇铃开会；②入席；③公推检票、唱名、核数各员；④开匭检票，报告实数；⑤按票唱名，记录被选举数；⑥核算权数，报告当选姓名；⑦摇铃散会。会上临时推定朱葆三等 13 人监视开票与报名核数，开匭检出共投 253 票，核算结果计当选会董 35 人，候补当选会董 10 人。其中当选会董得票数最多者为朱葆三，共 234 票，得票数最少者为钱贵三，共 79 票；候补当选会董得票数最多的是秦润卿和乐俊宝，均为 79 票，得票数最少的孙衡甫为 50 票。实际上钱贵三、秦润卿、乐俊宝 3 人所获票数均为 79 票，按照规定出现这种情况时，以当众抽签的方式决定其中的 1 人当选。于是由周金箴当场抽签，确定钱贵三为当选会董，秦润卿、乐俊宝 2 人“挨次候补”。[②] 10 月 20 日下午 3 时，总商会新会董又按期互选正、副会长。除 3 人因故缺席外，32 名会董均参加投票选举。“先举正会长，开匭揭晓，朱葆三得三十一票，沈联芳得一票，系朱葆三君当选连任为正会长。未几各会董又选举副会长，当场投票后即开匭检票，沈联芳得二十九票，钱达三得两票，虞洽卿得一票，仍系沈联芳当选副会长。”[③] 自此，上海总商

① 《总商会今日选举会董》，载上海市工商业联合会、复旦大学历史系编《上海总商会组织史资料汇编》上册，第 279 页。

② 《总商会选举会董记事》，《申报》1918 年 10 月 14 日第 10 版。

③ 《总商会正副会长继续当选》，《申报》1918 年 10 月 21 日第 10 版。

会此次会董和正、副会长的改选顺利完成。从清末开始，上海商会就与其他地区的商会一样，每届会董、总协理或正副会长选举之后，都将当选人及其获得选票数在当地有影响力的报纸上予以公布，类似于公示。1918 年上海总商会改选会董和正、副会长后，同样在《申报》上刊登了当选人的名单并附得票数，甚至还报道了选举的全过程。

以上我们介绍了上海总商会此次选举的全过程。从这一选举过程不难发现，上海总商会的选举是按照选举制度的规定正常进行的。但值得注意的是，在选举程序中仍有一项是投票之后的“核算权数”。由此看来，上海总商会似乎继续沿用了以往每张选举票拥有不同选举权数的规定，否则此一程序即属多余，但在上海总商会的章程或其他与选举相关的文件中我们却未看到类似的规定。如就现有史料分析，根据上海总商会在此次选举前的 1918 年 4 月编印的入会同人录记载，该会时有合帮会员 108 人，各业分帮会员 143 人，此外还有沪北商团体操会义勇队打靶部超等毕业生，上海总商会均“予以选举权，认为特别个人会友”，总计有 62 人。合帮会员、各业分帮会员和特别个人会友三类人的数字相加，共计 313 人享有选举权。[①] 此次会董选举开匦检出共投 253 票，假设沪北商团体操会义勇队打靶部超等毕业生未参加选举，合帮会员加上各业分帮会员共计 257 人拥有选举权。如果每位会员投一票而不加上选举权数，排除少数会员因故不能参加选举，这一数字与检出的投票数十分接近。由此推算，又并不存在选举票的权数差异。但是，相关史料未明确记载有多少会员因故未参加此次会董选举，也没有说明沪北商团体操会义勇队打靶部的超等毕业生是否参加选举，所以这只能是一种推论。

值得注意的还有一个明显不同，清末上海商务总会实施不同选举权数的选举制度时，每次公布选举结果都是首先说明收到三权者选票、二权者选票和一权者选票各有多少张，然后列出各位被选举人获得多

① 《1918 年上海总商会同人录》，载上海市工商业联合会、复旦大学历史系编《上海总商会组织史资料汇编》上册，第 252－262 页。

少“票”，实际上也就是多少“权”。例如上海商务总会公布戊申年（1908）选举结果时，即说明“共到选举票：三权者六十票，两权者四票，一权者二十四票”，本次选举“被举权数：李云书 193、朱葆三 190、谢纶辉189、……”，引文中的数字并无单位说明，显然均为选举权数。公布庚戌年（1910）选举结果时，上海商务总会更是直接统计每位候选人获得多少“权”。[①] 但自从 1915 年《商会法》规定“一选举人有一选举权”之后，就再也看不到上海总商会像以往那样以各人获得多少“权”来宣布选举结果，而是统计每位候选人获得多少张选票。例如 1916 年 10 月上海总商会在改选之后宣布选举结果时，首先不再说明不同选举权数的选举票各有多少张，而是公布“检得已投选举票 174 纸，内有空白无效票三纸，实计有效票 171 纸。兹将当选会董及候补当选诸君姓氏票数列左。计开当选会董：朱葆三君 144 票、贝润生君 140 票、……”[②] 1918 年改选后公布选举结果，同样也是如此。这些也都可以间接说明，自 1916 年以后商会选举已不再实施一张选举票拥有不同选举权数的规定。

通过对商会选举的考察，也可以发现以往流行的某些结论实际上是值得商榷的。例如在分析商会的选举制度时，论者往往批评商会以各行帮缴纳会费的多少确定推举会员的数额以及选举权数的差异，认为这明显是有利于经济实力雄厚的行帮，致使这些行业的商董得以占据较多的会董位置，并垄断总理、协理和正、副会长要职，经济实力较弱的行业则难以问津。但实际情况是否如此，还需要对商会选举的实践和结果进行考察。下面我们就以上海商务总会的会董选举结果为例加以说明。光绪三十三年（1907）三月上海商务总会改选了第四届会董和总理、协理，根据选举前的统计上海商务总会时有会员 66 人，均具备会董选举和被选举资格，其中有少数行帮或企业确实占有较多

① 《上海商务总会选举权数及戊申年（1908）被选举权数》，载上海市工商业联合会、复旦大学历史系编《上海总商会组织史资料汇编》上册，第 101 - 102 页；《上海商务总会庚戌年选举议董》，载《上海总商会组织史资料汇编》上册，第 103 页。

② 《总商会举行会员大会选举第三任会董》，载上海市工商业联合会、复旦大学历史系编《上海总商会组织史资料汇编》上册，第 243 页。

的名额。如南北市钱业3人、轮船招商局3人、洋货商业公会3人、电报总局2人、振华堂洋布公所2人、南帮汇业2人、户部银行2人。本届选举的会董包括总理、协理在内共18人，详见表10－1。

表10－1 光绪三十三年（1907）上海商务总会总理、协理、议董名录①

姓名	印	籍贯	年岁	执业	业
周金箴（总理）	晋镳	浙江慈溪	61	电报总局	
李云书（协理）	厚祐	浙江镇海	41	商船会馆	天余号
陈润夫	作霖	江西清江	67	江西会馆	天顺祥
樊时勋	棻	浙江镇海	64	叶永豕众号代表	
周舜卿	廷弼	江苏无锡	56	昇昌五金行	
袁联清	鎏	浙江慈溪	64	南北市钱业	崇余钱庄
朱葆三	佩珍	浙江定海	60	地产公司	慎余号
祝兰舫	大椿	江苏金匮	52	华兴面粉公司	
丁价侯	维藩	安徽怀宁	43	南帮汇业	又善源
陈子琴	薰	浙江镇海	50	南帮汇业	源丰润
沈仲礼	敦和	浙江鄞县	50	华商保险公司	华安
袁恒之	有道	江苏丹徒	48	振华堂洋布公所	宝余号
邵琴涛	廷松	江苏常州	42	振华堂洋布公所	大丰号
金琴孙	清镳	江苏吴县	40	通商转运公司	荣记号
虞洽卿	和德	浙江镇海	41	洋货商业公会	荷兰银行
席子佩	裕福	江苏青浦	41	书业公所	申报馆
焦乐山	发昱	江苏丹徒	56	户部银行	
苏葆笙	德镳	浙江鄞县	53	成记洋货号	

从表10－1可以看出，南帮汇业和振华堂洋布公所均有2名会员，并在选举中都当选为会董，说明经济实力雄厚的行帮捐助会费较多，

① 本表根据《上海商务总会备选戊申年（1908）议董台衔录》整理制成，见上海市工商业联合会、复旦大学历史系编《上海总商会组织史资料汇编》上册，第96－99页。

会员名额也较多，对于其在会董中所占的份额确有一定影响。但是，这一因素只能说是为这一结果提供了某种可能性，并不具有决定性的影响。如轮船招商局虽有 3 名会员，最后却无一人当选为会董；南北市钱业和洋货商业公会也都有 3 名会员，分别仅有 1 人当选会董。当选为总理、协理的周金箴和李云书，也不是出自于会员人数最多的行帮或企业。类似的情况并非例外，宣统元年（1909）三月上海总商会改选第五届总理、协理、会董时，轮船招商局、大清银行也有 3 名会员，而当选会董者仅各有 1 人，被选举为总理、协理的周金箴和严子均，同样也并非来自于会员人数最多的行帮或企业。[①] 如果按照以往盛行的结论推断，会员人数多的这几个行业和企业当选为会董的人数应该更多，但实际情况并非完全如此。这一事实足以证明，并不是某个行帮或企业的会员越多，当选为会董的人也必然更多，也并未因此而形成把持商会大权的垄断地位。

通过实际考察，我们还可以发现商会选举制度的规定，也并非每一条文均有明显的约束力和影响力。例如上海商会在光绪三十年（1904）五月第二次制定暂行试办详细章程中，即有专条规定："自总理、协理以至会员，经众举定不得辞让。"[②] 此后修订的章程中也有此条文，但实际上总理、协理和会董当选后不愿就职之事屡有发生。近年有学者详细考察了上海总商会主要领导人当选后辞不应选的情况，证实从 1902 年上海商业会议公所成立至 1926 年，历届当选为总理、协理或正、副会长者，除 1926 年傅筱庵函辞会长是故作姿态外，其余绝大多数都辞不愿就，有些虽在会董的请劝后就职，但也有人坚持请辞终未上任。当选为会董者，也不乏要求辞职或是不愿连任者。这表明"上海商会总理、协理或议董的职位，并非人人汲汲营求、觊觎的目标"[③]。

① 《1909 年上海商务总会同人录》，载上海市工商业联合会、复旦大学历史系编《上海总商会组织史资料汇编》上册，第 110 - 113 页。

② 《上海商务总会第二次暂行试办详细章程》，载上海市工商业联合会、复旦大学历史系编《上海总商会组织史资料汇编》上册，第 167 页。

③ 李达嘉：《上海商会领导层更迭问题的再思考》，《中央研究院近代史研究所集刊》第 49 期，2005 年 9 月，第 51 页。

以往的有关论著都批评经济实力雄厚的商董想方设法长期把持和垄断商会领导权，实际上是存在着一种似是而非的预设前提，即在主观上认为工商界上层人物都无不迫切期望成为商会领导群体中的一员，进而觊觎商会的更高领导权以便从中谋取个人私利。然而上海商会领导人当选之后的实际表现却并非如此，甚至是完全相反。就一般情况而言，担任商会总理、协理或是正、副会长以及会董并没有多大能够给个人带来好处的实际权力，而且经常会因为处理商会的诸多会务影响自己的营业，这是许多商董不愿出任商会领导人的主要原因。根据清末上海和其他许多商会的规定，总理和协理的权力为：总理或协理会务，筹定经费，裁定会章，密议判断相关事宜；会董的权力是：推举总理、协理，监察会务，筹议经费，讨论会章，密议协议会务。这些实际上都是总理、协理和会董必须承担的责任，并非真正拥有权力。另外，除书记员等具体办事人员为专职，得以领取薪金之外，总理、协理和会董均为荣誉职务，通常无任何薪金和津贴。可见，担任商会领导人虽可提高社会威望，但在经济上却难以直接获取利益。不仅如此，商会的会务相当繁杂，担任商会领导人必然会付出较多的精力和时间，影响自己的业务经营。例如上海洋布业商董邵琴涛担任第六届（1910）商会协理一年后，在第七届选举前又被公举为该业商会代表及会董候选人，邵琴涛力辞后还在报上公开刊登启事："鄙人自承同业举充商会代表，并荷商界诸公推任庚戌年商会协理，业经一载，兹因营业事繁，不遑兼顾，已将振华堂洋布业商会代表当众辞退，业蒙同业诸君俯允，为特登报布告，伏祈公鉴。"① 周金箴 1909 年当选连任上海商会总理之后，也致电农工商部表示："上顾部章，下顾商情，本不敢饰词诿卸，惟念晋镳承乏会务一年，毫无裨益，比又身任多役，力难兼顾。仰恳宪恩，俯准辞任。"② 在此之前的 1908 年，上海商会总理周

① 《邵琴涛启事》，载上海市工商业联合会、复旦大学历史系编《上海总商会组织史资料汇编》上册，第 105－106 页。

② 《周观察禀辞商会总理电》，载上海市工商业联合会、复旦大学历史系编《上海总商会组织史资料汇编》上册，第 102 页。

金箴、协理李云书还曾代表会董上禀农工商部请求改订选举章程，希望从制度规定上解决会董连任太久、负担过重的问题。禀文提出的理由是：“惟各董各有本业，必强令舍己从公。一年不已，至于再；两年不已，至于三年四年，或且五六年。担任义务，旷误营业，谅各商意亦有所不忍。”[①] 这可以说是反映了许多商会领导人的心声，连农工商部也表示理解，并同意此后会董改选时，按照确定的比例将一部分原有会董不列入候选人名单。由此表明许多工商界的上层商董，并没有挟其雄厚经济实力角逐商会领导人的迫切愿望，相反还在当选后力予推辞，其中多数人虽经一再挽留而上任，但也谈不上存在着过去一直批评的工商界上层人物采取各种方式图谋长期垄断商会领导权的情况。

改选时按一定比例将原会董不列入候选人名单，意味着在每届改选后都会有一定比例的新会董当选，这是在商会选举制度中并无明确规定，但在操作实践中实施的一项新举措。此办法虽在一定程度上解决了部分会董因营业繁忙不愿连任的问题，但实施之后也会带来新的困惑。例如 1916 年 5 月上海总商会改选后，当选正、副会长的宋汉章、陈润夫二人辞不应选，照章推补得票次多数之正、副会长沈仲礼、张知笙也不愿就任，只得议定请原会长继续维持 4 个月。这种状况对商会的正常运作不无影响，在准备重新选举正、副会长的同时，上海总商会呈文农商部说明：“近因才地资望兼优之商人，曾经被选为会董或曾任会长者，每于本业团体中取消代表名义，使商会无选举之名。此风既开，群相仿效，必驯至无人办事而后已，前途殊为危险，必使才地资望能胜任会董会长之人不得任意退避，庶可维持于不败。本会为商务总汇之区，会长有主持会务之责，旧会长未便常代，新会长既提出辞职，次多数又无可推补，于本月二十日提交常会讨论公决，非重行选举不可，重行选举，又非推广选举范围不可。其救济之法，拟于本会章程第五章第十条加入一项，其文曰：凡曾任会长会董者，满

① 《商务总会上农工商部禀》，《申报》1908 年 10 月 13 日第 2 版。

任后仍认为会员，庶范围较广，选举不至困难。”① 农商部批示：“查商会会长、会董满任后，非有特别情形自请出会及有商会法第七条情事之一者，当然仍为会员，本不必于章程内另行规定。惟既据呈请另加一项，亦无不可，应即准予备案。”② 同年10月，上海总商会拟重新进行选举，并于选举前发布通告，特别说明本次选举将“推广选举范围”：“一、凡曾任会长会董者，满任后仍认为会员；一、凡会友均改为会员，庶范围较广，不至困难。”③ 10月25日上海总商会顺利选举会董之后，定于30日选举正、副会长。因时间紧迫，选举票到场分发，不先函送，要求各位“当选人齐集本会，当场投票，以昭郑重。……万一公忙无暇，委托代表到会，俾会长早日举定，则会务有人主持也”④。30日，上海总商会全体会董按期举行会长选举，先选会长，朱葆三得24票当选；次选副会长，沈联芳得25票当选。11月4日，新当选的正、副会长偕全体会董就职。

上述情况表明，上海总商会在选举的实际操作中，常常会根据当时的实际情况，对选举制度适时进行某些调整，采取一些新的办法保证选举顺利进行。如果上海总商会不呈请农商部批准将以前曾担任会长、会董者仍列为会员，这次重新选举很可能也不会如此顺利。按上海总商会在选举前专门列出的曾任会长、会董但当时并非会员的名单，朱葆三、沈联芳均在其中。⑤ 如不采取此一变通办法，依照惯例他们二人都不可能当选会董，更谈不上当选正、副会长。此例也说明，在实施选举制度的实践中，遇到特殊情况时上海总商会能够酌情灵活处理，农商部也给予了支持，从而使商会的选举最终得以举行，会务也能照

---

① 《上海总商会呈农商部文》，载上海市工商业联合会、复旦大学历史系编《上海总商会组织史资料汇编》上册，第73页。

② 《农商部批》，载上海市工商业联合会、复旦大学历史系编《上海总商会组织史资料汇编》上册，第168页。

③ 《总商会重选会长之通告》，载上海市工商业联合会、复旦大学历史系编《上海总商会组织史资料汇编》上册，第242页。

④ 《总商会函请当选会董亲到投票选举会长》，载上海市工商业联合会、复旦大学历史系编《上海总商会组织史资料汇编》上册，第244页。

⑤ 《定期重行选举并审定曾任本会会长会董现未为会员的名单》，载上海市工商业联合会、复旦大学历史系编《上海总商会组织史资料汇编》上册，第168页。

常运转。

在清末民初上海总商会的选举实践中，并未出现过严重的舞弊和贿赂等违法行为，但1924年6月的换届改选却闹得沸沸扬扬，演变成为上海总商会历史上的一次选举风潮。从表面上看，争执的起因是缘于前任会长宋汉章的资格问题，实际上背后所反映的是两派之间对上海总商会权力的争夺。前文曾提及，工商界上层的一些代表人物由于种种原因并不想担任商会领导人，宋汉章1922年6月当选会长后就曾以“身任银行专职，实属刻无暇晷”，“才力不济，殊难胜任”等理由，表示不愿应选，后经全体会董力劝勉强应允就职。此次改选前，上海中国银行致函总商会，说明宋“今因病后不堪繁剧，坚向敝行辞去代表会员之职，兹特改推史久鳌君为敝行代表会员。惟宋君现任贵会会长，在六月底以前任务尚未终了，应请自七月一日起解除代表会员之职”①。但1924年6月15日的总商会选举，宋汉章仍获得99票当选为候补会董之首。因身任银行公会会长的盛竹书以及数人当选会董后辞职，按惯例应由宋汉章首先递补，而宋汉章以已辞代表会员之职婉言相拒，只能由排在宋汉章之后的当选候补会董递补。6月27日，中国银行又致函总商会说明史久鳌已辞入会代表之职，仍改推宋汉章为入会代表，在另一当选会董王一亭辞职后，总商会将宋汉章递补为会董。

宋汉章不仅递补为会董，而且在即将进行的会长选举中再度当选连任的呼声也很高，于是引起傅筱庵等人的不满。傅筱庵为中国通商银行行长，也是当选会董，在宋汉章辞去代表会员资格后即有意竞选会长，现在宋汉章又被递补为会董并成为会长候选人之一，成为傅筱庵竞选会长的强有力竞争对手，甚至占了上风，因此引发了会长选举风潮。宋汉章之所以后来应允递补为会董，是一部分会员和会董认为傅筱庵富有投机性，不能担任会长要职，力劝宋连任。宋“以各会董

① 《总商会选长问题之重要函件》，载上海市工商业联合会、复旦大学历史系编《上海总商会组织史资料汇编》上册，第408页。

热忱挽劝，人非草木，焉能恝置”，只得表示应允。[1] 总商会内部的拥傅派会员和会董，不断在报章发表文章强烈质疑宋汉章的资格，认为宋汉章已不具备入会代表资格，即使当选位列候补会董之首，也不能递补为会董，更不具有被选为会长的资格。总商会将宋汉章递补为会董，属于违反法理的行为。拥宋派会员和会董也在报上接连载文予以反驳，认为总商会章程修订后已增加“凡曾任会长会董者，任满后仍认为会员”的条文，不论其个人意愿，宋汉章始终不失会员资格，递补为会董完全合乎法理。两派在报上不停地相互攻讦，一时间闹得满城风雨，引起社会各界的关注。7 月 5 日举行的会长选举会议也出现激烈争执，少数拥傅派会董拒绝投票，在场监督选举的沪海道尹王赓廷封存已投之选举票，“以手续方面既有讨论，决定延期数日，再为举行”[2]，第一次会长选举宣告流产。

此后，两派就宋汉章递补会董是否符合法理问题继续展开辩驳。第一次会长选举未果，曾议定五日后再进行，但拥傅派会董“仍竭力主张须法律问题解决后，始可开票，否则任何人产生，均所否认。至另一方面，则以宋君物望才能，众所共仰，法律问题亦未有何疑问，故亦不认为有调和余地”。7 月 14 日总商会召开会董紧急会议，经过近四个小时的争论，最后以举手表决多数同意的方式，确认“宋汉章当然有会员资格”，并决定 17 日再次投票选举会长。但当总商会函请沪海道尹王赓廷届时莅会监督时，得到的复函却是：“究竟前次发生异议已否完全解决，未准声复。倘使尚未就绪，临时再有异议，必致更滋纠纷，自应暂缓继续投票。”[3] 于是，第二次会长选举又未能举行。

前文曾提及，许多商会在选举出现争执时往往会请官府出面协调解决，上海总商会也不例外。先是曾担任总商会会长的朱葆三以及会

---

① 《宋汉章发表宣言》，载上海市工商业联合会、复旦大学历史系编《上海总商会组织史资料汇编》上册，第 432 页。

② 《总商会会长 7 月 5 日互选无结果》，载上海市工商业联合会、复旦大学历史系编《上海总商会组织史资料汇编》上册，第 418 页。

③ 《王道尹函主暂缓选举》，载上海市工商业联合会、复旦大学历史系编《上海总商会组织史资料汇编》上册，第 427 页。

董谢天锡（蘅聰）等 4 人致电淞沪护军使何丰林并呈巡阅使和省长，列举宋汉章在本届选举中之种种违法行为：“独断独行，忽退忽进，忽解除，忽羼补，是违法以非会员而列选于前，复违法于已辞补而倒充于后，实自背根本之法规，兼乱惯行之通例。……伏祈钧座依法察核训示，凡违背本会法规章程之处，饬令严格纠正，依法补足会董人数，剋日重行互选正副会长，以重会务，而维法纪。”① 拥宋派的会董祝大椿、项如松等 5 人随即也致电何丰林，说明会长、会董任满后仍为会员早已列为总商会章程，宋汉章之会员资格完全符合法规。1916 年的改选朱葆三正是依据这一条文得以当选会长，大力攻宋拥傅的谢天锡也据此当选会董，朱、谢二人“当时躬与其役，寂无一言，而此次轩然大波，日为剧烈之辩难，是否环境转移，黑白可以移位？否则恪守法规一语，当作何解？”② 在此情况下，地方官府不便贸然表态，江苏省省长和实业厅电复上海总商会，要求遵照《商会法》第 28 条之规定进行，即职员退职除名及停止被选举权，须有会员三分之二以上到会，得与会者三分之二以上同意，才能决议。同时，江苏省长公署还咨文农商部请予解释。

据时人事后回忆，淞沪护军使何丰林倾向于支持傅筱庵，“曾向新会董打过招呼，希选傅为会长”，不过“因此事与军事无关，不便擅作主张，致函嘱王道尹查照办理”③。拥宋派对此颇为不满，加之该道尹收到总商会定期选举请其莅会的公函之后，以“前次发生异议已否完全解决，未准声复”为由拒不到会，导致总商会无法按期选举会长，更使拥宋派会董会员感到愤慨。在争执愈演愈烈达到白热化程度之际，田时霖、闻兰亭、项如松等 5 名新当选会董相继辞职以示抗议。“我灿烂庄严之商会，从此并一会长选举会犹难开成，尚复何言？吾侪受同

---

① 《总商会会董朱葆三致何护军使代电》，载上海市工商业联合会、复旦大学历史系编《上海总商会组织史资料汇编》上册，第 428 页。

② 《总商会会董祝大椿等致何护军使电》，载上海市工商业联合会、复旦大学历史系编《上海总商会组织史资料汇编》上册，第 429 页。

③ 《孙筹成谈傅筱庵争做上海总商会会长》，载上海市工商业联合会、复旦大学历史系编《上海总商会组织史资料汇编》上册，第 473 页。

人重托，滥竽会董，不幸时势如斯，会董辞职，会员出会，会将莫存，董于何有，此二十年来得未曾有之现象。”[①] 至此，上海总商会因选举风潮陷入前所未有的危机。

这种始料未及的状况也使宋汉章陷入十分尴尬的处境。7 月 18 日宋汉章在《申报》上发表宣言表露其心迹云：“乃汉章递补而后，即引起双方法理之争。……若为汉章个人计，原可辞不应选，以免除一切纠纷。惟以法律解释不得正当解决，此后仍无从遵守。此次双方责难，纯为法理之争，并无对人关系。汉章愚见，以为会务方面应正式呈请官厅解释，以期信守。将来官厅解释结果，倘认为不应递补，在汉章得遂初衷，自所深愿，倘认递补为有效，此后去就，深盼同仁本爱人以德之旨，应听汉章自由，不再加以督责。”[②] 此后，宋汉章即回原籍浙江暂避风头。但是，在官厅也难以解决，特别是会董辞职、会员出会致使总商会陷入危机之后，宋汉章意识到：“在此会长任务尚未交卸以前，汉章岂能逃责”，遂又返回上海，并公开发表启事，表示要在“最短期内偕本会同仁，开诚布公，速谋解决，藉卸仔肩，以明素志。是是非非，听之公论。嗣后汉章对于商会事务，负疚已深，不敢再为担任”[③]。

上海总商会选举风潮虽然愈演愈烈，但终究还是会找到解决办法。毕竟宋汉章个人并无垄断会长一职的野心，因而回沪之后即与副会长一起到会办事，除以个人名义分别电函因选举风潮而萌告退之意的会董会员，致歉和表达挽留之意，并逐日面约各会董到会，商量解决方法。多数会董表示“赞成宋君之意，愿以会务为前提，牺牲意见，继续投票”。经进一步劝说，再加上虞洽卿、朱吟江等数位会董全力奔走调停，在征得全体会董同意后，总商会定于 8 月 21 日再次进行会长选

① 《项如松辞总商会会董》，载上海市工商业联合会、复旦大学历史系编《上海总商会组织史资料汇编》上册，第 438 页。
② 《宋汉章发表宣言》，载上海市工商业联合会、复旦大学历史系编《上海总商会组织史资料汇编》上册，第 432 页。
③ 《宋汉章启事》，载上海市工商业联合会、复旦大学历史系编《上海总商会组织史资料汇编》上册，第 444 页。

举。是日下午 3 时，上海总商会的会长选举在风潮发生近两个月之后终于得以举行。新老会董共 35 人，除有 8 人因故委托其他会董代为投票外，另外 27 人全部出席。投票结果，正会长选举票共 35 票，虞洽卿获 19 票，宋汉章获 15 票，顾馨一获 1 票，由虞洽卿当选；副会长选举方椒伯得 33 票当选。显而易见，虞洽卿当选会长是在两派争执不下，不得不另选他人的结果。选举时虞洽卿因事赴津，在获悉当选会长的消息后即表示难以应选："年来管理之事较繁，时形竭蹶，若再加此重任，不特精力不逮，抑亦有顾此失彼之虞，于公私两无裨益。况当互选之前，曾一再声明，凡为调人，概不应选，鄙人亦调人之一，更应践守前言。"① 在总商会会董的盛情力劝之下，虞洽卿提出"会长任期不拘束于会章二年之规定，一俟时局敉平，我商人得安居乐业之时，即和德卸除任务之日"，应允暂任会长，最后实际上还是任满两年。

两年之后的 1926 年，上海总商会改选时再次发生严重争执。选举前傅筱庵为争做会长暗地联络部署，会董选举时甚至出现涂改选举票等舞弊现象，引起拥傅派和反傅派的激烈论争。虽然反傅派强烈质疑选举的合法性，要求重新进行选举，但最后苏浙皖闽赣五省联军总司令孙传芳出面干预，下令江苏省实业厅和沪海道尹宣布此次选举有效，傅筱庵终于如愿以偿取得了总商会会长职务。

1924 年和 1926 年的这两次选举风潮，表明上海总商会的选举在操作实践中出现了新的变化趋向。如前所述，在清末民初的总理、协理和正、副会长选举时，比较普遍的现象是相互谦让，当选的总理、协理和正、副会长大多以精力和能力不济表示难以胜任，希望另选他人。但此时却有人为获取会长职务处心积虑地苦心经营，甚至不惜采取违背选举制度规定的各种不法手段，致使商会出现不正常的选举风潮。上海总商会这两次选举风潮的发生，很难说是商会选举制度本身的缺陷所致，实际上主要是受当时政局变动影响而出现的新变化。一方面，

① 《虞洽卿辞总商会会长》，载上海市工商业联合会、复旦大学历史系编《上海总商会组织史资料汇编》上册，第 446 页。

在政局变动的影响下，上海总商会内部因省籍商帮和政见歧异而不可避免地产生不同派别，容易在选举中形成纷争；另一方面，不同的军事和政治力量也希望在总商会中寻求奥援，或明或暗地支持总商会中某一派别的代表人物执掌大权，同时也使总商会逐渐卷入政治势力的纷争之中，明显出现政治分化。在这种情况下，自然会发生围绕总商会领导权的一系列明争暗斗，而选举正是取得总商会领导权的唯一“合法”途径，此后的总商会选举已很难再像从前那样顺利进行，常常会出现比较严重的争执。上海总商会的这两次选举风潮以及后来的情况足以表明，随着政局的变化，上海总商会的选举在实际操作中已难以在不受外界干扰的情况下正常进行，已经深受政治和军事势力的影响。从表面上看，上海总商会的选举制度仍然继续实施，但已不再起决定性的作用，因为选举结果更多的是受到总商会内部不同派别背后政治或军事力量强弱的制约。这一变化，显然不能说是近代中国商会选举制度正常的发展演变趋向，而是一种从常态向变态的演变。由此可以说，近代中国商会选举制度的发展最终陷入了一个悲剧性的结局。

十一、清末民初天津商会选举制度

中国近代商会史研究自 20 世纪 80 年代初在内地迅速开展以来，取得了一系列令人瞩目的重要成果。关于商会的投票选举制度，已有相关论著从不同角度有所提及，但对这一问题进行专题论述的成果并不多见，缺乏深入细致的探讨。商会的投票选举制度是伴随着商会从西方引入后自然而然产生的，而非孕育于中国本土。在商会投票选举制度引进的过程中，政府相关部门与民间工商界人士都发挥了重要的作用。应该注意的是，在商会选举制度的实际运作过程中，各地区的商会既有许多共同之处，也有一些不同的特点，甚至也并非每个商会都主动接受投票选举制度安排，因此统而论之将难免失之片面，需要进行更多的个案考察和分析。天津商会是 1904 年中国商会开始正式诞生时，于当年在全国最早成立的少数商会之一，其后不仅在华北地区的众多商会中堪称翘楚，而且也位于清末民初著名的全国八大商会前列①，但其投票选举制度的建立却经历了一个较为复杂的曲折演变过程，因此具有相当的个案研究价值。正因如此，本文主要对清末民初天津商会选举制度的发展变化及其实际操作进行初步探讨。

---

① 清末民初的所谓八大商会，一般指北京、上海、天津、汉口、广州、苏州、南京、重庆等 8 个商会。

1. 清末天津商会的“公推”制度

在保存至今的上海和苏州商会档案中，不难看到有关这两个商会在清末民初从事职员选举的大量资料。天津商会档案虽是国内保存数量最多也最为完整的珍贵商会资料之一，但令人奇怪的是，卷帙浩繁的天津商会档案中，有关清末天津商会职员选举制度以及有关选举活动的记载却为数甚少，这可以说是天津商会较为独特的历史现象。实际上，这种现象所反映的是天津商会对选举问题持有不同于上海、苏州商会的认识和态度，并且采取了不同于上海、苏州商会投票选举的一种“公推”制度。

论及商会职员的选举，首先需要提到1904年初商部奏请朝廷批准的《奏定商会简明章程》26条。该章程是由清政府拟订的中国第一个有关商会的规章，明确规定凡属商务繁富之区，不论系省垣或城埠，均设立商务总会，商务发达稍次之地设立分会。关于商会的职员，总会设总理1员、协理1员、会董20员至50员；分会设总理1员、会董10员至30员。商部所订章程对商会的选举制度并未做具体规定，只是说明总理、协理“应由就地各会董齐集会议，公推熟悉商情、众望素孚者数员，禀请本部酌核加札委用，以一年为任满之期，先期三月仍由会董会议或另行公推或留请续任，议决后禀呈本部察夺”；会董“应由就地各商家公举为定”，“举定一月后各无异言者，即由总理将各会董职名，禀报本部，以备稽查。至任满期限及续举或续任等，悉如上条办理”。此外，该章程第14条规定：“商会既就地分设，各处商情不同，各商会总理应就地与各会董议订便宜章程。”① 也就是说，各商会成立时还需要根据当地的实情，另拟订章程。

天津商务总会正式成立于1904年11月，在此之前只有上海商务总

① 《奏定商会简明章程二十六条》，载天津市档案馆等编《天津商会档案汇编（1903—1911）》上册，第22页。

会等为数极少的商会诞生，这些商会也是近代中国最早诞生的一批商会，在当时具有开风气之先的示范作用。另外，上海商务总会是由1902年成立的上海商业会议公所改组而成，天津商务总会则是由1903年成立的天津商务公所演变而来，具有某些相似之处。但不同的是上海商务总会成立时拟订的章程已对选举问题有所涉及，规定总董、董事均由会友大会选举产生，“不准请人代行莅会；会友欠少捐项者，不得干预选举；凡一行号内之人仅许一人，不许二人同时同举；倘一行号内之伙友全不在本埠，其受权之代表准得选举”。[①] 光绪三十年（1904）五月，上海商务总会拟订第二次暂行试办详细章程73条，对选举做了更为详细的规定。第4章的标题即为“选举”，共计9条，全部内容均与选举有关。按照该章程的规定，总理、协理须于议董内选举，议董须在会员内选举，并制定了总理、协理和议董选举的具体操作方法，即机密投筒法。具体做法是由商会印发选举票，凡遇选举总理、协理之期，先期7日由坐办将选举票填写号数，并填限期，分送有选举总理、协理权之人，每人二纸，坐办另立底簿，注明某号分送某人。分发既讫，即将此簿严密封固，不可预泄。各人得票填注后，封固送商会，投入筒内。届期集众由坐办开筒点清、注簿，当众宣示照行。议董选举也采取同样的机密投筒法，只是分送选举票的时间不同，需要提前两个星期送出。此外，对会员选举也拟订了新的规定。[②]

1905年10月苏州商务总会成立时，所订章程第4章也全部是有关选举的内容，而且几乎是借鉴了上海商务总会的选举制度，选举方法也是采用机密投筒法，只是将当选总理、协理必须具备的年龄资格从40岁左右降为30岁以上，当选会员的年龄资格也从30岁左右降为24岁以上。另一项修改是规定了总理、协理的连任次数，“总理、协理办

① 《光绪三十年四月订上海商务总会章程二十三条》，载上海市工商业联合会、复旦大学历史系编《上海总商会组织史资料汇编》上册，上海古籍出版社，2004，第66页。

② 《上海商务总会第二次暂行试办章程》，载上海市工商业联合会、复旦大学历史系编《上海总商会组织史资料汇编》上册，第70－72页。《天津商会档案汇编（1903—1911）》上册以《上海商务总会暂行试办详细章程》为题也收录了该章程，因原件未注明年月，该书编者推断为光绪二十九年十二月，即1904年1月。实际上此推断有误，应为光绪三十年五月，《上海总商会组织史资料汇编》上册收录的该章程，在原件末尾明确注明了这一年月，应当是可信的。

事允洽，期满后应由会众公同酌议留任，如历届办事实惬众心，亦只连任三次为限。以后须阅任续举，庶于择贤之中仍寓限止〔制〕，以防积重"①。江苏的商务分会大多也是仿照上海商务总会的选举方式产生总理和会董。如江苏锡金商务分会在章程的第 1 章即明言："本会系集两邑各业，仿照上海总会推广办理，因定名曰锡金商会。"章程第 5 章为"选举规则"，指明"会员、会友均有选举会董之权，会董有选举总协理之权，总协理有选举坐办理事以次之权"。其会董和总理、协理的选举，同样也是采用机密投筒法的操作方式进行。② 就连浙江比较偏僻的慈溪商务分会，也在章程中明确规定："本会总理协理系各业商董公同选举，不取薪水，办事各员由总理协理延聘。"③

1903 年成立的天津商务公所，在暂行章程中也曾提及"公举"董事。该章程第 2 条说明："天津商情涣散，互相倾轧，现设商务公所以资联络。拟令各行商业大者公举董事二人，小者一人，以便详求受病之原及救急之法，和衷共济，一洗从前积习。"④ 这里所说的"公举"，其实际含义即为"公推"，并非投票选举。1904 年5 月天津商务公所商董筹备成立天津商务总会时，也并未重视制定投票选举制度。在其最先拟订的《商会就地便宜章程二十条》中，没有明确规定总理、董事等职员由投票选举产生。参与其事的商董仍受商务公所时期"公举"制度的影响，对商部奏定商会简明章程相关条文的理解也有偏差，在呈请将商务公所改组为商务总会时，该"商等查部章第四条，商会之总理协理须由各行董保荐"，遂据此保荐原商务公所四大商董中的宁世福为总理，王贤宾为协理，么联元和卞煜光为坐办。⑤ 据《大公报》

---

① 《苏商总会试办章程》，载章开沅、刘望龄、叶万忠主编《苏州商会档案丛编》第 1 辑，第 20 - 21 页。

② 《锡金商会发起章程》，载无锡市工商业联合会等编《近代无锡商会资料选编》，内部印行，2005，第 4、6 页。

③ 《浙江慈溪商会章程》，《大公报》1906 年 1 月 2 日，第 3、4 版。

④ 《天津府凌守禀定商务公所暂行章程》，载天津市档案馆、天津社会科学院历史研究所、天津市工商业联合会编《天津商会档案汇编（1903—1911）》上册，第 3 页。

⑤ 《公裕厚等六十一户商号禀请将商务公所改为商会并公推宁世福王贤宾为总协理文》，载天津市档案馆、天津社会科学院历史研究所、天津市工商业联合会编《天津商会档案汇编（1903—1911）》上册，第 30 - 31 页。

记载，商务公所诸董集议设立商会公推总理、协理时，被推举之“诸绅等再四逊让，谓正在将行举办、需才孔殷之际，诚恐才不胜任，欲告退以便各行商董选保贤能总理等人，以专责成。各行商等集议，以诸绅素为各行所悦服，非该绅等难负此任”①。实际上，部订章程要求总理、协理必须由会董“公推”，会董则必须就地由商家“公举”，而不是保荐。因此，直隶总督袁世凯批示天津商会修改便宜章程：“总会之总理协理，分会之总理，应由各会董会议公推，分会董事应由各商家公举，仍应遵照部章及会议通例章程办理，期收得人之效。”②

然而，1905年天津商务总会重新拟订的试办便宜章程中，第4条仍含糊地说会董由商会总理“先约会董十数员”，而不是通过选举产生。直隶总督袁世凯再次批示此条必须修改：“一曰公举宜实行也。查部章第五款商会董事应由就地各商家公举为定，总会自二十员以至五十员为率。今该会第四款云，本会遵照部章先约会董十数员，不曰公举而曰约，似总理、协理、坐办即有无限之权。查部章商会董事应由各商家公举，而总理、协理由各会董会议公推，所以联络商情允孚众望者，全在‘公举’二字为之枢纽，非少数之总理等人可以任便纠约也。”另外，袁世凯还认为“坐办宜裁撤也”，因部章“本无坐办名目”。③ 这里所说的会董由商家“公举”，实际上就是指会董必须经由商家选举产生。接到这一批示后，天津商务总会对试办便宜章程进行了修改，确定“商会遵照部令，先令各商家公举会董十数员，由十数员内拣选评议会董四人、会计会董二人、庶务会董二人，常川到会监理各项事宜，以期实事求是。倘遇疑难事件，准临时公举，惟不得逾部章五十员之数，以示限制”④。这一具体情况表明，清末商会引进并

① 《中外近事》，《大公报》1904年7月25日，第2版。

② 《直隶总督袁对商务公所绅商宁世福等公议〈商会就地便宜章程二十条〉的批示》，载天津市档案馆、天津社会科学院历史研究所、天津市工商业联合会编《天津商会档案汇编（1903—1911）》上册，第34页。

③ 《直隶总督袁并商部对修改〈天津商会试办便宜章程〉的三点意见》，载天津市档案馆、天津社会科学院历史研究所、天津市工商业联合会编《天津商会档案汇编（1903—1911）》上册，第50页。

④ 《直隶总督袁并商部对修改〈天津商会试办便宜章程〉的三点意见》，载天津市档案馆、天津社会科学院历史研究所、天津市工商业联合会编《天津商会档案汇编（1903—1911）》上册，第51－52页。

实施选举制度，也有一个认识和学习的过程，并非都像上海商务总会那样一开始就对这个问题十分重视，同时也说明清朝官员在商会选举制度建立过程中具有一定的作用与影响。值得注意的是商部对袁世凯提出的批示修改意见，除表示对会董应由商家选举之改动予以肯定外，对设立坐办一条却准允通融。商部认为："坐办名目虽为部章所无，现在风气初开，各处商会甫经设立，不得不量予变通，期得实际。上海商务总会总理、协理外，亦经本部札派坐办有案。盖总理、协理类皆事务稍繁之人，而会中一切事宜，必须有常川驻会者以资经理。该会章程第二十条所拟，本会坐办有管辖全会收发各项事件之权，是坐办权限不过管辖收发各事，核与本部添派坐办之意尚属相符，自不虞于总、协理办事之权有所侵越。"①

另外，在天津商会修订的章程中有关会员的选举也仍然略有不同之处。在清末，上海和苏州商会都规定会员由入会的各行、帮商家选举，并以缴纳会费的多少确定不同的会员名额。上海商会拟订的"各帮各行选举会员法"规定："凡一帮或一行每年公捐会费在三百两以上得举会员一人，六百两得举会员二人，九百两得举会员三人，九百两以上以三人为限。"② 苏州商会的规定与此相似，"一行、帮每年公捐会费三百元以上，得举会员一人，依次递加，至得举三人为限。经会众认可者，得为本会会员"③。上海、苏州商会人数最多的成员主要是各行、帮的会友，上海商会会友年纳会费 12 两，苏州商会会友"岁捐会费 12 元"，会员的人数并不多，由会友选举产生，基本上都是各行帮经济实力和社会影响比较突出的商董。清末的天津商会无会员和会友这样的不同称呼，但规定"无论何项商业，凡允认常年会费四元以上者，均得入会"。入会者实际上相当于上海、苏州商会的会友，但年纳会费少得多。除会董之外，天津商会还有所谓行董，即各行董事，

---

① 《直隶总督袁并商部对修改〈天津商会试办便宜章程〉的三点意见》，载天津市档案馆、天津社会科学院历史研究所、天津市工商业联合会编《天津商会档案汇编（1903—1911）》上册，第 52 – 53 页。

② 《上海商务总会第二次暂行试办章程》，载上海市工商业联合会、复旦大学历史系编《上海总商会组织史资料汇编》上册，上海古籍出版社，2004，第 72 页。

③ 《苏商总会试办章程》，载章开沅、刘望龄、叶万忠主编《苏州商会档案丛编》第 1 辑，第 18 – 19 页。

相当于上海、苏州商会的会员。天津商会的行董从表面上看也以各行商家公举的方式产生。1903 年天津商务公所成立时，“各行商业大者公举董事二人，小者一人”。商会成立后，“各行董事仍援商务公所旧章，大行三、四员，小行一、二员，应由就地各商家公举为定”①。但天津商会没有像上海、苏州商会那样以缴纳会费数额的差异，来确定各行、帮选举会员的名额，而且所谓“公举”实际上也不是真正意义上的投票选举，仍然是采取“公推”的方式。

整体而言，清末的天津商会与上海、苏州等地的商会相比较，在选举制度的建设方面并无建树，甚至显得较为落后。这不仅反映在上述天津商会成立时拟订的章程中没有明确制定有关投票选举的制度，仍然试图沿袭传统行会推选董事的方式，而且当这一问题被政府官员指出并要求修改时，天津商会也只是在章程中写出简单的几句话，并未像上海、苏州等商会那样在章程中有“选举”的专章，制定详细的相关条文，更没有像苏州商会那样另行拟订选举章程。当时，最早成立的上海商会拟订的章程，曾被许多商会在自行制订章程时作为范本加以参照，包括其选举制度在内均一并采纳。时人记载：“中国商埠之中，集全体商人而设公共机关，自上海始也。……余往办华商联合报，曾调查各处商会章程，类皆沿袭沪会，所损益无多也。”② 然而，天津商会却没有借鉴上海商会制定的投票选举制度。在天津商会正式成立之前，时任商部左参议的王清穆还曾专门致函宁世福、王竹林等天津商董，说明“沪埠商会业已开办，附上章程二册，务祈台端迅速联合绅商，斟酌时宜，参照沪会章程，克日举办报部，由部颁给关防。凡有陈请，即可径行达部核办，而一切应兴应革之举，亦得随时具报，实于商务大有裨益”③。在保存完好的清末天津商会档案资料中，我们

① 《天津商务总会试办便宜章程三十条》，载天津市档案馆、天津社会科学院历史研究所、天津市工商业联合会编《天津商会档案汇编（1903—1911）》上册，第 45 页。

② 金贤采：《上海商务公所章程草案序言》，载上海市工商业联合会、复旦大学历史系编《上海总商会组织史资料汇编》上册，第 126－127 页。

③ 《商部左参议王清穆为请速联合绅商举办商会事致宁世福王竹林函》，载天津市档案馆、天津社会科学院历史研究所、天津市工商业联合会编《天津商会档案汇编（1903—1911）》上册，第 4 页。

也查到当时商部寄给天津商会参考的光绪三十年（1904）五月上海商务总会第二次拟订的暂行试办章程，该章程已对选举制度列出专章做了详细规定，按理说天津商会并不是没有看到上海商务总会的章程，也完全有借鉴和参照上海商务总会所定选举制度的条件，但天津商会却没有像其他许多商会那样加以仿效。这种情况只能说明，天津商会对选举制度的建设并未予以充分重视。

需要进一步探讨的是，经过袁世凯和商部的数次批示，天津商会虽然在修订的试办便宜章程中写上了“遵照部令，先令各商家公举会董十数员”这样的条文，但却并不能简单地据此认为天津商会此后已开始真正实行投票选举制度，还需要通过具体考察相关史实才能知晓其“公举”的确切含义，得出合乎实际的结论。光绪三十三年（1907）四月美国驻津总领事若士得向天津商会函询有关章程及职员情况时，天津商会在复函中明确回答：“天津商务总会之设，系遵照农工商部奏定章程参拟会章办理。所有驻会办事各员，均由各商选举，分任职司。”① 从天津商会的这一复函看，似乎其所有职员都是由商家选举产生。但严格说来，天津商会的所谓“选举”并不是指投票选举的方式，而仍然是一种带有传统色彩的“公推”方法。真正实施投票选举的上海、苏州等许多商会，在每次会董换届改选前都要发布选举通告，不仅有关选举的过程以及相关具体情况的记载在档案中均保存完好，而且改选后又将选举结果，包括各位当选会董的名单以及获得的不同票数，在当地有影响力的报纸上予以公布。随后商会的总理、协理投票选举通告和选举结果，也照此在报上公布。但是，在保存完好的清末天津商会档案中我们却看不到任何关于投票选举会董和总理、协理的具体资料，在当地有影响的报纸《大公报》上也同样找不到有关天津商会投票选举结果的报道。这实际上证明了天津商会并没有真正实行投票选举制度。因为换届改选对于商会来说是一件非常重要的工作，

① 《美驻津总领事若士得为查询当商会章程办事人员事致商会函及复函》，载天津市档案馆、天津社会科学院历史研究所、天津市工商业联合会编《天津商会档案汇编（1903—1911）》上册，第81页。

商会档案中一定会有详细记载，在当地的报纸上一般也应有报道。就笔者目前所能见到的商会资料，只要是实行投票选举制度的商会，即使是资料保存并不完整，也都无一例外地在这方面留下了或多或少的记载。而唯独数量最丰富、保存也最完整的天津商会档案中，找不到任何有关投票选举的具体记载。这种例外不可能有其他的解释，只能证明天津商会没有真正实行投票选举制度。

在清末天津商会制订的章程中，也没有对投票选举制度及其实施办法列出详细的具体条文，这是天津商会与其他实行投票选举制度的商会又一明显的不同，也从另一个侧面证明天津商会在清末并没有实行投票选举制度。因为实行投票选举必须制定具体的操作方法，例如像上海、苏州等商会那样在章程中对投票选举做出一系列规定，否则就无法实际操作。由于清末天津商会没有明确规定投票选举及其具体操作方法，而是仍然采取所谓“公推”或“公举”方式，其总理、协理的产生结果也与实行投票选举的商会有所不同。一般来说，实行投票选举制度的商会对总理、协理的任期和连任次数都有所规定，尤其是对总理、协理的连任次数有所限制。但天津商会却对此没有限制，从其 1904 年成立起至 1911 年，都是通过“公推”的方式推举王贤宾连任总理，如果不是 1911 年 5 月王贤宾因涉案被革职，恐怕还会继续无限期地连任。“总理一席，责任綦重，非才望素优不克胜任。现在王贤宾辞职，遽难选举”，全体会董遂“公同酌拟所有商会一切事务”暂由协理宁世福兼任。但这只是一时的权宜之计，天津商会意识到必须尽快公举新的总理、协理才能真正解决问题。不久之后，天津商务总会全体会董开会集议，公推宁世福担任总理，吴连元担任协理，并报请农工商部加札委用。同年 7 月农工商部批示：“查宁世福、吴连元二员，既据该总会公推，堪任总、协理之职，应即照准加札委用，以专责成。”①

---

① 《天津商会禀请札委宁世福吴连元为商会总协理文及劝业道孙转发农工商部直督陈批文》，载天津市档案馆、天津社会科学院历史研究所、天津市工商业联合会编《天津商会档案汇编（1903—1911）》上册，第 138－139 页。

除总理、协理的连任无限制外，天津商会也没有对各行、帮当选会董的名额加以限制，以致有些经济实力雄厚的行、帮占据会董名额过多，而其他行业则在会董中难有一席之地。上海、苏州等商会都在选举制度中规定各行、帮至多只能有 3 名会员，因会董在会员中通过投票选举产生，所以各行商董当选会董的名额自然也有所限制，天津商会却并非如此。根据档案文献的记载，天津商会光绪三十二年（1906）的会董共 12 人，其中绸缎洋布业即有 5 人，所占比例高达 41%；光绪三十三年（1907）的会董共 15 人（包括坐办 1 人），其中银号业即有 4 人，再加上粮食业 3 人、绸缎洋布业 4 人，这三个行业已多达 11 人，所占比例为 73%；宣统元年（1909）的会董增至 20 人（包括坐办 1 人），但其中绸缎洋布业也增至 6 人，银号业仍有 4 人，仅这两个行业即占据了全部会董的一半名额。[①] 显而易见，天津商会由于没有实行投票选举制度并制定相应的具体规定，使得少数几个行业在会董名额中一直占有相当高的比例，而为数更多的行业则在会董中始终无法拥有一个名额，这难免影响到商会作为工商各业之代表的信誉。

综上所述，清末的天津商会不仅在投票选举制度的建设方面并无建树，而且仍继续沿用传统的“公推”方式，这是天津商会不同于上海、苏州等许多商会的一个明显特点。实际上，天津商会不仅在清末没有真正实行具有现代意义的投票选举制度，甚至在民国初期的一段时间内也仍然希望坚持这种传统的“公推”方式，并就此问题与工商部发生过争执。

2. 民初天津商会选举制度演变

在经历政体变更之后的民国初期，不少商会都顺应时势进行改革，

---

① 《天津商务总会总理协理会董一览表》，载天津市档案馆、天津社会科学院历史研究所、天津市工商业联合会编《天津商会档案汇编（1903—1911）》上册，第 108 – 110 页。

包括在选举制度方面实行一些新的举措。但天津商会的选举制度也没有像上海、苏州商会那样进一步得到比较顺利的发展，而是经历了一段曲折的历程。辛亥革命之后，上海商界有人对商会以捐助会费的多少确定各行、帮会员人数以及选举权和被选举权的做法提出意见，上海商务总会的领导人也意识到上述缺陷，同样希望加以改变。1912 年初，上海商务总会在报上刊布《并合商务总会、商务公所改良办法意见书》，就商会选举与会费等问题提出改良方案，公请讨论商议。关于选举问题，意见书说明："当时，以会费多寡规定资格，为整齐资望起见，未尝不是。然以被选之人不多，致有商会议董出资捐做之诮。"拟改良的办法是实行"各业普通选举"：即调查各帮各行，入会之商先行挂号入会，由入会各业行号每家举其经理或店东一人代表为会友。每届选举之期，如入会各业行号共有一千家，则发选举票一千张，于入会代表一千人之中普通选举会员 100 人，再由会员 100 人中复选办事会董 40 人，正副会长 3 人。其个人入会，须有正当营业，关心公益，赞助商会事务者得为会友，有被选会员、会董之资格。旧章规定选举总理、协理 2 人，议董 19 人，议董额定太少，"又皆公忙，不克分担义务"，因此拟加倍选举。关于会费，"旧法系各帮各行分投担任，或店少而费多，或店多而费少，颇有畸重畸轻之弊。……现改为各业普通选举，则会费亦应变通"。具体拟分为以下五等：凡挂号入会之行号店铺，经营较巨者每家每年入会费交银 60 两，其次 48 两，又次 36 两，又次 24 两，最少 12 两。各帮各行仍由公所或会馆分别收缴，其无公所会馆统属者则由商会径向收取，个人入会亦至少年费 12 两，公司局厂年费 100 两。① 这可以说是上海商会选举制度的重要改革。

苏州商会在民初也对选举制度进行了一些改革。1913 年 5 月苏州商会拟订的暂行章程，首先是不再将商会成员分为会友和会员两类，全部为会员，而且不限人数，"凡在苏州商埠范围内经营商业，开设商

① 《并合商务总会、商务公所改良办法意见书》，载上海市工商业联合会、复旦大学历史系编《上海总商会组织史资料汇编》上册，第 131 - 132 页。

店，民国商法视为有能力者，经众认可，均得为本会会员”；其次是缴纳会费的数额明显降低，清末规定每年缴纳 12 元才能成为会友，民初则规定“凡入会会员须年纳六元以上之会费”，负担减轻后将会有更多的工商户积极加入商会；再次是降低年龄要求，清末规定必须 24 岁以上才能当选会员，民初则只是限定会员年满 21 岁以上者享有选举会董之权，而对当选会员的年龄并无明确限制。[①] 上述三个方面的变化，在商会选举制度方面将会相应带来若干变革，其中最为明显的是会董选举权与被选举权的扩大，由于取消了人数最多的会友层次，凡是加入商会者均为会员，加上会员的人数也不再有限制，因此在商会中拥有会董选举权和被选举权的人数较诸清末自然多得多。除拥有选举权和被选举权的人数增加外，民初苏州商会选举会董和总理、协理的方式也有所改变，由清末采用的机密投筒法，改为“选举用记名投票法，由选举人躬自行之”。从独特的不记名投票变为记名投票，显然也是苏州商会选举制度的一大变革。采用记名投票方式之后，从某种程度上可以说选举的透明度得到增强，选举人需要更加谨慎和负责地行使其选举权。

但是，面对中华民国建立后的新形势，天津商会的领导人却似乎对投票选举仍存在一些不同的理解和认识，不仅没有实行投票选举以完善原本存在缺陷的选举制度，相反还继续坚持传统的“公推”方式。[②] 在民国元年王贤宾能否再度出任天津商会总理一事中，天津商会曾就“公推”与“票举”问题与工商部发生争执，这一事件可以说比较典型地反映了天津商会对投票选举制度似是而非的认识。

1912 年 3 月，天津商会总理宁世福以“年老气衰，不能襄办商务”为由，再次提出辞职，并且态度坚决地表示：“嗣后商务应如何办理，一任诸君尊裁，鄙人不负责任。”与此同时，协理吴连元也以“能力薄弱”为由请求辞职，要求“一星期内召集会董另选协理，……即或满

---

① 《苏州商会暂行章程》，载马敏、祖苏主编《苏州商会档案丛编》第 2 辑，第 12、13 页。

② 胡光明撰写的《论北洋时期天津商会的发展与演变》一文（见《近代史研究》1989 年第 5 期）对此曾有所论及。

一星期尚未选出协理，连元对于会务亦不负责任”。[①] 4月初，张荫棠、王子臣等12名商董联名代表津埠189家商号致函商会，吁请王贤宾再度出任总理。5月，天津商会全体会董和行董集议，“佥以商会总协理统括全局，担负綦重。总理宁世福等既卸责而去，遗缺未便久悬，恐误要公。兹经公同推选，查会办王贤宾热心公益，学识兼优，遇事不辞劳瘁，久为津商信服，以之推升总理，委系人事相当。……叶登榜、卞荫昌为津商巨擘，见义勇为，平日赞襄之功，众情浃洽，推补协理职任，使实与会务商情均有裨益”[②]。但是，工商部却态度坚决地驳回了天津商会的这一禀文。其主要理由是：王贤宾于前一年因为以长芦盐商帮总纲名义滥借外债，并将借款私办高线铁路，不仅本人亏累169万余两，业不抵债宣告破产，而且导致其余各商亏欠甚巨，总纲和商会总理等职均已被革除。此前据津埠商会以津地市面停滞，禀请添派王贤宾为商会会办，经清政府农工商部暂准通融办理，现在津埠秩序已渐恢复，商会本无会办名目，应即取消，以归划一，更不能由其出任总理。工商部的批复还明确指出：“总理宁世福既因老告退，协理吴连元因事辞职，自应由众商全体投票，另行公举，方为合格，断不能遽以从前通融暂设之会办推升总理。况王贤宾系因案斥革之人，其名誉已损，信用已失，设再充为总理，亦无补于商会。应饬该总商会另行投票，正式公举公正绅商接充，俟举定咨复到部，再行核办。”[③]

天津商会对工商部的批驳颇不以为然，并再次呈文进行了申诉。天津商会的呈文首先解释了王贤宾之信用已失问题：“查商会新章，民国现未颁布，前清旧章亦无限制选举明条。至谓王贤宾信用已失，从前商部既无此项之规定，而普通自治之选举法又以尚未清了四字为准

① 《宁世福吴连元坚辞商会总协理函》，载天津市档案馆等编《天津商会档案汇编（1912—1928）》第1册，天津人民出版社，1992，第1页。

② 《津商会坐办李向辰并全体会行董公举王贤宾叶登榜卞荫昌分任商会总协理函》，载天津市档案馆、天津社会科学院历史研究所、天津市工商业联合会编《天津商会档案汇编（1912—1928）》第1册，第4-5页。

③ 《直隶劝业公所转发工商部驳回王贤宾升任商会总理照会并天津商会申诉文》，载天津市档案馆、天津社会科学院历史研究所、天津市工商业联合会编《天津商会档案汇编（1912—1928）》第1册，第7页。

绳。王贤宾曾失信用，究其果否清了，董等未能探悉详情。第观其行动自由，职衔开复，似已默认为清了。”其词意虽然较委婉，但显然认为这一原因并不能完全否定王贤宾具备担任总理的资格。除此之外，呈文更多的是对工商部要求的“票举”方式提出了异议，认为“公推之习惯万难一旦改革”。天津商会指出：“大部以总理必须票举方为正当办法，董等虽无学无识，或不至票举之法不知。徒因商会习惯，向以全体会员为主体，总理、协理特受会员之指挥者耳，非若他项机关，以会长、会员为代表也。夫代表之性质，遇事得有全权，商会总理非得全体会员之同意，一事未尝自专。揆其情形，正如一群之中，有耳目以司视听，有口舌以告疾苦也，会员与总理，常若五官百骸之相依相附而不可须臾离。”天津商会此番会员与会长关系之大段解释，用意无非是为了说明：“今一旦欲行票举之法，是使全体会员随波逐流，不知此身之竟将谁属也。”就当时的实际情况而言，这一因果关系的推论颇为令人费解。姑且不论会员与会长之间是否存在着如同天津商会所说的这种关系，即使如此也未必会因为实行投票选举会长而导致“全体会员随波逐流，不知此身之竟将谁属”这样的结果。在清末民初，绝大多数商会都是通过投票选举的方式产生总理、协理或正、副会长，也极少看到这些商会出现天津商会描述的这种结果。事实上，工商部批示中所说之“票举”方式，也并不是说由全体会员投票选举，而是按照章程的规定由全体会董投票选举。因此，天津商会以所谓会员与会长的特殊关系为理由，声称“票举”之不可行，并没有抓住问题的要害，因为会员根本不参加对会长的选举。更有甚者，天津商会还认为传统的“公推”方式优于现代的“票举”制度：“查公推之法，推举者对于被举之一方，大抵不言感情，但言公理；被举者对于推举之一方，大抵既重公理，尤重感情。倘用票举，则推举者半属私情，被举者反无感情矣。”这种推论同样难以理解，实际上“公推”更容易受到感情因素的影响，特别是当被推举者在场的情况下，持不同意见者一般都碍于情面不好意思当面表示反对，而“票举”的方式则无须公开当面表示反对，只是以选票表达自己的意愿。天津商会还以商会不同于其他机关的三个特点，即“不受政府之补助”“不取地方之公款”“总（理）协（理）会（董）行（董）不支薪水及车马饭银”，说明“商会乃商界全体之商会，非天津全体之商会也。如用票举，特恐百弊丛生，转失本来面目，商界一线自保之生机，则从此败坏矣”①。商会确实不同于其他机关，天津商会所说的上述三个特点也并不为错，但这与商会实行投票选举的制度并不矛盾。选举由商会独自进行，政府官员和社会其他各界并不干预，不可能造成“百弊丛生，转失本来面目”的局面，这在其他许多严格实行选举制度的商会中均可得到证实。

由于天津商会仍要求工商部准允王贤宾担任总理的申诉理由并不充分，工商部再次予以批驳，并进一步阐明：“查商律第七十三条内载，董事遇有倒账，即退任等语。倒账者，不能为公司董事，岂能充商会总理！……本部办理此案，毫无成见，惟既责在保商，则凡有碍于商者，一经本部查悉，断不容滥厕其间。所请仍以该商接充总理，碍难照准。应请转饬该商另行选举，毋庸多渎。”② 王贤宾也意识到自己乃“曾经破产之人”，“信用已失，不足代表社会”，出任总理要职确系勉为其难，向天津商会提出“另行选举”。③ 1912 年 10 月，天津商会重新经过“公举”并报经工商部备案批准，由叶登榜、卞荫昌出任总理、协理。王贤宾最终仍未能担任总理，这显然是天津商会不得不做出妥协让步的结果。

如果不是受特殊原因的影响，一般来说实行投票选举制度的商会都会在现任总理、协理等任期届满后在规定的时间内举行换届改选，这也是考察商会投票选举制度是否正常运作的具体表现。从实际情况看，绝大多数商会基本上都能够照此执行。但天津商会在民初却出现

① 本段引文均见《直隶劝业公所转发工商部驳回王贤宾升任商会总理照会并天津商会申诉文》，载天津市档案馆、天津社会科学院历史研究所、天津市工商业联合会编《天津商会档案汇编（1912—1928）》第 1 册，第 8–9 页。

② 《直隶劝业公所转发工商部驳回王贤宾升任商会总理照会并天津商会申诉文》，载天津市档案馆、天津社会科学院历史研究所、天津市工商业联合会编《天津商会档案汇编（1912—1928）》第 1 册，第 910 页。

③ 《王贤宾陈述请辞商会总理职理由书》，载天津市档案馆、天津社会科学院历史研究所、天津市工商业联合会编《天津商会档案汇编（1912—1928）》第 1 册，第 6 页。

了与此不同的情况，由此同样可以看出当时天津商会对选举制度的认识与态度。1912 年天津商会虽因王贤宾出任总理之事与工商部发生争执，直至当年 10 月才另推叶登榜、卞荫昌出任总理、协理，但是年改选的时间仍应为当年的 6 月。按照规定商会应每年改选一次，但到 1913 年 9 月天津商会仍未准备改选，也未做出任何解释，相当一部分商董对此颇为不满。于是，估衣商、洋布商、洋广货、银钱商等 22 个行业的近 60 位商董，联名向天津商会致送说帖，陈请遵章按期举行改选："窃查商会为商务机关，所有内容办事，自应遵照章程，以维秩序。查我会奉工商部奏明简章第四款内载：商会总协理每年改选一次等因。我会自去年六月改选，迄今一年余兹，所有改选办法尚无音信，实与章程不符。若不遵照办理，则内务不清，何以服人！商董等当经开会公同研究，决定应请贵会召集各行董开会，即行组织改选，以保定章而重会务，实为公便。"①

当时，并无什么特殊原因致使天津商会不能按期进行改选。是年 10 月工商部曾饬令整顿商会，主要是"外省自行组织商会并未报部者恐亦难免无此流弊，似此办法分歧，殊属不成事体，亟应查明，以资整顿。所有前农工商部核准有案之各商会，除已照章呈报者外，应请饬其将更迭总协理等日期，呈明地方长官核咨备案。其新设之商会，如已在地方长官衙门核准有案者，应请查明咨部立案。……新商会法尚未经国会议决，此后如有新设商会，应请批令暂缓，统候新章颁行后按新章组织，呈明地方长官转咨核办"②。天津商会不属新设商会，自然不在整顿之列，只需要将总协理更迭日期报工商部备案，但这也并不影响商会的改选。从档案文献的相关记载看，天津商会很可能是认定上届总理、协理和会董的任期并非从 1912 年 6 月算起，而是始于重选叶登榜、卞荫昌为总理、协理的 10 月。在致直隶民政长的公函

---

① 《二十二行商董吁请商会遵章按期改选函》，载天津市档案馆、天津社会科学院历史研究所、天津市工商业联合会编《天津商会档案汇编（1912—1928）》第 1 册，第 19 页。

② 《天津县转发工商部旧设商会速报总协理更迭日期并新设商会一律暂缓令》，载天津市档案馆、天津社会科学院历史研究所、天津市工商业联合会编《天津商会档案汇编（1912—1928）》第 1 册，第 20 页。

中，天津商会说明："窃查敝会总理、协理前经公举叶登榜为总理，卞荫昌为协理，呈请前都督转咨工商部核准立案，兹届一年任满之期。"实际上按照惯例，中途接任者的任期仍应按前任者之任期接算，否则将会给任期时间的计算带来严重混乱。不仅如此，在众多商董的催促下，天津商会会董和行董坚持在其自行认定的一年任满之期，"开会集议，佥以叶登榜、卞荫昌自任事以来，殚精竭虑，凡有保全振兴各事，无不悉心筹画，均臻完备。且天津为北洋巨埠，商事殷纷，总协理独能苦心经营，不辞艰瘁，似此成绩昭著，热心公益之员，岂容遽卸仔肩，致失众商之望。兹经公同议决，仍留续任，准叶登榜为总理、卞荫昌为协理，经理一切会务，俾孚众望而顺商情。董等仍随事随时会商妥协"①。就法定程序而言，尽管叶登榜、卞荫昌二人在一年的总理、协理任期之内领导有方，成效卓著，深得全体会董乃至商界人士拥戴，但在任期届满之后，仍需要通过投票选举的法定途径才能连选连任，而不能采取所谓"议决"的方式继续连任，何况改选并不仅仅只限于总理、协理，会董也需要重新进行改选。天津商会以这种方式要求总理、协理连任，同时也不改选会董，这就意味着总理、协理和会董全体留任，显然不符合法定选举程序。但是，由于工商部对各个商会选举的具体操作情况无从了解，竟然也对天津商会呈报叶登榜、卞荫昌二人连任总理、协理的请求予以批准。

值得注意的是，清末民初天津有些行业成立的研究所或研究会等新型同业组织，已经在章程中明确规定实行投票选举制度。例如书纸业商号于1910年7月成立的南纸书业研究所，规定"凡在本所与会各商号经理人，皆得为本所会员，即由会员中选举正会长一员、副会长二员，会董四员"，并且"用投票记名法选得正会长李荫恒，副会长魏富泰、张士元，会董司兆鸿、范春第、王金铎、李庆元"②。又如1912

① 《津商会全体会行董吁请叶登榜卞荫昌续任总协理函》，载天津市档案馆、天津社会科学院历史研究所、天津市工商业联合会编《天津商会档案汇编（1912—1928）》第1册，第21页。

② 《南纸书业请立研究所函并附章程及劝业道批》，载天津市档案馆、天津社会科学院历史研究所、天津市工商业联合会编《天津商会档案汇编（1912—1928）》第1册，第144、146页。

年5月成立的洋广货行会议所简章也规定："本行董事拟定四位，由各号全体投函公举，得票多数为赞成。选定后该董事不愿认责，实在挽留不住，按得票次多数公推，责任一年为限，照章改选，可否续任，当场公决。"① 这些新型同业组织，实际上可以说是天津商会的下属基层团体。而天津商会在下属基层组织已先行实施投票选举制度的情况下，仍然拒绝接受这一制度，类似的情况在当时确实少见。

天津商会将选举制度的一系列条文明确而具体地载入章程是在1918年，此举称得上是天津商会自成立以来在选举方面的一大进步。但是，天津商会的这一进步还不能说是自身主观努力的结果，而是缘于《商会法》公布实行的外力推动。1914年9月，经参政院议决的《商会法》及施行细则相继公布，起初因全国商会联合会被取消等问题受到海内外商会的抵制，北京政府最终接受了商会的要求，于1915年底又公布了重新修订的新《商会法》。新《商会法》对商会选举制度进行了较大的修改，制定了一系列具体规定。在此之后，各省商会相继依照该法进行改组，并修订章程，确立新的选举制度。天津商会在根据新《商会法》制订投票选举制度之前的1914年底，又曾公开表示"票举"之制不适合商会，只有"公推"才能杜绝流弊。此次天津商会是在致巡按使公函中详细解释其理由说："窃敝会恭读政府公报公布商会新法，敝会自当遵照，预备期于六月内组成，以符法令。当经开职员会议，佥以商家有特种性质，其声息相关，较之普通人民选举必造具人名册者不同。商会为众商代表机关，于商业相兴辅助极关重要。近年来天津票选行为舞弊，离奇怪状，罄竹难书，倘故辙复蹈，商业前途何堪设想。如近日众行董声告，有人假众行董名义私出传单，召集开会，议举总协理。此就显著而言，其未明张旗帜，当不乏人。且津埠商务繁盛甲于他处，自商会成立以来，经之营之，商业赖以维持。若遵新法票选，倘若举非其人，特恐正直大商避而去之，关乎商务前

① 《洋广货行请立研究所函并附简章及照会》，载天津市档案馆、天津社会科学院历史研究所、天津市工商业联合会编《天津商会档案汇编（1912—1928）》第1册，第147页。

途，良非浅鲜。查商会向章，选举例用公推法行之，素有经验学识及正直大商皆得举之经理会务，实于商情大有裨益，非然者，其不正当之人，皆运动而得之，会务商情反滋扰累。敝会有见及此，惟有恳请巡按使察核，对于天津准予特殊办法，仍行公推，以杜流弊，而维商业。"① 从现有史料中，尚未见到其他商会提出这种特殊要求，由此可以进一步证实，在此之前天津商会"选举例用公推法行之"，一直未曾真正实行投票选举制度，另外也可以看出当时的天津商会仍然认为"公推"方式更具有优越性和可行性，但这种认识未必正确。由于民初的《商会法》不像清末的《奏定商会简明章程》那样对选举制度含糊其词，而是做出了一系列明确和具体的规定，并要求各地商会照此实行，所以天津商会的这一请求并未获得批准，也不得不在新的章程中对投票选举问题相应做出明确规定。

1918 年 8 月，天津商会制定颁布了《天津总商会章程》，其中第二章为"职员及选举"，主要内容如下：

第五条　本会之职员如左：会长一人，副会长一人，会董六十人，特别会董十二人。

第六条　本会职员之任期以二年为限，但届改选时再被选者得连任，惟以一次为限。

第七条　会董由全体会员投票选举，会长副会长由会董投票互选，均用记名投票法。

第八条　职员因故辞职或解职，得组织临时选举会，召集会员投票补选，但任期仍按前任者之任期接算。

第九条　每届选举时，应造具有选举权者名簿，于先期十五日以前通知全体会员，以便观览。前项之名簿，会员若发现遗漏或错误时，得请求更正或填补。

① 《天津商会请按公推法选举总协理以杜流弊函》，载天津市档案馆、天津社会科学院历史研究所、天津市工商业联合会编《天津商会档案汇编（1912—1928）》第 1 册，第 680 页。

第十条　会员投票，应以该商号之图章为凭。

第十一条　有得同票数者二名以上时，以年长者当选；若同年龄时，以抽签法决定之。

第十二条　特别会董由全体会董推选。

第十三条　会长、副会长、会董、特别会董均为名誉职。

第十四条　每届改选时，新职员就职后，旧职员方得解职。①

以上除第九、第十、第十一条系天津商会自行拟订外，其余各条的内容均与新《商会法》的规定基本相同。

还应注意的是，天津商会在提出继续实行“公推”制度的请求被拒绝后，1915 年初准备按照农商部统一规定进行改组，已着手拟订新的选举制度，并经过全体会董和行董商议，确定如下数项原则：“一、改组商会必本业董事为选举代表，担负全体责任；一、各行董事各就本行公地召集全体会员公举董事，报会注册；一、各行董事原额在六人以上不再添举，如未满六人者，以六人为定额；一、各行改组董事以十日为期，如逾期无正式答复，本会即以旧董事注册，下信改选担负完全责任；一、各行改组行董，在期间内完备报会注册，据报后不得过四日开场票选会董；一、各行改组行董，已设有公地者，即在公寺办理，其未设公地之各行，预期通知本会，借用商会为改组之地；一、商会开场选举，务须本董事亲到投票，如有替代，作为无效。”②这一新的选举制度已确定实行“票选”会董和行董方式，只是随后因海内外商会抵制《商会法》，农商部批准上海、天津、汉口等地商会“暂行变通，稍缓改组”，在当时才没有实施。同年底新《商会法》公布施行，农商部重新规定各商会于半年内进行改组，后又准允再延期半年。但天津商会的改组一直拖到 1918 年，农商部总长曾为此向天津

① 《天津总商会章程》，载天津市档案馆、天津社会科学院历史研究所、天津市工商业联合会编《天津商会档案汇编（1912—1928）》第 1 册，第 44 页。

② 《津商会关于召开讨论商会改组问题会议的通知》，载天津市档案馆、天津社会科学院历史研究所、天津市工商业联合会编《天津商会档案汇编（1912—1928）》第 1 册，第 24 页。

商会发布训令："案查自修正商会法公布后，各省总商会先后呈报改组，既已一律报齐，该商会逾限已久，尚未实行改组。天津为北洋通商巨埠，商务素称繁盛，该处商会职务重要，亟应依照法定手续从事改组报部，切切勿延。"①

此前，天津商会也已为改组开展了相关的准备工作，要求各行选举董事驻会担任筹备组织员，最后确定了28位董事。在此期间，曾因改组时的选举是否仅限在会者享有选举权问题引发一些争议。有商董指出："查前议改组，其选举权以在商会者为限，事未实行，而物议沸腾，诸多反对。……此番继议改组，若仍按在会者有选举权，仍恐不无反对。我津乃通商大埠，而在商会者甚少，是以会费不甚充足，维持力亦甚薄弱，其未入会者，平日未尽纳会费之义务，而今享选举之权利，实属不公。以万商云集之大埠，若以现在已入商会之会员选举，又未免向隅。今拟以义务权利并行之法改组之，其选举权仍以在会者为限，惟必须预为登报，并遍贴布告，通知阖津及租界商号广招入会，以凭选举。会员应求普及，会费不宜太重。……似此办法，会员可以普及，会费可以加增，纳费之义务与选举之权利两无偏重。"天津商会认为这一提议不无道理，遂加以采纳，随后公开发布通告，一方面说明"本会开办至今十余年之久，岁糜颇巨，概系在会各商所担负，此次改选，当然取得优先权利，以奖其平素辅助会务之热心"，另一方面又指出"津埠为通商口岸，商业繁盛，为北方之门户，未入会各商尚实繁有徒，未可以此綦限，致有向隅"，为此特规定"自公布之日起十五日内，各商号未入会者急速请本行行董介绍来会注册"。② 除此之外，

① 《农商部长饬津商会速依法实行改组令》，载天津市档案馆、天津社会科学院历史研究所、天津市工商业联合会编《天津商会档案汇编（1912—1928）》第1册，第34页。

② 《行商公所董事杜禹铭对商会改组的建议并商会坚持选举资格敦促未入会行商限期入会的布告》，载天津市档案馆、天津社会科学院历史研究所、天津市工商业联合会编《天津商会档案汇编（1912—1928）》第1册，第35、36页。江苏阜宁益林商会曾发生"未入会之会员争选成讼"事件，1919年江苏商会联合会议定：一、非入会会员不得有选举权及被选举权；二、自通告改选之日起至选举之日止，暂停入会。农商部认为"所呈办法两条，为杜选举竞争起见，核与商会法尚无抵触，自应照准"，并通令各地商会一体遵照执行［载天津市档案馆、天津社会科学院历史研究所、天津市工商业联合会编《天津商会档案汇编（1912—1928）》第1册，第53页］。由此可知，天津商会此前采取的办法，即自公布之日起15日内，未入会商号可由本行行董介绍加入，尚属通融之举。

天津商会此次不同的做法还包括将享有选举权之注册各商号，列榜通告宣示，以便于商家更正补遗。随后，由商会发给正式公函，通知改选日期。“此种公函于应有选举权利之商号收受时，加盖该商铺字号戳记保存，至选举日期，持原函来会，当时换领选举票，入场投票。”如无公函及公函未加盖商铺字号图章，均不得领取选举票。“此系慎重选举，以免冒滥之意。”①

根据档案文献的记载，天津商会于1918年3月19日举行了改组选举，从当日早8点至晚8点为投票时间，总计发出选举票1570张，②意味着共有68个行业的1500多家工商业者直接参加了此次选举，这在天津商会的发展史上无疑是前所未有的景象，也标志着天津商会实行投票选举的一次成功尝试。当地有影响力的报纸也比较详细地报道了天津商会的这次选举。例如《益世报》报道了选举当日天津商会的具体布置：“一、头门、二门高揭国旗；二、前院北房为接待室；三、西院为领票处（即用通知书加盖本号戳记以凭换票）；四、议场作为写票处；五、会议厅前设票匦三个，厅内为接待长官室；六、八句钟将票投毕，各室执事萃于一处，当众开票宣示被选人姓名。”③《大公报》也报道这次“会董改选，会场秩序由王小舟布置，甚为井然，并在会场公布有瑕疵之选举票证明有效数例。……至晚八时宣布开匦，由文牍长夏琴西唱名”，并推定刘渭川、李颂臣等8人“监视开匦唱票”，另推王小舟、赵文卿等7人监视计票，“至夜一时余，始行蒇事”④。此次选举共选出会董60名，当选者姓名及其各自所得到的票数，同时在1918年3月21日的《大公报》和《益世报》予以公布。不过，天津商会这次进行的会董选举也不可能使所有行业的商家都满意，一些小行业的会员较少，仍难以有代表当选为会董。尤其是有的小行业较早

① 《津商会常川组织员申明改选手续及选举日期函》，载天津市档案馆、天津社会科学院历史研究所、天津市工商业联合会编《天津商会档案汇编（1912—1928）》第1册，第36页。

② 《民国七年天津商会改选发放票数情况表》，载天津市档案馆、天津社会科学院历史研究所、天津市工商业联合会编《天津商会档案汇编（1912—1928）》第1册，第38－40页。

③ 《商会投票秩序之筹备》，《益世报》1918年3月19日，第7版。

④ 《商会改选记事》，《大公报》1918年3月21日，第3期第10版。

即加入商会，“商等负担经费多年，当然有选举权及被选举权。按宣示名册核计，一人应得二十三票为当选。商等二十余行商，分定投票，一行仅得七、八票至十余票者，按照宣示名册规定，商等即不能当选，而当选者，统归他行号占优胜”。[①] 尽管仍有此瑕疵，但天津商会所进行的这次选举以及由此建立的投票选举制度仍然是值得肯定的。在会董选举后的数日，天津商会又以投票的方式选举了正、副会长。据《益世报》报道，新当选的60名会董除2人因故请假，其余会董都参加了选举，省长、警察厅长、实业厅长均派代表出席。选举前推举孙俊卿为临时主席，另推监票人数名，先“将票选法详细报告毕，即按照记名分选法举行”。投票后“当场开匦，由文牍长夏琴西唱名”。会长选举叶登榜得51票当选，副会长选举卞荫昌得48票当选。[②] 至此，天津商会历史上的首次投票选举顺利完成。

3. 天津商会选举中的意外事件

自1918年《天津总商会章程》公布，天津商会虽也实行了投票选举制度，但在随后的选举实践中仍会遇到其他各种意外事件的干扰，并非完全一帆风顺。下面，选取日本驻津总领事干预天津商会会长选举和商会选举被指控舞弊两个事例略作论述。

外国领事直接干预商会会长选举的事例，在近代中国商会发展的历史上尚属少见，但天津商会却不幸遭遇其事。此事的缘由是1918年叶登榜当选会长后，坚持辞不应选，一直没有上任。天津商会只得于1919年重新选举卞荫昌为会长，但日本驻津总领事却对卞荫昌出任会长公开表示反对，引发了一场十分罕见的特殊中外交涉案。

这里首先应该附带提及，以往的有关论著常常片面地批评富商大

---

① 《津埠众小行业商董申述本行在商会选举中权利义务均归失败情形函及商会复函》，载天津市档案馆、天津社会科学院历史研究所、天津市工商业联合会编《天津商会档案汇编（1912—1928）》第1册，第40页。

② 《商会选举会长记事》，《益世报》1918年3月24日，第6版。

贾挟其雄厚经济实力，把持商会总理、协理和正、副会长等重要职务，长期垄断商会的领导权。这种说法让人误以为那些有影响力的工商界上层人物，都迫切希望能够担任商会总理、协理和正、副会长，以便从中牟取私利，但实际情况并非如此。许多地区的著名商董在当选之后，都以种种理由表示不愿应选，虽经会董一再恳请也仍要求辞职，天津商会同样不乏类似现象。1918 年 3 月天津商会会董投票选举叶登榜、卞荫昌为正、副会长，二人均系连选连任，照理应感到欣慰，但叶登榜在选举当日即致函天津商会，表示："鄙人前此就职会长以来，先后已历数载，知识薄弱，魄力毫无，又兼本务冗繁，顽躯多病，于会长职务未能稍尽万一，清夜思之，惶悚实甚，屡拟避贤让能，以遂私愿。……讵料此次改选，复蒙诸会董谬举蝉联，益令鄙人惶悚无地。……所有此次当场票举鄙人正会长一席，恳请另选贤能就职任事，鄙人情愿以会董名义帮同办事，稍盖前愆，是所切祷。"[①] 在此情形下，全体会董只好推举副会长卞荫昌代理会务。但不久之后卞荫昌当选为全国商会联合会会长，天津商会全体会董又恳请叶登榜上任会长，叶登榜仍坚辞不允，并于 1919 年 6 月再次致函商会，声称"此次辞职出于决绝意志，毫无商量余地"。9 月初，天津商会会董选举卞荫昌为会长，卞荫昌也在众会董恳请下勉强应允。因次年春即为换届改选之期，故副会长不再重选。至此，天津商会会长一职长期空悬的难题才得以解决。

但出乎意料的是，日本驻津总领事船津辰一郎却致函农商部次长，声称"自津埠排日风潮兴起，当抵制日货剧烈之时，致有殴伤大阪朝日新闻通信员及商业会议所书记一案。查知卞荫昌实为商界联合会主动之人，并为十人团团长。当时卞尚居商会副会长之职，因此本馆向直隶交涉公署交涉，有请取缔各商同业联盟抵制日货规条及令卞荫昌自行退职之条件。……乃事未实行，本馆方在隐忍之际，该商会忽改

① 《叶登榜请辞总理职至津商会函》，载天津市档案馆、天津社会科学院历史研究所、天津市工商业联合会编《天津商会档案汇编（1912—1928）》第 1 册，第 41－42 页。

组章选举卞为正会长，而卞仍腼颜就任。因思贵我两国尚属友邦，是不应有此明示反对之举，今欲其即行退职。”农商部将此函转寄天津商会，要求“务希慎重相处，勿令发生重大交涉，致令政府难以应付”，同时由农商部次长函复船津辰一郎，“大意谓商会选举在商会法范围之内，官厅向不干涉。此次执事当选为会长一案，尚未报部，亦难预加以制裁。惟如有逾越范围举动，自当随时制止”。天津商会收到农商部转寄的船津辰一郎这封函件后，诸多会董感到异常愤怒，认为“该日领对于友邦法团无端干涉，任情诬蔑，种种轻慢言词，殊与国际体面攸关，当拟召集开会筹议对待方法”[①]。

天津商会以往公举总理或会长从未遭遇类似受到外人直接干预的情况，加上过去曾有论著指出，天津商会的上层人物有不少是买办，在经济和政治上都与外国资本存在着密切联系，因此对外的态度向来比较软弱。按此说法，如何应对和处理此事对天津商会是一次严峻的考验。但单就这一事件来说，天津商会反对外人干预选举的态度和行动都是非常坚决的，并未表现出对外软弱妥协的态度。经过召开特别会议紧急商议之后，天津商会决定首先向国务院、外交部呈文表明态度，对日本总领事的干涉理由坚决予以反驳，并对其干预选举的行动表示强烈抗议。呈文主要阐明了以下几点内容：第一，日本总领事对商会会长的指责完全无任何依据。五四时期的“国民抗争外交，原为爱国义愤所激，而为消极救亡之举。种种动作，纯出人民之自觉。商界虽有附和抵货之举，然究属国民爱国所当然，岂能即以鼓动理想之词而遽加诸机关之领袖！”很显然，天津商会认为五四运动期间的反日行动，是广大民众自觉的爱国救亡之举，尽管商界参与抵制日货，也属于国民正义的自觉爱国行动，不能以此对商会会长加诸罪责。另外，“领事无直接与中央交涉之权，更无未经我国外交当局而径函农部次长之理，似此乖谬行为，若不及时抵抗，恐将来我国商会机关有全为媚

---

① 本段引文引自《农商部工商司致函天津总商会转发日驻津总领事船津辰一郎要求卞荫昌退职函并商会复函》，载天津市档案馆、天津社会科学院历史研究所、天津市工商业联合会编《天津商会档案汇编（1912—1928）》第1册，第57、58、59页。

日者充满之虞，而于门户开放政策当受莫大影响”。第二，日本总领事干预商会选举是侵犯中国内政和主权的行径，将引发严重后果。“敝会依法选举卞君荫昌为会长，业经呈报省长转咨农商部在案。乃日领船津氏竟横加干涉，实足以侵我国权，扰害商务。……津埠商民，群情愤涌，视为国家大耻。该领激起风潮，使之鼓动不息，自应由其负责。”第三，强烈要求撤换该日本总领事。“兹为本国商务及各国在华商务种种关系起见，绝不敢忍辱安于诚［缄］默，应请依照国际通例，转请日政府将该领事撤换，并用相当国礼与敝会赔罪，以固两国邦交，而保我国威信。除通电并分呈外，理合呈请钧院大部察鉴，俯准所请，以伸民气，而张国权。”面对天津商会的强烈反对，农商部也很快表明了态度，在给天津商会的批示中明确表示：“商会选举，事关内政，在商会法内原有明白规定，如果本部接到此项正式公文，自当转咨外交部据理驳复。”①

除向国务院和外交部呈文外，天津商会还向各省商会联合会、总商会，各省省议会、各教育会、各团体和各报馆公开发布了“快邮代电”，将日本驻津总领事粗暴干涉商会会长选举的来龙去脉以及天津商会采取的抵制行动公之于众，希望得到工商各界和其他商会的广泛声援。这份代电呼吁：“贵会谊属同舟，时艰共济，当此强邻逼处，势将夺我自由权，政府徒苟且了事矣，兴亡有责之谓何？此外交之所以需我国民也。……敝会对此已呈请国务院、外交部与日人为最严厉之交涉，不得圆满结果不止。如荷赞同，应即电请中央对于此项外交万无让步，苟进行不利，吾辈更为后援。”② 这一举措产生了良好的预期效果。天津工商各业纷纷表示大力支持商会采取的抵制行动，并盼望商会坚持到底，不达目的绝不罢休。如木商同业公会发表的“公启”表示：“商会系属各商之代表，又属各同业会之总机关，此次续选卞君为

① 本段引文引自《津商会申明日驻津领事侵我国权扰害商务请予交涉撤换呈并批》，载天津市档案馆、天津社会科学院历史研究所、天津市工商业联合会编天津商会档案汇编（1912—1928）》第1册，第59－60页。

② 《天津商会抗议日领干涉会长选举通电》，载天津市档案馆、天津社会科学院历史研究所、天津市工商业联合会编《天津商会档案汇编（1912—1928）》第1册，第66页。

会长，实为我津各商之认定，亦我津之素所信仰者也，他人无可干涉之余地。况商会之选举，本属我国之商权，非国际亦非外交，日人冒然出而干涉，是揽我商权，照会商部是侵我国权。……敝会为同业之代表，业开全体会议当场解决，应即函请贵会无论何项之抵抗，公理具在，国权昭然，务为坚持到底，勿为人所动摇，敝会幸甚，津商幸甚!”天津众茶商联名致函商会，说明“商会我商民自由组合之团体也，彼日人竟尔蔑视，妄加干涉，侮我太甚，望诸公坚持不可让步”。难能可贵的是，外地的一些商会也公开对天津商会给予了宝贵的积极声援，这对天津商会坚持抵制行动是很大的鼓舞。如湖南总商会致农商部的“快邮代电”指出：“驻津日领干涉商会选举，侵我内政，侮我法团，湘商闻之，同深愤慨。青岛福州两案，舆论尤为不平，应请大部转咨外交部严重交涉，无为强权所劫持，以保国权，而伸民气，不胜迫切待命之至。”连地处偏僻的兰州总商会也致电国务院、农商部、外交部，阐明：“天津总商会改选卞君荫昌为正会长，依法选举，局外不得干涉，乃日领竟以领事资格干涉法团，轻辱国体，莫此为甚。务恳转咨外交部……依国际公法与日公使严重交涉，不达撤换该领事目的不止，维法理保主权，在此一举。”与此同时，全国商会联合会甘肃事务所还直接致函天津商会，告知“敝会虽处边侥，窃愿执鞭以随其后”，“除由敝会电请国务院、外交、农商两部正式交涉外，相应函请贵会查照并希极力进行”①。

天津商会恐怕没有想到，由驻津美国商人组成的天津美国商会对此事也表明了态度。该商会致函天津商会说明：“敝会副会长法克司前以日领非理干涉贵会选举，异常不平，于本月二十四日特召集临时会议，全场议决除呈请敝国驻京公使对于此次非理干涉应有相应表示外，并仍筹一和平抵抗之办法，以敦友邦，而促亲善，并当场决可由鄙人（即美国商会文牍爱温士——引者）致函先生申贺。中国民意机关之商

① 本段引文引自《津埠木茶两公会并国内各商会抗议日人侵我主权夺我商权函电》，载天津市档案馆、天津社会科学院历史研究所、天津市工商业联合会编《天津商会档案汇编（1912—1928）》第1册，第60、61、63页。

会选举，系自由之选举，尚望始终保守权利，幸勿以强权所迫而变更自主的选举。”天津商会对美国商会的这一态度自然深表欢迎，复函“特为致谢”，并一方面阐明此事“一经退让，恐全国商会即有偏重一国之虞”，另一方面也表示：“敝会向来对于各友邦，均以开放门户，势力平均为宗旨，绝不能因一国无理之干涉，少变其素来之本意。”在各方抗议声浪越来越高的情况下，或许是受日本驻京使馆暗中指使，在报纸上出现了一种说法，称引发此次轩然大波的日本驻津总领事与农商部次长之往返信函“系属私人关系”。天津商会对这种说法予以批驳，并在回复天津美国商会的公函中指出：“日领船津辰一郎系日领事馆内有法人代表资格之自然人，农商次长江天铎亦系有代表农商部法人资格之自然人，其所述之事又关系敝会选举并侵害敝国主权。其人既有法人资格，其事又系关系政治，何得谓为私人函件？”①

由于天津商会的坚持抗议，此次会长选举的结果并未因日本驻津总领事的干涉而改变。但是，天津商会提出的撤换该总领事的要求最终也没能达到。对于当时的北京政府来说，在刚刚经历五四大规模反日运动的情况下，自然不愿意因这一事件又再度引发新的中日冲突，连农商部也在给天津商会的批示中反复要求“慎重相处，勿令发生重大交涉，致令政府难以应付”。而天津商会的这一要求，如果没有中央政府的支持是不可能实现的。尽管如此，这一事件仍体现出天津商会抵制外人干涉，维护选举独立性和法人社团主权的坚决态度，值得充分肯定。

下面再看天津商会实行投票选举后遭遇的舞弊指控事件。一般说来，商会在清末民初实施投票选举的过程中，因出现舞弊而受到指控的情况虽不能说未曾出现，但也并不多见。而天津商会自 1918 年开始进行投票选举，在随后的换届改选时即有商民指控选举存在舞弊现象，这可以说是对天津商会实行投票选举制度的另一个考验。平心而论，

① 《美国驻津商会声援津商会保卫自主权函并津商会夏琴西等致谢函》，载天津市档案馆、天津社会科学院历史研究所、天津市工商业联合会编《天津商会档案汇编（1912—1928）》第 1 册，第 64、65 页。

商民所指控的所谓选举舞弊现象实际上并不是很严重，也比较容易解决，但这一事件仍然对天津商会正常实行投票选举制度产生了一定的影响。

按照《商会法》的规定，商会职员均以两年为一任期，也即每两年必须进行一次换届改选，除非有特殊情况，一般不得拖延。天津商会是1918年进行的改组选举，到1920年即为换届改选之期。1920年6月，天津商会已着手筹备改选工作，并像其他商会一样除事先函知各行帮外，还公开发出“榜示”，通告：“本会本届依法改选，前已函知各行董转行本行在会商号及经理人姓名有无更改，本会声明，结至旧历四月廿九日截止造册在案。兹将各行在会商号再行公布周知，此次更正期限截至旧历五月初十为止，如无更改，即通函各商号届期投票，幸无自误。”[①] 此后，天津商会按期进行了行董和会董的选举。但在会长改选之前，天津商会收到直隶政务厅转发的直隶省长公署批示，以选举舞弊被商民指控要求天津商会暂停改选。此事的起因是天津商民刘祖培、陈益汉、孙汉九等向直隶省长呈文，声称：“天津总商会初选各行行董，凡在会之商家均有选举权。兹因安福派运动一班无知商民，把持商会，希得会长欢迎安福抵抗他党之用意，以致发生种种弊端。”其具体情况是：“只家胡同祥记广货铺、老龙头恩记粮商两家，早经歇业，竟有无耻之徒伪造两家图章持券投票。似此伤风败俗之初选，商务前途实可畏也。”该商民等吁请直隶省长“破除情面，饬行该管行政各机关彻底清查祥记、恩记投票公函自何而来，图章从何伪造，以消风化，而维商务”。直隶省长公署收到这封指控呈文后十分重视，很快即做出如下批示：“查商会本属法定机关，众商民所托命，关系何等重大，苟办理少有不当，遗害必至无穷。此次商会改选，迭据各商民到署禀陈选举舞弊，一面之词虽不能遽信，然办理不当亦在所难免。除派员彻底清查以重选政外，所有天津商会职员选举，着暂行停止，俟

① 《津商会请在会各商号限期查核本号及经理人有无更改的榜示》，载天津市档案馆、天津社会科学院历史研究所、天津市工商业联合会编《天津商会档案汇编（1912—1928）》第1册，第67－68页。

将来彻查证明后再行定期选举，尔商民亦勿得再行渎请，静候示遵可也。”①

商民指控天津商会选举存在的舞弊现象还称不上多严重，涉及的商家也不多，照理应该可以调查清楚并加以解决。但官厅派员督办清查不力，天津商会也未及时处理，随后又以“直皖之役，地方多事”，一直拖延到1923年也未改选正、副会长。是年5月天津商会致直隶实业厅的一封公函透露了该事件的具体影响：“案查敝会职员任期早经届满，前于九年间依法改选，曾蒙省长派员暨贵前厅长、天津县长、天津警察厅长、津海道尹莅会监视投票，当日开票，宣示公众在案。嗣准省公署政务厅函开以刘祖培等告发选举舞弊，应彻查停止办理各等因。又准贵厅函开前因，惟事隔至今将近三年，未经彻查，故于此次选举顿生障碍。敝会追忆前事，解决无由，究竟前次选举之会董，应否即行召集，以便瓜代，相应函致，即希贵厅查照核复。”由此可知，天津商会对1920年改选时发生的舞弊案并没有彻查，事隔近三年后仍“解决无由”，连该次选举中当选会董的合法性也受到质疑。有商董向实业厅呈请“维持民九原案，以利进行”。实业厅也不希望此事长时间影响商会正、副会长改选，遂向省长说明：“此案时逾数载，真相已难详查。……佥以民九所选会董既经依法选出，自应认为有效，应即准予召集，依法互选会长副会长，以顺舆情。”最后，省长公署也批示照准“维持民国九年改选原案”。② 由于时过数年，1920年当选的会董“亡故出缺者已有五人之多”，天津商会只能依照章程中的有关规定，“依法应以候补当选之会董递补”。而调查候补会董之年龄、住址等事又需时日，直至1924年5月，天津商会会长的改选才得以举行，卞荫昌和杜克臣分别当选为正、副会长。因一件小小的选举舞弊案，导致天津商会正、副会长的改选推迟了近4年时间，类似的情况在其他商

① 本段引文未注明出处者，均引自《直隶省长公署政务厅转发省长关于本年商会改选舞弊暂行停止函并附原呈及批》，载天津市档案馆、天津社会科学院历史研究所、天津市工商业联合会编《天津商会档案汇编（1912—1928）》第1册，第68、69页。

② 本段引文见《津商会函询实业厅民国九年商会改选是否有效并实业厅复函》，载天津市档案馆、天津社会科学院历史研究所、天津市工商业联合会编《天津商会档案汇编（1912—1928）》第1册，第69－70页。

会中是很少见的。尽管有直皖战争和直奉战争相继爆发等客观因素的影响，但这种现象同时也表明天津商会在实行投票选举的过程中，缺乏及时处理舞弊案的能力和魄力。

大概是天津商会的会董对此事也感到惭愧，因而当正、副会长改选前《益世报》载文称“总商会筹办改选，将来必有一番捣乱，并云会董中现有欲谋会长者闻有四五人之多，刻下正在奔走运动”，即有会董“不胜心中耿耿”，立即公开予以批驳，认为“我商会自成立迄今，凡百举动，皆遵依照商会法律而为，此次改选亦履行第二十二条选举用记名投票法，由选举人自由行之。所推选之会长，依法照第九条之规定，曾未有违背法律之点，自然顺理成章，诸凡就绪，不知该益世报竟居然有未到先知之能力，预料定必有一番捣乱。此语虽出揣测，未免言之太过。……查报馆秉有闻必录之天职，倘我总商会改选后实有违背法律之处，舞弊营私之点，不妨尽情登载，此际则万不当妄行预料，无端揣测”[①]。虽然后来在会长改选过程中并没有出现有人暗中运作操纵选举而导致混乱的局面，但天津商会的会长改选延宕如此之长时间，确实会使人引发种种猜疑，并产生一些负面影响。

1926 年天津商会的换届改选仍然十分不顺利。原会长卞荫昌于是年 11 月因病去世，副会长杜克臣坚决要求辞职，众会董虽未停止换届改选的筹备工作，但拖延半年仍无结果，以致官厅认为商会“借故稽延”，要求“三日内选会长，呈报备案”，后干脆指定张仲元、王益保二人“堪充总商会正副会长”，于 1927 年 9 月训令天津商会以走过场的形式选举二人为正、副会长。[②] 由此可知，天津商会制定了投票选举制度之后，仍然在实际操作过程中因各种因素的影响而不能很好地实施这一制度。

通过对清末民初天津商会选举制度发展变化进程的考察与分析，并结合与上海、苏州等商会的选举制度进行比较，我们可以初步得出以下几点结论和启示。

① 《津商会会董孙采岩辩驳〈益世报〉关于商会会长改选报道之公启》，载天津市档案馆、天津社会科学院历史研究所、天津市工商业联合会编《天津商会档案汇编（1912—1928）》第 1 册，第 70－71 页。

② 参见胡光明：《论北洋时期天津商会的发展与演变》，《近代史研究》1989 年第 5 期，第 131 页。

在选举制度的建设中，清末民初天津商会的领导人在思想认识和实践操作两个方面都偏向于保守，不仅自身缺乏创造性的举措，而且很少主动借鉴和学习其他商会已有的投票选举制度；天津商会坚持认为传统的“公推”方式优于现代“票选”制度，甚至当有关法规已明确规定商会必须实行投票选举制度的时候，也仍然希望继续沿用旧的“公推”方式，这种情况在当时的全国商会中尚属少见。

但是，商会作为一个不同于传统行会的近代工商社团，实行新的投票选举制度是大势所趋，并不以天津商会领导人的主观意愿而转移。1915 年《商会法》颁行之后，天津商会才不得不遵照有关规定制定了投票选举制度，其职员的产生方式也开始从“公推”变为“票选”。此后，天津商会同样进入到实行投票选举制度的新时期，但时间明显晚于其他许多商会，并且这一重要演变仍然不是出自于天津商会领导人的主动行为，而是在其请求继续沿用“公推”方式遭到拒绝后，被动地接受政府有关投票选举的制度安排。据目前所见资料推断，类似于天津商会的这种情况在全国的商会中虽不能断定仅此一例，但估计也不会很多。

如果说在清末商会正式诞生之际，上海商会在投票选举制度的建设方面发挥了开创性的重要作用，产生了突出的示范效应，那么在民国初期农商部通过制定和颁行《商会法》，对推动天津商会实行投票选举制度则产生了不可或缺的外在影响。由此可知，在清末民初商会投票选举制度的建设与发展过程中，商会和政府两个方面以及两者之间的互动，都发挥了值得重视的作用和影响。

上海、苏州等江南地区的商会实行现代投票选举制度起步早、发展快，另有相当一部分商会随后予以借鉴和实施，但也有像天津商会这样在清末民初的很长一段时间内仍然拒绝实行投票选举制度的例外情况。因为近代中国是一个政治、经济乃至思想文化各方面发展都极不平衡的国家，具有现代意义的投票选举制度虽然得以在商会这样的民间工商社团中率先实行，但并非在各个商会中都是同步进行，而是存在着相当明显的差异，这种现象证实了清末民初各地工商界对现代投票选举制度认识的不一致。

十二、1924 年上海总商会换届改选纷争

上海商会不仅是近代中国成立最早、影响最大的商会，而且也是于清末成立之初即率先制定和实施具有近代特征之选举制度的商会，在当时产生了重要的示范效应。[①] 直至 1924 年之前的这一段时间，无论是清末的上海商务总会，还是民国初期的上海总商会，虽然名称有变，选举制度也有某些修改，但其换届改选基本上都是按照选举制度的一系列规定平稳进行的，没有出现选举纠纷。

但是，进入 20 世纪 20 年代后，随着政治动荡以及商会内部不同派系之间的争权夺利，这一状况逐渐出现变化。如同其他许多地区的商会一样，即使是首创商会选举制度的上海总商会，在换届改选中也开始发生选举纷争，导致内部会董、会员之间形成不同派别，各执一词，相互攻讦，甚或出现分裂，造成不良影响。例如 1924 年和 1926 年上海总商会进行的两次换届改选，即连续出现了较为严重的纷争，引起当地工商界和社会舆论的关注。仔细考察上海总商会这两次改选纷争，对于探讨 20 年代之后商会内部出现不同派系争权夺利以及商会选举发展变化的新动向，均不无价值和意义。

1924 年上海总商会的选举纷争，大体上可以分为两个阶段。第一

---

① 有关上海商会在清末民初制定并实施选举制度的具体情况，请参见本书《清末民初上海商会选举制度》。

阶段主要是穆藕初针对总商会关于已连任两届的任满会董仍具有被选举权的通告，数度公开质问，总商会也公开予以回复辩驳，这是一场关于如何理解并解释《商会法》相关条文的法理论争。第二阶段则是以会董傅筱庵为首的拥傅派，声称现任会长宋汉章不具备被选举为会董以及在随后的会长选举中享有选举权与被选举权的资格，并借此挑起纠纷，为傅筱庵竞选会长扫除障碍，拥宋派则坚决予以反对，认为宋汉章所具资格并无疑义，从而在总商会内部形成一场争权与维权的激烈纷争。本文即对 1924 年上海总商会改选纷争的具体情况做一初步探讨。①

1. 任满会董被选举权争议

1915 年 12 月正式颁行的《商会法》规定会长、副会长、会董均以两年为一任期，这意味着商会每两年就必须进行一次改选，正常情况下各商会也均按此规定办理。1924 年，上海总商会迎来了第七任会董和正副会长的选举。② 是年 5 月下旬商会依惯例召开会董常会，议决本次选举事项：于 6 月 1 日通函各会员分发选举票，6 月 15 日开选举票，次日通知当选会董，7 月 5 日由会董互选正副会长，7 月 10 日新旧会长进行会务交接。

随后，上海总商会在《申报》等报章刊布致全体会员通函："查商会选举法，会董由会员投票选举，会长由会董投票互选。兹送上选举票一纸，会员录一本，年龄不及被选之会员名单一纸，统希台察，并

① 对于 1924 年和 1926 年的两次上海总商会改选纷争，迄今史学界尚无专文论述。台湾学者李达嘉《上海商会领导层更迭问题的再思考》（载《中央研究院近代史研究所集刊》第 49 期，2005 年 9 月出版）一文的第四节，对上海总商会 1924 年和 1926 年的两次选举纷争有所论述，并提出了很有借鉴价值的见解。拙文《近代中国商会之选举制度之再考察——以清末民初上海商会为例》在最后一节也曾简要论及上海总商会的这两次选举。

② 上海商务总会在 1912 年即改名为上海总商会，并于是年进行了总商会第一任职员选举，1914 年进行第二任选举，至 1924 年则为第七任选举。而全国绝大多数商务总会都是在 1915 年底《商会法》颁布之后才依法改名为总商会，通常也都将 1916 年进行的选举称为总商会第一届选举。按照规定每两年须进行一次改选，至 1922 年则为第五届选举，上海总商会的文件中同样也将本文所考察的这次改选称为第五届选举。

请先期投票，于六月十五日上午十时起到会监视开匭，以昭慎重为荷。”[①] 6月15日，总商会如期进行会董初选开票，秩序如次：摇铃开会、会长宣言、推举检票员（检票人数、报告人数、监视记数人数）、规定次多数人数、宣告当选姓名、摇铃散会。江苏沪海道道尹代表颜德清到会监视。“检票结果，实投四百三十七票，内无效票一张，至下午五时完毕。”本次选举当选会董35人，次多数候补会董35人。《申报》于次日登载了当选会董及候补会董的全部名单及各自所得票数。[②]

从表面上看，上海总商会的本次选举在初选会董时似乎与以往并无二致，没有发生什么意外事件，但实际上在此期间即曾发生关于任满会董是否仍具有被选举权的争议。按照《商会法》第24条之条文：“会长、副会长及会董任期满后，再被选者得连任，但以一次为限。”[③] 据此规定，担任正副会长或会董，连任一次即为任满，不能再当选。在这次选举初选开票之前，上海总商会曾就此问题函告全体会员，说明《商会法》虽有连任一次为限之规定，但根据农商部有关连任次数之限制，会长、副会长及会董任期应“各别计算”的批示，以及中华全国商会联合会赣省事务所抄送复广州总商会之函稿，任满会董虽不能再担任会董，但可当选正、副会长，任满正、副会长也可当选担任会董，因此任满会董在初选时仍具有被选举权，否则即被剥夺当选正副会长的应有权利。这次选举时，上海总商会现任会董中，有14人“虽已任满，不能连任，但照章仍可当选，而有被选举及选举会长之权，俟会长选出，然后依法退出”[④]。

尽管上海总商会对任满会董仍可当选的理由做了较为详细的说明，但依然受到反复质疑和批评，并引发一番争议。6月6日，《申报》登

① 《总商会通函分发选举票》，《申报》1924年6月1日第13版。《商会法》第4章第20条规定：会员皆有选举权及被选举权，但享有被选举权者之年龄，须在30岁以上。当时的总商会会员中年龄未及30岁以上者共计14人，需事先列出名单，以免会员误选其中之人成为无效票。

② 《总商会今日初选开票》，《申报》1924年6月15日第13版；《总商会初选揭晓》，《申报》1924年6月16日第13版。

③ 《商会法》，载上海市工商业联合会、复旦大学历史系编《上海总商会组织史资料汇编》上册，上海古籍出版社，2004，第202页。

④ 《任满会董仍可当选之函知》，《申报》1924年6月4日第13版。

载了工商界著名人士穆藕初致总商会函。该函首先质疑总商会任满会董仍可当选之通告“合法与否，玥未敢必”（穆藕初之姓名为穆湘玥），接着具体提出三点疑问：第一，会长由会董互选，二次任满之会董，既无再进行被选会董资格，是否仍享有选举和被选举会长之权利？第二，假设二次任满之会董，依法应享有选举和被选举会长之权利，则难免发生两疑点，一是此届二次任满之会董，是否享有三次选举和被选举会长之权利，二是此届二次任满之会董，俟会长选出依法退出后，另行推补，而此项推补之会董假设下届不当选，此项推补会董之选举和被选举会长之权利，是否剥夺尽净，抑或准其下届额外授以选举和被选举会长之权利？第三，商会所依据者，是否参政院议决之《商会法》，或此项《商会法》外，另有可以依据之各省商会事务所函稿？①

当日的《申报》同时也登出了上海总商会复穆藕初函，阐明其所发通告的法律依据“为民国九年三月农商部第三百号训令，对于《商会法》第二十四条限制连任之解释”，认为该会“奉行主管部解释《商会法》之通令，即系奉行《商会法》”，而且“上届办理选举，亦循例发有此项通告”。对于穆藕初提出的三点疑问，总商会也一一做出回复：关于会长由会董互选，既无被选会董之资格，何以有选举和被选举会长之权利？总商会强调当选与连任系属两事，不得连任不能即指为不得再行当选，会董互选完毕后即行退出，不存在继续连任情形，亦与《商会法》条文毫无抵触。对于是否享有三次选举和被选举会长之权利的疑问，同样“不成问题”，“盖二次任满之会董，被选会长，既系任期各别计算，则会长之任期，应从被选为会长时另行起算，不能指为第三次被选举会长也”。至于任满会董当选，于互选之后退出，再另行推补会董，也不违背《商会法》，“条文只限制不得连任，并非会董不得中途补人也”②。

如何理解和执行《商会法》第二十四条，以及任满会董是否仍具

①② 《穆藕初与总商会之往来函》，《申报》1924 年 6 月 6 日第 13 版。

有被选举权的争议，实际上在此之前各地许多商会选举时就已产生，其缘由是因为《商会法》以及《商会法施行细则》的相关条文中均未明确会长、副会长和会董的任期，究竟是合算还是分算，以致各商会理解不一，时起争议，纷纷抱怨“此项规定施行以来，在实际上均感困难，曾经各省商会迭向中央请求修正，迄未邀准”[①]。1920 年 3 月，农商部鉴于修改《商会法》程序较为复杂，遂为此专门发布训令：“查商会会长、副会长连任问题，各商会因会长、副会长均由会董内选出，与会董任期合算者居多，亦有因合算致起争执者，自应明定办法，以昭划一。会长、副会长与会董名称既殊，职务权限亦各不同，依商会法第二十四条之规定，其任期当然不能合算。嗣后各商会于改选之时，所有会长、副会长与会董任期，应即各归各算。从前有因合算争执，尚未另行选定者，亦应照此办理，以归一律，而免争端。”[②] 然而，农商部的这一训令并未完全消除相关争议。1921 年 2 月南昌总商会就此问题“又以文电请求农商部核示”，农商部的批示进一步说明：“查连任会长选充会董，连任会董选充会长，自属可行。前次通令解释，所谓各别计算，义即在此。”[③] 不难看出，上海总商会在回复穆藕初时强调其通告之合法依据，主要即是来源于农商部的上述训令和批示。

但总商会的公开回复不仅未使穆藕初信服，反而又引发其新的质疑。6 月 10 日，《申报》再次发表穆藕初质问总商会的第二函。此函针对总商会的复函，坚持认为总商会之通告虽“有根据民九三月间及民十六月间农商部及大理院对于商会法第二十四条解释之意见，而于书面上则确实根据赣事务所致广州总商会之成案，此不可不声明，以昭实在”。另外，总商会的回复称“上届选举，亦循例发有此项通告”，但穆藕初指出：“查上届选举时，玥虽二次满任会董之一，确未见有此项同类之通告，且并未享有选举会长后退出之权利。而民十一年选举

① 马敏、祖苏主编《苏州商会档案丛编》第 3 辑，第 18 页。
② 天津市档案馆、天津社会科学院历史研究所、天津市工商业联合会编《天津商会档案汇编（1912—1928）》第 1 册，第 66－67 页。
③ 马敏、祖苏主编《苏州商会档案丛编》第 3 辑，第 18－19 页。

会董名册内，关于任满之会董姓氏上，盖有‘二次连任照章停止被选’字样。”穆藕初还要求总商会“检查上届选举票及查选举会长后退出者何人，推补者何人”，唯此才能“晓然于复函内所引证者”是否确实。更重要的是，穆藕初认为总商会对“部令实属误解”，农商部训令和批示所说的“各归各算”，确切的理解应该是：“第一任为会董，第二任为会长，第三任则又合法被选举为会董，第四任又合法被选为会长，如是递嬗，即至一二十任仍属合法。”如果是会长或会董接连两任，则当然受《商会法》第二十四条之约束，不能借口会长与会董职权不同，而二次任满之会董，仍享有选举和被选举之权利。穆藕初还特别强调，选举之有效与否，全视选举人之资格合法与否而定。会董在互选正、副会长之前，“必须正式就职，所投之票方能有效”，而任满“会董既已就职，则显然违背第二十四条之规定，即使选举后退出，而违法就职之咎岂能避免”①。不难发现，穆藕初指出的这最后一点确实是实际存在的一大问题。

次日，总商会也在《申报》刊发了再复穆藕初函。针对穆藕初第二函之质疑要点，总商会在该复函中不仅详细列出了农商部训令的全部文字，以证明其通告并未误解部令，而且不厌其烦地转引1921年5月大理院统字第1509号公文，表明其通告完全符合大理院之解释。而大理院此一公文是对全国商联会赣省事务所呈文中列举的子丑两种说法做出的解释：“子说谓部令解释，与商会法实有抵触之处，例如会董甲已连任一次，若遵照部令解释，遇改选时自可当选为会长，惟会长一职，依商会法第十八条规定，系由会董互选，甲因受同法第二十四条之限制，不得当选为会董，自无由当选为会长；丑说谓部令解释，与商会法并无抵触，盖当选与连任系属两事，商会法只限制连任会长、会董之再行连任权，并未限制其再行被选权，观商会法第二十四条，不曰连任一次之会长、会董任期满后，不得再被选，而曰再被选者得连任，但以一次为限，不曰再被选者以一次为限，而曰连任以一次为

① 《穆藕初再函总商会问选举事》，《申报》1924年6月10日第13版。

限，可以得其当然之解释。故连任之会长，得被选为会董，尤属毫无问题。”全国商联会赣省事务所感到“以上两说，各具理由，究以何说为当，本所未敢擅决，理合照录此案关系文件，呈请钧院俯赐察核，指令解释，俾资遵守”。大理院的解释公文非常简单明确：“查来呈所述各节，以丑说为是”，总商会认为其具体做法与大理院肯定之“丑说”完全相符，而穆藕初之“持论与赣事务所原函之子说相同，但此说未为大理院所采用”。对于穆藕初提出上届选举未见有此项通告，以及任满会董姓氏上盖有“二次连任照章停止被选”字样等质疑，复函中说明上届选举贴有与本届同样之通告，本届不过查照旧卷办理，档案具在，“敝会查阅档案内粘存之十一年名册，亦并无此项字样，惟第三届选举，因大理院尚未有此项解释，或印有此项字样，此应特予声明者一也”①。

上述穆藕初的反复质疑以及总商会的答复，均刊于报章，在当时成为一场公开的问答辩论。不过，“这些论辩，纯粹限于法理层面，并没有权力或职位攻防的色彩”②。穆藕初之所以再三质疑任满会董仍享有被选举权的法理依据，主要是认为此一做法与《商会法》相关条文的规定存在矛盾，不仅其合法性值得怀疑，而且关系商人信用这一重要问题。“商人素重信用，而信用之充分与否，全视办事之合法与否而定之，苟悖于法，信用亦因之而破产，影响于商业者甚大。”③ 总商会也认为穆藕初的反复质疑，实乃钻研法理求精求实之举，并在复函中表示：“台端关怀商法，一疑未释，往复辩论，不嫌其琐，此正学者虚心研究之态度，实堪佩仰。”④ 除此之外，从穆藕初致总商会函的文字里，似乎也可看到其中所流露出来的某种个人不满情绪。穆藕初致总商会函声称自己“既非会董，又非会员”，实际上1918年10月他就曾当选为总商会会董，并在分科办事名单中列名陈列所四位会董之一，

① 《总商会再复穆藕初函》，《申报》1924年6月11日第13版。

② 李达嘉：《上海商会领导层更迭问题的再思考》，载《中央研究院近代史研究所集刊》第49期，2005年9月，第76页。

③ 《穆藕初与总商会之往来函》，《申报》1924年6月6日第13版。

④ 《总商会再复穆藕初函》，《申报》1924年6月11日第13版。

稍后还被推补为总商会公断处职员。1920 年 8 月总商会改选，穆藕初又再次当选连任会董。只是在 1922 年换届改选时，穆藕初因属已经连任的任满会董而没有再当选。由于其本人在上届选举时就是因“二次连任照章停止被选”，而此次换届改选总商会在选举开票前却又通函告知二次连任会董仍有被选举权，穆藕初自然对此会有所不满而提出疑问，并特别指出“上届选举时，玥虽二次满任会董之一，确未见有此项同类之通告，且并未享有选举会长后退出之权利”。

尽管如此，在这场公开论争的过程中，穆藕初始终保持了较为平和的心态，主要只是探讨相关法理依据，阐述其个人不同意见和看法。其刊发的多封质问函不仅均无激烈偏颇和故意刁难的泄愤文字，而且向总商会表示：“玥之哓哓不已者，实希冀为商业上有所裨益而已，非敢有恶于公等也。”另还说明“公等为商业重要分子，商法素所研究，务请明以示人，藉增商人之智识”[①]。总商会的复函同样也较为理性，主要只是针对穆藕初之质疑要点予以解释和说明，并无过激的不妥文字，同时对穆藕初的质疑之举予以肯定：“具征关怀商法，讨论不厌求详，至为佩仰。”[②] 因此，这场公开论争对于帮助工商界人士进一步理解《商会法》相关条文、农商部训令以及大理院的解释，并非完全没有积极的意义。

另外，穆藕初的质问行动在当时不仅没有影响总商会选举的如期进行，而且也未产生其他负面影响。虽然总商会于 6 月 1 日通函各会员分发选举票，6 月 4 日发出《任满会董仍可当选之函知》，穆藕初在两日后就发表了质问总商会第一函，在总商会回复后接着又发表继续质疑的第二函，但总商会的选举仍按部就班正常进行，并在预期的当月 15 日开选举票，选出了 35 位当选会董和次多数候补会董 35 人。综合上述，可以说这场辩论主要只是穆藕初与总商会之间就相关法理问题进行的一场论争，并不属于上海总商会本次选举中发生的争权夺利风潮。

---

① 《穆藕初再函总商会问选举事》，《申报》1924 年 6 月 10 日第 13 版；《穆藕初与总商会之往来函》，《申报》，1924 年 6 月 6 日第 13 版。

② 《穆藕初与总商会之往来函》，《申报》1924 年 6 月 6 日第 13 版。

在总商会回复了穆藕初的第二函后，穆藕初对于各方面解释选举法律问题“尚有疑义”，遂又第三次公开致函总商会，“并用贵会语气，代拟一稿，送奉察阅”，希望总商会呈请大理院重行解释。穆藕初代拟呈请大理院重行解释的文稿重点阐明：“连任会董如互选在应选以前，则会董之资格尚未取得，焉得加入互选？否则连任会董，因法律上之限制，不能三次受任，则势必不待应选而先加入互选，待其不得被选为会长后，而再宣告退职，则事实上虽仅为三次当选之会董，而实质上不啻已执行三次会董之职务。既执行三次会董之职务，与三次连任何异？”[①] 对于穆藕初代拟稿呈请大理院重行解释的这一要求，总商会召开常会进行了讨论，认为“如因解释变更之结果而使民九部令失其根据，必致各省商会同时发生困难。此时有无再请解释之必要”，应先致函全国商会联合会各省事务所征求意见，再行办理。[②] 湖北事务所的回复认为“此案既有部文，又有院函，似无庸再请解释”。江苏事务所在回复中肯定了穆藕初“以法律解释法律，持论至为精当，平心论断，决不能轩部院而抑穆说”。但该事务所也阐明“惟自大理院解释通告以后，迄今已逾三年，各省商会之依照组织者比比皆是，是前项解释，事实上业已实施。此时若因再请解释之故，而设有变更，则发生困难，必有更甚于今日者”。所以，“与其请求解释条文，不若催议修改商会法较为适当”。[③] 此项建议可谓正合上海总商会的初衷。其实农商部也未尝不知《商会法》第二十四条之规定给商会选举带来的困扰，并曾于1923年向国会提出了《商会法》修正案，欲将会董连任条文中“但以一次为限”删除，只是因国会悬而未议，暂无结果。在此情况下，只有再请农商部迅催国会议决通过，才能一劳永逸地从根本上解决纷争。此后，未见穆藕初再就此一问题发表意见，上海总商会本次选举进程中第一阶段的论争也就此结束。然而，这并不意味着总商会的选举就可以顺利进行。紧接其后，又在正、副会长选举前发生了更为激

① 《穆藕初对于商会选举之再三质疑》，《申报》1924年6月17日第13版。
② 上海市工商业联合会编《上海总商会议事录》（四），上海古籍出版社，2006，第2141页。
③ 上海市工商业联合会、复旦大学历史系编《上海总商会组织史资料汇编》上册，第417页。

烈的争权夺利纷争，但穆藕初并未参与后来发生的这场涉及权力争夺的会长选举纷争。

2. 宋汉章资格引发派系纷争

宋汉章，1872 年出生，浙江余姚人。曾担任上海中国银行行长、上海银行公会会长，系沪上金融界名流。1922 年上海总商会换届改选，宋汉章获得 289 票，以最多票当选会董，接着又当选为会长，成为上海总商会的掌门人，社会地位和影响也随之得到显著提升。

但是，宋汉章本人似乎对总商会会长一职并无眷恋。1924 年总商会改选前夕的 5 月 14 日，中国银行致函总商会，说明“敝行代表会员宋汉章君今因病后不堪繁剧，坚向敝行辞去代表会员之职，兹特改推史久鳌君为敝行代表会员。惟宋君现任贵会会长，在六月底以前任务尚未终了，应请自七月一日起解除代表会员之职”①。宋汉章在改选前坚持要求辞去中国银行代表会员，显然是不愿参加本次选举，也不愿继续当选总商会新一届会董或会长。尽管如此，在会董选举中他却仍获得了 99 票，列 35 位次多数候补会董的第一位。

会董选举揭晓后，根据《商会法施行细则》的规定，当选会董须于半月之内填写总商会送达的就任声明书，如果“逾十五日未有就任之声明时，得以票数次多者递补”。至 6 月 20 日，已有 5 名当选会董力辞不就，照章应从候补会董中以得票数多者顺序替补。宋汉章得票数位列候补会董第一名，本应是首选替补者。但因其已辞代表会员之职，只能由列名其后者推补。至当月 27 日，中国银行又致函总商会，说明“史君向敝行声称，因事不能担任代表职务……无可再强，仍拟改推敝行长宋汉章充任贵会代表”。此时刚好又有一位当选会董王一亭坚决要求辞职，总商会遂将宋汉章推补为会董，并向宋汉章本人函告前后之缘由：“查执事本于候补当选人名居首列，前因向本会声称，业

---

① 上海市工商业联合会、复旦大学历史系编《上海总商会组织史资料汇编》上册，第 408 页。

经声明自七月一日起解除会员之职，是以即照尊嘱，由名次在后之候补当选人分别递补。旋于本月二十七日接中国银行函称……，当经本会复函于名册更正有案。依此情形，是执事于七月一日以后，其会员资格仍继续存在。即候补当选人之资格，于七月一号以后亦仍继续存在。此次王君辞不应选，自应仍由执事序补。”①

7月5日下午，总商会按照预定日期举行由新当选的会董互选正副会长会议。但在投票之前，“会董某君提出关于会董选举手续问题尚有研究，请众讨论，说明理由后，即有人加以解释，双方讨论颇久，未臻一致”。莅会监选的沪海道尹王赓廷宣布休会十分钟，复会后又“讨论达三小时之久，仍无结果”，王道尹宣告“以手续方面既有讨论，决定延期数日，再为举行”。② 这样，第一次互选新会长陷于流产。会议争执不下的所谓“会董选举手续问题”，即为宋汉章是否具备会员资格以及递补为会董并参选会长的资格。

7月7日，报章即登载会董谢天锡（字蘅牕）此前致总商会的两函以及总商会的复函，将有关宋汉章资格问题的纷争公布于众。谢天锡于7月1日所写第一函提出“宋君既辞去中行代表之职，并由该行改推史君为代表，此次会董当选名单宋君仍列次多数之首，此出于投票者之误会所投之票，自不能仍作有效。……自中行改推代表，则宋君会员名义同时根本取消，即不辞职，亦不能再行膺选”，因为7月1日以后“宋君业已退出会员耳”，否则，将因“宋君一人之故，致本会蹈非法之嫌”。该函还要求总商会“将宋君不能膺选理由迅行函告各会董，以重选举，而符法规”。总商会7月3日复函，说明在选举会董之前宋汉章仍具有会员资格，其“选举权及被选举权，依法尚未丧失，则在此时期内所投之票，自不能认为无效”。另外，中国银行于6月27日来函仍推宋汉章为代表会员，“则自7月1日以后，宋君会员及候补当选人之资格继续存在，更无问题矣”。7月4日谢天锡致总商会第二

① 上海市工商业联合会、复旦大学历史系编《上海总商会组织史资料汇编》上册，第409页。
② 《总商会会长昨日互选无结果》，《申报》1924年7月6日第13版。

函，坚持认为宋汉章不具备递补为会董之资格，更无参选会长资格。“中国银行六月二十七日撤回改推史君之函，须于六月十五日本届选举之前送达本会，方有回复宋君本届被选举权之效力，不能于本届选举业已揭晓之后，为之倒补资格。”①

谢天锡为何反复纠缠宋汉章的会员资格问题，不惜导致总商会的会长选举陷于流产。从表面上看谢天锡此举也是为了维护商会规章，担心“致与法规异趣”，谢天锡还曾表示“鄙人对于宋君素所信仰，前后各函，并非对人而发，惟以法为共同所应守，不能因人而废法”②。但从后来纷争发展的实际情形显而可见，有关宋汉章资格之争表面上虽也涉及相关法规，但与第一阶段穆藕初与总商会之间就任满会董是否仍具有被选举权问题的法理论辩在性质上是完全不同的，实为总商会会长席位之争。谢天锡只是走上前台代人而言的公开发难者，背后还有始终未曾登台，但对此次纷争筹谋划策旨在觊觎会长一职的重要操盘人物，即当时担任通商银行行长的总商会会董傅筱庵（名宗耀）。

据时任总商会秘书和会董会议记录员的孙筹成后来忆述：“1924 年总商会改选前，原任会长宋汉章因病无意连任，由中国银行致函上海总商会更换代表。傅筱庵自知宋的声望甚高，无力与之竞争，现在大敌已去，自己作为通商总行行长，视余子皆不在话下，遂一面指使亲信纷纷加入总商会，培植势力，一面联络官厅，大事吹嘘，制造浩大的声势。”宋汉章改变态度愿意继续担任中国银行会员代表，并递补为会董后，显然打乱了傅筱庵的如意计划，遂千方百计阻止宋汉章递补为会董并参与会长选举。谢天锡“是傅筱庵的心腹，煤业巨子，秉性粗鲁，素有大炮绰号”，遂成为傅筱庵的得力干将。在会长选举前的 7 月 2 日，谢天锡曾受命直接面见宋汉章，“劝宋辞递补会董之职，宋不允”。于是，谢天锡又在 5 日举行的会长选举会上提出宋汉章的会员资格问题，双方激烈辩论，在会董中形成拥宋和拥傅两派。拥宋者有霍

① 《谢蘅牕与总商会往来函》，《申报》1924 年 7 月 7 日第 13 版。
② 上海市工商业联合会、复旦大学历史系编《上海总商会组织史资料汇编》上册，第 420 页。

守华、冯少山、田祈原、田时霖等，拥傅者有谢天锡、洪雁宾、陈良玉、谢仲生等。第一次会长选举会最后曾投票，“结果拥宋派投票，拥傅派未投。乃由道尹封存票匭，延期五天再开会，两日内如仍不协调，则电部请解释”①。

其实，宋汉章本人确实并不恋栈会长一职。早在1916年5月底，年仅44岁的宋汉章就当选为上海总商会会长，但他认为自己“非特资格尚浅，才识不及，未敢膺此重任，且银行事务纷烦，片刻不能相离，实无暇晷兼顾他事，为特掬诚具函谨辞，务请贵会另行推选贤能主持会务”②。总商会起初拟请选举得票次多数之沈敦和出任会长，但沈敦和也力辞不就，只得议定由上任会长继续维持会务四个月。当年9月，总商会仍函请宋汉章于10月1日前就任会长一职。但宋汉章依然列举诸多原因表示无法应允。及至10月底，上海总商会只能报经农商部批准重新选举会长，朱葆三当选就任。1922年宋汉章再次当选会长后，又向总商会表示不愿就任：“窃以贵会会长事务繁重，以鄙人才力不及，殊难胜任；且对于社会公益事项，鄙人似已滥竽不少；况身任银行专职，实属刻无暇晷。有以上种种原因，实难分身就任，为特具函敬辞。只得请贵会查照尊示，按商会法施行细则第五条第二款，以次多数递补，以重会务。”③ 与此同时，同届新当选的副会长方椒伯也“声请辞职”。总商会为此召开特别会议进行商讨，决定公推数位代表力劝宋方二人就职。在总商会的再三盛情挽留下，宋方二人才以“公义所在，不容固辞”而“勉承斯职”。

既然宋汉章并不留恋会长一职，而且在本次总商会选举前已态度坚决地要求辞去中国银行代表会员一职，中国银行也致函总商会正式予以说明并改推史久鳌作为该行代表会员，为何后来他又突然改变态度愿意出任代表会员？是因为看到会董选举结果，自己名列35位次多数候补会董的第一位而改变初衷？这一解释显然与上述宋汉章本人的

---

① 上海市工商业联合会、复旦大学历史系编《上海总商会组织史资料汇编》上册，第471、472页。
② 上海市工商业联合会、复旦大学历史系编《上海总商会组织史资料汇编》上册，第162－163页。
③ 上海市工商业联合会、复旦大学历史系编《上海总商会组织史资料汇编》上册，第371页。

一贯态度并不相符。实际上，宋汉章在很大程度上可以说是被动地卷入了本次选举纷争，其改变态度同意递补为会董也并非出于本人的主观意愿，而是接受了他人一再敦劝的结果。据孙筹成记载：叶惠钧、闻兰亭等6位会董出面"请宋汉章俯念会务重要，并告以有行为卑鄙者早有组织，想做会长，你如不引退，则众望所归，必得连选连任。宋之挚友王省之，曾任道尹，亦在旁敦劝。宋初不允，后被迫无奈，只好应允。遂由中国银行致函总商会，仍推宋汉章为该行出席代表"。宋汉章虽应允递补为会董，但其竞选连任会长的意愿仍不是很积极。在会长选举会召开的前一日，上海《新闻报》发表"吕静斋以上海汉口路商界联合会名义向部控告上海总商会宋、方两位会长，请速改选。此事与上月具名'全埠公正商民'所发之传单相呼应，显见幕后有人。宋汉章因此甚为灰心，离沪赴佘山修养"①。

7 月 7 日，报章登载了谢天锡致总商会反对宋汉章递补为新会董并参与会长选举的两函，使总商会"会员亦分为两派，相互攻讦"。8 日，拥宋派中的袁近初、胡哲生两会员在《申报》联名发表致总商会函，对率先向宋汉章公开发难的谢天锡提出了较为有力的质问："报载谢君两函，斤斤以法理为言"，借以认定宋汉章 7 月 1 日以后不复有当选会董资格，然本会章程第 5 章第 10 条会员资格之规定为"凡曾任会长、会董者，任满后仍认为会员"，因此，"宋君之会员资格，不以代表之有无而定其存废。谢君任本会会董有年，何以对于此项规定独未见及?"另外，选举票之有效无效，应在选举会场声明，不能事后追废。"六月十五日选举会董时，谢君亦为检票之一人，何以对于宋君之票，不即当场提议作废，听其列于候补名单之首？直至事隔半月之久，递补会董足数后，始行提出疑义，岂昧于前而明于后耶？抑事后受人之指使耶？二者当必有一于此矣。"②

此函所揭示的谢天锡质疑宋汉章资格的时间点确实耐人寻味。15

---

① 上海市工商业联合会、复旦大学历史系编《上海总商会组织史资料汇编》上册，第 472 页。
② 《关于总商会选举之又一函》，《申报》1924 年 7 月 8 日第 13 版。

日会董选举，宋汉章之得票名列35位次多数候补会董的首位，随后又登诸报章，谢天锡当时不仅在选举现场而且按《申报》之报道还是检票人之一，但却未对此提出任何疑义。其原因是当时的宋汉章并未改变态度愿意继续任代表会员职，拥傅派以为宋汉章不会递补为会董进而参与会长选举，更不会对傅筱庵竞争会长形成威胁。而在7月1日宋汉章递补为会董之后，拥傅派立即感受到了严重威胁，不仅在次日即由谢天锡面见宋汉章，企图强行要求宋汉章辞不受补，而且私下找名律师代为草拟致总商会函。在遭到宋汉章拒绝后，谢天锡又在会长选举时公开发难，接着在报章连发致总商会两函，这一系列所作所为之目的无疑都是为傅筱庵竞争会长扫除障碍，所谓维护商会规章显然只是一个幌子。不宁唯是，以谢天锡之名在报章上发表的致总商会两函，很可能也并非出自谢天锡的手笔，而是拥傅派请他人捉刀代笔的产物。①

袁近初、胡哲生两会员联名致总商会函发表之后，谢天锡不甘示弱又公开回复，坚持认为宋汉章已退会而失去会员资格，自己出面质疑并非受人指使，“此非可经相诬蔑者，愿二君慎毋口不择言”，并声称自己“完全为法的问题，法为人人所应守，爱法即所以爱会，忝为本会分子之一，天良具在，难安缄默”。另还说自己在会董选举开票时，并没有担任检票员。② 然据《申报》6月16日登载的《总商会初选揭晓》一文称：新会董选举开票前，公推会董叶惠钧、劳敬修、冯少山、谢天锡、祝兰舫、石运乾、闻兰亭，会员区石溪、胡约常等9人为检票员。谢天锡说自己“到会之时，已在开始检票，并未推鄙人为检票员”。或许是公推检票员时谢天锡尚未到场而不知晓，而且事后其本人对此则新闻报道也未予以纠正，但这并非问题的关键，重要的

---

① 孙筹成在《傅筱庵两次争做上海总商会会长》一文中透露：谢在面见宋时曾“出示其反对宋当选新会董之函，谓总商会定章，选举前两个月之内停止调换代表，中国银行既已来函更换代表，宋的会员资格显已取消，无被选为新会董之权，选举会长时，无被选举权。……此函据说是请秦联奎等三个有名律师所拟。”见上海市工商业联合会、复旦大学历史系编《上海总商会组织史资料汇编》上册，第472页。

② 上海市工商业联合会、复旦大学历史系编《上海总商会组织史资料汇编》上册，第422页。

是新会董选举结果揭晓时，谢天锡确实在场而且也未表示任何异议。所以，袁胡二人针对谢天锡的回复，又致函特别指明“谢君既认当日在场，何以于揭示候补当选名氏时，不闻提出异议？可见谢君早当认为有效，今事后忽强词争执，殊令人莫明其用意之所在矣”①。

与此同时，拥傅派还希望借助官方施加影响以达到目的。先是谢天锡致函沪海道尹王赓廷，强调宋汉章自 7 月 1 日退出会员，“则本届选举之无被选举权，不辩自明。……以非会员而谓可选充会董，违法莫甚于此”。随后，拥傅派会员李征五、刘尢青、孙泉标 3 人也发表致王道尹函，认为宋汉章既已丧失会员，总商会选举将宋汉章列为次多数候补会董之首，后来又递补为新选会董，均属“违背法规”之举。此函要求道尹于总商会再选会长时，务必“驾临商会，详查究竟，严予纠正，以重选举而维法则”。拥宋派会员石芝坤、陈佐棠、陈翊廷 3 人随即针对谢天锡等人致道尹函称各节一一予以驳斥，并请总商会“据以转函沪海道尹，庶将来呈请解释时部省长官可以明悉双方之理由”②。

对于总商会的这场选举纷争，当时的报章也曾发表评论文章予以解析。上海《民国日报》起初刊载的一文也强调应遵章办理：“宋君之为人，其诚恳为商界所钦佩，且商界以外者，亦对之有好誉，以人论，各方都希望宋君继续当选总商会会长，但商会章程是否许可，却是个先决问题。……以并非会员而能当选会长，任何团体均无此例。”更何况“上海总商会有上海领袖团体之称，且为全国视线所重，我不愿其违背定章而开此恶例”③。该报接着发表的另一文，则十分感慨总商会此次选举会长出现的纷争，“有人愿做而一部分人不许他做，有人不愿做而一部分人强要他做，以致发生人选问题的争执”，“其情形为向所未有”，④ 表明总商会在选举会长时出现不同于以往的发展新动向，并强调此点更值得商界重视。上海《民国日报》与国民党关系十分密切，

---

① 《总商会选长问题之昨讯》，《申报》1924 年 7 月 10 日第 13 版。
② 上海市工商业联合会、复旦大学历史系编《上海总商会组织史资料汇编》上册，第 423、424、425 页。
③ 君素：《总商会本届会长问题》，《民国日报》（上海）1924 年 7 月 5 日第 11 版。
④ 君素：《总商会选举》，《民国日报》（上海）1924 年 7 月 6 日第 11 版。

上引两文可以说在某种程度上反映了当时国民党中央执行委员会上海执行部对总商会选举纷争的关注与态度，只是当时的国民党在上海影响并不大，对总商会此次选举纷争的发展走向也不可能产生明显作用。

第一次会长选举流产后，总商会曾议定5日之后即7月10日再召开选举会。但据7月9日《申报》报道："虞洽卿君及新选会董某君，二日来向双方接洽，尚未得有结果。"[①] 拥傅派表示在宋汉章资格问题未解决之前，坚决不同意再举行会长选举会议。很显然，拥傅派就是要取消宋在会长选举中的选举权与被选举权，这样才能达到其最终目的，如果宋仍具有此资格，傅筱庵竞争会长的威胁就无法解除。这样，原定之再开会长选举会的计划不可能如期进行。10日，《申报》再发相关报道："本埠总商会会长选举，因手续上发生争执，以致延期。是日本定延会五日，于今日继续开会开票。现悉谢蘅牕方面，仍竭力主张须法律问题解决后，始可开票，否则任何人产生，均所否认。至另一方面，则以宋君物望才能，众所共仰，法律问题亦未有何疑问，故亦不认为有调和余地。闻调和人方面现正拟于法律方面，求一双方兼顾之解决法，而会长人选亦已择定一人，大约双方均可通过，惟因接洽尚未妥协，故今日拟暂再延缓，定今日先举行聚餐，以资商榷，俟调停就绪，再行定期开票。"[②]

然而，当时的报章评论对于调停能否起作用并不乐观，因"双方旗帜渐见显明，词锋渐见锐利，于此可卜疏解的前途了。……由部解释后，双方能否满意？还是个问题，而总商会从此更多事了"[③]。果不出所料，在此之后调停仍然并不顺利。虞洽卿等起初提出的调和方案是认定初次会长选举时已投之票有效，宋汉章如当选，"既因行务繁忙、精神不及，不妨允其辞去；或将会董连带辞去，再另行递补"。据说拥宋派方面初始"颇有缓和之意"，后因拥傅派"会员发言方面，对宋颇有责难，于是态度又趋转变"。另外，对这一调和方案拥傅派中最

① 《总商会选长问题之昨闻》，《申报》1924年7月9日第13版。
② 《总商会选长问题之昨讯》，《申报》1924年7月10日第13版。
③ 桐：《总商会选举能疏解吗》，《民国日报》（上海）1924年7月8日第11版。

为活跃的干将谢天锡表示不能接受。因此，调和陷入僵局，“多数意见，以为惟有请官厅解释”。但是，上海总商会在曹锟贿选事件发生后，已宣布与北京政府脱离关系，“直接电呈北京农商部请求解释，恐招会员反对，故请王道尹解释。王道尹亦以原定延缓之期已到，尤难再延，只好将经过情形，呈报省长，请详为解释”①。

7月14日，总商会召开会董特别会议商讨解决选会长问题方案。“经众讨论达三小时之久，尚无切实办法”，只得暂时休会。复会后继续讨论，朱吟江提出本会于1916年11月间因选举发生纠葛，曾呈准农商部“凡曾任会长会董满任后，仍认为会员”，业已编入本会章程第五章第十条，“则宋君资格当然存在，无论手续是否错误，仍应当选”。估计出席会议的拥宋派会董人数稍多一些，“结果认朱议实为解决纠纷之办法”。闻兰亭进而提出“论法律手续，七月五日投票者已占多数，当然以继续投票为是”，拥宋派的冯少山、叶惠钧等3人积极附议支持，遂请主席付表决，“举手者十六人，多数通过”，复又议定本月17日继续投票开匭。会议结束后，谢天锡即向总商会表示抗议：“本日开会，未能依法决议，鄙人不能赞同。况法者人人所应共守，绝对不得以多数人之轻与通融而损其尊严。事关法律解释，非会董会所能擅决。此案鄙人已经呈请官厅，依法解释，并闻陆君伯鸿等亦有同类之呈请，自应静候解释后方能进行互选事宜。”② 道尹王赓廷也向总商会质疑“究竟前次发生异议已否完全解决，未准声复。倘使尚未就绪，临时再有异议，必致更滋纠纷，自应暂缓继续投票”。于是，17日继续投票选长之计划又告落空，仅叶惠钧、冯少山等7名会董到会，“签名小坐即散”。③

其他一些地区的商会在稍后发生选举纠纷而内部无法调解时，大多都请官方出面予以解决。此次上海总商会出现选举纷争也是如此，

① 《总商会选长问题之昨讯》，《申报》1924年7月12日第13版。
② 《总商会选长问题之昨讯》，《申报》1924年7月15日第13版。
③ 《总商会选长问题之昨讯》，《申报》1924年7月17日第13版；《总商会选长昨又开匭未成》，《申报》1924年7月18日第13版。

但有所不同的是并非由总商会出面上报各级官署，而是由纷争双方直接向各级官署请求解释相关法规，以求得支持。由于双方纷争焦点之宋汉章会员资格问题比较复杂，各级官署也很难做出明确的法律解释，故而同样难以解决这场纷争。拥傅派的会员陆伯鸿等曾函电江苏省实业厅及省长公署，后又有会董朱葆三等致电省署，声称“本届总商会选举新会董，复选解除之宋汉章，实属违法，请饬纠正，重行互选”。但省署批示未遂其愿，只是说“该会职员解职，自应遵照商会法第二十九条第一项之规定，须经开会议决办理；至职员退职除名及停止被选举权，亦应遵照第二十八条之规定，须有会员三分二以上到会，得到会者三分二以上同意”。对省长公署的这一批示拥傅派显然非常不满意，朱葆三等再次致电实业厅，认为省署批示之按《商会法》相关规定办理，“与本案宋汉章之自行辞去会员，而无被选举权者绝对不同”，故不能适用。同时，请求实业厅“迅予据情转呈省长，仍与察核寒电所请，重行依法解释，免滋误会”[①]。此前，朱葆三还曾领衔与谢天锡等3名会董联名致电护军使何丰林，其中之言辞已不乏对宋汉章的人身攻击，声称“宋汉章于中行为行长，于总商会为会长，于行于会，独断独行，忽退忽进，忽解除，忽羼补，是违法以非会员而列选于前，复违法于已辞补而倒充于后，实自背根本之法规，兼乱惯行之通例”。但何丰林的公开回复也只不过是“既经发生异议，自应依法纠正，……据情函知沪海道尹查照办理”。[②]

拥宋派的多名会董和会员祝大椿、项如松、张乐君、管趾卿等人，也针锋相对地先后致电护军使何丰林，谴责朱、谢二人为“昔日以非

① 《总商会选长昨又开匭未成》，《申报》1924年7月18日第13版。

② 《关于总商会选长之函件》，《申报》1924年7月16日第13版。此时，在上海商界举足轻重的朱葆三成为拥傅派重要成员之一。朱曾担任上海商务总会协理、总商会会长、全国商会联合会副会长，五四运动中因“佳电”风波受到各界强烈指责，被迫辞去总商会会长职务。孙筹成在忆述文章中说朱葆三“此次领衔反宋，非其本意。16日他看见报上文件，有自己名字，深以为奇，正拟去函更正，谢蘅牕向朱请罪，说明电稿上之图章，由他串通朱的秘书偷出盖上。至此，朱知事已如是，无可反悔，除将谢面斥数语，也就默认了”。见上海市工商业联合会、复旦大学历史系编《上海总商会组织史资料汇编》上册，第473页。从后来朱又不断领衔函电各级官署攻击宋汉章的具体事实可知，其反宋应该并非出于被动地受拥傅派所利用。

会员而应选之人，今乃转以疑未失会员资格之宋汉章为不应列入候补会董，未免数典忘祖，不合事理”。其所说之事乃是 1916 年总商会议定将“凡曾任会长会董满任后，仍认为会员”一条补入章程，并奉农商部批准在案，而在那年选举中并非会员的朱葆三正是据此当选为会长，谢天锡也据此当选为会董①，二人“当时躬与其役，寂无一言，而此次轩然大波，日为剧烈之辩难，是否环境转移，黑白可以移位？否则恪守法规一语，当作何解？”② 上海《民国日报》发表的评论文章在详述 1916 年朱葆三先出会后又得以选举为会长的经过，也说“以上的经过，别人或者可以不记得，或者不满意，惟朱君葆三因有自身关系，大概不致于健忘，现在朱君竟领衔反对了，岂不大奇！即主张争法案者，亦何必颠倒此白发老者若此”③。

上海总商会选举纷争发展至此，双方各执一词，互不让步，而且论辩文字日趋激烈。《申报》的相关报道，也开始以“总商会选长风潮”或是“总商会选举风潮”为题，用“风潮”替代以往的“纠纷”一词，反映出这场纷争的程度愈演愈烈，而且似乎给人的印象是看不到解决纷争的任何希望。后虽曾有会员主张“通告各会员，定期召集全体大会，开会决议，取以多数公意办法，即为解决此次之纠纷，排难解纷，在此一举，维持会务，自不宜迟”④。但在纷争双方矛盾尖锐尚无调和迹象的情况下，召开全体会员大会不仅未必能够解决纠纷，而且有可能导致更加混乱的局面，所以总商会并未接受这一建议。

---

① 上海《民国日报》的一篇评论文章较详细地说明了此事经过：“民国五年，总商会改选，旧会长朱葆三、沈联芳均声明出会，改选结果为宋汉章、陈润夫当选正副会长，均不就，而次多数沈仲礼、张知笙均只一票，难以递补，当时颇有会员无人之叹。其后经会董商酌，多主张仍请朱、沈二人继任，然以既已出会，无从选举，遂于无法之中，想出在会章中加一条‘会长会董任满后仍认为会员’的条文，此事经过许多手续，呈省呈部，从七月至十一月，始得核准，重行选举，朱葆三、沈联芳得当选继任总商会正副会长。”[桐：《朱君葆三何健忘若此》，《民国日报》（上海）1924 年 7 月 16 日第 11 版。]

② 《总商会选长昨又开匦未成》，《申报》1924 年 7 月 18 日第 13 版。

③ 《朱君葆三何健忘若此》，《民国日报》（上海）1924 年 7 月 16 日第 11 版。

④ 《解决总商会选举纠纷之意见》，《申报》1924 年 8 月 16 日第 13 版。

3. 纷争影响与会长选举

在总商会选举纷争越演越烈之时，宋汉章和傅筱庵二人在公开场合都保持沉默不语，尤其傅筱庵自始至终都未曾走上前台，似乎这场纷争与他完全无关。宋汉章当时身为未离任之会长，而且是纷争的焦点人物，从一开始即被拥傅派点名公开质疑递补当选会董不合法，如果始终不发声似有不妥。于是，在第二次会长选举流产后的 7 月 18 日，宋汉章在报章上发表了一篇公开信，说明自己“素性孤介”，而且时值大病之后，精力未复，此次选举不幸“引起双方法理之争，汉章以未解职之会长，自不能不为远嫌之计。……若为汉章个人计，原可辞不应选，以免除一切纠纷。惟以法律解释不得正当解决，此后仍无从遵守”。因此，他仍希望通过官厅之解释解决纷争，如解释结果认为不应递补，“在汉章得遂初衷，自所深愿，倘认递补为有效，此后去就，深盼同仁本爱人以德之旨，应听汉章自由，不再加以督责”①。数日之后，报章报道宋汉章“离沪回绍兴原籍，以避风波。一俟纠纷解决后，仍复来沪，供应一切矣”②。

随后，拥傅派的朱葆三、谢天锡等人和拥宋派的闻兰亭、冯少山等又曾相继致电军民两长及实业厅，但仍未获得各级官厅之明确解释。另又有闻兰亭、朱葆三等人互致函件见诸报端，尤其闻兰亭等人致朱葆三的函以嘲讽语气表示：“年高德劭、迭任本会会长如公者，作俑于前，将何以维持补救于后？”“同人敬公爱公，更不敢尤而效之，以少数煽惑之词，致疑贤者。”朱葆三的复函也毫不客气地指责闻兰亭等人一面请之官厅，一面擅自解决，“乃欲强入人罪”，实系“少数煽惑多数”。在两派持续纷争而官厅无明确批示解决方案的情况下，总商会的会长选举也迟迟无法进行，延至 8 月上旬仍无实质性进展。

---

① 《总商会选长昨又开匭未成》，《申报》1924 年 7 月 18 日第 13 版。

② 《宋汉章离沪回绍》，《申报》1924 年 7 月 23 日第 13 版。

纷争延续的时间越长，对各方面产生的负面影响也日益显著，对此表示不满者自然越来越多。

首先，上海总商会作为近代中国“第一商会”的良好声誉和公共形象，无疑将因此而受到严重影响。会员尤森庭即曾指出此次选举纷争“开自有商会以来未有若是如斯之恶例也”，并表示：“上海总商会为我全国商人所信仰，商人之精神聚焉，中外之观瞻系焉。乃迩为选长问题，此闹彼争，已近僵局。谈法律者，言之铮铮；论事实者，依据凿凿。森庭一介商人，按诸法理，固属茫然，惟在商言商，目击我最清白最高尚之总商会，弄得声誉狼藉，环境如斯，悲乎不悲?”尤森庭还特别指出：“此种恶例一开，已为千古罪首，他省效尤，全国响应，谁尸其咎?”①《申报》发表的时论也曾指出总商会发生此一纷争，“非特商会之不幸，直国人之不幸”②。回顾此次选举纷争发生之前，上海总商会以及清末的上海商务总会经历的多次选举都比较顺利，从未出现类似的争斗情形，而且多数当选的正、副会长还谦虚地认为自己才力不逮，难以胜任，为此而提出辞职，只是在总商会竭力劝导下才就职，以致总商会领导人当选之后，“谦辞一层，已成我国通行之习尚”③。而本次选举的情形则完全不同，在选举过程中即出现如此严重的纷争，之后双方又互相指责，各不相让，无从调停，“我灿烂庄严之商会，从此并一会长选举会犹难开成，尚复何言?”④ 这自然会严重影响总商会的社会形象，并引起广大会员的担忧与不满。

其次，受这场选举纷争的影响，有多位原声明愿意就任的会董，相继在报章公开发表致总商会函，愤而要求辞职，并表达了自己的不满意见。有的指出：会长选举“事出意外，因一人之异议，迄未依法开匦，遂致会务停顿，使我最清白、最高尚之总商会，名誉扫地。环境如斯，何能应付?所有第五届新会董一职，掬诚辞退”。有的表示：

① 《总商会选举问题之一意见》，《申报》1924 年 7 月 27 日第 13 版。
② 《商会风潮平议》，《申报》1924 年 7 月 27 日第 4 版。
③ 上海市工商业联合会、复旦大学历史系编《上海总商会组织史资料汇编》上册，第 372 页。
④ 上海市工商业联合会、复旦大学历史系编《上海总商会组织史资料汇编》上册，第 438 页。

"辱承诸君子谬采虚声，连选为第五届会董，曾经到会互选。不料临时枝节横生，引起争端，以致开票无期，纠纷莫解。……瞻念前途，殊深杞忧，臂助无功，尤堪自惭，与其滥竽尸位，何如韬迹让贤。"① 与此同时，还有一部分会员也纷纷要求退会。例如旅沪闽商沈次裳、伍嵩如、郭兆鲲等 5 名会员公开发表退会书，说明"年来国事蜩螗，私争不息，北京国会各省议会，久为国人所厌弃，即如各省商会，亦徒仰军阀之鼻息，惟上海总商会闻或能发表正论，为中外人士所信仰。今者因选举会长问题，发生纠纷，不惜以公有之机关，视为少数人所私有，并为一二人之牺牲，此种恶例一开，信用殆全扫地，前途已无希望，弟等实不愿滥厕会员之列，用特宣告退会，特此声明。"② 于是，"会董辞职，会员出会，会将莫存"③，这对上海总商会而言，确实是前所未见的不幸事件，所产生的负面影响也至为明显。

再次，持续已久的选举纷争还严重制约了总商会的正常会务开展，也影响到工商业顺利发展以及其他相关各项事务。自选举纷争发生之后，开票无期，迁延日久，且两派相互攻讦，无解决办法，"遂致会务停顿"，难以为继。自清末上海商会成立以后即在工商业发展过程中发挥着不可或缺的重要作用，如今总商会因选举纷争致使会务停顿，无法正常处理各项相关事务，势必影响工商业的顺利发展。有会员即公开发表致总商会函不无忧虑地指出："夫当此外债日增，财政纷乱，遍地匪祸，商业凋零，六省水灾，哀鸿遍野，实业不兴，生计日促，当此危局，正吾商人振刷精神，卧薪尝胆之时也，夫上海为通商巨埠，总商会乃商业领袖机关，重轻施设，不胜枚举。……此番为选举会长问题，而起纠纷，内则百事停顿，外则使人怀疑，会员所恐惧者，函电纷驰，更起误会。"④ 总商会的许多重要会务因此而延搁，例如为协助维护社会治安，保护商人利益，上海南北市商团筹备处呈请护军使

---

① 《总商会选长风潮之昨讯》，《申报》1924 年 7 月 20 日第 13 版；《王晓籁严成德辞总商会会董》，《申报》1924 年 8 月 11 日第 13 版。

② 《闽商退出总商会》，《民国日报》（上海）1924 年 8 月 7 日第 10 版。

③ 上海市工商业联合会、复旦大学历史系编《上海总商会组织史资料汇编》上册，第 438 页。

④ 《邬志豪致总商会函》，《申报》1924 年 7 月 22 日第 13 版。

立案恢复商团，但未获批准。该筹备处议决转请总商会出面申报军署批准立案，以便早日成立。当时的总商会因正进行改选，决定此案移交下届办理。“不意改选发生风潮，会长迄未选出，此案亦因之中途停搁。”① 此外，连开浚吴淞江工程也因总商会选举纷争而受到影响。报载吴淞江水利工程局派员测量招工投标后，中标承担该工程的吴淞江水利协会延期一月未能开工，其缘由是“因总商会发生选举争执问题，影响及于该会，致会务无形停顿，迄今尚未开工。兹闻米业各帮代表及船业公所等，以开浚吴淞江，实属急不容缓，目下诸事齐备，本为提早兴工，昨特分头接洽，拟于日内召集各帮，开一联席会议讨论，催促水利协会从速兴工”②。

除上述之外，五四运动期间因“佳电”风波的影响，对上海总商会颇为不满的商界人士曾另行发起成立平民商会，“俾免商家利害为少数官僚资格家所垄断”。③ 稍后，又有广大中小商人发起成立了为数众多的马路商业联合会，并共同组成上海各马路商界总联合会，成为总商会之外另一个十分活跃的重要商人团体。在此次总商会选举纷争发生之后，受其影响又有会员另行发起成立其他商人团体。例如1924年8月中旬，霍守华、石芝坤、陈良槐、陈佐唐等近20名总商会会员联名成立沪商正谊社，其成立启事指出：“此次本会选长，以一二人怀挟私见，任意捣乱，票匭封置，会务停顿；驯致会董辞职，会员出会，瓦解之状，迫于眉睫，我庄严清白之上海总商会，竟不惜为一二人之牺牲品。会员为本会主体，际兹千钧一发，不容袖手旁观。同仁等因发起沪商正谊社，确定宗旨为挽救目前之危岌，促进会务之发展。”④ 这些新成立的商人团体，或多或少都在某些方面削弱了上海总商会在工商界中的地位与影响。

由于上海总商会的这次选举纷争是由谢天锡率先出面挑起的，而

---

① 《恢复商团因商会改选风潮延搁》，《申报》1924年7月14日第13版。
② 《总商会争执影响浚淞》，《申报》1924年7月24日第13版。
③ 中国社会科学院近代史研究所近代史资料编辑组编《五四爱国运动》下册，第287－288页。
④ 上海市工商业联合会、复旦大学历史系编《上海总商会组织史资料汇编》上册，第442页。

且其后他又一直是拥傅派中最为得力的发言者，始终态度坚决地反对调和解决方案和总商会继续选举开票的决定，因而在这场纷争的后期，不仅拥宋派集中火力猛批谢天锡，而且一部分会员也对谢的言行深表不满，使谢本人以及拥傅派陷于较为不利的处境。霍守华等 5 名会员曾联名公开致函总商会全体会董，强烈谴责谢天锡“自始即胶执一己之成见，阻止选举进行，至不惜举本会地位、会员人格，全部毁弃，为其一人之牺牲品，法理人情，俱不能容”①，应立即予以解除其会董一职之处罚，以挽救总商会危局。紧随其后，又有张平夫、徐春荣等多位会员也联名公开发表致总商会函，直指谢天锡破坏选举之行为不能容忍：“试观七月五日互选会，出席会董二十九人，提异议者只谢蘅牕一人”；7 月 14 日之会董选长会，“表示反对者，又只谢蘅牕一人。谢氏一人，至始终争持，虽破坏选政、中止会务而不恤者，其居心何在，路人皆知。以私人得失之争，至不惜举神圣庄严之商业团体，供外力之蹂躏，此而可忍，我上海全体商人之人格，将安在耶?”② 谢天锡所遭受的抨击，火力之愈益猛烈由此可见一斑。

朱葆三作为上海工商界年事已高，向以元老自居的资深代表性人物，卷入这场选举纷争并公开反对总商会继续选举开票的决定，成为阻挠选举进行的另一位重要干将，影响甚大，由此也遭到批评和指责：“以老迈之年，任人舞弄，习为故常，观其任会长时之已事，其昧于事理，亦何足责。”③这实际上是翻出历史老账，即对朱葆三在五四运动期间担任会长时受到社会各界谴责的不光彩经历，予以嘲讽和抨击。谢天锡在受到如此严厉的谴责之后，不得不在报章刊登启事“以告社会”，声称其“对于此次总商会选举，力主审慎，根据事实，纠正错误，无非尊重法轨，爱护团体，铿铿之言，愚始终如一，既无丝毫对人之见，尤无坚执已见之心”④。但是，谢的这番说辞并不能摆脱其作为挑起总商会选举纷争为首之人所遭受的指责。即使是资深的朱葆三

①③ 《霍守华等致会董函》，《申报》1924 年 7 月 19 日第 13 版。
② 《总商会选长风潮之昨讯》，《申报》1924 年 7 月 20 日第 13 版。
④ 《谢蘅牕启事》，《申报》1924 年 7 月 22 日第 1 版。

此时也如芒刺在背，态度有所转变。据报章披露本次纷争之调停人相告，“谓某君以老会董之资格，不为调解，而亦卷入漩涡，领衔拍电”，此老者无疑是朱葆三。调停人因与其关系较深，“曾面进忠告，据云：所发五电，只有一电盖章，一误决不再误，深以调停为然。故调停人以为得此保障，力事奔走，以期奏效”[①]。

另外，道尹王赓廷在纷争中的所作所为也受到总商会会员的批评。会员赵南公曾直接致函王道尹，指出“此次风潮，其内幕固别有所在，而致其争论延长，愈趋愈远，不能即时解决者，贵道尹似不能辞其责也”。第一次会长选举时，“贵道尹于时自应依据法律，顺从公意，断然执行职权，监视开票。讵因一人之异议，遂尔封闭票匭，致争潮从此掀起”。总商会会董议决 7 月 14 日继续投票，“贵道尹仍以一人之故，托词拒绝，致争潮愈演愈烈”[②]。会董冯少山在致江苏省省长的电文中，更“申诉王道尹处置失当，违法背令，徇情渎职”，并要求“请予依法惩戒，实为公便”。[③]《申报》发表的时论则批评商会中人不应寄希望于官厅解释调停，因为“官厅之于商会，但核准其设立改章解散清算诸要端”，选举出现争议应由商会自行解决，“今不此之图，而诿之官厅，坐待调停，且以一时之祸，危及百年之大计，亦不智之甚矣”。[④]

按照《商会法》规定，新会长未选出并上任之前，仍由上届会长履行职责。随着选举纷争的发展演变，特别是看到会董会员纷纷提出辞职或退会，总商会声誉严重受损，加之官厅批示不起作用，仍身为会长的宋汉章深感不能继续置身事外，坐视纷争延而无解，遂返回上海并发表启事，说明“旷职月余，省批虽回，纠纷依然莫解，会董纷提辞职之书，会员亦有出会之讯，以灿烂庄严之团体，酿成分崩离析之见端。汉章养疴山头，迭接各方来信，不胜触目惊心，内疚神明，

---

① 《总商会选长潮调停昨讯》，《申报》1924 年 7 月 26 日第 13 版。
② 《总商会选举案之又一文件》，《申报》1924 年 7 月 23 日第 13 版。
③ 《冯少山致韩省长电》，《申报》1924 年 8 月 9 日第 13 版。
④ 《商会风潮平议》，《申报》1924 年 7 月 27 日第 4 版。

外惭职守，在此会长任务尚未交卸以前，汉章岂能逃责？”宋还公开表示，将竭尽全力“就最短期内偕本会同仁，开诚布公，速谋解决，藉卸仔肩，以明素志”。至于各种“是是非非，听之公论”，个人在所不惜。最后表明个人心迹云：“嗣后汉章对于商会事务，负疚已深，不敢再为担任。”[①] 也就是说他本人绝不再继续出任总商会会长一职。

宋汉章回沪之后，即与副会长方椒伯一起连日“到会办事”，使总商会会务得以恢复。同时，宋还以个人名义致函因选举纷争而宣布告退之多位会员，诚恳表示道歉，请打消退志。该函向这些会员说明其“适因事繁，不克踵谒”，不仅检讨自己“于会务无涓埃之补，而有邱山之损”，并且态度坚决地表示一定会在“任务未交卸之前，解决因选举而引起之重大纠纷”。[②] 另外，宋汉章还逐日面约各会董到会，商议解决方法。“会董中大半已赞成宋君之意，愿以会务为前提，牺牲意见，继续投票，一俟其余数人同意后即可举行。”[③] 与此同时，原居间调停者乘此时机加紧进行调和，上海县商会也曾“表示调解之意，务期选举问题，早为结束，沪地商业枢纽，得以进行勿坠”。报载该会会长姚紫若（公鹤）先前曾为选会长风潮致函总商会全体会员，力劝双方“推开板壁说亮话”[④]，随后又向双方接洽多次，双方“业已谅解”。[⑤] 至此，拥傅派似乎也不好意思再一意孤行坚持先解决所谓法理问题再进行选举的意见，情势已趋于缓和。

8 月 17 日，“经全体新会董推定全权代表徐庆云、朱吟江二君，连日磋商法律事实，均得适当解释，由徐朱二君协议结果，发表意见书一通，并即订定于本月二十一日下午三时开会，继续投票，已致函各新会董”。该意见书阐明“现时所最要声述者，此次争执，虽见解两不相同，而爱护本会之心，初或无二，果能各方谅解，于法律上事实或

① 《宋汉章启事》，《申报》1924 年 8 月 10 日第 1 版。
② 《宋汉章挽留退会会员》，《申报》1924 年 8 月 12 日第 14 版。
③ 《总商会选长问题之近讯》，《申报》1924 年 8 月 14 日第 13 版。
④ 《总商会选长笔战将成尾声》，《民国日报》（上海）1924 年 7 月 22 日第 10 版。
⑤ 《县商会调解总商会选长讯》，《申报》1924 年 7 月 22 日第 13 版；《总商会选长风潮有谅解说》，《申报》1924 年 8 月 2 日第 13 版。

有完［未?］到之处，亦无不可委曲求全，一经解释，仍共策进行，益见大君子以会务为前提，而本会之声誉亦日益重矣。……为今之计，必不得已，欲解纠纷，只有速订日期，继续投票”。总商会接受了这一建议，向新当选会董发出通告书，告知 21 日下午为“职员互选会长、副会长之期，继续投票”。选举前一日，总商会还召集前任全体会董，“开临时会董会，结束未了事宜”。①

21 日下午，总商会继续进行正、副会长选举的会议如期顺利召开。包括宋汉章在内，新当选的 27 位会董出席了会议，另有 8 位会董因故未出席，但委托与会的会董代为投票。傅筱庵和谢天锡二人均未出席，分别指定由方椒伯、徐庆云代投。选举结果虞洽卿得 19 票，当选为正会长。宋汉章虽已明确表示不愿再出任会长，但仍获得 15 票，剩余的 1 票为顾馨一所得，可见宋之声望仍得到相当肯定。图谋觊觎会长职位的傅筱庵，则一票未得。副会长的选举结果是方椒伯以 33 票当选连任，袁履登得 2 票。② 虞洽卿是本次选举纷争的调停人之一，他之所以能够当选，在很大程度上是得益于两派纷争。虞洽卿当选会长之后，也曾一度表示辞不就任，但随后即应允。③ 据说虞是“不敢开罪于傅筱庵，提交辞职书，以明心迹。28 日会董临时会议上一致挽留，并推顾馨一、谢蘅牕二人为代表，持函前往敦劝，虞始见允就。……傅筱庵失败后仍不甘心，曾叫虞洽卿长子去，对虞出任会长极表愤怒。因虞洽卿在政治上要靠傅帮忙，傅才这样神气”④。

新一届正副会长选出之后，由沪海道尹王赓廷电呈省长公署，说明选举“会场秩序整齐，毫无异议，理合将此次继续投票情形，据实

---

① 《总商会选长问题已有办法》，《民国日报》（上海）1924 年 8 月 19 日第 10 版。

② 上海市工商业联合会编《上海总商会议事录》（四），第 2160 页。

③ 虞洽卿曾致函总商会表示：“当互选之前，曾一再声明，凡为调人，概不应选，鄙人亦调人之一，更应践守前言，为特具函，掬诚告辞。”见上海市工商业联合会、复旦大学历史系编《上海总商会组织史资料汇编》上册，第 446 页。但也有说法认为他其实是担心自己出任会长，会导致一直图谋竞争会长职位的傅筱庵不满。两年之后总商会再次改选时，傅筱庵又采取种种手段全力攫取会长职务，当时仍身为会长的虞洽卿不顾许多会董会员的强烈反对，暗中帮助傅最终达到其目的。

④ 上海市工商业联合会、复旦大学历史系编《上海总商会组织史资料汇编》上册，第 474 页。

电陈省长鉴核，转咨农商部，实为公便”[1]。9 月 1 日，上海总商会顺利进行了新旧会长交接，本次选举纷争终于宣告结束。值得指出的是正副会长选举后，总商会即按照前述《商会法》之规定和农商部训令，任满会董可以当选，以便互选会长，但会长选举结束即告退出，不得再连任会董，结果有袁履登、荣宗敬、赵晋卿、叶惠钧等 8 人虽当选为新会董，但因“均为二次任满之会董，依法在会长选出后，一律退出”，依次由得票次多数者递补。[2] 这一结果，表明本次选举第一阶段纷争中穆藕初质疑的总商会之有悖于《商会法》，并不是所谓严重的违法行为。

会长选举之后，对于本次选举的质疑还曾发生一个小插曲。1924 年 10 月初，报章曾披露会员赵南公等人又具呈省长公署和农商部，“谓此次改选有种种违法证据，实与全国信仰之上海商会名誉有碍，请求下令，将本届改选根本撤销，并迅令依法重选，以维法团等情。闻农部以真相难明，拟令行江苏实业厅详细查复，以凭核办”[3]。随后江苏实业厅通过省长公署转咨农商部，详细说明总商会此次选举经过及情况。农商部表示：“查该总商会此次选举纠纷，既经自行解决，所送职员表册，大致尚无不合。”但农商部认为赵南公以及另一会员赵耀呈文中所说商团特别会友不应拥有选举权的指控不无理由：“惟商团特别会友加入投票一节，为各处商会所无。……且查该会五年所送章程，内载有此类会友，当经本部删除，并饬遵照更正送部备案各在案，何以迄未遵照办理，至今尚有此项名目？”[4] 实际上，上海总商会 1916 年正式印发的章程，已将原稿“各条内会友二字均即删去”，“凡会友均改为会员”，[5] 不再有商团特别会友加入投票选举的条文。但在具体操作过程中总商会却予以灵活处理，如 1918 年改选时依然认定“沪北商团体操会义勇队打靶部超等毕业生，本会予以选举权，认为特别个人

① 《王道尹呈报总商会选长文》，《申报》1924 年 9 月 2 日第 15 版。
② 《总商会连任会董退职者八人》，《申报》1924 年 8 月 23 日第 14 版。
③ 《赵南公等控总商会改选违法》，《申报》1924 年 10 月 3 日第 11 版。
④ 《总商会选举解决后之部饬查复》，《申报》1924 年 11 月 2 日第 15 版。
⑤ 上海市工商业联合会、复旦大学历史系编《上海总商会组织史资料汇编》上册，第 169 页。

会友”。1920 年和 1922 年改选时又说明“上海万国义勇军中华队五年以上称职员，本会予以选举权，认为特别个人会友”[①]。1924 年的改选仍然如此，总商会还曾在报章登布符合此项条件的 117 位特别个人会友名单。[②] 不过，究竟商团特别会友有多少人真正参加了总商会选举还很难说。尤其此次改选，总商会发出的选举票计会员 516 张，商团特别会友 117 张，共计 633 张，“检票结果，实投四百三十七票，内无效票一纸”[③]，亦即拥有选举权的 196 人实际未参与投票。估计这其中有不少人系商团特别会友，万国商团华队公会后曾致函总商会主动表示将放弃选举权，不参与选举，改为颁发荣誉证书。[④] 总商会在会董常会上对此案进行了讨论，确定“华队特别个人会友请给证书案，决由会给发褒荣状”[⑤]，在此后的总商会会员录中也不再有商团特别会友。

纵观 1924 年的此次选举纷争，可以看出在近代中国首创投票选举职员这一先进制度的上海总商会，在 20 世纪 20 年代新形势下的选举实践操作过程中，较诸以往可谓出现了前所未有的新变化。

据李达嘉先生的详细考察，无论是清末的上海商务总会还是民初的上海总商会，“历届被举为总理、协理或会长、副会长者，几乎都辞不愿就”；原因之一是这些商界领袖营业繁忙，无暇分身；其二是政局动荡，战乱频仍，使得商会领导人难于处事。[⑥] 由于“商会会长有义务而无权利，被举者无不推让，从未闻有争夺者”[⑦]。但是，至 1924 年上海总商会改选时却发生了延续近两个月的选举纷争，这在总商会的选举历史上可谓一大变化。如果说第一阶段的纷争还只是穆藕初与总商

---

① 上海市工商业联合会、复旦大学历史系编《上海总商会组织史资料汇编》上册，第 262、303 页。

② 《商团华队有总商会选举权之队员》，《申报》1924 年 6 月 4 日第 13 版。

③ 《总商会初选揭晓》，《申报》，1924 年 6 月 16 日第 13 版。

④ 据《申报》报道称：“万国商团华队公会以上海总商会对于该公会称职五年以上之队员，给予选举权，以示优异，但此项资格，年多一年，苟无限制，则将来总商会之选举权，该公会有举足轻重之势，按之该公会重服务而轻权利之旨，不甚吻合，故拟将此项选举权奉还商会，改请发给证书，以资信守。昨已秉此意旨，函商会矣。”《商团华队还商会选举权》，《申报》1924 年 7 月 11 日第 13 版。

⑤ 《总商会昨日之议董会》，《民国日报》（上海）1924 年 8 月 21 日第 10 版。

⑥ 李达嘉：《上海商会领导层更迭问题的再思考》，载《中央研究院近代史研究所集刊》第 49 期，2005 年 9 月，第 51、61、62 页。

⑦ 《尊重商会体面之电稿》，《申报》1916 年 9 月 9 日第 10 版。

会之间就相关法理问题反复进行的辩论，并非权利争夺，也未造成任何负面影响，相反还具有某种正面意义；那么第二阶段的纷争，则可以说是打着维护法理的旗号争夺会长席位，对总商会的社会形象与会务开展，均产生了较为严重的负面影响。

在这次选举中出现的权利纷争，主要也不是以往相关论著一贯注重的所谓总商会内部不同籍贯之帮派间的权利之争，而是带有不同政治色彩的派别之间的权利争斗。从此次纷争两派成员的省籍看，宋汉章和傅筱庵均同为浙江籍，而拥宋派和拥傅派成员的籍贯则较为复杂，双方都是既有浙江籍又有广东籍和其他省籍的会董会员，显然不能说是商会内部某一省籍成员与另一省籍成员之间相互争夺权利。由于20世纪20年代以后近代中国政治更趋动荡，各派政治势力和军事力量纷起，总商会的许多活跃人物也与不同政治派发生关系，甚至与地方军事力量也不无关联。各政治派别和军事力量希望拉拢总商会领袖扩大在经济领域的影响，或者是支持与其联系紧密者登上总商会领导人宝座，商会内部的某些成员同样也图谋借助这一外部力量，并通过其他种种方式甚至是不法手段，攫取会长副会长职务，借此获得一己之私利。商界人士姚公鹤即曾一针见血地指出：“夫会长为义务职，不应有争夺之价值，不应争夺而必须争夺，则必其有作用可知，作用如何，以公鹤所见及者言之，（一）藉此可以巴结政府，（二）藉此可以联合各业。质言之，谄上骄下四字而已。”① 所以，在此之后上海总商会正副会长和会董当选后辞不应选的事例已不多见，与之相反的是争夺会长职位的情形开始出现，选举风潮也随之时有发生。

在当时的上海总商会内部，傅筱庵是较为善于经营政治资本的人物之一，与地方政治派别和军阀势力均保持着比较密切的联系，在商会内部也扶植了一些亲信。当此次上海总商会改选时，傅筱庵即希望借助外部势力的支持，通过商会内部亲信制造选举纷争，以荣膺会长一职。沪军使何丰林“曾向新会董打过招呼，希选傅为会长，现因此

① 《姚公鹤为总商会选潮致总商会全体会员函》，《民国日报》（上海）1924年7月22日第10版。

事与军事无关，不便擅作主张，致函嘱王道尹查照办理"[①]。由此即不难理解道尹王赓廷在选举纷争中种种偏袒拥傅派的言行，以及拥宋派对其多有不满并予以强烈指责的缘由。由于拥宋派的坚决反对，以及随着选举纷争的发展，总商会内部乃至社会舆论对拥傅派的不满渐占上风，傅筱庵才不得不暂予收手，未能如愿当上会长。

在近代中国，一些商会发生选举风潮而自身难以解决时，通常都会呈请地方官员乃至农商部等各级官厅出面调解，而官厅有时也确实能够发挥其独特作用，提出为纷争双方所能接受的解决方案，最终使商会改选纷争得以平息。例如 1933 年 6 月成都商会按照《商会法》中执行委员每两年改选半数、不得连任的规定进行改选，具体操作办法是在 15 名现任执行委员中以抽签方式抽出 7 人退职，另选他人替补。但身为执委兼主席的王剑鸣却经人提议将名签取出不抽，也即继续担任执委。随后即有许多会员和同业公会指责此系违法行为，商会则多方辩驳，形成持续近半年之久的改选纠纷，最终由成都市政府确定以召开会员代表大会的方式，选出临时委员，"代行商会职权"，并在一定时限内重新进行执监委员改选。[②] 又如 1934 年天津商会发生严重改选纠纷，50 多个同业公会对天津商会之不满达到无以复加的程度，强烈要求商会全体职员立即辞职，实行"根本改选"，天津商会则指责各同业公会对改选之筹备工作不予配合，致使改选不断延误。在纷争中双方也是互相攻击，各不相让，陷于僵持局面。最后，由天津党政当局依照国民党中央新颁发的人民团体整理办法第二项之规定，对天津商会进行整理，并以此解决了改选纠纷。[③] 但在上海总商会的此次改选纷争中，双方虽都曾向各级官厅呈报纷争缘由并提出自己的诉求，省长公署和实业厅也下达了批复，但却对解决这场纷争于事无补。因此，这场纷争的最终解决，并非由官厅提出方案，而是上海总商会内部调

① 上海市工商业联合会、复旦大学历史系编《上海总商会组织史资料汇编》上册，第 473 页。

② 李柏槐：《现代性制度外衣下的传统组织——民国时期成都工商同业公会研究》，四川大学出版社，2006，第 5 章第 2 节。

③ 有关此次天津商会改选纠纷的整个过程以及天津党政当局出面解决纠纷的详细情况，请参阅拙文《1934 年天津商会改选纠纷与地方政府应对之策》，《武汉大学学报（人文科学版）》，2015 年第 1 期。

停的结果。换言之，在解决总商会的这场纷争中官厅并未发挥明显的作用。

综上所述，在新的社会环境下总商会选举什么样的人担任会长较诸以往显得更为重要。如同《申报》发表的时论所言："在在商言商之时代，所计议者，但为商务，故选任得失，亦止关于商业，至近日进言政治，则人选为尤重，得人不特于商业可图发展，且于政治可以攻错，失人甚或假公共名义，以便私图，即幸身之阶，亦较昔之夤缘为易，其牺牲或由商会而及国民，可不慎之又慎耶。"[1] 据此而论，这次总商会选举纷争正是关涉会长人选的一场重要斗争，也与总商会随后的发展走向紧密相关，傅筱庵觊觎会长一职并暗使手段制造选举纷争，被不少会董会员认为绝非合适的会长人选，因而坚决予以反对。宋汉章虽未继续当选连任会长，事实上他本人也多次表示不愿连任，但拥宋派仍在很大程度上达到了目的，因而这场选举纷争也并非完全没有正面意义。

最后需要指出的是，傅筱庵此次虽未能如愿坐上总商会会长交椅，但并未放弃这一图谋，两年后再次改选时，他又卷土重来并暗中提前做好舞弊方式，使自己的更多亲信当选为会董，随后又全然不顾各方反对之声，在军阀孙传芳的帮助下终于如愿地当选为总商会会长。但为时不久，北伐军攻克上海后，即以勾结和支持军阀孙传芳的罪名对傅筱庵予以通缉。

① 《商会风潮平议》，《申报》1924 年 7 月 27 日第 4 版。

十三、1926年上海总商会换届改选风潮

上海商会自清末成立之初即率先制定并实行投票选举职员制度，在当时发挥了不可忽视的重要示范作用，其他许多商会都参考借鉴并引用了这一制度。中华民国建立之后，上海商会又率先改名为总商会，每次正常换届都继续采取投票选举的方式产生正、副会长和会董，而且能够平稳顺利地进行，基本上没有发生选举纷争。

及至20世纪20年代，上海总商会却在1924年和1926年换届改选时连续出现两次选举纷争。1924年改选纷争的第一阶段，是穆藕初与总商会之间就已经连任两届之任满会董是否仍具有选举权和被选举权的论辩，其性质属于法理之争；第二阶段则是“拥傅（筱庵）派”和“拥宋（汉章）派”之间围绕会长职位的争权与维权之争，经拥宋派的全力抵制，傅筱庵（名宗耀）攫取总商会会长职务的图谋暂未得逞。1926年上海总商会的改选风潮，仍然是因傅筱庵觊觎总商会会长一职所引发，在很大程度上可以说是1924年改选纷争的延续。时人即已意识到：“上海总商会之选举风潮，及于今已两度矣，虽峰峦蜿蜒，事隔两年，而实一脉相承者也。”[①] 只不过1926年的纷争双方不再是拥宋和拥傅两派，而是变为拥傅派和反傅派。两派之间的纷争更为激烈，其

---

① 慎予：《沪总商会选举风潮所感》，《民国日报》（上海）1926年6月29日第1版。此文原载于《国闻周报》，本文所引系《民国日报》转载的该文。

结果也完全不同，傅筱庵在地方官厅和军阀孙传芳的支持下，最终如愿当选为总商会会长。

1. “以违法之人解决违法之事”

按照《商会法》中会长和会董任期均为两年的规定，1926 年 5 月上海总商会迎来了又一次换届改选。经会董常会讨论，总商会决定于该月 21 日登报发布选举通告，6 月 1 日分发选举票，16 日开票，17 日通知当选会董，7 月 5 日当选会董互选会长，10 日交替。[①] 与以往总商会改选所不同的是，此次改选自表面观之程序依旧，但却从一开始即酝酿着激烈的纷争，不久更发展为上海总商会历史上十分令人瞩目的选举风潮，引起社会舆论的普遍关注。

追溯上海总商会此次选举风潮的缘由，不能不提及该会 1924 年进行的上届改选。由于拥宋派的坚决反对，傅筱庵在上次改选时最终未能当选为会长，只是继续担任会董，而在两派纷争中担任调停人的虞洽卿被选为会长。但傅筱庵始终未放弃攫取会长一职的图谋，而且这一欲望似乎更趋强烈。在 1926 年总商会改选时，傅筱庵与其亲信即提前精心筹划，暗中动用各种手段，志在必得。而傅与其亲信的这些暗中活动及其目的，早已为反傅派人士所知悉。因宋汉章在上次改选时即一再表明不愿再任会长之心迹，此次改选更是如此，故而已不再是傅的强劲对手，但上届改选拥宋派中的活跃人物，包括霍守华、冯少山、赵南公、石芝坤、陈翊庭等人，则仍然是坚定不移的“反傅派”。他们密切注意拥傅派的相关动向，并且随时予以防范和反击。这样，上海总商会本次改选风潮也就在所难免。

在总商会向拥有选举权之各会员分发选举票和会员录之后，反傅派即从会员名录中敏锐地察觉到隐约存在着某种舞弊现象，并向总商会提出疑问。例如“所发会员名录，仅载所业之商号，或所代表之机

① 《总商会定期改选》，《申报》1926 年 5 月 19 日第 13 版。

关，而对于会员资格则多不表明，甚且有确无法定之会员资格，而居然入会为会员，行使选举权者”。之所以出现这种情况，显而易见是拥傅派接受上届改选未达目的之教训，为了保证傅筱庵此次能够当选会长，预选即安排许多并不真正具备会员资格但却是傅的亲信好友者，以种种方式和手段加入总商会成为会员，得以参加选举，首先使更多拥傅派成员当选为会董，随后即可顺利地选举傅为会长。反傅派中的冯少山等人发现这一情况后，立即“备函诘询”，要求总商会对会员慎重“审查资格，以免流弊”。但总商会却“置之不答，办理选举，投票开匭，一意孤行，毫无顾忌”①。

1926年6月16日会董选举开票，高度警觉的反傅派成员更发现有各种选举舞弊嫌疑，并提出质问。是日开票前，与会者公推闻兰亭、陈翊庭、赵南公、冯少山等12人为检票员和唱票员，启封开匭“检得选举票共三百九十四张，内有未书选举人姓名选举票七张，并逾期迟到选举票一张，涂改票六张，由会长请众公决，对于是项选举票，作为有效无效。经众讨论，以本会选举法为双记名联选选举法，选举票上未书明选举人姓名，不能作为有效，逾期投到之选举票，亦不能作为有效。议决：以上八张及涂改六票，共十四票，概作无效”。选举票检毕后，由唱票员分甲乙两组唱名，检票员记录票数，结果又发现其他问题，引起争执。“故当选人姓名票数，未便发表”，由会长虞洽卿加封签字，留俟次日再请沪海道尹审查，并召集会董开会研究解决办法。②

不难预料，在总商会次日召开的会董会议上将无可避免地出现较为激烈的争议。会议开始时会长虞洽卿发言称“昨日选举手续，尚未结束，因留俟今日重请道尹莅会监视（实际上道尹傅疆仍未莅会，只派代表盛开伟出席——引者注），共同研究，兹将所选名单，先行唱读”。然所选名单唱读至一半，反傅派中的赵南公即予打断，提出“昨

① 《会员冯少山等呈京宁沪当局文》，《申报》1926年6月19日第13版。
② 《总商会昨日选举会董》，《申报》1926年6月17日第13版。

日选举结果，于当选票中发生疑问，当选名单尚未确定，请会长暂缓唱读”。接着又有冯少山质问：“昨天选举，发生疑义，且会员中有关于本届选举之质问函件到会，未见答复，请言理由。”拥傅派中的厉树雄则发言称：本人系检票员之一，关于涂改等废票，“昨日均经共同检出，选举毫无疑问”。随后，作为检票人之一的反傅派成员陈翊庭提出本次选举中还存在更为严重的舞弊现象：“即有一信壳中发现每叠十余张，总计投同名之票一百五十二张，上开被选人名完全相同，惟前后位置颠倒。尚有同样性质之票七张，已居废票之列。故欲解决此事，应将此一百五十二张选票检查，是否出自各投票会员之本意。”另外，“盖票上被选人名用墨笔书写，而选举人具名则有用钢笔者，此尤为疑窦”。石芝坤还指出：“本商会会员五百余人，而本届选举结果，有一公司当选独占十余人，岂本会七十余业代表，均无当选资格？如此情形，成何商会！”反傅派成员的接连质问，使会场“秩序稍乱”，厉树雄似乎无言以对，只能声称：“选举如有疑问，但在开票以前不声明，担任检票员时又不声明，揭晓以后声明，是已失时机。”随后的讨论中，“有主即检查者，有谓检查费时者”，虞洽卿提议“可否明日邀齐检票员再行检视”，最后议决于19日下午开会重行讨论。①

这里需要补充说明的是，1916年2月北京政府公布的《商会法施行细则》规定，各商会每届选举时，须“请所在地地方最高行政长官或地方行政长官派员届时莅视，即日当众开票”②。上海总商会本次选举因出现争议，无法即日当众开票。作为沪海道尹委派之委员盛开伟出席了会董选举会，后又参加了总商会于次日举行的会董会议。据《申报》报道，在两派出现纷争时盛开伟当场表示：“现在选票已投，一人投数票，自为全国商会不应有之例。在法既每人只可投一票，可否请检票员检明当选人中之选票，是否有一人连投二票者，按本届选举至七月一日始发生效力。如昨投之票，检出有一人连投两票之事实，

① 《总商会选举会董发生问题》，《申报》1926年6月18日第13版。
② 上海市工商业联合会、复旦大学历史系编《上海总商会组织史资料汇编》上册，第205页。

尽可电京请示，容在法律上是否应作有效。倘谓无效，则重行选举尽可。”[①] 此说与反傅派之要求不谋而合，拥傅派自会有所不满。次日，该报又登载道尹公署更正函，指明前日报道盛开伟之发言与其实际所讲内容不符，而更正的发言内容则明显反差甚大，已与反傅派的主张毫无关联。[②] 官厅之实际态度究竟如何，此时尚显得较为诡异。有报道称：“闻官厅方面以为此事应纯粹从法律方面研究，求一解决，以杜争端。”[③] 然而从实际情况看，官厅更多的是偏袒拥傅派一方，到纷争后期则更是公开支持傅筱庵。

6月16日会董选举开票出现问题之后，反傅派成员就已连续在报章发表致总商会以及各级官厅函电，很快使选举纷争越出总商会而为社会各方所知，并在很大程度上使之变成为一个社会公共事件。例如冯少山、沈承福、赵南公联合署名致电农商部、苏浙皖闽赣五省联军总司令孙传芳以及江苏各级官厅，直指“上海总商会本届改选，会员资格多与商会法第六条规定不符，虽经会员事前诘问，并不答复，仍敢继续进行选举，群情愤激，封票待决，请依法纠正”[④]。除此之外，三人还曾联名呈文京宁沪当局，要求“彻查会员资格，取消不法选举，令饬依法重选”[⑤]。另一反傅派会员霍守华则公开发表致总商会会长函，阐明“本会系纯粹商业团体所组织，关于会员资格，国家有明令规定，所以防把持杜流弊也”。该函还严厉指责总商会对于会员资格不予审核，会长难辞其咎，特别是“选举未开始以前，赵委员南公、陈委员沧来即曾奉函贵会长，声明斯旨，不图贵会长置之不理，遂使此次选举演成空前之怪剧，腾笑中外，坠失本会信用，莫此为甚。……此次选举，贵会长违法处分，亦断难辞咎”[⑥]。

时任会长的虞洽卿，是上届总商会改选时作为拥傅派和拥宋派的居间调停人，在两派争持不下而得以出任会长一职。当选之后，由于

---

① 《总商会选举会董发生问题》，《申报》1926年6月18日第13版。

②③ 《总商会选举发生问题后消息》，《申报》1926年6月19日第13版。

④ 《会员冯少山等絛电》，《申报》1926年6月18日第13版。

⑤ 《会员冯少山等呈京宁沪当局文》，《申报》1926年6月19日第13版。

⑥ 《会员霍守华致会长函》，《申报》1926年6月19日第13版。

担心得罪傅筱庵，也曾一度表示辞不就任，但随后即应允。据当时担任总商会秘书与会董会议记录员的孙筹成忆述：虞洽卿是因为“不敢开罪于傅筱庵，提交辞职书，以明心迹。28日会董临时会议上一致挽留，并推顾馨一、谢蘅牕二人为代表，持函前往敦劝，虞始见允就。……傅筱庵失败后仍不甘心，曾叫虞洽卿长子去，对虞出任会长极表愤怒。因虞洽卿在政治上要靠傅帮忙，傅才这样神气”①。赵南公事后也曾披露说：“虞上次当选遭傅筱庵之忌，而且经济上又需傅的帮助，怎敢开罪？因此虞曾向傅表明，只做两年，决不连任。”② 此次改选傅筱庵野心勃勃意欲登上总商会会长宝座，虞洽卿自然不会从中作梗，并且还会暗中提供帮助。

正因如此，在反傅派的一片反对声中，19日下午总商会召开会董会议之后，应拥傅派的要求和虞洽卿的支持，总商会仍正式公布了本次会董选举的结果。据《申报》报道，出席这次会议的会董仅10余人，虞洽卿首先报告了16日开票及次日讨论情形，并宣布各会员对于选举问题之来函，应如何办理，请讨论议决。结果“佥以选举手续，应行办理结束，告一段落，至会员资格问题，既已有会员电部请示，官厅自有办法”。虞洽卿即“以此意用投子法付表决，全体投白子通过，选举票则由道尹代表加封签字，以昭着重，一面正式公布，一面由会备函，通知各当选人查照”③。这一结果似乎已在反傅派预料之中，会前霍守华在致总商会函中即曾指出：“报载贵会长主张，此次选举争执，拟交明日董事会解决，此诚大惑不解者也。商会为我商人最高机关，中外观瞻所系，而公等儿戏若此，蹂躏若此，真可为我商人痛哭者也。贵会长、会董，既处于违法地位，以违法之人解决违法之事，天下宁有是理？”④ “以违法之人解决违法之事”，可谓反傅派对拥傅派控制下之总商会的一个有力指控。随后，尽管总商会置反对之声于不

① 上海市工商业联合会、复旦大学历史系编《上海总商会组织史资料汇编》上册，第474页。
② 上海市工商业联合会、复旦大学历史系编《上海总商会组织史资料汇编》上册，第527页。
③ 《总商会选举会董名单已公布》，《申报》1926年6月20日第13版。
④ 《会员霍守华致会长函》，《申报》1926年6月19日第13版。

顾正式公布了会董选举结果，但反傅派也决不会就此罢休，仍然会继续坚决予以抵制和反对。

2. 反傅派否认选举结果

从总商会公布的当选会董名单不难看出，傅筱庵的亲信好友以及与其有密切经济往来关系的支持者占据了相当大的比例。据了解个中人际关系内情的总商会人士透露，新当选的这届会董，除傅筱庵本人之外，“大多是傅所控制的招商局、中国通商银行、汉冶萍公司的代表；另一部分人和傅所经营的企业银贷有关系，还有傅的亲朋子侄，如朱葆三的儿子朱子衡，傅本人的侄子傅瑞铨。纵观三十五个会董中，只有五、六人与傅平时关系不深”①。如果由这些会董互选会长，傅筱庵当选会长可谓毫无悬念。

因此，反傅派认为总商会在选举舞弊未查实解决之前，即正式公布当选会董名单，确认选举有效，是又一违反法规的武断专横行径，应该坚决予以否认。根据《商会法施行细则》规定，会董选举之后，即由商会通知各当选人并送达就任声明书，由当选会董在半月之内填写送交商会，如果“逾十五日未有就任之声明时，得以票数次多者递补”②。另外，上海总商会还向选举中得票次多数之候补会董发函，“俾便遇缺推补”。在当选会董中，上届纷争中的拥宋反傅派成员只有宋汉章、叶惠钧，二人均未填写就任声明书，以示否认。在候补会董名单中有霍守华、石芝坤、冯少山等少数反傅派成员，他们收到总商会的告知函之后，认为此次选举违法，“绝不敢违背国家法令，收受此等违法函件”，遂联名将总商会“违法函件”退回，并指出会长、会董“视商会如私产，等法律于弁髦……一再违法妄为，无理可喻”。③

与此同时，担任选举检票、唱票员的赵南公、陈翊庭、陈沧来、

① 上海市工商业联合会、复旦大学历史系编《上海总商会组织史资料汇编》上册，第529页。
② 上海市工商业联合会、复旦大学历史系编《上海总商会组织史资料汇编》上册，第205页。
③ 《总商会选举纠纷之电函》，《申报》1926年6月22日第13版。

冯少山4人联名在报章发表告总商会全体会员书，详述16日选举存在的种种舞弊情形，在17日会董会议议无结果的情况下，即力主非经“验明该票是否合法，不能公布人名及票数”。至19日总商会又开会董会，“竟拒绝检票唱票员加入，南公等当面质问虞会长”，最初得到的答复是：“议决案未邀检票唱票员到场，不能揭封，未经揭封验明，当然不能公布。”但实际结果却完全与之相反，“讵意散会后，虞会长报告人名已由会董会议决公布矣”。如此行为，“乃会长及道尹代表于前项重要弊端，一概抹煞，竟敢武断专横，恬然公布，则是会长、会董与道尹代表串通一气，尤无可讳”。这份告全体会员书还严正指出：“似此愍不畏法，其侮辱我商会犹小，因之而侮辱我全埠商民，并影响于商埠前途之进展，其为害不可胜言。……现在人名虽经违法公布，南公等以其手续未完，始终不能认为有效。”[1]

同一天，报章也发表了拥傅派中担任选举检票唱票员的陈良玉、刘万青、厉万雄、张彝仲联名告全体会员书，以说明相关事项，但其文字并非正面回答或解释反傅派提出的选举舞弊问题，而是简单粗暴地予以抵赖或否认。如对会员资格问题仍老调重弹，“认为开匦揭晓当选名单后，此层已属过去问题”，事后追究无效；对选举票上被选人姓名相同问题，则声称“以选票上填写何人，全属投票者良心上之选择”，也无可追究；另外，对于有关一信封内有十余张选举票问题，更是强词夺理地认为“选举既毕，各信封已毁，无从验视，所提疑问不能成立”。[2] 这显然是无理地予以抵赖。由于双方之检票唱票员各执一词，“前语既如彼，后说又如此，令人如坠五里雾中”，遂有会员要求总商会必须予以严查：“日来正因选举事，闹到通国皆知，……万不容两说并存，淆人闻听，以造成有意破坏本会之嫌疑。”[3] 但在拥傅派主导下的总商会，始终拒绝查核有舞弊嫌疑的选举票。

稍后，反傅派仍不停地继续函电各级官厅，并在报章发表许多指

① 《上海总商会第六届检票唱票员详告全体会员》，《申报》1926年6月22日第1版。
② 《上海总商会第六届选举检票唱票员陈良玉等敬告全体会员》，《申报》1926年6月22日第1版。
③ 《总商会选举风潮之文字战》，《民国日报》（上海）1926年6月23日第1版。

控文字，所列举之选举舞弊现象开始直指相关具体人物，而不像之前那样只是笼统而言。例如石芝坤、陈仁业公开发表的致各级官厅呈诉文中，谈及会员中多有不合商会法第六条所规定资格之人非法入会，并行使选举权，就明确地指出“如陈良玉、谢永森等，据会员录所载，既非独立经营之工商业，又非身为经理人，揆之商会法规定，均无入会为会员之资格。讵皆行使选举权，或竟居然当选为会董，宁非怪象！”而陈良玉、谢永森二人也正是这场选举风潮中拥傅派的得力干将。又如谈及本次选举有一人具有多个选举权这一违反商会法规定的情形时，也明确列出“傅筱庵、荣宗敬、沈润挹等二十一人（详会员录），俱以其具有数个之资格，而持有数纸之选举票，行使数个之选举权。按之上述商会法第二十一条一人一权之规定，实属大相违背。此种会员资格不当，自应亟予剔除。此种选举，根本违法，自应归于无效”①。另有霍守华致农商部、五省联军总司令孙传芳、省长公署、实业厅的长篇电文，也分别详细列举了选举舞弊之具体情况以及相关人物，并阐明“现上海总商会会董敢于故违法令，皆由于个人舞弊把持之所为，设非迅予彻底改善，以后纠纷，不知伊于胡底”②。

由于反傅派检票员和唱票员发表的《告全体会员书》中，详细列举了会长虞洽卿处理和应对反傅派质问的答词，将虞洽卿公开推向了选举风潮的前台，随后虞洽卿也不得不在报上发表启事，声称“昨读赵南公等诸君敬告全体会员广告，历述鄙人各种答词。查是日鄙人与赵君等系属私人谈话，所言亦仅止研究商会法第六条及本会章程，且声明历届选举均照会章办理，并未有自认违法自行检举之话。至是日决定移交会董会办理，亦未有邀集检票唱票员之议”③。虞洽卿在启事中显然是全盘否认反傅派的指控，这势必激起反傅派的愤怒。数日之后，赵南公、冯少山即在《申报》广告栏刊登题为《告虞洽卿并请国人公判》一文。该文说明虞洽卿之启事仅云“研究商会法”第六条，

---

① 《石芝坤等为总商会选举之呈诉》，《申报》1926 年 6 月 20 日第 13 版。
② 《总商会选潮昨讯·霍守华之电呈》，《申报》1926 年 6 月 25 日第 13 版。
③ 《虞洽卿启事》，《申报》1926 年 6 月 22 日第 1 版。

又云依照会章办理，“是虞君此种声明，不敢云依照商会法者，即无异自认违法也。不知会章第十条中已载明合于商会法第六条资格字样，是虞君不但违法，而且不啻自白违章，更为实践自行检举之一证也”。该文还指明6月18日沪上各报记载总商会选举会董问题各节，以及近日报载冯少山等晤揭道尹谈话一则，“可见当日确有邀集检唱票员之议决，乃虞君违背当日大会议决案，悍然公布封票待决之被选人名，反诿以私人谈话，证以各报喧载及傅道尹之言，其狡黠实无可掩饰矣”①。

不难看出，此文用词激烈，毫不留情，最后甚至还提出“希国人公判，并希虞君改过自新是幸”，这对年事已高且原本在上海工商界享有声望的虞洽卿而言，可谓一沉重打击。在反傅派看来，当时身为会长的虞洽卿实际上已成为拥傅派阵营中的重要成员，而且利用职务之便为傅筱庵攫取新会长宝座提供种种便利，当然必须予以揭露和抨击。而拥傅派则自然会保护这位在任会长。于是，由拥傅派控制的上海煤业公所、上海烟业公所等团体，随后也在报上发表启事，对反傅派予以反击并为虞洽卿辩护。该启事声称“虞君旅沪经商四十余年，德行事业，有口皆碑，中外交称”；在会长任内“遭时多故，尽瘁图维，保安弥患，厥功尤伟”。赵南公、冯少山二人“因选举争议，横加攻击，一则曰‘狡黠’，再则曰‘改过自新’”，实乃牵强附会“无端诬蔑”。②

由于各种指控并无成效，反傅派难以有效地阻止总商会违法选举行为的继续进行，霍守华、赵南公、冯少山等多人又联名在报章广告栏连日刊登《对于上海总商会违法选举之痛言》一文。该文首先说明：“吾人此次反对上海总商会会董会公布封票待决之选举者，非对人问题，乃尊法问题。不知者目吾人反对为迂，非迂也！我国十五年来陷于黑暗之纷扰者，皆因视法律于弁髦，我商场自互市后，屡遭外人之欺侮者，亦因不知法律为何物。何幸我商人尚有不绝如缕之商会法，宜如何遵守而维护之，以为商人之保障矧处。”在阐明法律的重要性之

① 《告虞洽卿并请国人公判》，《申报》1926年6月25日第1版。

② 《上海商业十团体为虞洽卿先生表白启事》，《申报》1926年6月28日第2版。

后，该文大声疾呼：对于此次总商会之违法选举，“如不依法纠正，恐自此届至第七届乃至无尽届，皆不能依法选举。上海如此，各省亦不妨尤而效之，则商会法根本必由此推翻，全国商人人格必从此破产，外侮必从此加甚”。最后，反傅派表达其决心：“同人等惟有坚持到底，至世界真无法律可讲之日为止。身可碎而法不可破，头可断而正义不可灭。”① 显而易见，与以往所不同的是，该文主要从法律之重要以及违法之恶劣后果等方面，阐述必须制止上海总商会的违法选举，否则将后患无穷。同时，表达了即使“身可碎”“头可断”也要坚持到底的信念。

与上届选举纷争有所不同的是，此次换届改选傅筱庵及其亲信事前已精心筹划，可谓蓄谋已久，志在必得，故而在本次风潮中拥傅派的势力要大得多，反傅派每有行动，拥傅派也都能及时地予以应对和反攻。就在反傅派刊登《对于上海总商会违法选举之痛言》不久，拥傅派中的会员陆少莲即在报章广告栏发表敬告各会员书，声称“连日见报载对于上海总商会选举痛言之广告，阅之不胜骇异”，并将引发此次选举风潮之责任归诸反傅派，认为对于选举争执，“今于官厅已有表示之后，而霍冯等五六会员，仍以违法字样逐日宣于报纸，坚持少数之主观，淆惑社会之听闻，用意所在，实难索解”②。

尽管如此，反傅派的持续坚决反对，使总商会选举风潮发展成为社会公共事件之后，引起了更多人士的关注与评论。总商会会员中并无明显拥傅反傅立场的一些会员，多表示解决此次选举风潮应尊重法律，依法办理。如署名陈泽民、陈良槐、陆凤竹的5名会员致函总商会，指出：“自民国十三年会董谢蘅牕对于宋汉章会员会董资格，提出疑问后，始知法律之重要。本年会员冯少山、赵南公等呈诉此次改选违法，实为十三年知有法律之余波。十三年之法律问题，未经正确之解决，故今日之法律点，愈争而愈剧烈。今若仍未得正当之结局，则

① 《对于上海总商会违法选举之痛言》，《申报》1926年6月29日第2版。
② 《为总商会选举问题敬告各会员》，《申报》1926年7月8日第2版。

异日之争点行将循环不已，卒恐实弹荷枪者守其门，谄外媚官者主其事，以真正之民意机关，一变而为争权夺利之渊薮。”① 此外，社会人士或团体也纷纷表示对总商会之前途深感忧虑。上海商学公会副会长朱夔臣在报上发表的致总商会一函，颇能代表时人心声，转引如下：

本会为沪上商业最高法定机关，中外观瞻所系，选举会董何等重要，须得名望素孚，方可为群商领袖。不料两届选举，迭生争执，昔日无此风潮，今日演成笑柄，不论其舞弊之有无，必物腐而后虫生。今检票员等既如是声嘶力竭而反对，终有不满人意之处，既生争执，何勿召集大会，乃竟取决会董会，不知会董犹会员也，若无会员，安能成会，无会员每年输缴会费，会中何以开支。会员为会中主体，苟大事不决者，当决诸全体会员，诉诸官厅，犹其次也，况会董乎。……若卑鄙龌龊，以千方百计，运动当选，利用商会名义，藉以接近官僚，招摇过市，自以为无上尊荣，岂知尽掬两江之水，终不能洗其羞。所以洁身自好者，即被举为会董，甚有耻与为伍，告退惟恐不遑。窃叹中华民国，为一班无耻议员贿选总统，腐败至于斯极。今以纯洁之商会，设亦蹈此复辙，运动会董，竞争会长，使商会之名誉，一落千丈，实为可痛。且又连带询及会员不止一省，今见产生新会董中，某省一府，竟占过半数。何各省人才寥落，而该豪杰如是之多也。不幸别省尚有数人占其位置，否则纯清一色，上海之总商会，即可易名为该府之旅沪同乡会也。②

这封公开函的字里行间，也并无明显拥傅或反傅之立场，可以说是反映了局外人对选举风潮的看法。一是认为总商会两届选举接连发生争执，必有其故，自身应予以检讨；二是商会内部遇有重大争执，

① 《陈泽民等致总商会函》，《民国日报》（上海）1926年7月2日第2版。

② 《总商会选潮昨讯·朱夔臣之意见》，《申报》1926年6月25日第14版。

不应由会董议决，而应召集全体会员大会讨论决定；三是经运动当选，并借以接近官僚，是不齿之行为，商会绝不应似议员贿选总统，成为笑柄；四是新当选会董中籍贯为浙江镇海一府者超过半数，实在令人不可思议。而浙江镇海也正是傅筱庵的籍贯所在地，何以出现这种反常的结果也就不难理解了。

上海各马路商业联合会是五四运动之后，由各街道中小商人发起成立的商人团体，数量众多，后共同组成上海各马路商界总联合会，成为总商会之外另一个十分活跃的重要商人团体。上海总商会的这场选举风潮日趋激烈，自然也会引起各路商联会的关注。上海各马路商业联席会曾专门召开紧急会议，“议决对于此次风潮不作左右袒，应电请行政长官莅沪查办，并请全沪商家共起纠正”。会议之后，商联会还致电农商部、孙传芳以及江苏省各级官厅，阐明“上海总商会为我五十余万商民之领袖机关，未便听其藏污纳垢，贻笑友邦。应请大部钧座迅赐遴派大员，莅沪彻查选票，核对笔迹，审查会员资格。否则商民对于总商会此次所选断难承认”①。五马路商界联合会会长王汉良也曾致函总商会，表明“际兹五卅之交涉未了，沪廨之会议方开，在在需国民之外交为后盾，贵会领袖群商，集观瞻于中外，乃介此千钧一发时期，竟以选举发生争执，殊非幸事。……慎勿使风潮扩大，聚讼延长，贻人诟病，致碍国民外交之进行”②。

上海南北市报关公所也曾致函总商会会长，表示“选举会董，外间啧有烦言，空穴来风，要非无因。敝所同人，不能无疑”。该函特别指出总商会“本届选举结果，银行公司之当选会董者，竟有十人以上之多，大多团体，悉皆被摈于会董之外。各业有各业商业关系，如此难免隔膜，选举不能普及，无怪外间有操纵垄断之嫌”③。连上海留日学会也曾就总商会选举风潮发布通电，该电鉴于上海总商会为商业之枢纽，商人之领袖，故而对选举风潮十分关注，并提出此次风潮既由

① 《总商会选潮昨闻》，《申报》1926 年 6 月 24 日第 13 版。
② 《总商会选举风潮之文字战》，《民国日报》（上海）1926 年 6 月 23 日第 1 版。
③ 《南北市报关公所致上海总商会会长函》，《申报》1926 年 6 月 19 日第 13 版。

舞弊而起，总商会应定期邀集各团体各机关代表，约定地点，公开检验，有无舞弊之票，当不难水落石出；另照农商部解释，一公司不能有二人入会，为彻查真相计，应会同各团体各机关代表，检查会员中有无一公司加入多人之会员。“如此，则事实了然，反对者无所肆其技，舞弊者无所遁其迹矣。”① 上海蜀商公益会会员李晴帆则是针对总商会的选举风潮，向蜀商公益会提出“请将该会出席总商会之四代表，暂行撤回，待选举风潮解决后，再行加入”②。甚或连外地商人也不乏关注者，如赣商吕静斋曾致电农商部和江苏省长公署，表示“此次改选风潮紧急，物议沸腾，难免不为铜臭所操纵。金钱万恶，闻者发指。且传闻有并非商人，亦滥厕其间，致令选举发生障碍，贻全国商界羞。……务乞派员监视，以绝弊害，而重选政”③。综上可知，经反傅派的坚持抵制，上海总商会选举风潮在当时已产生了一定的社会影响。

3. 官厅干预与反傅派无奈结局

局外之人或团体对这场选举争执虽一般并不抱持明显立场，只是希望上海总商会不要因风潮而使声誉受到影响，尤其总商会此前曾是公开“反对贿选总统之一，自身地位，不得蹈其覆辙，为世界人类所不齿”④。但从多数函电内容和文字看还是更有利于反傅派，只是在当时的情况下同样也难以产生实际作用和影响。与上届总商会选举纷争中各级官厅尚未直接公开出面干预的情形明显不同，此次选举风潮发生之后，各级官厅乃至苏浙皖闽赣五省联军总司令孙传芳日益明显偏向拥傅派一方，直至最后甚至对本次选举风潮的结局产生了决定性影响。

风潮发生之初，除沪海道尹之外，各级官厅支持傅筱庵的态度尚不是很明显。特别是江苏省实业厅收到冯少山、霍守华、石芝坤等反

① 《总商会选举争执昨闻》，《申报》1926年6月26日第13版。
② 《总商会选潮昨闻》，《申报》1926年6月24日第13版。
③④ 《赣商吕静斋致京宁当局电》，《申报》1926年6月19日第13版。

傅派成员指控总商会选举违法的函电之后，厅长徐兰墅先是致电沪海道尹傅疆："查该会改选向例应请贵道派员监视，此次想亦照办。希即就近查明实情，依法处理。"紧接着又发第二电，强调必须按《商会法》之规定审核会员资格是否合法，并具体说明："查民国八年九月奉农商部令选举商会会员资格，必须按照《商会法》第六条所规定方为合选。如有不合法定资格者，不得稍涉通融，致滋流弊。又同一商店中只可择一为会员，不能同时有二人并列为会员。以上二项有不合者，应由该厅长随时指驳，饬令再选等因，当经分别函令在案。该总商会此次改选，会员是否合法，选举是否按照商会法第二十一条、第二十二条及施行细则第五条之规定办理？贵道尹既已派员到场监视，当能深悉实情，希即查照，并案办理见复，实纫公谊。"① 严格审核会员是否具有合法资格，以及一商店只能有一名会员，一人不能充任多个商店的会员而拥有多个选举权，这些正是反傅派针对总商会选举违法而反复提出的处理要求，其法律依据同样也是商会法的相关条文。然而，尽管实业厅长也致电对此予以强调，但道尹公署的回复却只说总商会选举时派员监视，不过循例举行，责任仅为视察当时的情形，与验封开匦录唱之手续，对于争执之孰是孰非，该署立于第三者之地位，现各方已将相关情形呈报军民两长，当有相当之解决②，而对审核会员资格是否合法等却不予理会，也从未见道尹要求总商会照此办理，而当时被拥傅派主导的总商会实际上也根本不愿按此办理，否则舞弊行为就会暴露无遗。

上海总商会在一片反对之声中正式公布新当选的会董名单，反傅派也随之加大对总商会违法之举的指控力度，因此才会有江苏实业厅致沪海道第二电要求审核会员资格。但五省联军总司令孙传芳在此关键时刻公开出面支持傅筱庵，使这场选举风潮的发展走向出现了较大的逆转，也在很大程度上影响各级官厅的态度。6 月 25 日《申报》报

① 《总商会选举纠纷之电函》，《申报》1926 年 6 月 22 日第 13 版。
② 《总商会选潮昨讯》，《申报》1926 年 6 月 25 日第 13 版。

道了这一消息："总商会此次选举，前由会董会议决，依照选举程序，由会通知当选人，并于咿日电呈部省各官厅备案。兹闻已接南京孙总司（令）电复云：咿电悉。当选人业经依法通知，办理甚是，俟声明就任，即行册报，特复。"[①] 在当时军阀割据混战的特殊历史时期，手握军权者对地方行政事务具有极大的发言权和影响力，甚至可以根据自己的意愿另立中央和地方政府。故而孙传芳的公开表态，对拥傅派自然是最为有力的支持，各级官厅也不敢与其相违。紧随其后，江苏省长公署也下达第3587号批示："查该商会此次选举会董，既系依据部准章程办理，并无不合，自应将当选人依法通知，以免会务停顿。业经会同孙总司令分饬实业厅长、沪海道尹，迅令该商会遵照办理矣，仰即知照。"[②] 无奈之下，江苏省实业厅不得不转发孙传芳和省长公署的批示，也不再要求沪海道尹以核查会员资格的方式解决这场风波，但实业厅同时仍按照程序"转电农商部核示"[③]，而没有随声附和孙传芳的"旨意"，这在当时也算是实业厅厅长徐兰墅不错的应对态度。而农商部对于上海总商会的选举风潮，始终未明确提出具体解决方案，只是笼统地回复江苏省长公署和实业厅请对选举争执予以核查，照章处理，其后实际上也默认了此次违法选举。[④]

军阀孙传芳之所以公开支持傅筱庵并非无缘无故，因傅筱庵深知握有军权的孙传芳是当地一言九鼎的举足轻重人物，早就千方百计地予以巴结，获其欢心与支持。据总商会秘书孙筹成描述："孙是傅的支持者，上次赴南通贺张謇寿，傅特将招商局最好的轮船，送孙前往，并亲自陪同，竭力奉承，在船内两人谈得甚投机。孙知傅欲做总商会会长，自然帮忙。"[⑤] 在得到孙传芳的支持之后，傅筱庵后又曾直接致电孙传芳，为石芝坤、霍守华等人指控其一人具有数个会员资格、行

---

① 《总商会选潮昨讯》，《申报》1926年6月25日第13版。

② 《总商会选举案之督长令批》，《申报》1926年7月3日第13版。

③ 《总商会选举争执昨闻》，《申报》1926年6月26日第13版。

④ 例如农商部曾批复冯少山等人有关"会员资格与法不符，请依法纠正"的电呈，即是"已据情令行江苏实业厅查明核办"。见《农商部对冯少山呈文之批示》，《申报》1926年7月4日第13版。

⑤ 上海市工商业联合会、复旦大学历史系编《上海总商会组织史资料汇编》上册，第528页。

使数个选举权进行辩解，请求孙对石、霍等人的指控“电呈严予驳斥，以重公权，而儆诬指”。孙传芳立即顺应其意发布联帅仁字第 545 号训令，肆意曲解商会法相关条文之规定，完全按照傅筱庵的解释，认定傅“以法人个人各有资格，当然得各别行使选举权”，并“分别函行省署实业厅查照饬遵”。不久，孙传芳又发布联帅仁字第 546 号训令，再次重申总商会会董“既经依法选举，自应依法通知当选人，以符法规而免停顿，断不容少数人违法把持”[①]。孙传芳作为一介军阀，完全将中央政府制定的《商会法》以及总商会章程置于脑后，不仅随意解释商会法规，而且公开支持违法的傅筱庵，也自有其个人目的。正如有学者所言：当时的各派军阀“都缺乏绝对的政治权威，因此，无论在财政或外交上，与有实力之商人或其他社团精英结盟，都有其现实的策略意义”[②]。孙传芳支持傅筱庵登上总商会会长宝座，无疑也是出于这样的目的。时人也曾指出：“联军司令是军事首长，商会章程是根据政府所颁之商会法而订定，早经呈请各级官厅备案。联军司令竟以一人之命令而变更法律，显然另有作用。”[③]

在获得军阀孙传芳支持的尚方宝剑以及各级官厅转发之选举继续进行的训令之后，拥傅派主导的总商会更加无视反傅派的继续反对与抗议之声，决定于 7 月 8 日召集当选会董互选会长、副会长。在当时的特殊情形之下，所谓会长选举只不过是走过场而已，其结果早已人所共知。傅筱庵在选举前曾假心假意地表示并无出任会长之意，据上海《民国日报》的一则报道称：“本埠有傅筱庵将继虞洽卿为总商会会长之谣传，有人趋询其意见，据云：渠即当选后，无论如何决不愿就商会会长之职，因渠雅不愿舍现在之清闲，而就繁重之职也。惟异日苟以私人资格，为总商会帮忙，则当尽力以趋。”[④] 随后的事实表明，这只不过是傅筱庵掩人耳目的手段而已。

---

① 上海市工商业联合会、复旦大学历史系编《上海总商会组织史资料汇编》上册，第 496、497 页。
② 冯筱才：《政商中国：虞洽卿与他的时代》，社会科学文献出版社，2013，第 92－93 页。
③ 上海市工商业联合会、复旦大学历史系编《上海总商会组织史资料汇编》上册，第 528 页。
④ 《总商会已定八日互选》，《民国日报》（上海）1926 年 7 月 6 日第 1 版。

7月8日下午的选举会，到场的有新当选会董32人，投票结果是傅筱庵得21票，虞洽卿得8票，另有3人各得1票，傅筱庵当选为会长，袁履登获16票当选为副会长。[①] 会长选出之后，各方针对这一结果会有什么反应？《民国日报》发表的一则评论称："总商会的会长，已经选出来了。选出来的会长是否就职？和其余反对者的如何应付？都是我们可以等着看的事。"[②] 毫无疑问，拥傅派对此结果当然是喜不自胜，奔走相告表示祝贺。孙传芳也马上电贺傅袁二人当选正副会长："藉悉上海总商会选举，两君已当选正副会长，嘉讯传来，曷胜忻慰。"并声称"两君才识优瞻，必能为商民谋乐利之方，为地方求整理之术，因革损益，是在匡筹，祛弊刷新，尚资伟画"[③]。傅筱庵本人在选举前虽曾表示即使当选也不会就任，并在当选之后也曾致函总商会表示自己"才识疏庸，现任各事，已觉不堪繁剧，何可滥竽公职，致滋贻误，辱承会董诸公谬相期许，殊难应命，为此具函恳辞，务祈另选贤能，以重会务"[④]。但傅筱庵此举，显然不同于以往上海总商会历届许多当选会长真心不愿就任的情形，只不过是故作姿态，沽名钓誉，因而在总商会予以挽留后，傅筱庵即表示应允。7月20日，总商会举行了新旧会长交接仪式。傅筱庵在交接仪式上又装模作样地以新任会长身份致辞曰："宗耀自问庸愚，识见经验，均极浅薄，辱承会董诸公谬爱，选举为本会会长……只得暂时承乏，以一月为期。"[⑤] 然而一个月后，根本未见其有辞职之表示。其实，傅筱庵主要只是想出任会长，对总商会的具体会务并不热心。据总商会秘书孙筹成忆述：傅就任会长之后，实际上是"由袁副会长逐日莅会处理会务，因方椒伯曾任两届副会长，熟悉会务，仍请其每日莅会襄助。……自是以后，会内一切公文，均由袁副会长签阅，遇有不明了或重要公文，则与方前副会长商

① 《本会本届互选会长纪录》，《上海总商会月报》第6卷，第7号，"会务记载"，1926年7月，第1页；另见《总商会昨日互选会长揭晓》，《申报》1926年7月9日第13版。
② 《时评》，《民国日报》（上海）1926年7月9日第2版。
③ 《总商会选长之余闻》，《民国日报》（上海）1926年7月20日第1版。
④ 上海市工商业联合会编《上海总商会议事录》（五），上海古籍出版社，2006，第2364页。
⑤ 《会务记载》，《上海总商会月报》第6卷，第7号，1926年7月，第2页。

讨决定，再送招商局由傅过目”[①]。

总商会正副会长选举前后，反傅派仍继续延续了一段时间的抵制和抗议活动。据《民国日报》登载的一则远东社记者采访冯少山之报道，似乎反傅派的抵制决心仍然很坚定：记者“问：阁下对于选举案最近主张如何？答：选举无论如何，应依法律解决。问：但已选出之会董将实行互选会长，阁下对之如何？答：如非法选出会长，决难承认，同人等决依法起诉”[②]。针对省长公署第 3587 号批示，冯少山等呈电阐明“省长为地方最高长官，应如何一秉大公，派员查办，是否违法舞弊，不难复按，若仅凭一面之词，使此次违法舞弊与反对违法舞弊者，是非莫白，何以服人心而伸公理?”[③] 在知悉孙传芳和省长公署、道尹公署均公开支持拥傅派的不利情势后，反傅派随后改为主要向实业厅和农商部进行呈控。冯少山等人致实业厅电指出：“查上海总商会会员多与法定之资格不符，事实显明，证据如铁，复按名录，真相立见，断非办理此次选举者所能一手掩尽，敢请维护法律，迅赐派员彻查，秉公办理。”[④] 实业厅先前虽曾赞同反傅派提出的处理选举争执的方案，但此时却处于无可奈何之困境，根本不敢违抗孙传芳的“旨意”，致使反傅派对实业厅也啧有烦言。稍后，霍守华曾致电农商部，强调：“上海总商会此次改选，一招商局列会员十八人，一通商银行列会员六人，是否与商会法第六条之规定，及大部八年九月一商店同时不得列二会员之命令相符？江苏实业厅居主管官厅地位，事前既不指驳改正，事后复不查明核办，竟任该商会非法通知互选，显系蔑视法令，放弃职权，迫请电令依法纠正，不胜待命之至。”[⑤] 但在孙传芳以武力作后盾的强力高压之下，农商部同样也束手无策。时人即已看出个中奥妙：“傅有联军司令孙传芳作后台，沪海道尹仰承孙之旨意，农商部和实业厅亦不敢违抗，只好装聋作哑了。”

---

① 上海市工商业联合会、复旦大学历史系编《上海总商会组织史资料汇编》上册，第 528 页。
② 《总商会选举问题》，《民国日报》（上海）1926 年 6 月 29 日第 2 版。
③ 《冯少山等电请查办总商会选举案》，《申报》1926 年 7 月 3 日第 13 版。
④ 《冯少山等致实业厅电》，《申报》1926 年 7 月 5 日第 13 版。
⑤ 《总商会选举问题昨讯》，《申报》1926 年 7 月 7 日第 13 版。

电呈实业厅和农商部均无效果，而且总商会已经选出了正副会长，但反傅派仍不甘心就此失败，也不愿接受这一残酷的现实。赵南公、冯少山二人又按预定方案向上海地方审判厅提起诉讼，请求依法判令改正再选。起诉书更为详细地列举了总商会会员录中大量不符合《商会法》资格规定的会员，如合帮分帮会员职业栏，无资格记载者 19 人，内概称船业、五金业、丝业、盐业、汇业、烟商者多名，又有只称刘尊堂、刘景德堂者，又有只称某某账房，只称某洋行、某公司华经理（即买办）者，均与《商会法》第六条不符。其职业栏内载招商局、通商银行、上海物品证券交易所、华安合群保险公司、中国银行、裕通面粉厂、三北公司、泰和洋行、怡和洋行、交通银行各列会员 2 人以上，轮船招商总局、通商银行，内洋轮船招商局均由会员 1 人揽有 3 个选举权。又上海绍酒公所、上海卷烟同业公会、四明船业公所亦由 1 个会员揽有 3 个选举权。其他以 1 人揽 2 个以上之选举权者，尚有 16 人，皆与《商会法》不符。“即以此等诸点，按民诉条例第十六条第二项及二十二条诸规定，提起诉讼，请厅判令剔除违法逾额及不合格之会员，并撤销第六届违法选举会董及互选会长。”但审判厅的判令却再次使反傅派大失所望，其驳斥理由为：选举诉讼必与选举法中有明文规定，法院方得依民诉程序予以受理，“至商会法及其施行细则均无选举诉讼之明文，自不能适用民诉程序办理。原告等以上海总商会选举会董有违法情事，向厅提起选举诉讼，于法并无依据，难以受理，依民诉条例第二百九十条第一款，予以驳斥”①。至此，反傅派已无计可施，尽管极不情愿，但也只能在万般无奈中宣告失败。

1926 年的上海总商会改选纷争，是发生在近代中国特殊历史时期的一场选举风潮。当时的中国，仍然处于政治动荡、军阀混战、政府缺位的年代。在新成立的国民政府势力所及之广东等南方省份，社会各阶级各阶层已经开始感受到国民革命运动的洗礼与冲击，革命成为时代话语的主旋律。随之而起的商民运动，经国民党的大力推动而在

① 《总商会讼案地方厅不受理》，《民国日报》（上海）1926 年 7 月 22 日第 1 版。

工商界产生了前所未有的影响，旨在动员广大中小商人参加革命，并在适当时候取代商会的新商人团体——商民协会纷纷建立，与商会发生了日益激烈的矛盾和冲突，商会面临被取消的生存危机。而在国民政府北伐军势力未及的其他省区，则基本上依然延续袁世凯死后形成的军阀纷争四分五裂的局面。这些地区的商会虽暂时尚未遭遇生存危机，但有的也出现了过去从未有过的非常态变化，陷于另外的危机之中，并且难以通过常规方式顺利解决所发生的危机。上海总商会在1924 年发生改选纷争和 1926 年出现选举风潮，尤其是后者，称得上是当时此类事件中较为典型的例子。

揆诸史实，上海商会在清末的 1904 年正式成立时即开始实施具有近代特征的投票选举制度，无论是清末还是民初，其后 20 年间每届改选基本上都是按章进行，不仅无人采取各种不法手段竞争会长职务，而且新当选的正副会长大都力辞不就。[①] 1916 年的沪上报章评论也有称："商会会长一席，缘有义务而无权利也，故每届选举，大都辞不肯就。"[②] 然而及至 20 世纪 20 年代中期，上海总商会这一延续多年的传统开始发生显著变化，由于傅筱庵一直觊觎会长职位，导致总商会连续两届改选都发生了较为严重的争执。如果说 1924 年改选时傅筱庵尚未做好充分准备，也未得到军阀和各级官厅的公开支持，加之总商会内部反傅派力量较强，使其一时未能如愿，那么在 1926 年改选时，傅筱庵与其亲信事先即多方运作，不惜以违反《商会法》和总商会会章的手段，终于达到了不可告人的目的，可谓"开商会未有之恶例，势必留商会之羞，并贻新任职员之大污点"[③]，同时也在上海总商会的选举发展史上留下了不光彩的一页。

傅筱庵之争夺总商会会长职务，一方面是缘于其个人权力欲望，以便借此成为各业领袖，提升其社会地位与声望，跻身于沪上社会名

① 有关详情可参阅李达嘉：《上海商会领导层更迭问题的再思考》，载《中央研究院近代史研究所集刊》第 49 期，2005 年 9 月，第 61－62 页。

② 《权利义务》，《申报》1916 年 9 月 9 日第 11 版。

③ 《陈泽民等致总商会函》，《民国日报》（上海）1926 年 7 月 2 日第 2 版。

流之列，能够以受人尊重的总商会会长身份与各方酬酢交际和联络接洽，这无疑也有利于自己的商业经营，能够获取更多的利润，因而对傅筱庵而言具有政治和经济双重动因。① 另一方面，选举风潮的发生同时也受到当时政治与社会环境的影响，各派军阀之争权夺地无不需要利用有政治资本和经济实力者给予支持，傅筱庵因个人具有权力欲望，又具备一定经济实力，自然会得到军阀孙传芳的支持，从而敢于违背商会法规采取种种手段攫取总商会会长职务。

正因如此，1924 年和 1926 年上海总商会的两次选举均出现纷争，在很大程度上可以说是当时政治动荡、军阀混战、社会失序在商会内部的具体反映，也是那个特殊时代的产物。《申报》评论亦称受此影响“社会将成政局化”：“以前竞争之烈，无过于政局中人。盖以政局中之得失，关系较其他为大，不惜尽其力量，以与人相角也。今则政局已成缟末，而政局以外之各事各业，亦未始无名利权势之可得。故所谓一般社会，亦渐接政局之踵，而有竞争剧烈之势。机巧之多，倾轧之甚，一一悉如政局中人。不数年后，我恐政局与社会，人将等量而齐观焉。”② 当时的中国连总统都可通过贿选获取，更何况总商会会长选举出现非常态化意外现象，当然不足为怪。③ 此外，在上海总商会出现选举风潮之际，沪上其他商人团体同时也发生各种风潮，表明总商会选举风潮并非完全属于意外事件，而是反映商人团体普遍受到当时政治和社会因素的影响，出现派系之间互相争夺权力与内部分裂情形。《民国日报》的时评对这一现象不无感慨：“这几天，上海的团体算是

---

① 《民国日报》曾转载《字林西报》一篇有关总商会选举风潮的文章，其中还透露“现选举发生争执，已早在我人意料中，盖一方反对他方当选为会长会董等职，恐其不能代表全上海华人商务之利益，其中更有不可告人之私事。闻选举案与江南制造局管理权，颇有关系，因该局现由商会代为保管，若何派人物在会中占势力，即可操该局之管理实权，故吾人不得目选举问题，纯为商务上之利益，实则含有多少政治上之意味。”见《总商会选举争潮未已》，《民国日报》（上海）1926 年 6 月 22 日第 1 版。

② 《政局与社会》，《申报》1926 年 8 月 10 日第 4 版。

③ 李达嘉援引国民党上海特别市党部商人部工作报告中的描述，指出上海总商会这两次选举纷争的双方，各自还有一定的政治背景，傅筱庵、方椒伯的政治背景为旧交通系，反傅派中霍守华、冯少山的背景为政学系，因而两次选举纷争在某种程度上也受到政治派系和政治立场的影响。见李达嘉：《上海商会领导层更迭问题的再思考》，载《中央研究院近代史研究所集刊》第 49 期，2005 年 9 月，第 86 页。

多事了，有总商会的选举风潮，有纳税华人会的调查选人风潮，更忽然惹出一个商界总联合会的风潮，最可怪的，一条几分钟可以跑得完的马路突然发生两个名义完全相同的会，这种‘双包案’，太嫌滑稽。”① 商界中也有人士指出：“今日之中国，极形紊乱之中国也。军阀则穷兵黩武，政客则挑拨是非，中国之赖以维持者，其惟我商人团结一致，努力商战。”② 而在南京国民政府成立之后的10年间，近代中国进入一个相对稳定的历史时期，政府不再缺位，除偏僻地区外一般军阀已无如此显著的影响力，所以上海总商会的选举也再未出现类似的不正常情况。

由于上海总商会的选举风潮发生于特殊的历史时期，以至于各方面对于这一风潮的应对处置，也包括对于这场风潮的最终结局，我们都很难用常规思维方式予以评论。从表面上看，在这场选举风潮中双方争执的焦点问题并不复杂，拥傅派所采用的手段也并不高明，只不过是在改选之前让许多不具备资格者加入总商会成为会员，拥有更多的选举权，同时在选举时通过舞弊方式获取更多选票，使傅筱庵的亲信好友及其支持者占据当选会董的大多数，然后在会董互选会长时自然能够顺利推选傅筱庵为会长。当时，有关商会的法规应该是比较健全的，不仅有1915年民国北京政府颁布的《商会法》和1916年农商部制定的《商会法施行细则》，而且还有《上海总商会章程》，其中对会员资格条件以及选举具体事项均有明确清晰的规定。如果是在常规情形下，拥傅派在选举中采用的种种手段，只要对照《商会法》及其《商会法施行细则》和《上海总商会章程》，即可明确定性为违法的舞弊行为而予以制止。但在当时特殊的历史条件下，连国家大法往往都成为一纸空文，《商会法》及其《商会法施行细则》与《上海总商会章程》，当然更不在拥傅派和军阀孙传芳的眼中。尤其军阀掌握了军权，控制了地盘，在其地盘之内即拥有了肆意解释法律的权力，可公

---

① 《时评》，《民国日报》（上海）1926年6月26日第2版。
② 《王汉良请商界团结》，《民国日报》（上海）1926年6月27日第1版。

然置相关法规于不顾，而各级地方官厅对此也只能退避三舍，无可置喙。所以，在当时相关法律规章虽较健全但却不起作用的特殊历史条件下，上海总商会的这场选举风潮根本不可能由官厅依法进行处置，而是由军阀孙传芳一言九鼎加以裁定。傅筱庵之觊觎总商会会长宝座能够取得成功，毫无疑问也是受益于当时这一特殊的政治社会环境。

在上海总商会的这场选举风潮中，傅筱庵以非法手段争夺会长职务的行径，也曾受到总商会内部反傅派的坚决反对和抵制。但反傅派的力量十分有限，远远不及1924年选举纷争中反傅之“拥宋派”那样的实力，因而无法再次成功阻止傅筱庵攫取会长一职。在这场风潮中反傅派的活跃中坚人物，只有冯少山、霍守华、赵南公、石之坤等五六人，与拥傅派人数之多相比较，可以说完全不对等。仅新当选的会董中，拥傅者即达到20余人。[①] 尽管时论有称“风潮内幕，在沪上已为公开之秘密，风雨满城，知总商会者，无不知其底蕴”[②]，但更多的总商会会员在这场选举风潮中并没有公开表明反傅的态度，甚至传闻透露有不轨之人借军阀支持攫取会长职务之后，仍然没有更多会员出面予以阻止，这一情形在当时即受到批评。署名余鹏的作者为此曾在报上公开发表《告总商会会员书》，照录如下：

> 总商会会员诸先生公鉴：此届总商会选举之争执，为法律之争，若取商会法及总商会会长［员］录一相对照，即可明悉，无庸哓哓。即进而论事实，则此届会董之人选，报章讥弹，书不胜书，有目共睹，亦无庸多赘。惟护法者、护人者，虽有二方，合计不过十余，而五百余之会员，乃均噤若寒蝉，莫敢一声，此诚可怪而可叹者。夫两方意见，已尽登诸报端，诸君岂无耳目，有

① 1927年4月底国民党中央政治会议上海临时分会向总商会下达的训令指出：“傅宗耀（筱庵）以通商银行经理、招商轮船局董事之资格，当选为会长，而同时以通商银行职员资格之会员当选为会董者五人，以招商局职员资格之会员当选为会董者三人，是通商、招商二处之人，已占会董全数四分之一。至傅氏兄弟叔侄同时当选为会董者计三人，与傅宗耀有营业关系或在傅氏手下服务，而同时当选为会董者计二十三人，居会董总额三分之二强。显见傅宗耀结合私人，包揽会务，非亟彻底澄清，不足以谋商界之福利。”上海市档案馆编《一九二七年的上海商业联合会》，上海人民出版社，1983，第20页。

② 慎予：《沪总商会选举风潮所感》，《民国日报》（上海）1926年6月29日第1版。

所知而不敢言，有其责而自放弃，听大局之败坏，此不能为诸君恕者也。况上海总商会为全国领袖，中外观瞻，今仍因选举而有违法之争论，贻笑外人，遗羞国家，虽非会员，亦且愤激，诸君岂能无动于中耶？尤可痛者，风闻有人利用军阀，不恤破坏国家大法，以谋造成御用之总商会，此则尤可惊痛者。以前总商会之送往迎来，已久为人所诟病，今更藉军阀之势力，入主会务，则将来之会务，岂堪问哉？况此恶例一开，则财阀可以二万元包办三百个不讲资格之价值六十五两之会员，以指挥商会，军阀则可以任意以命令变更法律，指派商会职员，而此商会将成何景象耶？主权在于诸君，诸君倘竟装痴作聋，则破坏法律、破坏商会之责，诸君亦当分任也。[①]

这篇《告总商会会员书》刊发在国民党机关报《民国日报》上，从中可以看出当时国民党对傅筱庵勾结军阀孙传芳攫取会长行径的态度，其刊发时间是总商会选举会长的前一日，很显然是希望号召总商会广大会员能够出面阻止傅筱庵达到目的，但却同样未能产生效果。

除此之外，因受到当时特殊历史环境的制约，反傅派始终都无法找到能够有效制止傅筱庵违法竞选总商会会长的途径与方式。在近代中国，各地商会选举发生纠纷之后，大多都是层层上报各级官厅，通常情况下官厅也能够依据相关法规提出解决方案，使纠纷获得调解。而在此次选举风潮中，反傅派同样也只能是反复向各级官厅进行申诉，指控傅筱庵的种种违法竞选行为，同时在报章发文予以揭露，但由于军阀孙传芳的强行干预，使各级官厅无法按常态那样发挥作用与影响，江苏省实业厅起初曾表示要按反傅派要求，以《商会法》为依据对会员资格、一人不能拥有数个选举权等进行审查，但在军阀孙传芳公开支持傅筱庵之后即不得不予以放弃，可谓明显反映了当时的这一特殊情形。在傅筱庵已经如愿当选为会长之后，反傅派还想最后一搏，向

① 《余鹏忠告总商会会员》，《民国日报》（上海）1926年7月7日第2版。

上海地方审判厅提起诉讼，这一方式虽然在近代中国商会的选举争执中尚属仅见，但同样也未达到预想的效果。

最后应该指出的是，傅筱庵虽然在上海总商会的此次换届改选中采取违法舞弊的手段，并通过军阀孙传芳的支持如愿当上了会长，随后在会长任上对孙竭力予以报效[①]，但好景并不长，1927 年北伐军攻克上海后，国民党中央政治会议上海临时分会即以勾结和支持军阀孙传芳的罪名下令对傅筱庵予以通缉："上海总商会现任非法会长傅宗耀，助逆扶乱，挟会营私，前经结合私人，以非法选举之手续，把持上海总商会，藉以献媚军阀，迨本军北伐之时，傅逆曾以多数金钱，供给敌饷，复将众商血本组织之招商轮船多数船舶，为孙逆运输之用，阻挠义师，确凿有据。而本军到沪之后，胆敢阳示归顺，阴谋反对，不独投机，实为叛逆，不亟予严缉惩治，无以照垂炯戒。为此，令仰迅予缉拿傅宗耀，押解戒严司令部迅办，毋得延误。"[②] 总商会也从是日起，"停止办公，静待接收"[③]。傅筱庵当时虽在日本人的帮助下得以脱身，但抗战时期上海沦陷后，又因投靠日本出任伪上海市长，沦为大汉奸而被刺杀。历史再次证明，以违法舞弊和不义手段达到目的者，最终并无好下场。

---

① 孙传芳部与北伐军交战时，傅曾卖力为其募款筹饷，并调集招商局 9 艘轮船提供军运，后又以上海总商会名义发电呼吁"和平"，请孙"保境安民"，实则反对国民革命军北伐。见上海市工商业联合会编《上海总商会议事录》（五），第 2372 页。

② 《缉拿傅宗耀之通令》，《申报》1927 年 4 月 27 日第 9 版。

③ 上海市工商业联合会、复旦大学历史系编《上海总商会组织史资料汇编》上册，第 529 页。

附　录

主要论著目录

一、著作

1.《辛亥革命时期新式商人社团研究》，中国人民大学出版社 1991 年版，独著。

2.《中国早期资产阶级概论》，河南大学出版社 1992 年版，独著。

3.《晚清经济政策与改革措施》，华中师范大学出版社 1996 年版，独著。

4.《商业革命中的文化变迁：近代上海商人与“海派”文化》，华中理工大学出版社 1996 年版，独著。

5.《转型时期的社会与国家：以近代中国商会为主体的历史透视》，华中师范大学出版社 1997 年版，社会科学文献出版社 2018 年修订版，独著。

6.《商界旧踪》，江西教育出版社 2000 年版，独著。

7.《近代中国商人与社会》，湖北教育出版社 2002 年版，独著。

8.《近代中国商会、行会及商团新论》，中国人民大学出版社 2008 年版，独著。

9.《近代中国经济发展与社会变迁》，湖北人民出版社 2008 年版，独著。

10.《商民运动研究（1924—1930）》，北京大学出版社 2011 年版，独著。

11. 《中国近代史十五讲》，北京大学出版社 2011 年版，独著。
12. 《传统与近代的二重变奏：晚清苏州商会个案研究》，巴蜀书社 1993 年版，与马敏合著。
13. 《辛亥革命运动史稿》，中国人民大学出版社 1988 年版，合著。
14. 《比较中的审视：中国早期现代化研究》，浙江人民出版社 1993 年版，合著。
15. 《近代中国经济政策演变史稿》，湖北人民出版社 1998 年版，合著。
16. 《中国近代史上的官绅商学》，湖北人民出版社 2000 年版，合著。
17. 《中国近代民族资产阶级研究：1860—1919》，华中师范大学出版社 2000 年版，合著。
18. 《中国经济通史》第 8 卷下册，湖南人民出版社 2003 年版，合著。
19. 《中国近代同业公会与当代行业协会》，中国人民大学出版社 2004 年版，主编。
20. 《话说汉商》，中华工商联合出版社 2008 年版，合著。
21. 《近代中国自由职业者群体与社会变迁》，北京大学出版社 2009 年版，主编。
22. 《中国近现代史》，河南大学出版社 2009 年版，主编。
23. 《对外经济关系与中国近代化》，华中师范大学出版社 1990 年版，主编。
24. 《辛亥革命辞典》，武汉出版社 1991 年版，合著。
25. 《国内外辛亥革命史研究综览》，湖北教育出版社 1991 年版，合编。
26. 《苏州商会档案丛编》第 1 辑，华中师范大学出版社 1991 年版，合编。
27. 《商会与近代中国》，华中师范大学出版社 2005 年版，主编。
28. 《苏州商团档案汇编》，巴蜀书社 2008 年版，合编。
29. 《中国历史与文化（插图本）》，中国人民大学出版社 2010 年版，主编。
30. 《中国近代商会通史》（四卷本），社会科学文献出版社 2015 年版，合著。

二、论文

1.《清末商会与抵制美货运动》,《华中师范大学学报(人文社会科学版)》1985 年第 6 期。

2.《关于共爱会的几个问题》,《史学月刊》1986 年第 1 期。

3.《立宪派阶级基础新论》,《江汉论坛》1986 年第 5 期。

4.《辛亥革命时期的苏州商团》,《近代史研究》1986 年第 5 期。

5.《辛亥革命时期的孙中山与资产阶级》,《近代史研究》1987 年第 3 期。

6.《从清末商会的诞生看资产阶级的初步形成》,《江汉论坛》1987 年第 8 期。

7.《清末苏州商会述论》,《档案与历史》1987 年第 4 期。

8.《清末商会“官督商办”的性质与特点》,《历史研究》1987 年第 6 期。

9.《端方与南洋劝业会》,《史学月刊》1988 年第 1 期。

10.《十九世纪中日两国工业化进程中国家政权作用与影响之比较》,《湖北社会科学》1988 年第 6 期。

11.《清末直隶农会述略》,《中国农史》1988 年第 3 期。

12.《清末商会与辛亥革命》,《华中师范大学学报(人文社会科学版)》1988 年第 5 期。

13.《浅谈晚清苏州商会与行会的区别及其联系》,《中国经济史研究》1988 年第 3 期,合撰。

14.《唐绍仪与辛亥南北议和》,《广东社会科学》1989 年第 2 期。

15.《关于对比研究古代中西方抑商问题的一点意见》,《世界历史》1989 年第 4 期。

16.《清末“官商联盟”初探》,《中国社会经济史研究》1989 年第 3 期。

17.《清末新式商人社团的兴起及其影响》,《中国经济史研究》1989 年第 4 期。

18.《试论清政府地方自治政策及其影响》,《史学月刊》1989 年第 5 期。

19.《清末苏州商会的历史特点》,《历史研究》1990 年第 1 期。
20.《清末广东农会述论》,《学术研究》1990 年第 4 期。
21.《清末商会的成立与官商关系的发展演变》,《社会科学战线》1990 年第 2 期。
22.《预备立宪公会拟订商法活动述论》,《西南民族学院学报(哲学社会科学版)》1990 年第 4 期。
23.《近代中外商会比较研究》,《华中师范大学学报(人文社会科学版)》1990 年第 5 期。
24.《开拓近代中国商人文化研究的初步构想》,《华中师范大学学报(哲学社会科学版)》1990 年第 6 期。
25.《清末全国农务联合会述略》,《贵州社会科学》1990 年第 10 期。
26.《袁世凯晚清经济思想及其政策措施》,《天津社会科学》1991 年第 2 期。
27.《晚清商人民族主义爱国思想的萌发及其影响:晚清商人近代思想意识研究之一》,《史学月刊》1991 年第 3 期。
28.《清末新兴商人与民间社会》,《二十一世纪》(香港)1991 年第 3期。
29.《辛亥革命前资产阶级拟订商法活动述论》,《华中师范大学学报》1991 年专辑。
30.《论清末商会的性质》,《辛亥革命史丛刊》第 8 辑,中华书局 1991 年版。
31.《辛亥革命时期资产阶级与立宪派的关系》,《辛亥风云与近代中国》,贵州人民出版社 1991 年版。
32.《辛亥革命前的农会》,《历史研究》1991 年第 5 期。
33.《近世中国商人的发展与困境》,《中国社会科学季刊》(香港)1993 年第 5 期。
34.《商人与辛亥革命》,《香港中国近代史学会会刊》1993 年第 7 辑。
35.《清末苏州商会调解商事纠纷述论》,《华中师范大学学报(人文社会科学版)》1993 年第 1 期。

36.《甲午“息借商款”述略》，《贵州社会科学》1993 年第 4 期。
37.《晚清商人尚武思想的萌发及其影响：晚清商人思想意识研究之二》，《史学月刊》1993 年第 3 期。
38.《论清末的经济法规》，《历史研究》1993 年第 5 期。
39.《晚清的“昭信股票”》，《近代史研究》1993 年第 6 期。
40.《资产阶级与中国近代化的发展》，《华中师范大学学报（人文社会科学版)》1994 年第 2 期。
41.《论晚清的商务局、农工商局》，《近代史研究》1994 年第 4 期。
42.《近世中国商人发展历程的新探索：评唐力行著〈商人与中国近世社会〉》，《历史研究》1994 年第 6 期。
43.《清末“新政”性质新探》，《湖北社会科学》1994 年第 5 期。
44.《民族主义在近代中国的发展及其影响》，《中国书评》（香港）1994 年 11 月总第 2 期。
45.《甲午战后清政府经济政策的变化及其影响》，《甲午百年祭：多元视野下的中日战争》，知识出版社 1995 年版。
46.《清末新政与清朝统治的灭亡》，《近代史研究》1995 年第 2 期。
47.《论甲午战前清政府的矿业政策》，《史学月刊》1995 年第 3 期。
48.《晚清地方势力的发展与中央政府的对策》，《探索与争鸣》1996 年第 1 期。
49.《晚清史研究的新趋向》，《近代史研究》1996 年第 1 期。
50.《晚清商人近代思想意识的萌发及其影响》，《中国文化的现代转型》，湖北教育出版社 1996 年版。
51.《论甲午战后清政府的农业政策》，《华中师范大学学报》1996 年专辑。
52.《关于晚清市民社会研究的思考》，《历史研究》1996 年第 1 期。
53.《张謇何时辞去农商总长职务》，《近代史研究》1996 年第 4 期。
54.《清末苏州商会与反帝爱国运动》，《辛亥革命史丛刊》第 9 辑，中华书局 1997 年版。

55.《五四运动期间的天津总商会》，《华中师范大学学报（人文社会科学版）》1997 年第 6 期。
56.《张謇与民初的〈商会法〉之争》，《近代史研究》1998 年第 1 期。
57.《深入探讨抵制美货运动的新思路：读〈抵制美货运动时期中国民众的“近代性”〉》，《历史研究》1998 年第 1 期。
58.《市民社会的作用及其与中国早期现代化的成败》，《天津社会科学》1998 年第 2 期。
59.《论民元临时工商会议》，《近代史研究》1998 年第 3 期。
60.《论民初商会调和党争》，《江汉论坛》1998 年第 6 期。
61.《论近代上海商人文化的特征》，《社会科学研究》1998 年第 5 期。
62.《甲午战后清政府经济政策的变化与商人社会地位的提高》，《贵州社会科学》1998 年第 5 期。
63.《清末民初国家对社会的扶植、限制及其影响：近代中国国家与社会新型互动关系系列研究之一》，《天津社会科学》1998 年第 6 期。
64.《梁启超民元临时工商会议演说词平议》，《历史研究》1998 年第 6 期。
65.《论南京临时政府的经济政策》，《华中师范大学学报（人文社会科学版）》1999 年第 1 期。
66.《清末“新政”与社会动员》，《开放时代》1999 年第 4 期。
67.《论近代商人宗族与宗族文化的发展演变》，《天津社会科学》1999 年第 6 期。
68.《清政府推行新经济政策的缺陷及其产生原因》，《中国经济史研究》1999 年第 1 期。
69.《京师大学堂并非变法失败后的唯一幸存者》，《近代史研究》1999 年第 2 期。
70.《上海总商会与五四运动》，《华中师范大学学报（人文社会科学版）》1999 年第 3 期。

71. 《中国商人诚信观的发展演变》，《贵州社会科学》1999 年第 4 期。
72. 《戊戌至辛亥地方自治的发展：湖南保卫局与上海总工程局之比较》，《近代史研究》1999 年第 4 期。
73. 《晚清商人群体意识与时代使命感》，《历史月刊》（台湾）1999 年第 11 期。
74. 《论民初商会对新公文程式的抵制》，《辛亥革命史丛刊》第 10 辑，湖北人民出版社 1999 年版。
75. 《近代中国商业发展与消费习俗变迁》，《江苏社会科学》2000 年第 1 期。
76. 《清末武汉劝业奖进会述略》，《历史研究》2000 年第 4 期。
77. 《近代中国广告的产生、发展及其影响》，《近代史研究》2000 年第 4 期。
78. 《近代中国商人与社会变革》，《天津社会科学》2001 年第 5 期。
79. 《“在商言商”与近代中国商人的政治参与》，《江苏社会科学》2000 年第 5 期。
80. 《从抗争〈商会法〉看民初商会的发展》，《近代中国》第 10 辑，上海社会科学院出版社 2000 年版。
81. 《评清末民初有关政治改良与商业发展关系的论说》，《史学月刊》2000 年第 5 期。
82. 《论张謇的慈善公益思想与活动》，《江汉论坛》2000 年第 11 期。
83. 《近代中国经济发展与风尚习俗变迁》，《人文论丛》，武汉大学出版社 2000 年版。
84. 《商会的崛起及其社会功能》，《中国社会史论》下卷，湖北教育出版社 2000 年版。
85. 《经元善与晚清慈善公益事业的发展》，《华中师范大学学报（人文社会科学版）》2001 年第 1 期。
86. 《近代中国商人思想观念的发展演变》，《理论月刊》2001 年第 5 期。
87. 《重评五四运动期间上海总商会“佳电”风波》，《历史研究》2001 年第 4 期。

88.《辛亥革命与商界的发展变化及其影响》,《江汉论坛》2001 年第 10 期。
89.《清政府与辛亥革命前的地方自治运动》,《近代中国》(台湾) 2001 年总第 145 期。
90.《民初孙中山发展实业的思想及活动》,《江苏社会科学》2001 年第 5 期。
91.《中国商人走向国际舞台的新步幅:中国商会加入国际商会的历程及影响》,《近代史学刊》第 1 辑,华中师范大学出版社 2001 年版。
92.《论发展商会与行业协会需要解决的几个问题》,《华中师范大学学报(人文社会科学版)》2002 年第 4 期。
93.《再论国民党对商会的整顿与改组》,《华中师范大学学报(人文社会科学版)》2003 年第 5 期。
94.《中国传统行会在近代的发展演变》,《江苏社会科学》2004 年第 2 期。
95.《近代中国同业公会的传统特色》,《华中师范大学学报(人文社会科学版)》2004 年第 3 期。
96.《国民党推行商民运动的方略》,《江汉论坛》2004 年第 7 期。
97.《行业习惯与国家法令:以 1930 年行规讨论案为中心的分析》,《历史研究》2004 年第 6 期,合撰。
98.《论清末民初社会与国家的发展演变》,《理论月刊》2005 年第 4 期。
99.《商民运动与中国近代史研究》,《天津社会科学》2005 年第 4 期。
100.《中国商会史研究如何取得新突破》,《浙江学刊》2005 年第 6 期。
101.《国民党与商民运动的兴起》,《华中师范大学学报(人文社会科学版)》2005 年第 6 期。
102.《民国时期江苏茧行纷争与省议会被毁案》,《历史研究》2005 年第 6 期。

103.《清末民初天津工商同业研究所初探》，《天津社会科学》2006 年第 4 期。
104.《近代中国的“社会与国家”：研究回顾与思考》，《江苏社会科学》2006 年第 4 期。
105.《关于近代中国商会领导群体几个问题的再探讨》，《江汉论坛》2006 年第 8 期。
106.《民初苏州商会的发展演变》，《华中师范大学学报（人文社会科学版）》2006 年第 5 期。
107.《从〈苏州商团档案汇编〉看近代苏州商团》，《史学月刊》2006 年第 12 期。
108.《民国时期省议会与省长之间的冲突：以江苏省议会弹劾省长案为例》，《社会科学研究》2007 年第 1 期。
109.《近代中国商会选举制度之再考察：以清末民初的上海商会为例》，《中国社会科学》2007 年第 1 期。
110.《五四时期无锡商会选举风波》，《江苏社会科学》2007 年第 1 期。
111.《从“公推”到“票举”：近代天津商会职员推选制度的曲折演进》，《近代史研究》2007 年第 3 期。
112.《民国时期天津商会选举的两次风波》，《浙江学刊》2007 年第 4 期。
113.《近代中国自由职业者群体研究的几个问题：侧重于律师、医师、会计师的论述》，《华中师范大学学报（人文社会科学版）》2007 年第 4 期，合撰。
114.《苏州商团：近代商人的独特军事武装》，《江苏社会科学》2008 年第 1 期。
115.《晚清第一次官商合作的失败》，《学习时报》2008 年 1 月 14 日。
116.《论广东第一次全省商民协会代表大会》，《江汉论坛》2008 年第 11 期。

117. 《南京国民政府建立后苏州商团的改组与消亡》，《历史研究》2008 年第 5 期。
118. 《南京国民政府初期天津商会的改选及其困境》，《华中师范大学学报（人文社会科学版）》2008 年第 6 期。
119. 《北伐之前的国民党与民众运动》，《江苏社会科学》2009 年第 1 期。
120. 《北伐之前商民运动在广东的发端》，《学术研究》2009 年第 5 期。
121. 《高校历史学研讨式教学如何开展课堂讨论：以“中国近代史研究专题”研究型课程为例》，《历史教学》2009 年第 9 期。
122. 《民国时期的医师登记及其纷争：以上海地区为考察中心》，《华中师范大学学报（人文社会科学版）》2009 年第 5 期，合撰。
123. 《商民运动期间国民党对待商会政策的发展变化》，《江苏社会科学》2010 年第 1 期。
124. 《国民革命时期的武汉店员工会》，《江汉论坛》2010 年第 2 期。
125. 《近代上海房客团体的产生、发展及其组织特点》，《浙江学刊》2010 年第 2 期，合撰。
126. 《国民革命时期长沙商民协会会所被毁案》，《史学月刊》2010 年第 3 期。
127. 《近代上海商民运动中的店员工商界限之争》，《社会科学》2010 年第 5 期。
128. 《论 1928 年上海地区商会存废之争》，《史林》2010 年第 3 期。
129. 《国民党“三大”前后的商会存废之争与商民协会的解散》，《华中师范大学学报（人文社会科学版）》2010 年第 5 期。
130. 《商民运动时期商民协会与商会的关系：1926—1928》，《中国经济史研究》2010 年第 3 期。
131. 《辛亥革命：百年纪念与百年超越》，《社会科学》2011 年第 2 期。

132. 《“双十节”纪念中振兴实业之呼声：近代工商界纪念辛亥革命之特点》，《史学集刊》2011 年第 2 期。
133. 《辛亥革命与商人经济民族主义的产生及发展》，《史学月刊》2011 年第 4 期。
134. 《海峡两岸的辛亥革命史研究与学术交流》，《江苏社会科学》2011 年第 2 期。
135. 《商业与政治：民国时期的辛亥革命纪念——以〈申报〉双十节商业广告为例》，《社会科学战线》2011 年第 4 期，合撰。
136. 《国民革命时期商民运动的成效与缺陷》，《史学月刊》2011 年第 8 期。
137. 《近代工商界的“辛亥”记忆与政治经济诉求》，《学术月刊》2011 年第 8 期。
138. 《辛亥百年的思考与展望》，《江海学刊》2011 年第 6 期。
139. 《近代中国民间社会对辛亥革命的认知与纪念》，《天津社会科学》2012 年第 1 期。
140. 《晚清收回利权运动新论》，《史学集刊》2013 年第 3 期。
141. 《南洋中华商会研究：回顾与思考》，《华中师范大学学报（人文社会科学版）》2013 年第 3 期，合撰。
142. 《1920 年代的戴季陶与商会》，《学术月刊》2014 年第 4 期。
143. 《二十世纪二十年代商会法的修订及其影响》，《历史研究》2014 年第 2 期。
144. 《政治影响与利益纠葛：民国时期新闻记者的资格界定》，《近代史研究》2014 年第 3 期，合撰。
145. 《1934 年天津商会改选纠纷与地方政府应对之策》，《武汉大学学报（人文科学版）》2015 年第 1 期。
146. 《维护国权与商权：天津商会抗议日本领事干涉会长选举》，《史学月刊》2015 年第 12 期。
147. 《论 1924 年上海总商会换届改选纷争》，《江苏社会科学》2016 年第 2 期。

148.《近代中国商会的“联动”机制及其影响》,《史学集刊》2016 年第 3 期。
149.《研究近代中国制度变迁史应该注意的若干问题》,《社会科学研究》2016 年第 4 期。
150.《民国时期工商界人士的“民国”印象》,《史学月刊》2017 年第 10 期。
151.《近代商会史研究的缘起、发展及其理论与方法运用》,《近代史研究》2017 年第 5 期。
152.《章开沅与辛亥革命和中国资产阶级研究》,《史学理论研究》2017 年第 4 期。
153.《近代商人与慈善义演》,《史学月刊》2018 年第 6 期。
154.《论 1926 年上海总商会换届改选风潮》,《江苏社会科学》2018 年第 4 期。
155.《再论“二次革命”前后的上海总商会》,《广东社会科学》2018 年第 5 期。
156.《从清末民初商界“论说”看转型时期的商人世界》,《武汉大学学报(哲学社会科学版)》2018 年第 6 期。
157.《抗战时期一位上海商人的日常生活:基于〈秦润卿日记〉的考察》,《安徽史学》2019 年第 2 期。
158.《清末民初中华全国商会联合会的筹设与成立》,《史学月刊》2019 年第 3 期。

三、其他

1.《关于评价陈宝箴的讨论》,《中南民族学院学报(哲学社会科学版)》1982 年第 4 期。
2.《中国近代最早提出“变法”口号的思想家:王韬》,《史学月刊》1982 年第 6 期。
3.《〈商会简明章程〉颁行日期补正》,《中国社会经济史研究》1983 年第 3 期。

4.《对〈中国近代史词典〉“商会”条释文的修改意见》，《历史教学》1985 年第 7 期。
5.《同业公会：中国近现代社会经济史研究的新领域》，《华中师范大学学报（人文社会科学版）》2004 年第 3 期。
6.《同业公会：与现实紧密相关的历史研究课题》，《华中师范大学学报（人文社会科学版）》2004 年第 4 期。
7.《探寻商会“原生态”与“走出商会”研究商会》，《华中师范大学学报（人文社会科学版）》2006 年第 5 期。
8.《期待中国近代乡村经济史研究向纵深拓展》，《华中师范大学学报（人文社会科学版）》2007 年第 1 期。
9.《自由职业者：近代中国社会群体研究的新领域》，《华中师范大学学报（人文社会科学版）》2007 年第 4 期。
10.《从社会群体透视社会变迁》，《华中师范大学学报（人文社会科学版）》2007 年第 6 期。
11.《乡村视野下的近代中国社会变迁》，《华中师范大学学报（人文社会科学版）》2008 年第 3 期。
12.《商会史研究与中国近代史相关领域的拓展》《华中师范大学学报（人文社会科学版）》2008 年第 5 期。
13.《商会、博览会与近代中国社会变迁》，《华中师范大学学报（人文社会科学版）》2008 年第 6 期。
14.《重视对近代中国商会多样化形态的研究》，《华中师范大学学报（人文社会科学版）》2009 年第 3 期。
15.《“年代”史：历史学研究的新视野》，《光明日报》2007 年 4 月 20 日。
16.《开拓与创获：〈中国近代社会风俗史〉评价》，《华中师范大学学报（人文社会科学版）》1993 年第 1 期。
17.《票商兴衰史的新探索》，《近代史研究》1995 年第 1 期。
18.《〈中国近代史治要〉简介》，《光明日报》1995 年 10 月 9 日。

19.《评〈湖北近三百年学术文化〉》，《近代中国史研究通讯》1996年第22期。
20.《集湖北地方史研究之大成的煌煌大著：评〈湖北通史〉》，《华中师范大学学报（人文社会科学版）》1999年第6期。
21.《与时俱进的商会史研究：兼评宋美云〈近代天津商会〉》，《天津社会科学》2003年第3期。
22.《清末商会研究述评》，《史学月刊》1984年第2期。
23.《近年来武昌起义研究综述》，《江汉论坛》1986年第10期。
24.《纪念孙中山暨辛亥革命75周年学术讨论会述评》，《清史研究通讯》1986年第4期。
25.《转型时期的社会与国家研究绪论》，《中国书评》（香港）1996年5月总第10期。
26.《在开拓创新中发展：近20年来中国近代史新领域、新课题研究述评》，《史学月刊》1998年第6期。
27.《近二十年湖北省辛亥革命史研究述评》，《湖北社会科学》1999年第2期。
28.《网络结构：探讨中国经济史的新视野——第三届中国商业史国际学术研讨会述评》，《历史研究》2000年第5期。
29.《经济组织与市场发展国际学术研讨会综述》，《历史研究》2000年第6期。
30.《“九五”期间中国近代史研究综述》，《华中师范大学学报（人文社会科学版）》2001年第3期。
31.《近代中国商团研究述评》，《近代史学刊》，华中师范大学出版社2001年版。
32.《中国行会史研究的回顾与展望》，《历史研究》2003年第2期。
33.《湖北省辛亥革命史研究机构及主要科研成果简介》，《湖北文史资料》1996年第1期。

34. 《建立正常的学术批评氛围与机制》，《近代史研究》1999 年第 1 期。
35. 《尊重学术规律　改进评价机制》，《华中科技大学学报（社会科学版）》2008 年第 4 期。
36. 《加强近代中国博览会史研究》，《华中师范大学学报（人文社会科学版）》2009 年第 4 期，合撰。
37. 《从金融业发展看近代中国社会经济变迁特点》，《华中师范大学学报（人文社会科学版）》2009 年第 6 期。
38. 《晚清官制变革与经济变迁》，《华中师范大学学报（人文社会科学版）》2010 年第 2 期。
39. 《百年以来的辛亥革命历史叙事》，《读书》2011 年第 6 期。
40. 《从单一政治史走向政治、经济、文化史综合研究》，《中华读书报》2011 年 3 月 16 日。
41. 《民国时期商业广告中的“辛亥”纪念元素》，《新视野》2011 年第 6 期。
42. 《民国史研究的重大成果与发展空间》，《近代史研究》2012 年第 1 期。
43. 《近代税收史研究中的“税”与“政”》，《华中师范大学学报（人文社会科学版）》2018 年第 2 期。
44. 《构建历史学“研教双优型”人才培养模式的探索》，《中国大学教学》2009 年第 1 期。
45. 《高校历史学研讨式教学如何开展课堂讨论：以“中国近代史研究专题”研究型课程为例》，《历史教学（高校版）》2009 年第 9 期。
46. 《网络论坛在历史学本科研究型教学中的运用》，《历史教学问题》2010 年第 5 期。
47. 《历史学专业课程研究型教学改革之尝试》，《中国社会科学报》2013 年 5 月 27 日。

个人学术年谱

1975 年 9 月，武汉市第 45 中学高中毕业后成为湖北省武昌县法泗公社永新大队“知青”，时年差 1 个月满 19 岁。

1977 年 3 月，担任武昌县法泗公社永新小学民办教师。

1977 年 12 月，参加“文化大革命”结束后的首次全国高考。

1978 年 3 月，考入华中师范学院历史系本科，有幸成为“七七”级大学生一员。

1982 年 1 月，华中师范学院历史系本科毕业，获历史学学士学位。

1982 年 2 月，考上华中师范学院历史系中国近现代史专业硕士研究生，师从章开沅、陈辉、刘望龄等老师。

1982 年 5 月，奉开沅师之命，与大学本科及研究生同学马敏一起，在刘望龄、唐文权老师带领下，赴苏州市档案馆参加苏州商会档案整理与编辑工作，从此与商会档案及其研究结下不解之缘。

1984 年 12 月，硕士学位论文《论清末苏州商会的性质及其特点》答辩通过，获历史学硕士学位，随后留校从事中国近现代史教学与研究工作。硕士论文经修改后于 1991 年刊发在《辛亥革命史丛刊》第 8 辑。

1985 年 12 月，发表人生第一篇真正意义上的史学研究论文《清末商会与抵制美货运动》，刊于《华中师范大学学报（人文社会科学版)》1985 年第 6 期。

1986 年 9 月，《辛亥革命时期的苏州商团》刊发于《近代史研究》1986 年第 5 期。此文系在近代史权威刊物所发第一篇论文，从事学术研究的信心由此而大增。时年 30 岁整。

1987 年 5 月，《辛亥革命时期的孙中山与资产阶级》刊发于《近代史研究》1987 年第 3 期。能够在权威刊物连续发表论文，再次深受鼓舞。

1987 年 11 月，《清末商会“官督商办”的性质与特点》刊发于《历史研究》1987 年第 6 期。此文系在历史学权威刊物所发第一篇论文，更进一步提升了个人对史学研究的热爱与信心。

1991 年 5 月，晋升“副教授”职称。

1991 年 6 月，中国人民大学出版社出版个人第一部史学研究专著《辛亥革命时期新式商人社团研究》。

1991 年 9 月，获霍英东教育基金会高等院校青年教师奖“研究类”一等奖。

1991 年 10 月，香港中文大学中国文化研究所访问学者，为期一年。

1992 年 9 月，河南大学出版社出版个人第二部专著《中国早期资产阶级概论》。

1992 年 10 月，获国务院颁发的“政府特殊津贴”。

1993 年 1 月，破格晋升“教授”职称。

1993 年 5 月，评为湖北省有突出贡献的中青年专家。

1995 年 6 月，获湖北省首届省级社会科学优秀青年人才奖。

1996 年 1 月，担任博士生导师。

1996 年 2 月，专著《晚清经济政策与改革措施》由华中师范大学出版社出版。

1997 年 9 月，专著《转型时期的社会与国家：以近代中国商会为主体的历史透视》，由华中师范大学出版社出版。2018 年由社会科学文献出版社出版修订版。

1998 年 9 月，担任华中师范大学历史文化学院院长。2002 年 4 月辞去院长职务。

1998 年 10 月，专著《辛亥革命时期新式商人社团研究》获教育部第二届全国高等院校人文社会科学优秀成果三等奖。随后的第三至第七届均连续获二等奖或三等奖。

1999 年 12 月，兼任华中师范大学中国近代史研究所（原名历史研究所）所长。

2000 年 10 月，华中师范大学中国近代史研究所获批为教育部人文社会科学重点研究基地。自始担任研究所所长和研究基地负责人，直至 2015 年 5 月主动辞职。

2001 年 2 月，入选教育部跨世纪优秀人才培育计划。

2001 年 9 月，台湾政治大学历史系客座教授，为期 6 个月。

2002 年 9 月，日本东京大学东洋文化研究所外国人研究员，为期 3 个月。

2003 年 10 月，获“全国优秀教师”称号。

2003 年 12 月，香港珠海书院访问及讲学，为期 1 个月。

2007 年 5 月，兼任辛亥革命史研究会理事长。2015 年研究会向民政部自请撤销。

2008 年 9 月，专著《近代中国商会、行会及商团新论》由中国人民大学出版社出版。

2011 年 7 月，专著《商民运动研究（1924—1930）》由北京大学出版社出版。

2012 年 12 月，入选教育部“长江学者特聘教授”。

2018 年 5 月，获湖北省“先进工作者”荣誉称号。

学术中国文丛

策　划：黄红丽　　主　编：张　江

文学卷

陈思和：《走在复旦的支路上》
曹顺庆：《中国比较文学话语建构》
吴承学：《近古文章与文体学研究》
王一川：《修辞论美学述略》
张福贵：《走向历史的深处》
陈晓明：《纯文学的困境与拓路》
孙　郁：《新旧文学的话语维度》
王　尧：《如何现实，怎样思想》
袁毓林：《认知科学背景上的汉语语法研究》
程章灿：《走进古典的过程》

历史学卷

桑　兵：《历史研究的碎与通》
阎步克：《爵秩品阶：权势金字塔的结构原理》
朱　英：《近代中国商人与商会》
张国刚：《大唐气象：制度、家庭与社会新论》

李剑鸣：《美国社会和政治史管窥》
霍　巍：《吐蕃与高原丝绸之路》
荣新江：《丝绸之路与中古中国》
韩东育：《学理日本》
黄　洋：《古希腊史散论》
包伟民：《两宋社会与读史心路》

哲学卷

俞吾金：《思想史视域中的马克思哲学》
吴晓明：《马克思哲学与当代中国》
杨　耕：《多维视野中的马克思》
倪梁康：《意识现象学的理会与践行》
杨国荣：《史与思：面向具体的存在》
万俊人：《他山问石：西方伦理学摄义》
孙周兴：《哲思的迷局：从现代哲学到当代艺术》
朱　菁：《认知、意志与行动》
王中江：《道之然和道之真》
韩水法：《未来之思》